『폴 틸리히 조직신학』은 20세기 중반 서구 지성인들의 눈높이에 맞추어 기독교의 신학 체계(theological system)를 재구성한 고전적 작품이다. 경계에 선 신학자로서 틸리히는 상황의 질문에 복음으로 응답하는 변증신학의 진수를 보여준다. 특히 복음과 상황을 연결하는 틸리히의 상관관계 방법은 지난 반세기 동안 상황과 상황을 이해하는 방식이 다변화하는 가운데 다양한 상황 신학의 출현에 직간접적인 영향을 끼쳤다. 이 점에서 이 책은 현대 기독교 사상을 공부하는 모든 사람이 읽어야 할 필독서다.

김정형 | 장로회신학대학교 조직신학 교수

폴 틸리히는 우리나라에 신학책보다는 설교집으로 더 잘 알려져 있다. 청년 시절 『존재에의 용기』나 『흔들리는 터전』, 『영원한 지금』, 『새로운 존재』 등의 설교집을 읽었던 기억이 있다. 이러한 설교집은 지금까지도 출간되어 수많은 사람의 사랑을 받고 있다. 틸리히는 바르트와 같이 신정통주의 신학자로 분류되면서도 그와는 그 논조나 신학 방법론이 상당히 다른 것을 볼 수 있다. 바르트의 신학이 복음주의 신학이 맞느냐는 것에 대한 토론이 여전하지만 그럼에도 분명한 것은 "하나님의 말씀의 신학"을 바르트가 시도했다는 것은 분명하다고 할 수 있다. 그런 의미에서 보면 『폴 틸리히 조직신학』은 바르트의 『교회교의학』과는 달리 성경 인용 구절이 거의 없는 것으로 유명하다. 신학의 기본적인 출발점이 실존적인 물음이기 때문이다. 틸리히나 바르트 두 사람 모두 히틀러의 나치를 반대한 사람들이다. 그것 때문에 두 사람 모두 독일을 떠나야 했지만, 틸리히가 바르트보다 치른 대가는 더 컸다고 할 수 있다. 바르트는 여전히 독일어를 모국어로 신학 작업을 계속할 수 있었지만, 틸리히는 영어라는 새로운 언어로 신학 작업을 해야 했기 때문이다. 『폴 틸리히 조직신학』은 이전에 한 번 번역 출간된 적이 있다. 금번 새롭게 새물결플러스에서 심혈을 기울여 다시금 출간하게 되었다. 아무래도 보수적인 신학의 약점은 상황에 대한 관심의 부족이라고 할 수 있을 것이다. 그런 의미에서 격동의 시대 가운데 자신의 모국에서 추방당하여 미국 땅에서 신학 작업을 했던 틸리히가 제시하고 있는 이 시대의 진지한 물음들에 대한 존재론적 대답을 발견할 수 있기를 바라는 마음으로 이 책의 일독을 권한다.

박찬호 | 백석대학교 신학대학원 조직신학 교수

틸리히는 현재의 문화와 역사적 기독교를 중재하는 문화신학을 시도한다. 그것은 변증학적 차원을 지닌 상관관계의 신학이며, 유한한 인간의 실존이 당면한 깊은 질문을 하나님의 계시로부터 신학적으로 대답하는 체계다. 하나님은 존재 자체이시며 존재의 근거이시다. 인간의 실존은 이 존재로부터 소외되었고, 육신이 되신 로고스인 예수 그리스도는 궁극적 관심을 계시하는 새로운 존재이시다. 이를 실존주의적인 언어로 표현하는 틸리히는 철학을 포함한 문화의 어휘들을 새롭게 해석하고, 신학적 용어들도 새롭게 해석하는 방식으로 이 책에서 서론과 신론을 제시한다. 새로운 존재에 실존적 참여를 독려하는 그의 생각은 깊고 우상 파괴적이며 표현은 명료하면서도 함축적이어서 이 책의 독서에 필요한 인내만큼 얻는 유익도 황홀할 것이다.

유해무 | 고려신학대학원대학교 교의학 교수

폴 틸리히는 칼 바르트와 함께 개신교 현대신학의 새로운 문을 활짝 열었다. 그는 신과 존재의 심원한 차원을 심층적으로 해명한 가장 영향력 있는 신학자다. 『폴 틸리히 조직신학』은 진리를 상황과 연결시킨 20세기 개신교 신학의 최고 역작이다. 이 책은 복음의 합리적 증언을 목적으로 한 기독교 신학의 고전이다. 신학적 사유의 깊이와 체계적 완결성은 독자에게 깊은 울림을 선사한다. 특히 이 책은 시대의 물음에 대한 많은 대답의 실마리를 제공한다. 신의 의미를 상실한 혼돈의 시대일수록 『폴 틸리히 조직신학』은 신학의 매력과 존재의 심원한 의미를 더욱 드러낼 것이다.

전 철 | 한신대학교 신학부 조직신학 교수

"조직신학"이라고 번역되는 틸리히의 작품은 사실 "신학의 체계화"로 새기는 것이 취지에 더 적합할 수 있다. 여기서 "체계"는 긴장관계를 이루는 상황과 복음 사이의 상호관계를 작동시키기 위한 장치를 가리킨다. 말하자면, 『폴 틸리히 조직신학』은 진리의 보편타당성과 객관성이라는 근대적 기준이 우리가 살아야 하는 상황에 무관하게 군림해온 문제를 직시하고 상황에 의미 있게 구현될 진리의 가능성을 추구하려는 우리 시대를 열어준 선구적 작품이다. 아직도 초역사적 진리관이라는 강박에 지배당하는 한국교회를 향한 흔하지 않은 예언자적 사자후이니 밀도 있는 독해는 새로운 믿음의 지평을 열어줄 것이다.

정재현 | 연세대학교 연합신학대학원 종교철학 교수

『폴 틸리히 조직신학』이 새롭게 번역 출간된다는 소식을 듣게 되어 너무나 기쁘다. 틸리히에 대해 계속해서 연구하고 가르치는 본인에게 반가운 소식이 아닐 수 없다. 문화신학자로 널리 알려진 틸리히는 전 세계의 많은 신학자에게 "궁극적 관심"과 "철학적 질문과 신학적 응답"이라는 상관관계의 신학으로 널리 알려진 대단히 훌륭한 학자다. 『폴 틸리히 조직신학』이 앞으로 한국 신학이 발전하는 일에 밑바탕이 되길 소망한다. 이 책이 조직신학을 배우길 소망하는 목회자와 신학생 그리고 평신도들에게 두루 읽히길 바란다. 조직신학자로서 본인은 이 책을 적극적으로 추천한다.

최태관 | 감리교신학대학교 조직신학 교수

Systematic Theology

Volume 1

Reason and Revelation, Being and God

Paul Tillich

폴 틸리히
조직신학

이성과 계시, 존재와 하나님에 관하여

1

PAUL TILLICH

SYSTEMATIC THEOLOGY

REASON AND REVELATION, BEING AND GOD

폴 틸리히 지음 · 남성민 옮김

새물결플러스

미국과 독일에 있는
나의 옛 제자들에게
이 책을 바칩니다.

머리말

나는 지난 25년 동안 조직신학에 관한 저술을 출간하고 싶었다. 조직신학적 방법이 아닌 다른 방법으로 신학적 사고를 한다는 것은 나에게는 불가능한 일이었다. 아주 사소한 문제일지라도 허투루 취급하지 않고 진지하고 철저하게 다룸으로써 다른 모든 문제를 전체적인 조망 속에서 예견할 수 있었으며 이 예견 속에서 문제의 해답을 발견할 수 있었다. 하지만 세계 역사가 급변했고, 그 속에서 살아가는 내 개인의 삶 역시 원래 의도와는 다르게 흘러갔으며 특별한 문제들도 발생하여 내가 좋아하는 이 임무를 완수하지 못했다. 다만 내가 강의 시간에 교재로 사용했던 등사본이 내가 학생과 친구들에게 보여주고 싶었던 조직신학 저서를 대신하여 대체 자료의 역할을 충실히 해냈다. 이 책은 등사본의 서론과 1-2부에 포함되었던 문제들을 다룬다. 이후에 나의 저술이 출간되면서부터 더 이상 필요 없어 등사본을 폐기했지만, 거기서 다룬 내용은 보존되었을 뿐 아니라 더욱 확대되었다. 스콜라 신학과 개신교 정통주의의 "신학대전들"(*summae*)이 보여준 것처럼 조직신학은 못 다루는 문제가 없을 정도로 그 범위가 무제한에 가깝다. 하지만 나는 지면의 문제뿐 아니라 개인적인 능력과 현실적인 한계로 인해 문제를 종합적으로 다루는 "대전"(*summa*) 형식으로 책을 저술할 수는 없었다. 한마디로 신학 조직(theological system)[1]과 관련한 전통적인 문제를 모두 이 책에서 다루는 건 불가능했다. 신학적 조직의 구조에 그다지 결정적으로 중요하지 않은 문제들은 생략했지만, 다른 문제들은 내가 다른 저작들에서 논했기 때문에 이 책에서는 간략하게 언급만 했다. 게다가 성서나 고전 신학자에 관한 폭넓은 참고 자료를 제시하는 것 역시 불가능했다. 사상의 흐름을 상술하는 일은 많은 노력과 지면을 필요로 한다. 나는 이 책에서 신학적 문제에 대해 일반적인 해결책이 아니라 성서적이고 교회적인 해결책을 제시하는 특징을 보여줬는데, 이런 특징이 명시적이기보다는 암시적일지라도 독자들은 그것을 어렵지 않게 알아볼 수 있을 것이다. 마지막으로 나는 모든 문제와 관련해 현대 신학과 철학의 대표자들과 공개적인 논의가 아니라 "비공개적인" 논의를 할 수 있었기 때문에 이 책에는 그런 비공개적인 논의에서 얻은 결과들이 반영되어 있다.

내가 목표로 삼은 것은 변증적인 관점에서 저술하고 철학과의 지속적인 상관관계 속에서 수행되는 신학 조직의 방법과 구조를 제시하는 것이었는데, 나는 이런 목표가 정당하다고 생각한다. 이 조직에서 각각의 부에 나오는 주제는 상관관계의 방법과 그 방법을 조직적으로 사용하여 도출된 결과를 다루는 것이며, 이런 결과는 주요 신학 문제들에 관한 논의에서 실증될 것이다. 이 방법이 기독교를 변증하는 데 적합하고 이 방법을 조직적으로 사용함으로써 비그리스도인들을 하나님의 자녀로 만드는 일에 풍성한 열매를 맺을 수 있음을 입증한다면, 나는 이 신학 조직이 가진 한계들을

---

1   역주. system은 보통 "조직" 또는 "체계"로 번역된다. system은 근본적인 원리에서 시작하여 그 원리에 내포(implication)되어 있는 전체를 "논리적이고 방법론적으로" 풀어내는(explication) 시도다. 유해무, 『개혁교의학: 송영으로서의 신학』(고양: 크리스챤다이제스트, 2003), 52 참조. 나는 『조직신학』(Systematic Theology)이라는 제목을 따라 system을 "조직", organization을 "체계"로 번역했다.

유감스럽게 생각하지 않을 것이다.

내 젊은 친구들의 도움이 없었다면 이 책은 세상에 나올 수 없었을 것이다. 그들은 초고와 두 번째 원고가 매끄럽게 잘 읽히고 좋은 글이 될 수 있도록 검토해주었을 뿐만 아니라 주장과 관련해서도 신학적으로 타당한지를 헌신적으로 읽고 비판함으로써 자신들의 우정을 보여줬다.

먼저 나는 버지니아주 알렉산드리아의 버지니아 신학교에서 기독교 윤리학을 가르치는 몰레건(A. T. Mollegen) 교수를 언급하고 싶은데, 그는 초고의 많은 부분에 중요한 자료와 형식적 비판을 제공해주었다. 그리고 컬럼비아 대학교 종교학부의 예전 조교인 존 딜렌버거(John Dillenberger)와 현 조교인 코르넬리우스 뢰우(Cornelius Loew)는 가장 중요한 역할을 담당했는데, 그들은 정기적인 회의를 통해 최종 텍스트를 정리해주었고, 원고 준비의 기술적 측면에 전반적으로 공헌해주었다. 또 나는 이전 비서인 고(故) 힐데 프랑켈 부인(Mrs. Hilde Frankel)을 언급하고 싶은데, 그녀는 내가 손으로 쓴 원고를 타자기로 쳐서 나를 돕는 사람들이 그것을 유용하게 활용할 수 있도록 도와주었다. 나는 시카고 대학교 출판부에도 감사를 표하고 싶은데, 그들은 수년 동안 원고의 완성을 인내하며 기다려주었다.

나는 이 책을 미국과 독일에 있는 내 학생들에게 헌정한다. 그들은 강의를 통해서 접하게 된 조직신학을 출간해달라고 수년 동안 나에게 간청해왔다. 교실에서 들었던 것을 책으로 소유하고 싶어 하는 그들의 요청으로 인해서, 나는 책을 출간하지 않으려는 나의 망설임과 글을 완벽하게 써야 한다는 완벽주의 그리고 나 자신이 느끼는 개인적인 한계를 극복할 수 있는 가장 강력한 힘을 얻었다. 나는 그들이 이 책에서 기대하는 것—교회 안팎의 사람들이 그들에게 묻는 물음에 대답해야 할 때 필요한 도움—을 찾게 되기를 간절히 바란다.

물음에 대답하도록 도움을 주는 것, 바로 이것이 이 책이 제시하는 신학 조직의 분명한 목적이다.

뉴욕시에서

1950년 8월 20일

목차

제2부 존재와 하나님

I. 존재와 하나님에 관한 물음

Ⅱ. 하나님의 실재

서론

서론

A. 관점

1. 메시지와 상황

신학은 교회의 한 기능으로서 교회의 요구를 충족시키기 위해서 교회를 섬겨야 한다. 신학 조직은 다음과 같은 두 가지 기본적인 요구, 곧 기독교 메시지의 진리를 진술하는 일과 새로운 세대를 위해 진리를 해석하는 일을 충족시켜야 한다. 하지만 우리 시대의 신학은 그것의 토대가 되는 영원한 진리와 이런 진리가 수용되는 끊임없이 변화하는 시간적인 상황이라는 두 극단 사이에서 갈피를 잡지 못하고 오락가락하고 있다. 많은 신학 조직이 두 가지 요구 사항 중 어느 하나를 충족시키지 못하거나 어느 한쪽으로만 치우쳐서 온전한 균형을 이루지 못하고 있다. 대부분의 신학 조직은 진리의 요소를 희생하거나 그 진리를 상황에 맞게 전달하지 못한다. 그것 중 일부는 이 두 가지 요구 사항의 결점만을 결합하기도 한다. 그것은 영원한 진리를 상실하는 게 두려워 그 이전의 신학 작품들이나 전통적 개념 및 해결책을 진리와 동일시하고, 이것을 그 이전과는 다른 새로운 상황에 부과하려고 시도하고 있다. 그런 신학은 영원한 진리와 이 진리를 시대적인 상황에 맞게 표현한 것을 혼동하고 있다. 이런 현상은 유럽에서는 정통주의 신학(theological orthodoxy)으로 알려진 신학에서 뚜렷하게 나타난다. 정통주의 신학은 미국에서는 근본주의(fundamentalism)로 알려져 있다. 근본주의가 반신학적인 편견, 예컨대 성서적이고 복음주의적인 편견과 결합한다면, 어제의 신학적 진리는 오늘과 내일의 신학적 진리에 맞서며 불변하는 메시지로 옹호된다. 근본주의는 모든 상황을 초월하여 진리를 이야기하는 게 아니라 과거의 상황에서 이야기하기 때문에 현재 상황을 직시하여 적절히 반응할 수 없다. 그것은 유한하고 일시적인 것을 무한하고 영원한 것으로 부당하게 격상시킨다. 이런 점에서 근본주의는 마성적[1] 특성을 갖고 있다. 그것은 진리를 탐구하는 데 필요한 겸손함과 정직함을 없애고 사려 깊게 진리를 추구하는 이들의 양심을 마비시켜 그들을 맹목적인 신앙인으로 만든다. 그들은 희미하게나마 알고 있던 진리 요소를 억제하도록 강요받기 때문이다.

미국의 근본주의자와 유럽의 정통주의 신학자들은 현대인들이 자신들의 역사적이고 개인적인 상황 때문에 근본주의와 정통주의 신학을 열광적으로 수용하고 고수한다는 사실을 내세울 수도 있다. 그런 신학자들이 내세운 사실은 부정하기 어렵지만, 해석은 잘못되었다. 모든 신학 작업의 한쪽 극단을 차지하는 "상황"은 개인과 공동체가 살아가는 심리학적이고

---

[1]   역주. "마성적"은 Tillich 신학의 핵심 용어 중 하나다. Tillich는 유한하고 일시적인 것이 무한하고 영원한 것으로 격상되는 것을 "마성적"(demonic), "마성화"(demonization)라고 말한다. 그는 "마성적인 것"이 낭만주의에서 두드러지게 나타났다고 말하고 있다. Paul Tillich, 『19-20세기 프로테스탄스 사상사』, 송기득 옮김(서울: 대한기독교서회, 2004), 120.

사회학적인 상황을 의미하지 않는다. 그것은 각각의 사람이 인간의 실존이 무엇인지를 해석하여 표현할 때 그들이 사용하는 과학적·예술적·경제적 정치적·윤리적 형식을 의미한다. 신학이 관련을 맺고 있는 "상황"은 개인 이 처한 상황도 아니고 그렇다고 공동체가 처한 상황도 아니다. 신학은 목 회자가 주일마다 전하는 설교도 아니고 정신상담가가 진행하는 상담도 아 니다. 따라서 신학이 설교나 영혼을 돌보는 상담에 적용되었을 때 그 성공 여부가 반드시 신학의 진리를 판단하는 기준이 될 수 없다. 개인적 혹은 공 동체적 통합의 시대에 자유주의 신학이 번성했다는 사실이 그 신학의 진 리 주장을 승인하지 않는 것처럼, 근본주의자들의 사상이 개인적으로나 공 동체적으로 분열이 만연한 시대에 열광적으로 받아들여졌다는 사실은 그 들의 신학이 신학적으로 타당한 것임을 입증하지 못한다. 신학이 숙고해야 하는 "상황"이란 실존을 창조적으로 해석한 것, 즉 심리학적이고 사회학적 인 조건 아래서 모든 역사의 시기에 행해진 해석을 의미한다. 확실히 "상 황"은 이런 심리학적이고 사회학적인 요인들과 아무런 관련 없이 동떨어 져 있지 않다. 하지만 신학은 이런 조건적인 요인들 자체를 다루지 않고 그 것들이 이론과 실천(theory and practice)에서 나타난 문화적 표현만을 다룬 다. 따라서 신학은 동구와 서구로 나뉜 정치적 분열에 관심을 기울이지 않 고 이런 분열이 왜 일어났는지를 해명하는 정치적 해석에 관심을 **기울인 다.** 그것은 정신 질환의 확산과 우리가 그런 질환에 대해 점점 더 많이 자 각하는 것에 관심을 기울이지 않고 이런 현상에 관한 정신의학적 해석에 관심을 **기울인다.** 신학이 대응해야만 하는 "상황"은 어떤 특정한 시대에 인간이 수행한 인간의 창조적인 자기 해석의 전체를 의미한다. 근본주의와 정통주의는 이런 해석의 과제를 거부하고 그런 거부로 인해 신학의 의미 를 포착하는 데 실패한다.

"케리그마"신학은 변화하는 상황의 요구에 대조되는 메시지의 불변하는 진리(케리그마)를 강조한다는 점에서 근본주의 및 정통주의와도 관련을 맺는다. 그것은 정통주의를 포함해 모든 신학을 기독교의 메시지라는 기준에 종속시킴으로써 근본주의의 단점을 예방하고자 한다. 이 메시지는 성서에 포함되어 있지만, 성서와 동일하지는 않다. 또한 그것은 기독교 신학의 고전적 전통 안에서 표현되었지만, 그 전통의 어떤 특정한 형태와도 동일하지 않다. 케리그마 신학을 가장 잘 보여주는 모범적인 사례는 종교개혁 신학이며, 우리 시대에서는 바르트와 그를 추종하는 학파가 제시하는 신종교개혁 신학이다. 루터는 자기 시대의 정통주의 사상가들로부터 무자비한 공격을 받았는데 오늘날에는 바르트와 그의 추종자들이 근본주의자들로부터 매우 심각한 공격을 받고 있다. 이런 사실은 루터를 "정통주의"로, 바르트를 "신정통주의"로 명명하는 것이 전적으로 공정하지만은 않음을 의미한다. 루터는 정통주의가 되는 위험에 처해 있었고, 바르트 역시 그런 위험 가운데 지금 놓여 있다. 하지만 그 두 사람은 이와 같은 것을 전혀 의도하지 않았다. 그들은 왜곡된 전통과 성서를 기계적으로 잘못 적용하는 행태에 맞서 성서와 전통 **안에서** 영원한 메시지를 재발견하고자 치열하게 노력했을 뿐이다. 참된 케리그마 신학이란 루터가 성직자의 중재와 위계구조로 등급이 구별된 로마 가톨릭교회의 체계를 심판과 은혜라는 중요한 성서적 범주의 이름으로 비판했던 것, 그가 바울의 메시지를 재발견한 것과 동시에 성서를 이루는 각각의 책이 영적인 가치를 지니고 있다고 용감하게 평가한 것을 말한다. 또한 그것은 바르트가 신개신교적·부르주아적 종합을 비판했던 것과 기독교 역설을 재발견한 것, 그리고 동시에 로마서를 영적으로 주해하고 급진적인 역사비평을 자유롭게 수용하는 모습을 보여준 것을 의미한다. 케리그마 신학에 대한 이런 두 가지 본보기는 인간의 변화무쌍한 상황 및 그로 인한 요구와 대조되는 영원한 진리를 강조한다. 루터와 바르트가 제시했던 이러한 강조점은 예언자들이 성서에서 보여준 전복적인 힘과 변혁시키는 힘을 갖고 있다. 그와 같은 케리그마적인 반작용이 없었다면, 신학은 상황이 가진 상대성 안에서 소멸되었을 것이다. 즉 신학은 "상황" 그 자체가 되었을 것이다. 예컨대 소위 독일 그리스도인의 종교 민족주의와 미국 인문주의자들의 종교 진보주의에서 일어난 것처럼 말이다.

하지만 "상황"은 신학 작업에서 배제될 수 없다. 루터는 신학 교리를 명확히 서술하기 위해서 자신이 배운 유명론과 멜란히톤이 가르친 인문주의 교육을 편견 없이 활용했다. 하지만 그는 "상황"이라는 문제를 충분히 의식하지 못해서 정통주의 입장으로 기울어졌고, 결국 개신교 정통주의 시대로 가는 길을 예비했다. 바르트의 위대함은 그가 "상황"을 충분히 의식하고 그것에 비추어 자신의 잘못된 점을 끊임없이 바로잡으며 자기 사상의 추종자가 되지 않으려고 최선을 다했다는 데 있다. 하지만 그처럼 최선의 노력을 다했음에도 불구하고 그는 자신이 순전한 케리그마 신학자이기를 포기했음을 미처 깨닫지 못했다. 그는 궁극적 진리에서 모든 진술을 직접적으로 추론하면서—예컨대 히틀러에 대항하는 전쟁의 의무를 그리스도의 부활에서 도출하면서[2]—"신정통주의"로 명명될 수 있는 방법, 곧 유럽에서 유행한 복고의 신학(Theology of Repristination)[3]을 지향하는 모든 경

2   Karl Barth, "A Letter to Great Britain from Switzerland," in *Christian Cause* (New York: Macmilan Co., 1941).

3   역주. 19세기 유럽의 교회에는 자유주의적 합리주의 신학 외에 두 가지 신학적 흐름이 있었다. 에어랑엔 학파로 대표되는 중도파는 종교개혁 신학과 새로운 학문, 문화를 결합시키고자 했는데, 이는 "중재의 신학"(the theology of mediation)이라 불렀다. 이와 함께 일군의 보수적 신학자들은 역사적 루터주의를 회복하고자 노력했는데, 그 대표자로는 Ernst

향을 강화했던 방법을 사용하게 되었다. 신학에서 상황이라는 중요한 기둥을 잃어버릴 경우에는 위험한 결과가 초래된다. "상황", 즉 현대인이 자신의 실존을 해석한 것을 표현하는 온갖 형태의 문화 형식에 용기 있게 참여할 때만, 우리는 참된 케리그마에 내포되어 있는 자유와 케리그마에 대한 정통주의의 고착화 사이에 벌어지는 케리그마 신학의 요동을 극복할 수 있다. 말하자면, 케리그마 신학은 변증신학의 도움으로 완성된다.

2. 변증신학과 케리그마

변증신학은 "대답하는 신학"이다. 그것은 "상황"이 제기하는 물음에 영원한 메시지의 힘으로, 물음의 상황이 제공하는 수단으로 대답한다.

"변증"(apologetic)이라는 용어는 초기 교회에서 높은 지위를 누렸지만, 신학자들이 근대 인문주의 및 자연주의 그리고 역사주의의 무차별적인 공격에 맞서 기독교를 변호하기 위해 변증을 그릇된 방법으로 사용했기 때문에 그 평판이 추락했다. 변증가들이 사용했던 변증 형식 중 **무지로부터의 논증**(*argumentum ex ignorantia*)은 사람들에게 특히 허술하고 혐오스러운 것으로 비판받았다. 즉 이 논증은 하나님의 존재 없이도 정확히 계량화될 수 있는 "자족적인" 세계 안에서 하나님과 그분이 활동하신다는 증거를 찾기 위해 인간의 과학적 지식과 역사적 지식에 틈이 있음을 발견하고자 애를 썼다. 하지만 인간의 지식이 진보할 때마다, 변증의 영역들이 오히려 무

Wilhelm Hengstenberg가 있고, 이런 경향은 "복고/회복/부흥의 신학"(the theology of repristination)이라 불렸다. Tillich, 『19-20세기 프로테스탄트 사상사』, 204-05; O. W. Heick & J. L. Neve, 『기독교 신학사』, 서남동 옮김(서울: 대한기독교서회, 1999), 251-256 참조.

참히 무너졌다. 변증가들은 하나님이 물리학과 역사 기술이라는 가장 최신의 학문 속에서도 활동하신다는 것을 입증하고자 과학적 지식 안에서 새로운 틈새를 찾아내려고 부단히 애를 썼으나 지속적인 패배를 맛보았다. 하지만 그들은 절대로 단념하지 않았다. 사람들은 이와 같은 처참한 광경을 지켜보면서 "변증"이라 불리는 모든 것을 믿을 수 없는 것으로 간주했다.

하지만 사람들이, 특히 케리그마 신학자들이 변증의 방법들을 불신하게 된 훨씬 더 중요한 이유가 있다. 어떤 물음에 대한 대답이 제대로 이루어지기 위해서는 대답하는 사람과 질문하는 사람 사이에 공통점이 있어야 한다. 아무리 애매한(vague)[4] 것일지라도 변증학은 공통점을 전제한다. 하지만 케리그마 신학자들은 자신들을 "신학적 순환"(theological circle)[5]의 외부에 있는 자들과는 최소한의 공통 근거(common ground)도 갖고 있지 않다고 주장한다. 그들은 공통 근거가 메시지의 고유함을 파괴하지는 않을까 두려워한다. 그들은 초기 기독교 변증가들이 로고스(Logos)에서 공통 근거를 찾았다고 말한다. 또한 케리그마 신학자들은 알렉산드리아 학파가 플라톤주의에서 공통 근거를 발견했다고 이야기한다. 그들은 토마스 아퀴나스가 아리스토텔레스를 자신의 신학에 적극적으로 활용했던 점에 대해서도

---

4   역주. Descartes는 진리가 명백하고 분명해야(clear and distinct) 한다고 말한다. 명백함(clear)의 반대말은 애매함(vague)이고, 분명함(distinct)의 반대말은 모호함(ambiguous)이다. Tillich에게 "모호함"은 "본질과 실존의 혼합"이 가진 특징으로 제시되는 중요한 용어다.
5   역주. 서론. B. 1을 참조. 전체에 관한 이해와 부분에 관한 이해가 순환적임을 의미하는 해석학적 순환(hermenuetical circle)처럼 Tillich는 모든 정신학은 주체와 대상의 분열을 초월하는 "신비적 선험"에 대한 깨달음과 그 선험적인 것의 학문적 발견이 순환적이라는 사실을 벗어날 수 없으며, 모든 종교철학자가 그러하다고 말한다. Tillich에 따르면, 신학자는 "신비적 선험"에 기독교 메시지라는 기준을 덧붙이게 되므로 신학적 순환은 종교철학적 순환보다 더 협소하다.

말한다. 무엇보다도 그들은 변증신학이 계몽주의 철학, 낭만주의, 헤겔주의 및 칸트주의, 인문주의 및 자연주의와 대화할 수 있는 공통 근거를 발견했다고 거론한다. 그들은 변증신학과 이런 각각의 철학 사상들 간의 공통 근거라고 가정했던 것이 실제로는 "상황"이라는 토대에 불과했음을 입증하려고 시도한다. 하지만 변증신학은 상황 속으로 진입했을 때 자신의 토대를 잃어버린다. 오늘날의 케리그마 신학자들이 볼 때, 이런 모든 사상과 대화했던—18세기초 이후부터 실제로는 모든 비근본주의 신학을 의미하는—변증신학은 케리그마의 포기, 곧 변할 수 없는 진리의 포기를 의미했다. 이런 주장이 신학의 역사를 정확하게 이해한 것이라면, 유일하게 실재적인 신학은 케리그마 신학일 것이다. 이 신학에서는 "상황"이 개입할 여지가 전혀 없기 때문이다. 상황이 개입할 수 없다면 그 신학이 제기한 대답은 상황에 대한 대답일 수 없고, 케리그마 신학자가 상황에 대한 대답을 충분히 했다고 말해도 질문한 이는 대답을 전혀 듣지 못했다고 느낄 수 있다. 메시지는 특정 "상황"에 처한 이들에게 반드시 전해져야만 한다. 마치 돌이 사람 위에 떨어지듯이 말이다. 메시지는 특별한 심리적인 조건 속에서, 예컨대 부흥회에 참석한 이들에게는 확실히 효과적인 설교의 방법을 통해 잘 전달될 수 있다. 심지어 메시지를 호전적인 신학 용어로 표현한다면 더 많은 이들의 호응을 이끌어낼 수 있다. 하지만 이런 방법을 사용할 경우에 신학이 교회를 섬겨야 한다는 목표는 완수할 수 없게 된다. 게다가 그 모든 것을 차치하더라도 그 방법을 사용하기란 불가능하다. 케리그마 신학도 당대의 개념적 도구들을 사용해야 한다. 사람들에게 그저 성서 구절만 계속 되풀이해서 말할 수는 없으니까 말이다. 설사 케리그마 신학이 그렇게 성서 구절만 반복하더라도 성서를 이루는 다양한 책을 쓴 개별 저자들이 개념을 활용했던 상황을 벗어날 수는 없다. 사람들이 온갖 상황을 다룰 때 언어를 가장 기본적이고 포괄적인 것으로 사용해서 표현하기 때문에, 신학은 "상황"이라는 문제를 모면할 수 없다. 케리그마 신학은 자신의 배타적 초월성을 포기해야 하며, 당대의 상황이 제기한 물음에 대답하는 변증신학의 시도를 진지하게 고려해야 한다.

반대로 변증신학은 실존과 케리그마 신학의 주장에 함의되어 있는 경고에 귀를 기울여야 한다. 변증신학자가 자신이 주장한 각각의 진술의 실체이자 기준이 되는 케리그마에 근거하지 않는다면, 변증신학은 자멸할 것이다. 지난 두 세기 이상의 신학자들의 신학 작업은 변증이라는 주제에 의해 결정되었다. "기독교의 메시지와 현대 사상"이 고전 정통주의의 종말 때부터 신학을 지배해온 주제였다. 지속되는 문제는 다음과 같은 것이었다. 우리는 기독교의 메시지가 가진 본질적이고 고유한 특징을 상실하지 않으면서도 그것을 현대인의 사고에 적합하게 전달할 수 있을까? 대부분의 신학자가 이것이 가능하다고 생각했다. 하지만 어떤 이들은 기독교 메시지의 본질이나 현대 사상의 본질로 인해 그것이 불가능하다고 생각했다. 대립, 곧 **분리**(diastasis)를 강조하는 이들의 목소리가 더욱 크고 두드러졌다. 일반적으로 인간은 긍정할 때보다 부정할 때 더 완강하다. 하지만 연합, 곧 "종합"(synthesis)을 이루려고 애쓰는 이들이 끊임없이 노력을 기울인 덕분에 신학은 여전히 명맥을 유지할 수 있었다. 그들이 없었다면 전통적인 기독교는 점점 협소해지거나 미신적인 종교로 전락했을 수 있으며, 일반적인 문화운동은 마땅히 겪어야 하는 "육체의 가시"[6]를 경험하지 않고, 곧 문화적으로 높은 위치를 선점하는 진술한 신학 없이도 전개될 수 있다. (하지만 바르트가 자신의 『19세기 개신교신학』[Die protestantische Theologie im neunzehnten

---

6   역주. 고후 12:7.

Jahrhundert]에서 인정한 것처럼)[7] 지금 전통적 진영과 신정통주의 진영에 광범위하게 퍼진 태도, 곧 지난 두 세기 동안의 신학에 대대적인 비난을 가하는 태도는 매우 그릇되었다. 하지만 사람들이 온갖 특정한 상황에서 기독교를 변증할 때 자신들이 가진 선입견으로 인해 기독교의 메시지가 소멸되지 않는지를 검토하는 것은 확실히 필요한 일이다. 게다가 메시지와 상황 중 그 어떤 것도 상실하지 않으면서도 그 두 가지를 서로 긴밀하게 관련지을 수 있는 신학 방법을 모색하는 일이 훨씬 더 필요하다. 우리가 그런 방법을 찾는다면, 우리는 신학자들이 두 세기 동안이나 씨름했던 "기독교와 현대 정신"의 관계 물음에 훨씬 더 성공적인 대답을 제시할 수 있을 것이다. 앞으로 설명할 조직은 "상관관계의 방법"을 사용하여 메시지와 상황을 연합하려는 시도다. 그것은 상황이 제기하는 물음과 메시지가 갖고 있는 대답을 서로 관련시키려고 애쓴다. 그것은 자기 기만적인 변증신학이 행했던 것처럼 물음에서 대답을 도출하려고 하지 않는다. 또한 그것은 자기 기만적인 케리그마 신학이 행했던 것처럼 물음과 대답을 연관시키지 않고 대답만 자세히 설명하지도 않는다. 앞으로 설명할 방법은 물음과 대답, 상황과 메시지, 인간 실존과 신적 현현을 서로 관련시킨다.

확실히 그 방법은 우리가 마음대로 조작할 수 있는 도구가 아니다. 물론 그것은 속임수도 아니며 복잡한 상황을 뜻밖의 일로 아주 쉽게 해결하

---

7   역주. Karl Barth, "19세기 개신교신학", 『하나님의 인간성』, 신준호 옮김(서울: 새물결플러스, 2017), 13-51 참조. "19세기 신학자들은 그런 19세기 사람들과 맞서야 했다. 그러므로 19세기 신학자들의 전제, 방법론, 결과에 대한 오늘의 평가가 어떻든 간에, 그들의 신학은 그와 같은 19세기 현대인과 맞서서도 두려워하지 않았던 신학자들의 지적인 행동이었으며, 최종적인 분석에 따르면 영적인 강건함이었다"(21-22); "19세기는 묵살되어서는 안된다. 19세기 신학도 마찬가지다. 나는 지금 "죽은 자들에 대해서는 좋은 기억 외에 다른 아무것도 말하지 말라"라는 격언을 무작정 따르고 있는 것이 아니다"(50).

기 위해 고안한 기계 장치도 아니다. 그 방법 자체가 하나의 신학적 주장이고, 모든 신학적 주장들처럼 열정적으로 그리고 위기를 감수하며 수행된다. 그리고 궁극적으로 이 방법은 그 위에 세워질 조직과 서로 다르지 않다. 조직과 방법은 상호 간에 영향을 주고받으며 서로를 판단한다. 후속 세대의 신학자들이 이 방법을 사용하여 기독교의 메시지를 자신들이 처한 상황과 모든 인간 상황에서 발생하는 물음에 대한 대답으로 이해할 수 있었고 그로 인해 자신들과 일반 사상가들이 그 방법에서 도움을 받았다고 인정한다면, 상관관계의 방법은 긍정적인 대답을 얻을 수 있을 것이다.

B. 조직신학의 본성

1. 신학적 순환

신학을 경험론적[8]·귀납적 "학문" 또는 형이상학적인 연역적 "학문" 혹은 이 두 가지를 조합한 학문으로 정밀하게 구성하고자 했던 시도가 여러 차례 있었지만, 그런 시도들이 성공할 수 없었음을 입증하는 충분한 증거가 제시되었다. 학문으로 가정된 모든 신학에도 개인적 경험, 전통적인 가치 평가, 개인적인 헌신이 쟁점(issue)을 결정해야만 하는 지점이 있다. 그런 신학을 추구하는 신학자들은 종종 그 지점을 못 알아보지만, 다른 경험과

---

8   역주. 경험(experience)에는 두 가지 의미가 있다. 첫 번째는 "주-객"의 도식에 따른 경험이며, 이러한 "경험"의 형용사형은 "경험론적"(empirical)이다. 두 번째는 대상이 될 수 없는 것, 틸리히의 용어를 따르자면 "우리의 궁극적 관심을 불러일으키는 것"의 경험이며, 이러한 경험의 형용사형은 "경험적"(experiential)이다.

다른 헌신적 태도를 가지고서 그 문제를 고려하는 이에게는 그 지점이 명확하게 보인다. 귀납적 접근법이 사용되고 있다면, 우리는 저자가 어떤 지침을 갖고 자신의 자료를 찾고 있는지 물어야 한다. 그리고 그가 모든 경향과 모든 경험을 고려한다고 대답한다면, 우리는 실재 혹은 경험의 어떤 특성이 그의 신학을 이루는 경험적 토대인지를 물어봐야 한다. 그가 어떤 대답을 하든지 간에 그의 대답에는 경험과 가치 평가의 선험적 요소들이 함의되어 있다. 이것은 고전 관념론이 전개했던 연역적 접근법에서도 마찬가지다. 관념론자의 신학이 제시하는 궁극적 원리들은 궁극적 관심을 합리적으로 표현한 것이다. 형이상학적으로 궁극적인 모든 원리들은 동시에 종교적으로도 궁극적인 원리들이다. 그것들에서 파생된 신학은 그런 원리들 안에 내포되어 있는 은밀한 신학(hidden theology)에 의해 결정된다.

경험론적 접근법과 형이상학적 접근법에서 그리고 이 두 가지의 접근법을 혼합하여 만들어진 수많은 접근법에서도 귀납과 연역을 이끄는 선험적 요소가 신비적 경험의 한 형태임을 관찰할 수 있다. 그것이 (스콜라주의의) "존재 자체"이거나 (스피노자의) "보편적 실체"이든지 간에, 또는 그것이 (윌리엄 제임스의) "주관과 객관 너머에 있는 것"이거나 (셸링의) "정신과 자연의 동일성"이든지 간에, 혹은 그것이 (슐라이어마허의) "우주"이거나 (호킹의) "우주적 전체"이든지 간에, 또는 그것이 (화이트헤드의) "가치를 생성하는 과정"이거나 (위만의) "점진적 통합"이든지 간에, 혹은 (헤겔의) "절대 정신"이거나 (에드거 S. 브라이트만의) "우주적 인격"이든지 간에, 이런 각각의 개념들은 가치와 존재에 있어 궁극적인 어떤 것에 대한 직접적인 경험에 기초한다. 그리고 우리는 궁극적인 그것을 직관으로 깨달을 수 있다. 관념론과 자연주의가 신학적 개념을 고안했을 때, 그것들은 출발점과 관련해서는 차이가 거의 없었다. 그것들은 경험하는 주체와 궁극적인 것이 일치하는 지점에 의존하는데, 이 궁극자는 종교 경험 혹은 "종교"로서 세상을 경험하는 경험에서 나타난다. 관념론자와 자연주의자의 신학적 개념은 "신비적 선험"(mystical a priori), 즉 주체와 객체의 분열을 초월하는 어떤 것에 대한 깨달음에 기초한다. 그리고 "과학적" 절차가 진행되는 과정에서 그런 선험적으로 존재하는 어떤 것이 발견된다면, 그런 발견은 그 어떤 것이 처음부터 현존했기 때문에 가능하다. 이것은 어떤 종교철학자도 벗어날 수 없는 영역이다. 그리고 그곳은 결코 사악한 영역이 아니다. 영적인 것들에 관한 모든 이해(정신과학[Geisteswissenschaft])는 모든 영역에서 순환된다.

하지만 신학자가 작업하는 영역은 종교철학자의 영역보다 훨씬 더 협소하다. 신학자는 "신비적 선험"에 기독교 메시지라는 기준을 추가하기 때문이다. 종교철학자는 자신이 사용하는 일반적이고 추상적인 개념, 예컨대 "종교"라는 개념 자체의 의미에 머무르려고 하지만, 신학자는 의식적으로 그리고 의도적으로 개체적이고 구체적인 것에 머물고자 한다. 물론 이런 차이는 절대적이지 않다. 종교철학의 경험적 토대는 모든 종교철학이 속해 있는 문화 전통에 의해 부분적으로 결정되기 때문에—심지어 신비주의조차도 문화에 따라 차이를 보인다—구체적이고 특정한 요소들을 필연적으로 포함한다. 하지만 진정한 철학자는 이런 구체적이고 특정한 요소들을 추상화하여 종교와 관련해서 일반적으로 타당한 개념들을 고안하려고 애쓴다. 반대로 신학자는 기독교 메시지에 구체적이고 특별한 특징이 있음을 알고도 그것에 보편적 타당성이 있음을 주장한다. 그는 이 주장을 그 메시지가 가진 구체성을 추상화시키면서 정당화하지 않고 반복될 수 없는 유일성을 강조하면서 정당화한다. 그는 신학 영역에 구체적으로 헌신하면서 참여한다. 그는 교회의 본질적 기능 중 하나, 곧 신학적 자기 해석을 수행하기 위해 교회의 일원이 된다.

"과학적" 신학자는 종교철학자보다 그 이상의 존재가 되고 싶어 한다. 그는 그동안 자기 영역에서 활용하던 학문적 방법을 사용하여 기독교 메시지를 전반적으로 해석하고자 한다. 이로 인해 신학자에게는 다음 두 가지 선택지가 주어진다. 우선 그가 기독교의 메시지를 자신이 사용하는 종교 개념에 포함시키는 것이다. 그런 선택으로 기독교는 종교 생활을 보여주는 여러 사례와 같은 것이 되어버린다. 물론 기독교는 여러 종교 중 단연 으뜸의 종교가 되겠지만 최종적인 종교도 아니고 유일한 종교도 아니다. 그런 신학은 신학 영역에 포함되지 않는다. 그것은 종교적·철학적 영역과는 다르게 불명확한 지평에 머무르는데, 그 지평은 새롭고 고등한 종교를 보여주는 사례들을 적극적으로 환영하는 미래를 맞이한다. 과학적 신학자는 신학자이고자 하는 열망에도 불구하고 종교철학자로 남게 된다. 두 번째로 그는 진정한 신학자, 즉 교회는 유일하고 보편적으로 타당하다는 주장을 해석하는 교회의 해석자가 될 수도 있다. 그러한 해석을 할 때 그는 신학 영역에 들어가게 되고, 자신이 그 영역에 들어갔음을 인정해야 하며, 자신이 일상적 의미의 "과학적" 신학자라고 더 이상 주장하지 않아야만 한다.

하지만 의식적으로나 공개적으로 신학 영역에 들어온 사람이라 할지라도 다른 심각한 문제에 직면하게 된다. 그 영역 안에 들어갔을 때, 그는 실존적 결단을 내려야 한다. 즉 그는 신앙이라는 상황 안에 머물러야 한다. 그러나 아무도 자신이 신앙의 상황에 있다고 말하지 않는다. 비록 신학 교사라 불리는 사람일지라도, 그 누구도 자신을 신학자라고 말할 수 없다. 모든 신학자는 신앙에 전념하고 있으면서도 **동시에** 소외되어 있다. 그는 신실하게 믿지만 **동시에** 의심한다. 그는 신학 영역 안에서 활동하지만 **동시에** 그 영역 외부에서도 활동한다. 때때로 이 두 가지 측면 중 한쪽이 우세할 때도 있고 다른 쪽이 우세할 때도 있다. 그는 신학 영역이 우세한지 아니면 신학 영역 외부가 우세한지를 결코 확신 있게 결정하지 못한다. 따라서 우리는 이 두 가지 중 어떤 것이 더 우세한지를 결정하는 데 다음과 같은 유일한 기준을 적용할 수 있다. 즉 그것은 신학 영역에서 다루는 내용을 자신의 궁극적 관심사로 인정하는 사람만이 신학자가 될 수 있다는 기준이다. 그가 신학 영역에 속해 있는지의 진위 여부는 그 사람의 지적·도덕적·감정적 상태에 좌우되지 않는다. 또한 그것은 그 사람의 신앙의 강렬함과 확신에 의해서 좌우되지도 않는다. 그리고 그것은 중생의 능력이나 성화의 정도에 의존하지도 않는다. 그것은 그가 기독교 메시지에 궁극적으로 관심을 기울이고 있느냐에 좌우된다. 비록 그가 때때로 기독교의 메시지를 비난하거나 반대하더라도 말이다.

"신학적 실존"에 관한 이런 이해는 정통주의 신학자와 경건주의 신학자가 **"거듭나지 못한 이의 신학"**(*theologia irregenitorum*)에 대해 논쟁해온 것을 해결해준다.[9] 경건주의 신학자들은 그 누구도 신앙과 결단과 헌신을 갖지 않고서는, 곧 신학 영역에 있지 않고서는 신학자가 될 수 없음을 깨달았다. 하지만 그들은 신학적 실존을 거듭남의 경험과 동일시했다. 정통주의 신학자들은 이것에 반대했고, 그 누구도 자신의 거듭남을 확신할 수 없으며, 신학은 신학 영역 안팎에서 지적인 전제조건을 준수하고 있는 사상가라면 누구라도 다룰 수 있는 객관적인 내용을 다루어야 한다고 주장했다. 오늘날 정통주의 신학자와 경건주의 신학자는 아마 믿음이 없는 비평신학자에게 대항하기 위해 동맹을 맺었다. 반면에 정통주의가 가르치는 신학의

---

9   역주. 이 논쟁에 관해서는 Paul Tillich, 『19-20세기 프로테스탄트 사상사』, 33; Herman Barvinck, 『개혁교의학(1)』, 박태현 옮김(서울: 부흥과개혁사, 2011), 795-802을 참조하라.

객관주의 유산은 경험론적 신학의 (성취가 아닌) 프로그램에 의해서 계승되고 있다. 우리는 이 오래된 논쟁의 관점에서 다음의 사실을 재확인할 수 있다. 신학자는 신학 영역 안에 속해야 하지만, 그가 신학 영역에 속해 있는지 혹은 속해 있지 않은지를 판단할 수 있는 기준은 그가 기독교의 메시지를 자신의 궁극적 관심으로 수용하는가다.

우리는 신학 영역에 관한 이해를 통해서 다음과 같은 방법론적 (methodological)[10] 결론을 얻는다. 신학 조직의 서론이나 그 어떤 부분도 다른 부분의 논리적 토대가 될 수 없다. 모든 부분은 다른 모든 부분에 의존한다. 서론은 기독론과 교회론을 전제하며, 그 반대의 경우도 마찬가지다. 따라서 나는 이 책을 내가 설명하기 쉬운 순서대로 배열했다.

2. 모든 신학의 두 가지 형식적 기준

앞서 말한 마지막 언급은 이 책의 서론에 중요하게 적용되는데, 이 서론은 모든 신학 작업을 위한 기준들을 제시하려는 시도다. 이 기준들은 형식적인 것들이다. 그것들은 신학 조직의 구체적인 내용들에서 추상화된 것들이기 때문이다. 하지만 그것들은 기독교 메시지 전체에서 유래한 것이다. 형식과 내용을 구별할 수는 있지만 분리할 수는 없다(이러한 이유로 형식 논리학은 철학이라는 영역과 관련을 맺지 않을 수 없다). 형식과 내용은 연역 조직의 근거로 기능하지 않지만, 그것은 신학의 경계선에서 신학 조직을 유지하는 방법론적 관리자들로 활동한다.

---

10   역주. Tillich는 methodological과 methodical이라는 두 가지 형용사를 사용했는데 전자는 "방법론적", 후자는 "정연한"으로 번역했다. 독일어 역본은 이 단어들을 구분하지 않고 methodisch로 번역했다.

우리는 앞서 특별한 설명 없이 "궁극적 관심"(ultimate concern)이라는
단어를 사용했다. 궁극적 관심이란 성서에 나오는 가장 위대한 계명, 즉
"주 곧 우리 하나님은 유일한 주시라. 네 마음을 다하고 목숨을 다하고 뜻
을 다하고 힘을 다하여 주 너의 하나님을 사랑하라"[11]를 추상적으로 번역
한 용어를 말한다. 종교적 관심은 궁극적인 것이다. 그것은 궁극적 관심에
서 나온 다른 모든 관심을 배제한다. 그것은 다른 모든 관심을 예비적인 관
심으로 만든다. 궁극적 관심은 무조건적이며 특성이나 욕구 및 환경과 같
은 조건과는 무관하다. 무조건적 관심은 총체적이다. 즉 우리 자신이나 우
리 세계의 그 어떤 부분도 궁극적 관심에서 배제되지 않는다. 그것에서 벗
어날 "장소"는 그 어디에도 없다.[12] 전체 관심은 무한하다. 따라서 우리가
궁극적이고 무조건적이며, 무한한 종교적 관심에 직면한다면, 쉼과 안식의
순간이 우리에게 찾아오지 않는다.

"관심"이라는 단어는 종교 경험의 "실존적" 특징을 보여준다. 우리가
"종교의 대상"을 적절하게 이야기하려면, 우리는 동시에 그것에서 대상으
로서의 특성을 제거해야 한다. 궁극적인 것은 그 자신을 오로지 궁극적 관
심을 가진 이에게만 드러낸다. 그것은 무조건적 관심과는 상관관계를 맺지
만, 그것은 우리가 분리된 입장에서 객관적으로 논증할 수 있는 "절대자"
혹은 "무조건자"라고 불리는 "지고의 존재"는 아니다. 궁극적인 것은 모든
것을 전적으로 포기하게끔 하는 대상이며, 그것은 우리가 그것을 보는 동
안에 우리의 주체성(subjectivity)을 포기할 것을 요구한다. 그것은 우리의 무
한한 정열과 흥미의 문제이며(키에르케고르), 우리가 그것을 우리의 대상으

---

11   막 12:29-30.
12   시 139편.

로 삼으려 해도 우리를 자신의 대상으로 만든다. 이런 이유로 우리는 "궁극자", "무조건자", "보편자", "무한자"와 같은 용어를 사용하지 않고, 궁극적인, 무조건적인, 총체적인, 무한한 관심이란 용어를 사용했다. 물론 모든 관심을 살펴볼 때, 사람들이 관심을 기울이는 "어떤 존재"가 있다. 하지만 이 어떤 존재는 관심 없이도 알려질 수 있고 다루어질 수 있는 분리된 대상으로 보이지 않는다. 그렇다면 다음과 같은 것이 바로 신학의 첫 번째 형식적인 기준이다. **곧 신학의 대상은 우리에게 궁극적 관심을 불러일으키는 것이다. 그 대상이 우리에게 궁극적 관심의 문제가 될 수 있는 한, 그런 대상을 다루는 명제만이 신학적이다.**

이 명제의 부정적 의미는 명확하다. 신학은 결코 궁극적 관심이라는 상황을 떠나서는 안 되며, 예비적 관심의 영역 안에서 어떤 역할을 수행해서도 안 된다. 신학은 예술적 창조물의 미학적 가치, 물리학이나 역사학의 가설이 지닌 학문적 가치, 의학적 치료나 사회 재건을 위한 최상의 방법, 정치적 갈등이나 국제적 갈등의 해법에 관해서 판단할 수도 없으며 판단해서도 안 된다. 신학자 **자신은** 예비적인 관심의 어떤 문제와 관련해서도 전문가가 아니다. 마찬가지로 이런 예비적인 관심을 다루는 전문가들 역시 신학의 문제를 다룰 때 전문가**처럼** 행동해서는 안 된다. 이처럼 신학의 첫 번째 형식적 기준은 궁극적 관심과 예비적 관심 사이의 경계선을 수호하면서 경계선 반대편의 문화 영역을 보호할 뿐만 아니라 신학까지도 보호한다.

하지만 이것은 신학의 첫 번째 기준의 완전한 의미를 말하지 않는다. 비록 그것이 궁극적 관심의 내용 및 궁극적 관심과 예비적 관심의 관계에 대해 언급하지는 않을지라도, 그것은 그 두 가지 관계에 대해 함축된 의미를 말해준다. 예비적 관심과 우리에게 궁극적으로 관심을 불러일으키는 것 사이에는 세 가지 관계가 가능하다. 첫 번째는 상호 무관심한 관계이고, 두 번째는 예비적 관심을 궁극적인 것으로 격상시키는 관계이며, 세 번째는 예비적 관심이 그 자신을 궁극적인 것으로 주장하지 않으면서도 궁극적 관심의 매개물이 되는 관계다. 첫 번째 관계는 조건적이고 부분적이며 유한한 상황과 경험들 및 실존에 대한 궁극적 의미 물음이 불현듯 우리를 사로잡는 순간에 요동치는 우리의 일상생활에 널리 퍼져 있다. 하지만 이런 구분은 무조건적이고 전체적이며 무한한 특성을 지닌 종교적인 관심과는 모순된다. 그것은 우리의 궁극적 관심을 다른 관심 중 하나로 만들어 버리며 궁극적 관심에서 궁극성을 박탈한다. 이러한 태도는 성서적 계명의 궁극성과 첫 번째 신학적 기준의 궁극성을 회피하는 것이 아닐 수 없다. 두 번째 관계는 본질적으로 우상숭배적이다. 우상숭배는 예비적인 관심을 궁극적인 관심으로 높이는 행위를 의미한다. 여기서는 본질상 조건적인 것을 무조건적인 것으로 간주하고, 본질상 부분적인 것을 보편적인 것으로 높이며, 본질상 유한한 것에 무한한 중요성을 부여한다(두 번째 예를 가장 잘 보여 주는 것은 종교 민족주의라는 현대의 우상숭배). 그러한 관심의 유한한 기초와 그런 관심의 무한한 주장 사이에 벌어지는 갈등은 궁극적인 것들 사이의 갈등으로 이어진다. 다시 말해 그것은 성서의 계명뿐만 아니라 신학의 첫 번째 기준과도 근본적으로 모순된다. 궁극적인 관심과 예비적인 관심 사이의 세 번째 관계는 후자가 전자의 담지자이자 매개물이 되는 것이다. 유한한 관심은 무한하게 중요한 것으로 격상되지 않으며, 무한한 것 중 하나로 취급되지도 않지만, 무한한 것은 유한한 것 안에서 그리고 그것을 통해서 실제적인 것이 된다. 그 어떤 것도 이러한 기능에서 배제되지 않는다. 궁극적 관심은 모든 예비적 관심 안에서 그리고 그것을 통해서 그 자신을 현실화한다. 이런 현실화가 일어날 때마다, 예비적 관심은 신학의 대상이 될 수 있다. 하지만 예비적 관심이 매개물, 곧 그 자신 너머에 있는 것을 가리키는 매개물이 될 때만 신학은 그 예비적 관심을 취급한다.

사진과 시와 음악은 신학의 대상이 될 수 있다. 물론 그것들이 가진 미학적 형태의 관점에서가 아니라, 그것들이 가진 미학적 형태 안에서 그리고 그 형태를 통해서 우리에게 궁극적으로 관심을 불러일으키는 어떤 측면을 표현하는 능력이라는 관점에서 신학의 대상이 될 수 있다. 물리학적이거나 역사적 혹은 심리학적 통찰들도 신학의 연구 대상이 될 수 있다. 그것들의 인식적 형태의 관점에서가 아니라, 그것들의 인식적 형태 안에서 그리고 그 형태를 통해서 우리에게 궁극적으로 관심을 불러일으키는 것에 대한 일부 측면을 드러내는 힘의 관점에서 연구 대상이 된다. 사회 이념과 활동, 법률 계획과 소송 절차, 정치 계획과 결정 역시 신학의 대상이 될 수 있다. 그것들의 사회적·법적·정치적 형태의 관점이 아니라, 그것들의 사회적·법적·정치적 형태 안에서 그리고 형태를 통해서 궁극적으로 우리에게 관심을 불러일으키는 것의 어떤 점을 현실화하는 힘의 관점에서 신학의 대상이 될 수 있다. 인격의 문제와 발달, 교육 목표와 방법, 신체 및 심료 치유도 신학의 대상이 될 수 있다. 그것들의 윤리적이고 기술적인 형태의 관점이 아니라, 그것들의 윤리적이고 기술적인 형태 안에서 그리고 형태를 통해서 궁극적으로 우리에게 관심을 불러일으키는 것이 가진 어떤 측면을 매개하는 힘의 관점에서 신학의 대상이 될 수 있다.

다음과 같은 물음이 제기된다. 우리의 궁극적 관심의 내용은 무엇인가? 우리에게 무조건적으로 관심을 불러일으키는 것은 무엇인가? 이 물음에 대한 대답은 분명하게 어떤 특정한 대상일 수 없을 뿐만 아니라 심지어 신조차도 될 수 없다. 신학을 정의하는 첫 번째 기준은 변함없이 형식적이면서 일반적인 것으로 머물러야 하기 때문이다. 우리가 우리의 궁극적 관심의 본성에 관해 더 많은 것을 이야기해야 한다면, 그것은 "궁극적 관심"이라는 개념 분석에서 파생되어야 한다. **우리의 궁극적 관심은 우리의 존재와 비존재를 결정하는 것이어야 한다. 그 대상이 우리에게 존재와 비존재의 문제가 될 수 있는 한, 그런 대상을 다루는 명제만이 신학적이다.** 이것이 신학의 두 번째 형식적 기준이다.

우리의 존재를 위협하거나 구원하는 힘을 갖고 있지 못한 그 어떤 존재도 우리에게 궁극적 관심을 불러일으킬 수 없다. 이 맥락에서 "존재"(being)라는 용어는 시간과 공간에서의 실존(existence)을 의미하지 않는다. 실존은 우리에게 궁극적 관심이 될 수 없는 것들이나 사건들에 의해서 끊임없이 위협받고 구조받는다. 하지만 "존재"라는 용어는 인간의 실재 전체, 실존의 구조 및 의미 그리고 목적을 의미한다. 이 모든 것이 위협받고 있다. 따라서 그것은 상실될 수도 있고 구원받을 수도 있다. 인간은 궁극적으로 자신의 존재와 의미에 관심을 기울인다. **이런** 의미에서 "존재하냐 혹은 존재하지 않느냐"가 궁극적이고, 무조건적이며, 전체적이고, 무한한 관심을 기울여야 하는 문제다. 인간은 자신이 속해 있음에도 그것으로부터 소외되어 있어서 그것을 간절히 열망하는 바로 그 무한성에 무한히 관심을 기울인다. 인간은 자신의 참된 존재이면서 시간과 공간에서 분열을 겪는 전체성에 전적으로 관심을 기울인다. 인간은 자신의 안과 주변의 모든 조건들 너머에서 자기 존재의 조건이 되는 것에 무조건적으로 관심을 기울인다. 그는 모든 예비적인 필연성과 우연성을 벗어나도록 자신의 궁극적 운명을 결정해주는 것에 궁극적으로 관심을 쏟는다.

신학의 두 번째 형식적 기준은 어떤 구체적인 내용과 상징 혹은 이론을 명시하지 않는다. 그것은 형식적인 것만을 이야기하고 결국 "우리의 존재와 비존재를 결정하는 것"을 나타낼 수 있는 여러 내용을 미결정으로 남겨둔다. 동시에 그것은 이런 능력을 갖추지 않은 내용이 신학 영역에 들어오는 것을 전혀 용납지 않는다. 따라서 모종의 존재가 신학의 이 두 번째 형식적 기준의 비판을 견디지 못한다면, 즉 우리의 존재 및 비존재와 관련한 문제가 아니라면, 그 어떤 것도 신학의 대상이 될 수 없다. 그것들이 설사 다른 존재들 옆에서 존재하는 하나의 신(심지어 지고의 존재)이든지 혹은 ("영들"이 거주하는 영역으로 명명되는) 천상의 영역에 거주하는 천사 또는 (신이면서 인간으로 언급되는) 초자연적 능력을 소유한 인간이라 할지라도 말이다.

3. 신학과 기독교

신학은 기독교 신앙의 내용을 논리 정연하게(methodical) 해석한 것이다. 이런 설명은 앞서 우리가 신학 영역과 교회의 한 기능으로서 신학을 논했던 진술에 함축되어 있다. 지금 우리는 "기독교 밖에도 신학이 있는지", "만일 기독교 밖에도 신학이 있다면, 신학이라는 개념은 기독교 신학에서 완벽하고 최종적인 방식으로 성취되는 것인지"와 같은 물음을 다루어야 한다. 사실 이것은 기독교 신학이 주장하는 것이다. 하지만 그것은 하나의 주장, 곧 신학자는 신학 영역 안에서 활동한다는 사실에 대한 자연스러운 표현 이상을 의미하는가? 기독교 신학은 신학 영역의 경계 너머에서도 타당할까? 변증신학의 임무란 신학 영역 외부에 있는 이들이 기독교의 주장을 살펴볼 때 기독교가 타당하다는 사실을 입증하는 것이다. 변증신학은 모든 종교와 문화 안에 내재해 있는 동향들이 기독교가 제시하는 대답으로 다가서고 있음을 보여주어야 한다. 이런 주장은 기독교 교리와 신학을 신학적으로 해석한 것과도 관련이 있다.

우리가 신학이라는 단어를 가장 넓은 의미로 이해한다면, 즉 **테오스**

(*theos*, 신과 신적인 존재들)에 관한 **로고스**(*logos*)나 추론으로 이해한다면, 신학은 종교만큼이나 오래된 것이다. 사유는 인간의 모든 지적 활동과 관련을 맺는다. 인간이 단어나 생각, 개념을 갖고 있지 않다면, 인간은 정신적인 존재일 수 없을 것이다. 물론 이 주장은 특히 인간의 정신적인 삶의 가장 포괄적인 기능을 담당하는 종교에 대해서 말할 때도 조금도 틀리지 않는다.[13] 슐라이어마허의 후계자들이 종교를 여러 기능 중 하나의 심리적인 기능으로 이해하여 종교를 감정의 영역에 위치시켰을 때, 그것은 그들이 종교에 대한 슐라이어마허의 정의(절대 의존의 감정)를 오해했음을 보여주는 것과 종교가 경시될 것을 미리 보여주는 징후에 불과했다. 사고와 행동을 종교적인 간섭으로부터 자유로운 것으로 만들고자 종교를 주관적인 감정이라는 비합리적인 구석으로 추방한 것은 종교 전통과 현대 사상의 갈등을 회피하는 손쉬운 방법이었다. 하지만 그것은 종교에 내린 사형 선고였기에 종교는 그것을 받아들이지 않았을 뿐만 아니라 받아들일 수도 없었다.

모든 신화는 신학적 사유를 포함하는데, 이런 신학적 사유는 더 분명해질 수 있고, 종종 더 명확하게 밝혀지고 있다. 사제들이 때때로 여러 다양한 신화를 비교 분석하여 조화롭게 설명했을 때, 중요한 신학적 통찰들이 제시되었다. 힌두교의 베단타 학파가 제시한 신비주의적 사변들은 명상을 통한 고양을 신학적 통찰과 결합했다. 고대 그리스 철학이 제시한 형이상학적 사변들은 합리적 분석을 신학적 통찰과 결합했다. 신의 법에 관한

---

13   "정신적"(spiritual, 소문자 s)이라는 단어는 "영적"(Spiritual, 대문자 S)이라는 단어와 명확하게 구별되어야 한다. "영적"은 신적인 영이 인간 안에서 수행하는 활동들과 연관되며, "정신적"은 개인적 생활과 공동체적 생활에서 인간이 소유한 역동적이고 창조적인 본성과 연관된다.

윤리적·법적·제의적 해석들은 예언자들이 믿던 일신교의 토양 위에서 또 다른 형태의 신학을 형성했다. 이런 모든 것은 **"신-학"**("theo-logy", 신들에 관한 말[*logos of theos*]), 즉 예식과 상징들 및 신화들의 종교적 실체를 합리적으로 해석한 것이다.

기독교 신학도 예외가 아니다. 그것은 똑같은 것을 작업하지만, **유일한** 신학(the theology)이라는 주장을 전제하면서 작업한다. 이 주장의 토대는 "로고스가 육신이 되었다"(Logos became flash)는 기독교의 교리, 즉 신적 자기 계시의 원리가 "그리스도로서의 예수"(Jesus as the Christ) 사건에서 분명하게 나타났다는 기독교 교리다. 이 메시지가 참이면, 기독교 신학은 다른 모든 신학의 토대를 초월할 수 있지만, 자신은 다른 모든 신학에 의해서 초월될 수 없는 토대를 획득한다.[14] 다른 말로 하자면, 그것은 절대적으로 구체적인 동시에 절대적으로 보편적인 것을 획득했다. 그 어떤 신화도, 그 어떤 신비주의적인 광경도, 그 어떤 형이상학적인 원리도, 그 어떤 성스러운 법도 인격적인 생명이라는 구체성을 지니고 있지 않다. 인격적인 생명과 비교해 보면, 그런 모든 것은 상대적으로 추상적임을 알 수 있다. 그리고 신학과 관련한 이런 상대적으로 추상적인 토대 중 그 어떤 것도 그 자체가 보편성의 원리인 로고스의 보편성을 지니고 있지 않다. 로고스와 비교

---

14   역주. Tillich의 이러한 언급에는 아우구스티누스의 영향이 나타난다. "아우구스티누스는 플라톤주의와 신플라톤주의가 다른 어느 철학보다도 기독교에 가깝다고 생각했다. 그리고 그는 특히 그들의 사상에는 삼위일체론적인 요소나 로고스 이론이 들어 있다고 지적했다. 그러나 이들의 철학에는 한 가지가 빠져 있다. 여기서 아우구스티누스는 철학과 신학의 [관계를 나타내는] 중요한 구별을 짓고 있다. 다시 말해서 이들의 철학은 로고스가 살이 되었음을 주장할 수가 없었다. 철학이 신학에다 로고스 개념을 부여했지만, 로고스가 육체가 되었다고 하는 기독교 신학의 주장은 어느 철학 체계에 의존한 것도 아니고 기독교 신앙의 메시지, 곧 계시에 바탕을 둔 것이기 때문이다. 보편적·우주적 원리로서의 로고스가 역사적인 형태를 입고 나타났다는 사실, 이것은 독특한 그리고 [그 어느 것과도] 견줄 수 없는 역사적 사건이다." Tillich, 『그리스도교 사상사』, 199.

해 보면, 만물은 상대적으로 개체적이다. 기독교 신학은 절대적 구체성과 절대적 보편성 사이의 긴장 위에 근거하고 있다는 점에서 **유일한** 신학이다. 제사장들과 예언자들의 신학은 매우 구체적이지만, 보편성을 결여하고 있다. 신비적이고 형이상학적인 신학들은 매우 보편적이지만, 그것들은 구체성을 결여하고 있다.

누군가 절대적으로 구체적인 것만이 절대적으로 보편적일 수 있고 이와 반대로 절대적으로 보편적인 것만이 절대적으로 구체적일 수 있다고 말한다면, 그의 말은 역설처럼 들릴 수 있지만 현 상황을 아주 적절하게 묘사해준다. 순전히 추상적인 것만이 제한된 보편성을 가진다. 그것은 추상화된 실재들에 제한되어 있기 때문이다. 순전하게 개체적인 것은 제한된 구체성을 가진다. 그것은 자기 자신을 구체적인 것으로 유지하기 위해 다른 개체적인 실재들을 배제해야 하기 때문이다. 모든 개별성을 대표하는 능력을 소유한 것만이 절대적으로 구체적이다. 또한 추상적인 모든 것을 대표할 수 있는 능력을 소유한 것만이 절대적으로 보편적이다. 이런 이해는 절대적으로 구체적인 것과 절대적으로 보편적인 것이 동일화하는 순간을 보여준다. 그것은 바로 기독교 신학이 출현한 순간, 곧 "로고스가 육신이 되었다"[15]라고 묘사되는 순간이다. 절대적으로 구체적인 것을 절대적으로 보편적인 것과 똑같다고 설명히는 교리인 로고스 교리는 다른 신학적 교리 중 하나의 교리가 아니다. 그것은 자신을 **유일한** 신학이라고 주장

---

15 보편과 구체 사이의 긴장이 추상과 개별 사이의 긴장으로 해석될 경우, 로고스 교리는 잘못 이해될 수 있다. 추상화는 그것이 추상화한 것의 부분들을 다 부정한다. 보편성은 모든 부분을 포함한다. 그것은 구체적인 것을 포함하기 때문이다. 개체성은 다른 모든 개체적인 것에서 모든 개체적인 것을 배제한다. 구체성은 다른 모든 구체적인 것을 대표한다. 그것은 보편성을 포함하기 때문이다. 기독교 신학은 추상적인 것과 개체적인 것의 양극에서가 아니라 보편적인 것과 구체적인 것의 양극에서 진척된다.

할 수 있는 기독교 신학의 유일한 토대다. 절대적으로 보편적인 것을 **로고스로 반드시** 명명해야 할 이유는 없다. 다른 전통에서 유래하여 통용된 용어들로 그것을 대체할 수도 있다. 마찬가지로 헬레니즘 시대의 의미를 함의하고 있는 "육신"이라는 단어도 다른 단어로 대체될 수 있다. 하지만 예수가 그리스도라고 불린다면, 그는 모든 개체적인 것을 대표해야 하고, 절대적으로 구체적인 것과 절대적으로 보편적인 것이 똑같아지는 순간이 있어야만 한다는 초기 기독교의 이해(vision)는 반드시 수용되어야 한다. 예수가 절대적으로 구체적인 존재인 한 그와의 관계는 완전하게 실존적 관심을 일으키지 않을 수 없다. 그가 절대적으로 보편적인 존재인 한 그와의 관계는 잠재적으로 모든 가능한 관계를 포함하고, 그로 인해 무조건적이고 무한한 관계들도 포함한다. 잠재적으로 모든 가능한 관계를 포함한다는 성서의 언급은 바울이 "그리스도 안에 있으면"[16]이라고 말하는 그의 서신에서 확인할 수 있다. 우리는 개체적인 것에 맞서는 개체적인 것의 자기 고독(self-seclusion) 때문에 어떤 개체적인 것 **안에** 있을 수 없다. 우리는 절대적으로 구체적인 것이면서 동시에 절대적으로 보편적인 것 **안에**만 있을 수 있다. 또한 무조건적이고 무한한 관계에 대한 성서적 언급 역시 바울이 우주적 세력이 그리스도에게 굴복한다고 말하는 저작들에서 발견된다.[17] 절대적으로 보편적인 동시에 절대적으로 구체적인 것만이 우주적 다원주의를 극복할 수 있다.

초기 교회가 "예수 그리스도"(Jesus the Christ)라는 사건의 보편적 의미를 표현하기 위해서 스토아주의와 알렉산드리아의 필론의 **로고스** 이론을

---

16   고후 5:17.
17   롬 8장.

사용한 것은 (하르나크처럼) 우주론적 관심 때문이 아니라 생사의 문제 때문이었다. 초기 교회는 그런 로고스 이론을 사용함으로써 그리스도가—다신론을 구성하고 있었고 구원을 방해하던—악마적인 자연적 세력들을 물리치시고 승리하셨다는 신앙을 선포할 수 있었다. 이런 이유로 교회는 그리스도를 최상의 존재로 규정했지만, 그에게서 절대적 보편성(성부 하나님보다 못한 존재)과 절대적 구체성(인간보다 우월한 존재)을 박탈하여 그리스도를 우주적 세력 중 하나로 만들려고 했던 아리우스주의(Arianism)와 필사적으로 싸웠다. 아리우스 신학에서 반신(half-God)으로 전락한 예수는 기독교 신학의 토대가 될 수 있을 만큼 충분히 보편적인 존재도 아니고 그렇다고 충분히 구체적인 존재도 아니었다.

이러한 논증이 예수 그리스도 안에서 "로고스가 육신이 되었다"는 신앙을 고백하는 주장을 입증하지 못했다는 것은 명백하다. 하지만 그것은 로고스가 육신이 되었다는 신앙을 고백하는 주장이 받아들여진다면, 기독교 신학은 "신학"이라 명명될 수 있는 종교의 역사에 등장했던 모든 것의 토대들을 무한히 초월하는 토대를 가질 수 있음을 보여준다.

4. 신학과 철학: 물음

신학은 지식의 특별한 영역을 구축하고 있고, 특별한 대상을 다루며, 특별한 방법을 사용한다고 주장한다. 이 주장으로 인해서 신학자는 신학과 다른 형태의 지식 사이에 이루어지는 관계를 설명해야 할 의무를 떠안는다. 그는 두 가지 물음에 대답해야 한다. 신학은 개별 학문들(Wissenschaften)과 어떤 관계에 있는가? 그리고 신학은 철학과 어떤 관계에 있는가? 첫 번째 물음에 대해서는 앞서 신학의 형식적 기준을 설명하면서 함축적으로 대답했다. 우리의 궁극적 관심을 일으키는 것만이 신학의 대상이라면, 신학은 과학적 연구 방법 및 그 결과와는 아무런 관련이 없고, 그 반대의 상황도 마찬가지다. 신학은 사람들이 물리학이나 역사학, 사회학이나 심리학의 연구에 어떤 편견을 갖도록 만들 권리나 의무를 갖고 있지 않다. 물론 그런 학문들의 연구 역시 신학에 긍정적인 도움을 주거나 또는 매우 심각한 타격을 직접적으로 가할 수는 없다. 다른 학문들의 연구와 신학은 그것들에 근본적으로 있는 철학적 요소에서 서로 간의 관련성을 엿볼 수 있는 접점을 찾을 수 있다. 따라서 신학과 개별 학문들의 관계 물음은 신학과 철학의 관계 물음으로 수렴된다.

신학과 철학의 관계 물음이 어려운 부분적인 이유는 철학에 대해 일반적으로 수용되는 정의가 없기 때문이다. 모든 철학은 철학자의 관심과 목적 그리고 방법에 부합하는 정의를 제시한다. 이런 환경에서 신학자는 소위 철학사라고 이야기되는 역사에 등장했던 대부분의 중요한 철학을 충분히 포괄할 수 있을 정도로 폭넓은 철학에 관한 정의만을 제안할 수 있다. 지금 여기서는 **실재 자체를 그 대상으로 삼는 실재에 대한 인지적 접근**을 철학에 대한 정의로 제안하고자 한다. 실재 자체 혹은 실재 전체는 실재들의 총합이 아니다. 다시 말해서, 실재 자체는 실재를 전체로 만들어 잠재적인 인식 대상으로 만들어내는 구조다. 실재 자체의 본성을 탐구하는 것은 실재의 모든 영역과 인식적으로 만날 때 전제가 되는 구조와 범주 및 개념들을 탐구하는 것을 의미한다. 이런 관점에서 볼 때, 철학은 정의상 비판적이다. 그것은 경험을 가능케 하는 구조들에서 경험되는 다양한 자료를 분리하여 추상한다. 이런 점에서 구성적 관념론(constructive idealism)과 경험론적 실재론(empirical realism) 사이에는 그 어떤 차이점도 없다. 경험을 가능케 하는 일반적 구조의 특성을 묻는 물음은 언제나 똑같다. 이것이 바로 철학의 **고유한** 물음이다.

철학에 관한 비판적 정의는—과학 이전의 경험을 통해 제시된 보편적 구조뿐 아니라 모든 개별 과학의 결과들을 포함해—실재에 관해 완전한 체계를 제시하려는 철학 활동보다 훨씬 더 온건하다. 그와 같은 실재에 관해 완전한 체계를 제시하려는 시도는 "위"로부터 혹은 "아래"로부터 이루어졌다. 헤겔은 "위"로부터 작업했다. 그는 자신의 『논리학』에서 발전시킨 범주 형식들을 자기 시대의 학문적 지식 내용들로 채우고자 했고, 내용들을 범주에 맞게 조정했다. 분트(Wundt)는 "아래"로부터 작업했다. 그는 활용 가능한 자기 시대의 학문적 지식들로부터 일반적이고 형이상학적인 원리들을 추상해냈고, 그 원리들을 사용해서 모든 경험적 지식을 계열화시켰다. 아리스토텔레스는 "위"와 "아래" 양쪽에서 작업했다. 그는 형이상학적 연구와 과학적 연구를 상호의존적으로 수행했다. 또한 라이프니츠(Leibniz)가 모든 실재를 수학적 분석과 종합에 종속시킬 수 있는 보편적인 계산법을 구상했을 때, 그런 상호의존적 수행은 그의 이상(ideal)이었다. 하지만 이런 모든 경우와 관련해서 인간 정신의 한계, 곧 전체를 파악할 수 없게 하는 인간 정신의 유한성이 드러났다. 체계가 완성되자마자 학문적 연구는 그것의 경계선을 침범했으며, 모든 방향에서 그것을 혼란에 빠트렸다. 보편 원리들만이 남게 되었고, 그것들은 항상 논의되었고, 이의가 제기되었으며, 수정되었지만 결코 논파되지 않았고, 수 세기에 걸쳐 그 영향력을 행사하면서 모든 세대에 의해 끊임없이 재해석되었다. 그것들은 결코 시대에 뒤처지거나 구시대의 무용지물로 취급되지 않았다. 이러한 원리들이 철학의 소재였다.

다른 한편, 이러한 철학에 관한 이해는—19세기 신칸트주의와 그것과 관련된 학파의 목표처럼—철학을 인식론과 윤리학으로 환원하려는 시도와—20세기 논리실증주의(logical positivism) 및 그와 관련된 학파들의 목표처럼—철학을 논리적 추론으로 환원하고자 하는 시도보다 덜 소박한 것이다. 존재론적 물음을 회피하려던 신칸트주의와 논리실증주의의 시도는 성공하지 못했다. 신칸트학파 철학을 지지하는 이들은 모든 인식론에는 존재론이 함축되어 있음을 알게 되었다. 그럴 수밖에 없었다. 인식이란 존재에 혹은 더 엄밀하게 말하자면 "존재적 관계"(ontic relation)에 참여하는 행위를 의미하므로, 인식 행위에 관한 모든 분석은 존재 해석을 반드시 언급해야 하기 때문이다(참조. 니콜라이 하르트만[Nicolai Hartmann]). 동시에 가치의 문제는 가치 판단의 타당성을 위한 존재론적 토대를 늘 강조했다. 만일 가치들이 **실재적 토대**(*fundamentum in re*)에 근거하지 않는다면(비교. 플라톤은 좋음을 본질적 구조들, 곧 존재의 이데아들과 동일시함), 그것들은 초월적 타당성이라는 대기 속에서 돌아다니거나, 가치들이 본질에 관한 존재론을 몰래 도입하지 않는다면, 그것들은 임의적이고 우연적인 실용주의적 평가에 의해 결정된다. 실용주의적·자연주의적 철학 사상의 흐름에 관해서는 논할 필요가 없다. 그 사상의 추종자 중 일부가 형이상학을 반대하는 진술을 했음에도 불구하고, 그 사상에는 생명, 성장, 과정, 경험, (포괄적인 의미에서 이해된) 존재 등과 같은 명확한 존재론적 단어들이 표현되었기 때문이다. 하지만 앞서 언급했듯이, 철학에 관한 존재론적 정의와 철학을 과학의 논리로 환원하려는 급진적 시도를 비교하는 일은 필요하다. 그 두 가지와 관련해서 비교할 문제는 논리실증주의가 그동안 전통 철학이 다룬 문제를 거의 모두 무의미한 것으로 의문시하고 제거하고자 한 것이 존재론에서 성공적으로 벗어났는가 하는 점이다. 이에 대한 우리의 첫 번째 반응은 그러한 시도는 너무나 값비싼 대가, 곧 철학을 우리의 삶에 매우 부적절하여 도움을 주지 못하는 것으로 만들어버리는 대가를 치렀다는 느낌을 받는다는 것이다. 하지만 우리는 이러한 느낌을 벗어나서 다음과 같은 주장을 제안할 수 있다. 철학은 과학적 논리만을 사용해야 한다고 제한하는 것이 취향의 문제라면, 우리는 그것을 진지하게 받아들일 필요가 전혀 없다. 과학적 논리가 인간 지식의 한계를 분석하는 일에 근거한다면, 그것은 모든 인식론처럼 존재론적 가정에 근거한 것이다. 논리실증주의 역시 모든 언어 철학처럼 결정을 내려야 하는 한 가지 문제가 있다. 기호와 상징 그리고 논리적 작업은 실재와 어떤 관계를 맺는가? 이 물음에 대답하고 싶은 사람이 있다면, 그는 반드시 존재의 구조와 관계를 맺고 있다고 대답해야만 한다. 달리 말해 그는 존재론적 작업이라고 대답하고 있다. 다른 모든 철학에 매우 과격하게 비판하는 철학이 있다면, 그 철학은 자신의 존재론적 가정을 살펴보고 드러낼 정도로 충분히 자기 비판적이어야 한다.

철학은 실재 전체에 대해 질문한다. 달리 말해 그것은 존재의 구조에 대해 질문한다. 그것은 범주, 구조적 법칙 및 보편적 개념을 가지고 물음에 대답한다. 철학은 존재론적 용어로 반드시 대답해야 한다. 존재론(ontology)이란 현 세계 이면에 다른 세계를 건립하기 위한 사변적이고 환상적인 시도를 의미하지 않는다. 이와 다르게 그것은 우리가 모든 만남 속에서 실재를 마주할 때 존재가 가진 구조들을 분석하는 작업을 말한다. 또한 그것은 형이상학(metaphysics)의 본래 의미도 말해준다. 하지만 **메타**(*meta*[이후에])라는 접두어는 더 이상 바로잡을 수 없을 정도로 왜곡되어버린 단어로서, 비물질적 존재들이 있는 초월적 영역이 현 세계를 모방한 것임을 의미한다. 따라서 형이상학보다는 존재론이라는 용어를 사용할 때 우리는 오해의 소지를 줄일 수 있을 것이다.

철학은 실재 전체에 관한 문제, 곧 존재의 구조에 관한 문제를 필연적으로 다룬다. 물론 신학도 그와 똑같은 문제를 필연적으로 다룬다. 우리에게 궁극적으로 관련이 있는 것은 반드시 실재 전체에 포함되어 있어야만 하기 때문이다. 달리 말해 그것은 존재와 반드시 관련이 있다. 그렇지 않다면 우리는 그것과 만나지 못할 것이고, 그것은 우리와 관련이 없을 것이다. 물론 그것은 다른 존재 중 하나의 존재일 수는 없다. 만일 그것이 여러 존재 중 하나의 존재라면, 그것은 우리와 무한한 관계를 맺지 않을 것이다. 그것은 우리 존재의 근거, 곧 우리의 존재와 비존재를 결정하는 것, 궁극적이고 무조건적인 힘이 틀림없다. 하지만 존재의 힘, 존재의 무한한 근거, "존재 자체"는 존재의 구조 안에서 그리고 존재의 구조를 통해서 자신을 표현한다. 그로 인해 우리는 그것과 만날 수 있고, 그것에 의해 사로잡힐 수 있으며, 그것을 알 수 있고, 그것을 지향하며 행위할 수 있다. 우리의 궁극적 관심을 다룰 때, 신학은 자신의 모든 진술에서 존재의 구조와 범주 및 법칙과 개념을 전제한다. 따라서 신학은 철학보다 훨씬 더 쉽게 존재 물음을 피해갈 수는 없다. 비성서적인 용어, 곧 존재론적 용어를 피하려고 했던 성서주의(biblicism)의 시도는 그에 상응하는 철학의 시도처럼 실패할 수밖에 없었다.[18] 성서 자체는 경험의 구조를 기술하는 범주와 개념을 항상 사용한다. 모든 종교 문헌과 신학 문헌에는 시간과 공간, 원인, 사물, 주체, 본성, 운동, 자유, 필연성, 생명, 가치, 인식, 경험, 존재와 비존재 같은 개념들이 등장한다. 성서주의는 그런 단어들의 대중적 의미를 보존하려고 하지만, 그렇게 되면 그것은 더 이상 신학일 수 없다. 그것은 이런 범주들에 관

---

18 역주. "성서주의"는 17세기 영국에서 기존 교회를 비판하며 발생한 신앙 운동으로서 예수와 성서 기록으로 복귀하는 운동이었다. 사회적으로는 현세와 타협한 기존의 교회를 비판하는 급진적 운동이었으나, 신학적으로는 성서를 문자적으로 이해하는 보수적 성격을 취했다. 이런 경향은 20세기 "근본주의"와 동일하며 Tillich는 "성서주의"와 "근본주의"를 거의 동일한 의미로 사용하고 있다. 참조. 深井智朗, 『신학을 다시 묻다: 사회사를 통해 본 신학의 기능과 의미』, 홍이표 옮김(서울: 비아, 2018), 135.

한 철학적 이해가 수 세기 동안 일상 언어에 영향을 주었다는 사실을 부인한다. 성서주의자들이 기독교를 역사적 종교라고 말하거나 하나님을 "역사의 주인"이라고 말할 때, 그들이 "역사"라는 단어를 얼마나 허술하게 사용하고 있는지를 보면 그저 놀라울 뿐이다. 그들은 자신들이 사용하는 "역사"라는 단어의 의미가 수천 년 동안 이루어진 역사 사료 편찬과 역사 철학에 의해 형성되었음을 망각하고 있다. 게다가 그들은 역사적 존재란 다른 존재들과 함께 존재하는 일종의 존재라는 것과, 역사를 "자연"이라는 단어와 구별하기 위해서 예를 들어 존재의 구조에 관한 일반적인 상이 전제되어 있어야 한다는 사실을 잊고 있다. 그들은 역사의 문제가 시간과 자유, 우연 및 목적 등의 문제들과 연결되어 있다는 것과 이런 각각의 개념도 역사라는 개념처럼 유사하게 발전해온 것임을 망각하고 있다. 따라서 신학자는 자신이 사용하는 용어의 의미를 반드시 진지하게 취급해야만 한다. 그는 자신이 사용하는 단어의 깊고 폭 넓은 의미를 알고 있어야만 한다. 따라서 조직신학자는 창조적 힘에 있어서는 아닐지라도 비판적 이해에 있어서는 철학자여야 한다.

모든 철학자와 신학자는 존재의 구조 그리고 이 구조를 기술하는 범주와 개념들에 암시적으로나 명시적으로 관심을 기울인다. 철학자와 신학자 그 누구도 존재론적 물음을 피할 수 없다. 이 물음을 외면하려고 했던 철학자와 신학자의 시도는 모두 실패로 끝났다. 상황이 이렇게 암울하다면, 우리는 다음과 같은 물음에 시급하게 대답하지 않으면 안 될 것이다. 철학자가 묻는 존재론적 물음과 신학자가 묻는 존재론적 물음 간의 관계는 무엇인가?

5. 신학과 철학: 대답

철학과 신학은 모두 존재에 대해 질문한다. 하지만 철학과 신학은 서로 다른 관점에서 그 질문에 대답한다. 철학은 존재의 구조 자체를 다룬다. 이와 달리 신학은 우리와 관련한 존재의 의미를 다룬다. 이 차이점으로 인해 신학과 철학의 관계는 서로 일치하는 부분뿐만 아니라 일치하지 않는 부분도 있다.

첫 번째 차이점은 철학자와 신학자가 보여주는 인식적 태도의 차이다. 철학자는 철학적 **에로스**(*erōs*)에 의해 추동되지만, 그는 존재와 존재의 구조에 대해서 분리된 객관성을 유지하려고 애쓴다. 그는 실재에 대한 객관적 시선을 왜곡시킬 수도 있는 개인적·사회적·역사적 조건을 배제하려고 노력한다. 철학자의 열망은 진리를 얻으려는 열망인데, 이 진리는 그 누구나 쉽게 접근할 수 있고, 그 어떤 평범한 비판이라도 겸허히 듣고자 하며, 모든 새로운 통찰을 유연하게 수용할 수 있고, 숨김없이 쉽게 전달될 수 있는 특징을 지닌다. 이런 모든 점에서 철학자는 과학자와 역사학자 그리고 심리학자 등과 다르지 않다고 생각한다. 그는 그들과 협력한다. 그는 경험적인 탐구를 하면서 축적해둔 비판적 분석의 자료들을 제공한다. 모든 학문은 철학에서 연원했다고 이야기되는 것처럼, 그렇게 그것들은 철학자가 실재에 대해 과학 이전의 접근 방식에서 얻을 수 있던 것보다 훨씬 더 새롭고 명확한 내용을 그에게 제공함으로써 철학에 공헌한다. 물론 철학자는 한 명의 철학자로서 과학이 제공한 지식을 비판하지 않으며 그렇다고 강화하지도 않는다. 과학을 통해 얻은 이 지식은 철학자가 존재 구조를 이루고 있는 범주와 구조적인 법칙 그리고 개념을 묘사할 때 그 토대를 형성한다. 이런 점에서 철학자는 실재에 대해 과학 이전의 관찰에 의존했던 것만큼—때로는 그것보다 더 많이—과학자에게 의존한다. 철학과 과학(넓은 의미에서는 학문들)의 이런 관계는 철학자가 분리되고 객관적인 태도를 가질 수 있도록 강화해준다. 철학자는 자신의 철학을 수행하는 과정에서 직관적이며 종합적인 작업을 수행할 때조차도 자신이 탐구하는 대상에 의해 전적으로 결정되지 않은 영향들마저 전혀 용납하지 않으려고 애쓴다.[19]

이와 달리 신학자는 자신의 대상과 거리를 두는 게 아니라 깊은 관계를 맺는다. 그는 열망과 두려움 그리고 사랑의 눈으로 자신의 대상을 바라본다. 이것은 철학자의 에로스 혹은 객관적 진리를 향한 철학자의 열망이 아니다. 오히려 신학자는 인격적인 사랑을 전하고 그로 인해 구원하는 진리를 받아들이는 사랑도 전한다. 근본적으로 그는 자신이 설명하는 내용에 깊이 헌신하는 자세를 취한다. 그가 자신이 탐구하는 대상으로부터 분리되는 것은 자신이 전하려는 내용의 본질을 부정하는 것일 수 있다. 따라서 신학자의 태도는 "실존적"이다. 신학자는 자기 실존 전체와 자신의 유한성과 자신의 불안과 자신의 자기모순과 절망 그리고 자신과 자신이 처한 사회적 상황에 있는 치유하는 힘과 관계한다. 모든 신학적 진술은 그 진술에 있는 진지함을 실존의 이와 같은 요인들에서 가져온다. 한마디로 신학자는 자신의 신앙에 의해 결정된다. 모든 신학은 신학자가 신학적 영역 안에 있음을 전제한다. 이러한 신학적 진술의 특성은 철학적 진리가 가진 개방적이고 무한하며 가변적인 특성과 모순된다. 또한 그것은 철학자가 과학적 탐구에 의존하는 방식과도 완전히 다르다. 신학자는 (역사학자와 사회학자와 심리학자를 포함한) 과학자와 직접적인 관계가 없다. 그는 철학적 함의가 위

---

19 이런 관점에서 볼 때 "철학적 신앙"이라는 개념은 의문스러워 보인다(Karl Jaspers, *The Perennial Scope of Philosophy* [New York: Philosophical Library, 1949]를 보라).

기에 처하는 경우에만 과학자와 관계를 맺는다. 신학자가 "경험론적" 신학자들이 그랬던 것처럼 실존적 태도를 포기할 경우, 그는 아마 경험론적 신학자들의 실존적인 전제를 공유하지 않는 그 누구라도 인정하지 않을 실재에 관해 진술할 것을 강요받을 것이다. 따라서 신학은 반드시 실존적이어야 하며, 그 어떤 신학도 신학 영역을 벗어날 수 없다.

신학자와 철학자의 두 번째 차이점은 그들이 가진 근원(source)에서 비롯된다. 철학자는 실재 전체를 바라보고, 그 안에 있는 전체로서 실재의 구조를 발견하고자 한다. 그는 인지 기능과 인지 구조의 힘이라는 수단을 이용해서 존재의 구조로 들어가고자 애쓴다. 철학자는 객관적 이성과 주관적 이성 사이의 동일성과 전체로서 실재의 **로고스**와 자신 안에서 작동하는 **로고스** 사이에 동일성 혹은 적어도 유비가 있을 것이라고 가정한다(과학은 이것을 끊임없이 입증한다). 따라서 이 **로고스**는 보편적이다. 모든 이성적 존재는 로고스에 참여하며, 그것을 사용하여 문제를 제기하고 수용된 대답을 비판한다. 우리가 존재의 구조를 발견할 수 있는 특별한 장소가 있는 건 아니다. 그렇다고 우리가 경험의 범주들을 발견하기 위해 어떤 특정한 장소에 서 있어야 하는 것도 아니다. 우리가 두 눈으로 주위를 볼 수 있는 장소가 존재의 구조 및 경험의 범주를 발견할 수 있는 모든 곳이다. 그렇다고 우리가 두 발로 서 있는 장소가 그것들을 발견할 수 있는 장소는 결코 아니다. 그 장소는 다름 아닌 우리의 순수이성이기 때문이다.

이와 다르게 신학자는 자신의 궁극적 관심을 불러일으키는 명백한 대상을 바라보아야 하며, 그 궁극적 대상의 현현이 그에게 도달하고 이해하는 곳에 반드시 서 있어야만 한다. 그가 지식을 얻을 수 있는 근원은 보편적 로고스(logos)가 아니라 "육신이 되신" 로고스(Logos), 달리 말해 어떤 특정한 역사적 사건 속에서 그 자신을 현현시킨 바로 그 로고스다. 그가 육신이 되신 로고스의 현현을 수용하도록 도움을 주었던 매개물은 보편적인 합리성이 아니라 교회, 곧 교회 전통과 현재의 교회다. 신학자는 교회 안에서 교회의 토대에 관해 말한다. 그는 교회의 토대가 가진 능력과 토대 위에 세워진 공동체에 의해 사로잡혔기 때문에 말한다. 신학자가 바라보는 "개별적인 **로고스**"는 철학자들이 바라보는 "보편적인 **로고스**"처럼 합리적 객관성을 통해서 수용되지 않고 신앙의 헌신을 통해 수용된다.

철학과 신학 사이의 세 번째 차이점은 그것들이 전하는 내용에 의해서 비롯된다. 그것들은 같은 대상에 대해 말할 때조차도 서로 다른 것을 말한다. 철학자는 존재의 범주들에 의해 구조화된 질료와 관계해서 그 범주들을 다룬다. 그는 물리학이나 심리학이 다루는 것처럼 인과성(causality)을 다룬다. 또한 그는 생물학적 시간이나 역사적 시간을 분석한다. 그리고 그는 소우주의 공간뿐만 아니라 천문학의 공간에 관해서도 논한다. 또한 그는 인식 주체 및 개인과 공동체의 관계를 설명하고, 서로 의존하면서도 서로 독립되어 존재할 수 있는 생명과 정신의 특성들도 보여준다. 그는 자연과 역사를 서로 제한하는 방식으로 정의하며, 존재론과 존재와 비존재의 논리를 발견하려고 애쓴다. 우리는 이런 것들 외에도 수많은 다른 예들을 제시할 수 있다. 그러한 예들은 모두 철학적 주장들이 주장하려는 우주론적 구조를 반영한다. 반대로 신학자는 철학자가 사용한 것과 동일한 범주와 개념들을 "새로운 존재"에 대한 탐구에 사용한다. 그의 주장은 구원론적인 특징을 지닌다. 그는 원인과 결과를 통해 일어나는 모든 사건의 근거가 되는 **제일원인**(*prima causa*)의 관계 속에서 인과성을 논한다. 신학자는 영원과의 관계 속에서 시간을 다루며, 인간이 실존적으로 고향을 상실한 점과 관련하여 공간을 다룬다. 그는 자기소외를 경험한 주체와 개인 생활에서 영성의 중요성 그리고 "새로운 존재"(New Being)의 가능한 체현으로 공동체에 대해 논한다. 그는 생명의 구조를 생명의 창조적 근거와 연관시키고, 정신(spirit)의 구조를 신적인 영(divine Spirit)과 연관시킨다. 그는 "구원의 역사"에 대한 자연의 참여를 이야기하고, 비존재에 대한 존재의 승리에 대해 말한다. 우리는 이와 관련해서도 수많은 예를 열거할 수 있다. 그리고 그러한 예들은 각각의 내용과 관련하여 철학과 신학의 날카로운 분기점을 보여준다.

철학과 신학은 차이점을 갖고 있는 것처럼 유사하게 분명한 공통점도 갖고 있다. 그러한 공통점은 어느 한쪽에서 진행되지 않고 철학과 신학 모두에서 이루어진다. 철학자는 신학자처럼 "실존한다." 따라서 그는 자기 실존이라는 구체성과 자신이 은연중에 갖고 있는 신학을 벗어날 수는 없다. 그는 자신의 심리적·사회적·역사적 상황에 영향을 받는다. 게다가 그는 다른 모든 사람처럼 자신이 그것을 충분히 의식하든지 아니면 의식하지 않든지 간에, 그가 그것을 자신이나 다른 이들에게 인정하든지 혹은 인정하지 않든지 간에 어떤 궁극적 관심의 힘 안에서 실존한다. 가장 과학적인 철학자조차도 그것을 인정하지 않을 이유는 없다. 궁극적 관심이 없다면, 그의 철학에는 열정과 진지함과 창조성이 부족할 수 있기 때문이다. 우리가 철학의 역사를 살펴볼 때마다, 우리는 인간 실존에 궁극적으로 적합한 관심사라고 주장하는 사상과 사상 체계들을 볼 수 있다. 때때로 종교철학은 사상 체계 이면에 있는 궁극적 관심을 숨김없이 표현한다. 더욱이 종교철학이 다루는 존재론적 원리들의 특성이나 인식론, 자연 철학, 정치학, 윤리학, 역사학 등과 같은 어떤 철학 체계의 특정 분과가 궁극적 관심의 발견과 그 안에 숨어 있는 신학을 훨씬 더 자주 보여준다. 창의적인 철학자는 모두 숨어 있는 신학자다(때로는 자신을 드러낸 신학자이기도 하다). 그는 자신의 실존적 상황과 궁극적 관심을 중심으로 자신의 철학적 통찰(vision)을 형성한 정도 내에서 신학자라고 할 수 있다. 또한 어떤 특정한 공간에 실존하는 철학자는 자신에게 나타난 한 "개체적인 로고스"를 받아들이고, 그것을 통해 전체 실재의 구조를 형성한 "보편적 로고스"에 대한 직관을 형성하며, 그 직관을 통해 전체의 의미를 보는 정도 내에서 신학자라고 할 수 있다. 그리고 그가 받아들인 "개체적인 로고스"를 가지고 어떤 특정한 공동체 안에서 얼마나 적극적으로 헌신하느냐에 따라 신학자가 된다. 역사적으로 중요한 철학자 중에 이러한 신학자의 표지를 보여주지 않은 이는 거의 없었다. 하지만 철학자는 신학자가 되고 싶어 하지 않는다. 그는 보편적 로고스를 섬기고 싶어 한다. 그는 궁극적인 관심을 포함한 실존적 상황에서 벗어나 모든 구체적인 삶의 장소를 벗어난 모종의 장소, 곧 순수 실재를 향해 나아가고자 한다. 보편적인 것이 되고 싶어 하는 마음과 개체적인 것으로 머무르고 싶어 하는 운명 사이에 벌어지는 첨예한 갈등이 모든 철학적 실존의 특징을 보여준다. 그것이 철학의 멍에인 동시에 위대함이다.

신학자 역시 비슷한 멍에를 짊어진다. 그는 자신의 궁극적 관심을 포함한 실존적 상황을 벗어나기보다는 그곳을 향해 나아간다. 그는 실존적 상황에 대해 고백하기 위해서가 아니라 로고스의 구조, 곧 자신에게 궁극적으로 관심을 불러일으키는 것의 보편적 타당성을 밝히기 위해 그곳을 향해 묵묵히 나아간다. 그는 자신의 실존적 상황에서 멀찌감치 떨어져 객관적 태도를 유지하며 "보편적 로고스"에 순종하면서 이 일을 수행할 수 있다. 이것은 신학자에게 그가 가진 궁극적 관심에 관한 모든 개체적인 표현에 비판적이어야만 하는 의무를 지운다. 그는 자신의 비판을 통해 검증할 때 그릇된 것에는 "아니오"라고 말하고, 올바른 것에는 "예"라고 말하는 것 외에는 그 어떤 전통도 그 어떤 권위도 결코 인정할 수 없다. 물론 그가 검증할 때 처음부터 끝까지 "예"와 "아니오"라는 말만 해야 하는 건 아니다. 신학자는 지금까지 전해 내려온 주장만 하면서 사는 이들의 끊임없는 외침에 동의할 순 없다. 그는 신학 영역의 경계선을 넘어서는 위기도 감수해야 한다. 따라서 교회의 경건한 자와 권력을 가진 이들이 비록 같은 진영에 머무르고 있었던 옛날 선배 신학자들의 신학적 작업에 의지하면서 살아간다고 하더라도, 그들은 지금 그 경계선 앞에 서 있는 신학자에게서 의심의 눈초리를 거두지 않는다. 신학은 구체적인 로고스뿐만 아니라 보편적인 로고스도 섬기기 때문에, 신학은 교회에 걸림돌이 되고 신학자에게는 마성적 유혹이 된다. 정직한 신학적 작업을 수행하기 위해서는 꼭 필요한 객관적 거리두기(detachment)가 신앙에 필요한 몰입을 훼손할 수 있다. 거리두기와 몰입이 가져오는 긴장은 모든 신학적 작업이 겪을 수밖에 없는 멍에이자 위대함이다.

우리가 지금까지 살펴본 신학과 철학의 관계에서 엿볼 수 있었던 차이점과 유사점이라는 이원성은 다음과 같은 두 가지 물음을 제기한다. 철학과 신학은 필연적으로 갈등하는가? 그 두 가지를 종합하는 게 가능한가? 우리는 이 두 가지 물음에 부정적으로 대답할 수밖에 없다. 철학과 신학의 대립은 필연적이지 않을 뿐 아니라 그것들의 종합은 가능하지도 않다.

갈등은 갈등하는 이들이 왜 싸우는지를 보여주는 공통 토대를 언제나 가지고 있다. 하지만 신학과 철학 사이에는 그러한 공통 토대가 없다. 신학자와 철학자가 논쟁을 벌인다고 하더라도, 그들은 철학적 토대나 신학적 토대 어느 한쪽에 치우쳐서 논쟁을 벌인다. 철학적 토대란 철학자가 존재의 구조를 분석한 존재론적 분석을 의미한다. 이런 존재론적 분석이 필요할 때, 신학자는 그것을 철학자에게 제시해달라고 요청하거나 아니면 자신이 직접 철학자가 되어 그것을 분석해야 한다. 보통 그는 이 두 가지를 수행했다. 그가 철학 영역으로 들어가게 될 경우에 그는 다른 철학자들과의 협력뿐 아니라 갈등을 피하지 못한다. 이런 모든 일은 철학적 수준에서 발생한다. 신학자는 자신의 궁극적 관심에 호소하거나 아니면 신학 영역의 토대 위에서 철학적 의견을 개진할 수 있는 권리가 전혀 없다. 그에게는 보편적인 로고스의 미명 아래서 그리고 그 어떤 영역에도 자리하지 않는 영역, 곧 순수이성의 미명 아래서 철학적 주장을 펼칠 의무만 있다. 혹여라도 신학자가 철학적 논의를 하는 동안에 순수이성을 사용해서 주장하지 않고 권위에 호소하기라도 한다면, 신학자는 그런 발언을 통해 수치심을 느끼고 철학자는 도저히 용납하지 못한다. 갈등이 철학적 수준에서 발생할 때, 그것은 두 명의 철학자 사이에서 일어난 일이다. 물론 그 두 명의 철학자 중 한 사람은 철학의 영역으로 들어온 신학자이지만, 그들의 갈등이 신학과 철학 간의 갈등은 아니다.

하지만 갈등은 신학적 수준에서도 종종 발생한다. 철학자의 내면에 숨어 있는 신학자는 전문 신학자와 논쟁한다. 물론 이런 상황은 대부분의 철학자가 인식하는 것보다 훨씬 더 빈번하게 일어난다. 철학자들은 "보편적인 로고스"를 준수하여 공정한 논점을 가진 개념들을 발전시켰기 때문에, 그들은 자신들의 개념 체계 안에 실존적 상황에 영향을 받은 요소들이 있음을 인정하고 싶어 하지 않는다. 설사 그런 요소들이 그들의 창의적인 작업에 강점을 부여해준다고 하더라도, 그들은 그것들이 자신들의 작업이 가진 진리값(truth value)을 떨어뜨린다고 느낀다. 그런 상황에서 신학자는 철학자의 사상을 신학적으로 분석한 것을 반대한 철학자의 반대를 거부해야 한다. 그는 다음과 같은 점, 곧 철학의 역사를 살펴볼 때 우리는 중요한 철학자가 모두 실존적 열망(궁극적 관심)과 이성적 능력(보편적 로고스의 준수)을 균형 있게 갖추고 있다는 점과, 철학이 가진 진리값은 다름 아닌 모든 개념 속에 녹아 있는 이 두 요소에서 기인하고 있음을 알 수 있다고 말하면서 철학자를 반박할 수 있다. 동시에 우리가 이 상황에서 배울 수 있는 통찰은 두 명의 철학자(그중 한 사람은 철학의 영역에 들어온 신학자다)가 서로 논쟁을 벌일 수 있고, 또한 두 명의 신학자(그중 한 사람은 내면에 있던 신학자의 특성을 드러낸 철학자다)가 서로 논쟁을 벌일 수 있지만, 신학과 철학은 서로 갈등을 겪을 수 있는 공통 토대가 없기 때문에 둘 사이에서는 갈등이 발생할 수 없다는 사실이다. 철학자는 철학자이면서 신학자인 사람을 설득할 수 있거나 설득하지 못할 수도 있다. 그리고 신학자는 신학자이면서 철학자로, 신학자는 신학자이면서 철학자인 사람으로 전향할 수도 있고 전향하지 않을 수도 있다. 어떤 경우에도 신학자는 철학자에게 맞서지 않고 철학자 역시 신학자에게 맞서지 않는다.

따라서 신학과 철학 간에는 전혀 갈등이 일어나지 않는다. 물론 그것들 사이에 갈등이 없음을 보장해주는 그 동일한 이유로 인해 그것들 사이에는 종합이 있을 수 없다. 그 동일한 이유란 공통 토대가 없음을 가리킨다. 신학과 철학을 종합할 수 있다는 생각은 "기독교 철학"(Christian philosophy)이라는 꿈으로 이어졌다. 기독교 철학이라는 용어는 그 의미가 참 모호하다. 그것은 역사적 기독교를 그 실존적 토대로 취하는 철학을 의미할 수 있다. 이런 의미에서 볼 때, 모든 현대 철학은 기독교 철학이다. 비록 현대 철학이 인문주의적 철학이든, 무신론적 철학이든, 심지어 의도적으로 기독교를 반대하는 철학일지라도 말이다. 서구 기독교 문화에 살고 있는 철학자라면, 그 누구도 자신이 기독교에 의존하고 있음을 부인할 수는 없다. 호메로스의 신들을 극단적으로 비판했다 할지라도, 그 어떤 고대 그리스 철학자도 자신이 아폴론적인 문화와 디오니소스적인 문화에 의존하고 있음을 숨길 수 없는 것처럼 말이다. 현대인들은 기독교 이전 시대에 살았던 사람들과 완전히 다르게 실재를 이해했으며 철학적으로도 다르게 분석했다. 그들이 시온산의 하나님과 골고다 언덕의 그리스도를 실존적으로 이해했든 이해하지 않았든 간에 말이다. 그들은 실재를 다르게 만났다. 현대인들은 고대 그리스인들이 자신들의 문화적 풍토에서 경험했던 것과는 완전히 다른 측면과 방향에서 그것을 경험한다. 그 누구도 이 "마술의" 영역에서 뛰쳐나갈 수 없었다. 물론 이 영역에서 뛰쳐나가려고 발버둥질한 사람이 있었는데, 그는 다름 아닌 니체(Nietzsche)였다. 니체는 "안티크리스트"(적그리스도)의 도래를 선언했다. 하지만 안티크리스트는 자신이 맞섰던 그리스도에게 의존할 뿐이다. 니체가 그토록 찬미하면서 갖기를 열망했던 문화를 탄생시킨 초기 그리스인들은 그리스도와 싸워야 할 이유가 전혀 없었다. 정말이지 그들은 무의식적으로 그리스도가 대답할 것에 관한 질문과 이 대답을 적절하게 표현할 용어들을 정교하게 만들면서 그의 도래를 준비하고 있었다. 현대 철학은 이교도와 같지 않다. 무신론과 반기독교 역시 이교도와 같지 않다. 물론 그것들은 기독교의 용어로 표현될 경우에만 반기독교적인 것으로 표현된다. 우리 생활 곳곳에 스며들어 있는 기독교 전통의 흔적들을 지울 수는 없다. 그것들은 **지울 수 없는 특성**(character indelebilis)을 갖고 있기 때문이다. 나치주의가 보여준 이교 사상은 실제로 이교 사상으로 회귀한 것이 아니었다(마치 야수성을 가진 사람이 야수로 퇴보하지 않은 것처럼 말이다).

하지만 "기독교 철학"이란 용어는 종종 다른 의미로 쓰였다. 그것은 보편적인 로고스를 고찰했던 철학이 아니라 기독교 신학의 가정된 요구나 현실적 요구를 고찰했던 철학을 나타내는 데 사용되었다. 이것은 다음 두 가지 방식, 곧 교회 당국이나 교회의 신학을 해석하는 이들이 과거 철학자 중 한 사람을 자신들의 "철학적 성자"로 지명하는 방식으로 진행되거나 아니면 그들이 오늘날의 철학자들에게 특별한 조건과 특별한 목적을 가지고 철학을 발전시키도록 요구하는 방식으로 진행되었다. 이런 두 가지 경우에 철학적 에로스는 비참하게 죽임을 당한다. 로마 가톨릭교회가 공식적으로 토마스 아퀴나스를 그 철학자(the philosopher)로 존경하여 그만을 인정했다면,[20] 로마 가톨릭 철학자들은 수 세기 동안 지속된 철학적 담론에서 그를 진정한 파트너로 인정하지 않은 셈이다. 그리고 인격이라는 개념이 종교개혁 정신에 가장 부합하는 원리이기 때문에 오늘날 개신교 철학자들이 최고의 존재론적 원리로 그것을 수용할 것을 요구받는다면, 그들의 철학적 작업은 훼손되었을 것이다. 철학자는 경험 가운데 자신에게 주어지는 "보편적 로고스" 외에는 하늘과 땅 그리고 그것들 너머에 있는 그 어떤 것에도 복종하지 않는다. 따라서 그리스도인은 철학을 좁은 의미로 이해한 "기독교 철학"이라는 개념을 의식적으로 거부해야만 한다. 모든 현대 철학이 기독교의 토양에서 성장했고 그것이 기독교 문화에서 살았다는 흔적을 보여주는 사실은 "기독교 철학"이라는 자기 모순적인 이상(ideal)과는 아무런 관련이 없다.

기독교는 좁은 의미의 "기독교 철학"을 필요로 하지 않는다. 그리스도로서 예수 안에서 구체화되었던 로고스는 동시에 보편적 로고스였다는 기독교의 주장은 그 로고스가 영향을 끼치는 모든 곳에서 기독교의 메시지와 일치한다는 주장을 포함한다. 보편적인 로고스에 순종하는 철학은 구체

---

20   역주. 1879년 교황 레오 13세는 "영원하신 아버지"(*Aeterni Patris*)라는 회칙을 발표하면서 다음과 같이 말한다. "천사적 박사, Thomas Aquinas의 사유에 따른 기독교 철학의 회복에 관하여." 교황은 철학과 로마 가톨릭교회의 신학을 일치시키는 일에 Thomas Aquinas의 철학을 적합한 철학으로 공인했다. Francis Schüssler Fiorenza, "ch.7. The New Theology and Transcendental Thomism," in James C. Livingston, Francis Schüssler Fiorenza with Sarah Coakley and James H Evans, Jr., *Modern Christian Thought*, Volume 2, 2nd Edition(Minneapolis: Fortress Press, 2006), 197.

적인 로고스, 곧 "육신이 되신" 로고스와 모순될 수 없다.

C. 신학의 체계화[21]

신학은 기독교 신앙의 내용을 논리 정연하게 설명한 것이다. 신학에 관한 이런 정의는 모든 신학의 하위 분과들에도 타당한 것이다. 따라서 "신학" 이라는 이름을 조직신학에만 적용한다면, 그것은 유감스러운 일이 될 것이다. 주석학(exegesis)과 설교학도 조직신학만큼이나 신학적인 학문이다. 물론 조직신학도 다른 신학 분과 학문만큼이나 신학적이지 않을 수 있다. 모든 신학의 분과가 신학적인지를 판단하는 기준은 그것이 기독교 메시지를 궁극적 관심의 문제로 다루는가에 있다.

기독교 신앙은 보편적 극단과 구체적 극단 사이에서 긴장을 이루고 있어서, 신학자들은 신학을 역사적인 분과와 구성적인 분과로 구분한다. 이러한 구분은 이미 신약성서에서 (사도행전을 포함한) 복음서와 서신서로 구분하는 것에서 나타났다. 하지만 제4복음서에는 역사적 요소와 구성적 요소가 더할 나위 없이 완전하게 결합되어 있다는 사실이 중요하다. 이러한 사실은 기독교 메시지에 있는 역사는 신학적이며 신학은 역사적이라는

---

21   역주. Tillich는 이 부분에서 역사신학과 조직신학 그리고 실천신학의 관계를 다루고 있으며, 역사신학의 하위 분과들(성서학 및 교회사와 종교문화사), 조직신학의 하위 분과들(자연신학 및 변증학과 윤리학), 실천신학이 가진 신학적 측면과 비신학적 측면 등이 신학 전체 속에서 어떤 위치를 점하고 있는지 설명한다. 그는 이러한 설명을 "organization"이라 했으며, 나는 이를 "체계" 또는 "체계화"라 번역했다. 이러한 "체계"는 어떤 단순한 원리에 내포되어 있는 것을 논리적·방법론적으로 해명하여 복잡한 것을 그려내는 "조직"(system)과 다른 의미로 사용되고 있다.

사실을 알려준다. 그럼에도 우리는 편의상 신학을 역사적 분과와 구성적 분과로 불가피하게 구분한다. 각각의 분과들은 서로 다른 비신학적 측면을 포함하고 있기 때문이다. 역사신학에는 역사 연구가 포함되어 있고, 조직신학에는 철학적 논의가 포함되어 있다. 하지만 역사학자와 철학자는 모두 신학교에서 학생들을 가르치는 교수진의 일원으로서 자신의 특별한 인식 도구를 가지고 기독교의 메시지를 해석하는 신학적 임무를 수행하기 위해서 협력해야 한다. 하지만 그들이 협력하는 일에는 훨씬 더 많은 일이 포함되어 있다. 역사신학자는 자신의 작업을 수행하는 모든 순간에 조직신학의 관점을 전제한다. 그렇지 않으면 그는 역사신학자가 아니라 그저 종교사학자에 지나지 않는다. 이러한 역사적인 요소와 구성적인 요소가 상호 내재하는 것이 기독교 신학을 나타내는 중요한 표지다.

역사신학은 성서학, 교회사, 종교문화사로 다시 세부적으로 구분될 수 있다. 성서신학자들은 첫 번째 분야에 대해서만 신학적 지위를 인정하고 세 번째 분야에 대해서는 신학적 지위를 완전히 배제하고자 한다. 심지어 바르트조차도 교회사를 보조 학문(Hilfswissenschaft)으로만 간주했다.[22] 물론 이것은 조직신학의 주장일 뿐이고, 비판적 원리에 비추어 보면 잘못된 주장이 아닐 수 없다. 성서학, 교회사, 종교문화사는 모두 비신학적 요소와 신학적 요소를 결합하여 하나로 갖추고 있기 때문이다. 성서학은 비신학적 연구를 많이 포함한다. 또한 종교문화사는 우리의 궁극적인 관심이라는 관점에서 급진적으로 해석한 신학적 해석을 포함하고 있을 수 있다. 게다가

---

[22] 역주. "이른바 교회사는 하나님에 관한 기독교적 말에 관해서 독립적으로 설정될 수 있는 물음에 대답하지 않으며, 그 때문에 독립적인 신학적 훈련으로 파악될 수 없다. 교회사는 주석적·교의학적·실천적 신학의 불가결한 보조학문(Hilfswissenschaft)인 것이다." Karl Barth, 『교회교의학 I/1』, 박순경 옮김(서울: 대한기독교서회, 2003), 29.

사실 교회사도 이런 두 가지 주장을 포함하고 있다. 성서학이 기본적으로 중요하다고 하더라도, 다른 두 분야에서 신학적 지위를 배제하는 것은 결코 정당할 수 없다. 이것은 세 분야가 대부분 상호의존적이라는 사실에 의해 입증된다. 어떤 점에서, 성서 문학(biblical literature)은 교회사의 한 분야일 뿐 아니라 종교문화사의 한 분야이기도 하다. 비성서적인 종교와 문화가 성서와 교회사에 끼친 영향력은 너무나 명백해서 부정될 수 없다(예를 늘어 신구약 중간기를 참조하라). 신학의 어떤 분과 학문이 신학적인지 아닌지를 구분할 수 있는 기준은 아마 그 학문이 초자연적 기원을 가졌는지가 아니라 우리의 궁극적 관심을 해석하는 데 중요한지에 있다.

조직신학은 역사신학보다 체계화하기가 훨씬 더 어렵다. 적절한 체계화가 이루어지려면, 우선 우리는 진리에 관한 물음과 방법에 관한 물음에 대답해야만 한다. 첫 번째 물음은 신학의 고전적인 전통의 자리를 차지하던 "자연 신학"이라는 부분이 (분명히 슐라이어마허 이후) 종교의 일반적이고 자율적인 철학으로 대체되었다는 사실에 의해 야기된다. 하지만 "자연 신학은"은 말하자면 계시신학의 서론이었고, 계시신학의 관점에서 발전되었으며 그것의 통제를 받았지만, 종교철학은 종속되지 않은 독립적인 학문 분과다. 더 정확하게 설명하자면, 종교철학은 철학 전체의 일부분에 속해 있지 신학의 분과 학문이 결코 아니다. 슐라이어마허는 이런 상황을 잘 알고 있었고 신학이—그에게는 문화의 철학을 의미하는—"윤리학"[23]에서 차용한 명제들에 대해 이야기했다. 그는 이 "차용한" 철학적 진리와 신학적

---

23 Friedrich Schleiermacher, *The Christian Faith*, trans. H. R. Mackintosh (Edinburgh: T. & T. Clark, 1928, 『기독교 신앙』[한길사 역간]), 5 ff. 역주. Schleiermacher는 『기독교 신앙』을 1821/22에 초판을 출간했고, 약 10년 후, 1830/31에 대대적으로 수정된 2판을 출간했다. Tillich는 2판을 참고한다. Schleiermacher는 제2판, 제1장, 명제2, 2항에서 교회는 자유로운 인간의 모임이기 때문에 윤리학적 입장에서 교회 개념을 논해야 한다고 주장했다.

진리의 관계가 무엇인지에 관한 물음에는 대답하지 않았다. 철학적 진리가 신학 영역 밖에 있다면, 어떻게 그것이 신학의 방법을 결정할 수 있을까? 그리고 철학적 진리가 신학 영역에 있다면, 그것은 자율적일 수 없고 신학은 그것을 차용할 필요가 없다. (로마 가톨릭교회와 정통주의 개신교 신학자가 했던 것처럼) 비판을 받기 이전의 전통적인 자연 신학을 고수하지도 않고 (신정통주의 신학자들이 했던 것처럼) 계시신학만을 전적으로 주장하면서 종교철학뿐 아니라 자연 신학 역시 일축하지도 않았던 현대 신학자들은 모두 이 문제에 대해 고민했다.

지금 이 책에서 제시하는 해결책―이것은 조직 전체라는 수단에 의해서만 충분히 설명될 수 있다―은 전통적인 의미의 자연 신학에 대한 철학적 비판과 신학적 비판을 모두 수용한다. 또한 그것은 신정통주의가 일반 종교철학을 조직신학의 토대로 받아들인 것을 비판한 점도 수용한다. 동시에 그것은 자연 신학과 종교철학 이면에 있는 신학적 동기들을 정당하게 평가하고자 한다. 이 책에서 내가 제시하는 해결책은 철학적 요소를 이 조직 자체의 구조로 받아들여서 그것을 앞으로 묻게 될 물음들을 발전시킬 수 있는 자료로 사용한다. 그 물음들은 신학적 개념들에 의해서 대답된다. "자연 신학인가 혹은 종교철학인가"라는 문제는 "상관관계의 방법"이라는 세 번째 방법에 의해서 대답된다(아래 D. 조직신학의 방법과 구조, 5. 상관관계의 방법을 보라). 이것은 조직신학을 체계화하는 것과 관련해서 "종교철학"이라고 불리는 특정 분과 학문은 조직신학의 영역에 속하지 않음을 의미한다. 하지만 이런 결정은 신학이 가르쳐야 하는 교과 과정에서 "종교철학"이 다루는 최근 문제들을 포함하지 않고 거부해야 함을 의미하지 않는다.

조직신학의 체계화와 관련한 두 번째 문제는 변증학을 조직신학에 포함해야 하는지다. 전통 신학은 자연 신학에 대한 항목을 따로 구성하고 있으며 많은 변증의 내용을 포함하여 다루고 있지만, 현대 신학자들은 일반적으로 변증학을 종교철학과 동일시한다. 이 두 가지 방법을 배제할 경우에는 다른 해결책이 필요하다. 나는 "변증신학과 케리그마"라는 항목에서한 가지 해결책의 방안을 제시한 바 있다. 나는 그것과 관련해서 조직신학은 "대답하는 신학"이라는 사실을 지적했다. 조직신학은 보편적인 인간의상황과 특수한 역사적 상황이 함축한 물음들에 대답해야만 한다. 따라서변증학은 조직신학의 특정한 한 부분을 차지하고 있는 게 아니라 그것의모든 곳에 나타나는 요소다. 내가 이 책에서 제시하는 "상관관계의 방법"은 조직신학을 구성하는 변증적인 요소가 결정적으로 중요한 특성임을 강조한다.

또한 이러한 해결책은 조직신학을 구성하고 있는 윤리적 요소에도 타당한 것이다. 현대 철학의 영향을 받은 윤리학은 후기 정통주의 시대가 되어서야 교의학과 분리되었다. 이러한 분리가 가져온 긍정적인 결과는 신학적 윤리학이 훨씬 풍성하게 발전되었다는 점이다. 이와 반대로 이런 분리가 가져온 부정적인 결과는 철학적 윤리학과 신학적 윤리학 사이에 해결되지 않은 대립이 발생했다는 점이다. 오늘날 몇몇 신학 대학은 대단히체계가 잘 갖추어진 기독교 윤리학과를 가지고 있다는 사실에도 불구하고신학적 윤리학을 다시 조직신학과 통합하려는 경향을 보인다. 이런 경향은 지금 신학적 윤리학의 독립성을 거부하는 신정통주의 운동으로부터 지지를 받고 있다. 이 책이 제시하는 것처럼 실존주의 특성을 강조하는 신학은 이런 경향을 끝까지 추구해야 한다. 윤리적 요소는 모든 신학적 진술에서 필수 요소일 뿐만 아니라 종종 지배적인 요소이기도 하다. 비판적 원리와 같은 형식적 진술조차도 자신의 "존재 또는 비존재"에 대한 윤리적 개인의 결정을 드러낸다. 유한성과 실존을 다루는 교리들 또는 불안과 죄책을 다루는 교리들은 성격상 동일하게 존재론적이면서도 윤리적이고, 그리고 "교회"와 "그리스도인"을 다루는 항목에서도 윤리적인 요소(그리고 사회적이면서 개인적인 요소)가 두드러지게 나타난다. 이런 것들은 "실존적" 신학(existential theology)이 윤리 신학을 위한 특정한 항목을 다룰 필요가 없다는 것을 보여주는 방식으로 윤리학을 내포하고 있음을 보여주는 예들이다. 그럼에도 학교가 편의상 기독교 윤리학과를 계속 유지하는 것은 타당해 보인다.

조직신학을 체계화하는 데 필요한 세 번째 요소이자 가장 중요한 요소는 교의학적인 요소다. 오랫동안 그것은 조직신학 전체를 지칭하는 명칭이었다. 교의학은 교리적 전통을 우리의 현 상황에 맞게 진술한다. "**교의학**"(dogmatics)이라는 용어는 조직신학자의 작업을 위해 공식화되고 공인받은 교의(dogma)의 중요성을 강조한다. 이런 의미에서 그 용어는 정당화된다. 신학자는 교회 안에서 그리고 교회를 위해서 교회의 한 기능을 수행하기 때문이다. 그리고 교회는 신조들(creeds)을 통해 제시된 보호의 목적을 가진 공식어구의 토대에 기초한다. "교의"라는 용어 자체는 원래 이처럼 교회를 보호하는 기능을 표현한 것이었다. 고대 후기 그리스 철학 공동체에서 그 용어는 어떤 특정 학파가 전통으로 받아들인 특정한 가르침을 의미했다. 교의들(*dogmata*)은 각각의 학파를 다른 학파와 뚜렷하게 구별해주는 철학적 교리들을 뜻했다. 이런 의미에서 볼 때 기독교 공동체도 자신만의 교의들을 가지고 있었다. 하지만 이 단어는 기독교 사상사에서 또 다른 것을 의미하기도 했다. 신조들은 파괴적인 이단들에 맞서 교회를 보호하는 기능을 했는데 그리스도인들이 신조들을 수용할지 수용하지 않을지의 여부는 기독교의 사활이 걸린 문제였다. 이단은 그리스도의 메시지를 해치는 악마로 여겨졌다. 콘스탄티누스 황제가 교회를 공인한 이후 교회와 국가가 완전히 통합되면서, 교회가 가르치는 교리적인 법들이 국가의 시민법이 되었을 뿐 아니라 이단은 범죄자로 간주되기도 했다. 이런 상황이 초래한 파괴적인 결과, 곧 신학적 정직성과 학문적 자율성을 억압하고 탄압한 국가와 교회, 개신교 교회뿐 아니라 로마 가톨릭교회의 마성적인 활동은 "교의"와 "교의학"이라는 용어들의 본래 의미를 결코 다시는 되찾을 수 없을 정도로 사람들로 하여금 그 용어들을 불신하게 만들었다. 물론 그런 불신이 조직신학을 위한 공식화된 교리들의 중요성을 약화시키지는 않았지만, "교의학"이라는 용어를 더 이상 사용할 수 없게 만들었다. 변증학과 교의학 그리고 윤리학을 포함하는 "조직신학"이 현재로서는 가장 적합한 용어처럼 보인다.

신학 작업의 체계화는 보통 "실천신학"이라고 명명되는 것을 포함해야만 완성될 수 있다. 비록 슐라이어마허가 실천신학을 신학의 왕관이라고 칭송했지만, 그것은 역사신학과 조직신학이라는 부분에 추가된 세 번째 부분이 아니다.[24] 오히려 실천신학은 이 두 가지 부분을 교회의 삶에 적용하도록 도와주는 기술 이론이다. 기술 이론은 정해진 목적에 어울리는 적합한 수단을 묘사한다. 실천신학에 주어진 목적은 교회의 삶이다. 교회의 본질과 기능에 관한 교회론은 조직신학이 다루어야 할 문제라고 한다면, 실천신학은 교회의 본질을 실현하고 교회의 기능을 실행하도록 돕는 제도들을 다룬다. 실천신학은 과거에 교회에서 무슨 일이 일어났고 현재는 어떤 일이 계속 진행되고 있는지를 이야기하는 역사적 관점에서 그 제도들을 다루지 않고, 어떻게 하면 가장 효과적으로 행동할 수 있는지를 묻는 기

---

24 역주. Schleiermacher가 제시한 신학 분과들의 구조에 대해서는 Friedrich Schleiermacher, 김경재, 선한용, 박원근 옮김, 『신학연구 입문』(서울: 대한기독교출판사, 1999)을 참조하라.

술적 관점에서 그것들을 고찰한다. 실천신학자가 개신교 찬송의 역사를 연구한다면, 그는 역사신학의 분야(realm)에서 연구하는 것이다. 그리고 그가 교회의 미학적 기능에 관한 논문을 쓴다면, 그는 조직신학의 분야에서 연구하는 것이다. 하지만 그가 어떻게 찬송가를 사용할 것인지에 대해서 그리고 어떻게 교회 건물을 설계할 것인지에 대해서 자신의 견해를 제안하기 위해 역사신학이나 조직신학의 연구를 통해 얻은 자료와 원리를 사용한다면, 그는 실천신학의 분야에서 작업하는 것이다. 실천신학과 이론신학을 구분해주는 것은 기술적 관점이다. 실재에 접근하는 모든 인지적 접근법에서 다양한 갈래가 일어나는 것처럼, 순수 지식과 응용 지식의 갈래가 신학에서도 일어난다. 고대인들과는 다른 정서를 가진 현대인들은 순수 학문을 기술적인 학문보다 훨씬 우월한 것으로 여기지 않았기 때문에 실천신학은 이론신학과 다름없이 신학의 지위를 누린다. 그리고 마지막으로 모든 학문 분야에서 순수 이론적 접근법과 기술적 접근법 사이에 지식의 교류가 지속해서 이루어지는 것처럼 실천신학과 이론신학 역시 상호의존한다. 이런 상호의존은 신학의 실존적 특성에서 발생한다. 궁극적 관심을 가진 상태에서는 이론과 실천의 차이가 사라지기 때문이다.

실천신학의 체계화는 교회의 기능이 무엇인지를 설명하는 교리에 함축되어 있다. 교회의 각 기능은 교회의 본질에 따른 필연적 결과이고 따라서 제도적 수단들이 존재하는 목적이 된다. 제도적 수단들이 아무리 발전하지 못했다 하더라도 말이다. 각각의 기능은 지금 존재하는 제도들을 해석하고 비판하며 변형하고 필요하다면 새로운 제도들을 제안하기 위해 실천을 필요로 한다. 신학 자체가 그러한 기능을 하고 있고 교회 생활에서 신학의 제도적 현실화가 실천신학의 많은 관심 사항 중 하나다.

실천신학 역시 역사신학과 조직신학처럼 비신학적 측면을 가지고 있다. 실천신학자는 교회 생활에 관한 제도적 표현들을 논하기 위해서 다음과 같은 것, 곧 (1) 일반 심리학과 사회학을 활용해서 인간과 사회의 구조를 분석한 현재 우리의 지식, (2) 특정한 집단들의 심리학적이고 사회학적 상황이 어떠한지를 조사한 실천적이면서도 이론적인 이해, (3) 자신만의 고유한 관심 분야, 예를 들어 교육, 예술, 음악, 의학, 정치학, 경제학, 사회복지 공공 관계 등의 분야 안에서 얻은 문화적 성취와 문제에 관한 지식을 활용해야 한다. 실천신학은 이런 방식으로 일반적이면서도 특별하게 기독교의 메시지와 인간이 처한 상황이라는 간극을 연결해주는 가교 역할을 할 수 있다. 그것은 조직신학자에게 새로운 물음, 곧 당대에 제기된 물음들을 제기할 수 있으며, 당대의 실제적인 필요에서 접근한 관점에서 새로운 연구를 하도록 역사신학자에게 권유할 수 있다. 그것은 전통주의와 교조주의에 빠지지 않도록 교회를 보호할 수 있으며 사회로 하여금 교회를 진지하게 생각하도록 권유할 수 있다. 하지만 실천신학이 역사신학과 조직신학과 일치하여 구체적인 동시에 보편적인 궁극적 관심사에 추동될 경우에만 이 모든 것을 할 수 있다.

D. 조직신학의 방법과 구조

1. 조직신학의 자료들

모든 방법론적 반성은 우리가 실제로 관여하는 인식 작업에서 추상화한 것이다. 방법론적 깨달음은 항상 하나의 방법을 적용한 이후에 이루어지고, 결코 그것보다 선행해서 이루어지지 않는다. 이러한 사실은 신학에서 경험론적인 방법을 사용하는 것과 관련한 최근 논의에서 종종 무시되고 있다. 경험론적인 방법의 지지자들은 이 방법을 물신(fetish)으로 삼으며 그 방법이 모든 주제에 관련한 모든 인식적 접근에서 "작동"하길 바란다. 실제로 그들은 자신들이 사용하는 방법에 관해 성찰하기 전에 자신들의 신학을 형성하는 기본 구조를 발견했다. 그리고 그들이 묘사한 방법은 "경험론적"이라고 명명하기에는 대단히 큰 난점과 인위성을 가지고 있었다. 앞으로 전개될 방법론에 관한 고찰은 나의 조직신학의 체계에서 실제로 사용된 방법에 관한 설명이다. 이 방법은 신학의 주제, 곧 기독교 메시지에 관한 이전의 이해에서 유래한 것이기 때문에 그 체계에서 결정적인 주장이 도출될 것을 예상한다. 이것은 피할 수 없는 순환이다. (내가 특별한 강조점 없이 제안하는 명칭인) "상관관계의 방법"(method of correlation)이 조직신학이 다루는 주제에 적합하다는 것을 입증할 수만 있다면, 그것이 경험론적인 것인지 아니면 구성적인 것인지 혹은 어떤 다른 것인지는 전혀 중요하지 않다.

조직신학의 임무가 기독교 신앙의 내용을 설명하는 것이라면 다음과 같은 세 가지 물음이 즉시 제기된다. 조직신학의 자료는 무엇인가? 이 자료를 수용하는 매개물은 무엇인가? 자료의 사용을 결정하는 규범은 무엇인가? 첫 번째 물음에 대한 대답은 성서일 것이다. 성서는 기독교가 기초로 삼고 있는 사건에 대한 근원적인 문서다. 그런데 비록 이것이 부인할 수 없는 사실이긴 하지만 그 대답만으로는 충분한 대답이라고 볼 수 없다. 조직신학의 자료에 관한 문제를 다룰 때, 우리는 성서가 **유일한** 자료라고 주장하는 신정통주의의 성서주의를 거부해야 한다. 인간의 종교와 문화에서 성서가 전하는 메시지를 이해할 수 있게끔 하는 준비작업이 없었다면, 성서의 메시지는 이해될 수도 없었을 뿐만 아니라 받아들여질 수도 없었다. 교회와 모든 그리스도인이 그 메시지에 참여하는 것을 경험하지 못했다면,

성서의 메시지는 신학자 자신을 비롯해 그 누구에게도 메시지가 되지 못했을 것이다. "하나님의 말씀"이나 "계시 행위"가 조직신학의 자료라고 한다면, "하나님의 말씀"은 어떤 한 권의 책에 기록되어 있는 말씀에 한정될 수 없다는 점과 계시의 행위는 "계시들을 담고 있는 책"을 기록하도록 영감을 불러일으킨 "영감"이 아니라는 점이 강조되어야 한다. 비록 성서가 최종적인 "하나님의 말씀"을 기록한 문서, 곧 모든 계시의 성취이자 기준이라고 할지라도 말이다. 성서의 메시지는 성서보다 더 많은 것(혹은 더 적은 것)을 포함한다. 따라서 조직신학은 성서 외에도 부수적인 자료를 더 많이 가진다.

하지만 성서는 조직신학의 기본 자료다. 그것은 기독교가 기초로 삼는 사건들을 보여주는 기원적인 문서이기 때문이다. 우리가 성서에 "문서"(document)라는 단어를 적용해 사용한다면 성서에서 법적인 의미를 배제해야 한다. 성서는 어떤 주장들을 판결할 수 있는 기초가 되는 하나님의 "행위"에 대해서 법적으로 구상하고 형성하며 확정하여 기록한 것이 아니기 때문이다. 성서가 가진 문서로서의 특징은 성서 안에 계시 사건에 참여했던 이들의 최초 증언이 포함되어 있다는 사실과 일맥상통한다. 그들은 일어난 일들에 반응하여 참여했는데, 그 일들은 그들의 반응을 통해 계시 사건이 되었다. 성서의 저자들에게 일어난 영감은 그들이 잠재적인 계시의 사실들을 받아들여 창조적으로 반응한 것을 의미한다. 신약성서를 쓴 저자들에게 일어난 영감은 그들이 예수를 그리스도로 수용한 것과 그와 함께 새로운 존재를 수용한 것, 즉 그들이 그 새로운 존재에 대해 증인들이 되었음을 의미한다. 어떤 사건을 계시로 수용한 이가 없는 한 어떠한 계시도 있을 수 없기 때문에 수용이라는 행위는 계시라는 사건 자체의 일부분이 된다. 성서는 기원적인 사건이면서도 기원적인 문서다. 곧 그것은 계시 사건을 증언할 뿐 아니라 계시 사건 자체의 일부이기도 하다.

역사신학자는 조직신학의 자료로서의 성서의 내용을 방법론적인 방식으로 제공한다. 성서신학은 역사신학의 다른 분과와 협력하면서 성서를 조직신학의 기본 자료로 제시한다. 하지만 이 일이 이루어지는 것이 결코 명확하지는 않다. 성서신학자는 그 자신이 (조직신학적 관점을 가진) 신학자인 만큼 우리에게 순수한 사실을 제공하지 않는다. 다시 말해서 그는 우리에게 신학적으로 해석된 사실을 제시할 수밖에 없다. 성서신학자의 주석은 영적인 주석이거나 오늘날 우리가 말하는 것처럼 "실존적"인 주석이다. 그는 자신의 철학적이고 객관적인 해석의 결과를 자신의 궁극적 관심사라고 말한다. 그는 성서 본문들을 다룰 때 문헌학과 신앙을 결합한다. 문헌학과 신앙의 관점에서 성서 본문을 공정하게 해석하기란 쉽지 않은 일이다. 최근의 학문적인 방법을 사용하여 로마서를 주석한 것(예를 들어 도드[C. H. Dodd] 혹은 샌데이[Sanday]와 헤들럼[Headlam])과 바르트가 영적이고 실존적으로 해석한 『로마서 주석』을 비교해 보면, 두 가지 방법 사이에 메울 수 없는 틈이 있음을 알 수 있다. 모든 신학자들, 특히 조직신학을 연구하는 이들은 이런 상황 때문에 많은 어려움을 겪는다. 조직신학은 어떤 제한도 받지 않는 역사적이고 비평적일 뿐만 아니라 궁극적 관심사를 다룬다는 사실을 고려하는 신앙적이고 해석적이기도 한 성서신학이 필요하다. 이런 요구를 충족시키는 것은 가능하다. 우리의 궁극적 관심을 불러일으키는 것은 역사적이며 문헌학적인 연구가 제시하는 어떤 특별한 결론과 관련이 없기 때문이다. 역사적 접근이라는 이미 정해진 결과에 의존하는 신학은 무조건적이라고 주장하지만 결국 조건적인 어떤 것, 즉 마성적인 것과 관련을 맺고 있다. 그리고 특정한 결과를 역사가에게 강요하듯 요구하는 마성적 특징은 그것이 역사가의 정직성을 파괴한다는 점에서 분명하게 드러난다. 실제로 궁극적인 것에 대해 궁극적 관심을 가질 때, 신학자는 모든 "성스러운 부정직"(sacred dishonesty)에서 해방된다. 게다가 그는 보수적일 뿐만 아니라 혁명적인 역사비평도 자유롭게 사용할 수 있게 된다. 그러한 궁극적인 것에 관심을 보이는 태도를 가지고 역사 연구를 자유롭게 행할 때, 조직신학자는 성서를 자신의 기본적인 자료로 사용할 수 있다.

성서의 탄생은 교회 역사에서 일어난 하나의 사건이다. 좀 더 자세히 설명하자면 그것은 초기 기독교 역사의 비교적 후기 단계에서 발생한 사건이다. 따라서 조직신학자가 성서를 자료로 사용하고 있을 때 그는 하나의 자료로서 교회 역사도 함축적으로 사용하고 있는 것이다. 그는 그 사실을 명시적으로 또는 함축적으로 사용한다고 분명히 밝혀야 한다. 조직신학은 교회의 역사와 직접적이고 명확한 관계를 맺고 있다. 이런 점에서 로마 가톨릭교회의 태도와 개신교의 태도 간에는 실제적인 차이점이 존재하며, 어떤 조직신학자도 이와 관련된 결정을 외면할 수 없다. 물론 로마 가톨릭교회의 권위에 예속되어 있는 이들은 그와 관련한 문제를 쉽게 결정할 수 있다. 개신교는 철저하게 성서주의를 가리킨다고 믿는 자들과 철저한 성서주의는 있을 수 있는 하나의 입장이라고 간주하는 자들도 그러한 결정을 쉽게 내릴 수 있다. 하지만 로마 가톨릭교회 신학자를 제외한 대부분의 신학자는 이러한 대안을 쉽게 받아들일 수 없다. 그들이 볼 때, 철저한 성서주의적 태도란 확실히 자기를 기만하는 행위일 뿐이다. 예수를 그리스도로 수용한다는 영적인 의미가 아니면 그 누구도 2,000년의 교회 역사를 뛰어넘어 신약성서의 저자들과 동시대의 사람이 될 수 없기 때문이다. 성서 본문을 접하는 모든 사람은 이전 세대가 성서 본문을 이해하고 남긴 경건한 이해에 도움을 받는다. 심지어 종교개혁가들조차도 자신들이 저항했던 로마 가톨릭교회의 전통에 의존했다. 그들은 전통 전체를 감염시킨 왜곡과 맞서 싸우기 위해서 교회 전통 속 특정한 요소들을 가지고 다른 요소들에 대항했다. 하지만 그들은 전통에서 뛰쳐나가 마태나 바울의 상황으로 도약하지 않았으며 도약할 수도 없었다. 종교개혁가들은 이 상황을 충분히 의식하고 있었으며, 종교개혁을 따르는 정통주의 조직신학자들 역시 이 상황을 충분히 의식하고 있었다. 과거와 현재의 복음주의적 성서주의는 이 상황을 의식하지 못하고 있으면서도 하나의 "성서"신학을 만들어냈다. 그 신학은 후기 종교개혁 시대에 특정한 교의적 전개에 의존하는 것이었다. 우리는 역사 연구를 통해서 대부분의 미국 복음주의 교회가 가르치는 교의와 성서 본문이 전달하는 근본적 의미 사이에 차이점이 있음을 쉽게 발견할 수 있다. 우리가 교회의 역사를 외면하는 것은 불가능한 일이다. 따라서 우리가 조직신학과 교회 전통의 관계를 솔직하면서도 분명하게 밝히는 것은 학문을 위해서나 신앙을 위해서도 꼭 필요한 일이다.

로마 가톨릭교회의 신학자를 제외한 대부분의 신학자들은 조직신학을 공의회와 교황의 결정에 종속시키는 접근법을 결코 받아들이지 않는다. 반면에 로마 가톨릭교회의 교의학은 교회법적 지위를 얻은 교리적 전통(de fide, 구원에 있어 필수적이며 반드시 믿어야만 하는 신앙 조항들)을 조직신학의 참된 자료로 사용한다. 로마 가톨릭교회의 교의학은 교회법에 의해 그 적법성이 보증된 교리가 성서의 메시지와 본질적으로 동일한 것임을, 경험적 증거가 있든지 없든지 간에 교의학적으로 전제한다. 조직신학자의 임무는 교회법적 지위를 얻은(de fide) 진술들을 정확하게, 그리고 동시에 그것에 반론이 제시되었을 때 그런 반론에 맞서서 해석하는 것이었다. 이것이 바로 로마 가톨릭교회의 교의학이 빈약한 이유다. 이와 달리 로마 가톨릭교회의 신학은 교의학의 금기로부터 자유로운 교회사의 분야와 예전학과 윤리학 등에서 위대한 학문을 독창적으로 발전시켰다. 그리스 정교회 신학자들은 전통의 권위를 수용하면서도 교황의 권위에 의해 전통을 합법화하는 것을 거부했는데, 이런 거부가 조직신학이 교회 일치(ecumenical)의 특성을 갖는 데 중요한 역할을 한다. 또한 그리스 정교회 신학자들은 그런 거부를 통해 로마 가톨릭교회의 신학자들에게 없는 창의적인 가능성도 갖게 되었다. 개신교 신학은 우리의 궁극적 관심을 교회가 고안한 창조물—정말로 궁극적 관심인 것에 대한 성서 기록자의 증언은 (각종) 조건들의 영향을 받아 그늘 자신의 영성이 표현된 것이라는 점에서 성서 역시 이러한 창조물에 포함된다—과 동일시하는 행위를 개신교적 원리(Protestant principle)의 이름으로 반대한다(제5부, II를 보라). 따라서 개신교 신학은 교회 역사에서 제공되는 모든 자료를 사용할 수 있다. 성서의 메시지를 해석할 때, 그것은 고대 그리스와 로마 그리고 독일 및 현대의 개념들을 사용할 수 있다. 물론 그것은 그와 같은 공인받은 신학을 거부하고 자신들의 신학을 발전시킨 소종파의 신학들도 사용할 수 있다. 하지만 개신교 신학은 이런 개념과 결정들에 속박되지 않는다.

하나의 특별한 문제가 다음과 같은 사실, 곧 자료들을 선택할 때, 각 사람은 의식하든 의식하지 못하든 자신이 소속되어 있는 교파의 구조들에 따라 자료들을 선택하기 때문에 그 누구도 이런 모든 자료를 실제로 사용할 수 없다는 사실에서 발생한다. 우리는 그와 같은 문제를 피할 수는 없지만 그것을 통해 창의적인 측면도 얻을 수 있다. 신학자 자신이 성장하고 이후에 자신이 그곳에 남기로 선택한 교회와 신학의 풍토는 그에게 신학을 이해하는 것과 관련해서 어떤 친숙함을 제공한다. 그러한 친숙함이 없다면, 그는 교회 역사의 소재들을 실존적으로 사용하지 못한다. 조직신학자는 자신의 교파와 예전과 찬송, 설교와 성례라는 구체적인 삶의 한가운데서 자신의 궁극적인 관심을 불러일으킨 것, 곧 그리스도로서의 예수 안에 나타난 새로운 존재와 만난다. 따라서 교파적 전통은 조직신학자에게 대단히 중요한 것이 된다. 그가 그것을 교회 일치를 위해 사용하는지와 상관없이 말이다.

조직신학자는 비평적이면서도 궁극적인 관심을 가지고 연구한 성서신학을 통해서 제공되는 성서 자료를 사용한다. 또한 그는 역사비평적이면서도 궁극적인 관심을 가지고 연구한—이전에는 "교리사"라 불린—기독교 사상사를 통해서 제공되는 교회사를 사용한다. "교의학"이라는 전통적인 용어는 아주 최근에 사용되는 용어가 표현하지 못하는 관심을 함축하고 있다. "기독교 사상사"란 수 세기 동안 전개된 기독교 사상가들의 생각을 객관적 입장에서 기술하는 것을 의미할 수 있다. 지금까지 기독교 사상사를 비판적으로 다룬 몇몇 연구서 중에는 그런 태도와 크게 다르지 않은 모습을 보여주는 것들도 있다. 하지만 역사신학자는 모든 시대의 기독교 사상이 궁극적 관심의 문제를 다룬다는 점과 기독교 사상 자체가 궁극적 관심의 문제임을 제시해야 한다. 조직신학에는 철저히 비판적인 관점을 취하면서도 동시에 실존적인 관점을 가지고 기술된 기독교 사상사가 필요하다.

종교문화사는 지금까지 언급된 모든 것보다 훨씬 더 광범위한 조직신학의 자료를 제공한다. 그것이 조직신학자에게 가하는 충격은 그가 사용하는 언어와 그가 지금까지 받은 문화 교육과 함께 시작한다. 조직신학자는 사회와 개인과의 접촉을 통해 실재를 마주하면서 자신의 정신적인 삶을 형성한다. 이런 실재와의 만남은 그가 성장했던 문화적 전통이 전해준 언어와 시, 철학과 종교 및 그 전통 안에 표현되어 있을 뿐만 아니라 자신이 펼친 신학적 작업과 다른 작업에도 표현되어 있다. 조직신학자는 자신의 문화, 종교와 마주하는 이러한 직접적이고 불가피한 접촉을 넘어서 그것들을 다양한 방식으로 직접 다룬다. 그는 의도적으로 문화와 종교를 자신의 표현 수단으로 사용할 뿐만 아니라 자신의 진술을 확증하기 위해서 문화와 종교를 제시하기도 한다. 또한 그는 기독교 메시지에 반대하는 문화와 종교에 맞서 싸우기도 한다. 무엇보다도 그는 문화와 종교에 내포되어 있는 실존적 물음들, 곧 자신의 신학이 대답하고자 했던 물음들을 정식화한다.

조직신학의 자료로서 문화적·종교적 내용들을 지속적이고 끊임없이 사용하는 것과 관련하여 다음과 같은 물음을 제기한다. 곧 조직신학자는 어떻게 성서신학자가 성서의 자료를 사용할 수 있게 하는 방법과 기독교 사상의 역사가가 교리적 자료들을 이용할 수 있게 한 방법과 유사한 방법으로 문화적·종교적 내용들을 사용할 수 있도록 만들었는가? 이 물음과 관련해서는 아직까지 확정된 대답이 나오지 않았다. 신학적인 종교사도 신학적인 문화사도 아직까지 그 연구를 이론적으로 구상하지 않았을 뿐만 아니라 실천적으로도 확립하지 않았기 때문이다.

신학적인 종교사란 인류가 종교를 갖기 이전의 생활과 그 이후의 종교적 삶을 탐구하고 분석하면서 나온 자료를 신학적으로 해석한 것을 의미한다. 달리 말해 그것은 종교적 표현들이 나온 동기와 그 형태를 상세히 설명하여 그것들이 어떻게 종교적 관심의 본성에서 나오게 되었는지와 그 결과 필연적으로 —기독교기 종교인 한에서는 기독교를 포함한— 모든 종교에서 나타나는지를 밝힌다. 또한 신학적 종교사는 세계 종교 안에 있는 마성적 왜곡과 새로운 성향을 설명하고 그에 대한 기독교적 해결책을 제시하며 기독교 외의 종교를 따르는 이들이 기독교의 메시지를 받아들일 수 있도록 도움을 주는 방법을 준비시킨다. 간단하게 우리는 신학적인 종교사란 "그리스도로서의 예수 안에 나타난 새로운 존재"가 인류의 종교들이 암묵적으로나 명시적으로 제기한 물음에 대한 해답이라는 선교적 원리에 비추어 수행되는 것이라고 말할 수 있다. 따라서 이 책은 신학적인 종교사에서 가져온 몇몇 소재들을 사용하고 있다.

그다음으로 신학적 문화사란 지속해서 기술해온 역사 보고서를 의미하지 않는다(이는 신학적 종교사에도 해당한다). 그것은 내가 "문화의 신학"(theology of culture)[25]이라고 부르는 것의 또 다른 표현이다. 문화의 신학이란 모든 문화적 표현들 이면에 있는 신학을 분석하고, 철학, 정치체제, 예술의 형식, 일단의 윤리적이면서 사회적인 원리들의 토대에 있는 궁극적 관심을 발견하려는 작업을 의미한다. 이 작업은 종합적이기보다는 분석적이고, 조직적이기보다는 역사적이다. 그것은 조직신학자가 자신의 연구를 시작하기 전에 수행하는 사전 작업의 성격을 띤 준비작업이라고 말할 수 있다. 오늘날의 문화의 신학은 비신학적인 측면에서 작업이 활발하게 이루어지고 있지만, 신학적인 측면에서는 그다지 활발하게 이루어지지 않고 있다. 그것은 오늘날의 세계적인 상황과 서구 문화의 쇠퇴 및 특정한 분야의 발전을 중심으로 비판적으로 분석하고 있다. 신학적 분석은 현대 사상과 예술, 과학 및 (독일에서는 "정신사"[Geistesgeschichte]라고 불리는) 사회 운동과 지속적으로 관련을 맺고 있지만, 신학자가 더 체계적인 방식으로 그 일을 수행할 필요가 있다. 달리 말해서 모든 신학 교육 기관은 신학적 문화사의 일환으로 "문화의 신학"(theology of culture)을 필수 과목으로 교육해야 한다. 예를 들어 신학적 철학사나 신학적 예술사 등과 같은 과목으로 강의하는 식으로 말이다. 신학적 문화 분석 방법과 관련해서는 다음과 같은 것이 논

---

25 Tillich, "문화의 신학의 이념에 관하여(Uber die Idee einer Theologie der Kultur)," in *Kantstudien* (Berlin: Pan-verlag, Rolf Heise, 1920); 그리고 *The Religious Situation* (New York: Henry Holt & Co., 1932)을 보라. 역주. Tillich는 『조직신학』 제1권은 1953년에 출간했고, 『문화의 신학』(*Theology of Culture*)은 1959년에 출간했다.

의되어야 한다. 문화적 창조물을 신학적으로 이해하는 열쇠는 양식(style)이라고 할 수 있다. 양식은 예술 영역에서 온 용어지만, 문화의 모든 영역에 유용하게 사용할 수 있는 용어다. 사상과 정치학 그리고 사회 활동 등에도 양식이 들어 있다. 한 시대의 양식은 문화적 형식, 대상의 선택, 창조적 인물들의 태도, 제도와 관습들에서 표현된다. "양식을 읽어내는 것"은 학문인 동시에 예술이기도 하다. 또한 어떤 양식이 가진 깊은 의미를 들여다보고, 궁극적 관심이 추동력을 행사하는 차원까지 도달하기 위해서는 궁극적 관심에 기초한 종교적 직관이 필요하다. 하지만 그러한 종교적 직관을 가지고 양식을 읽어내는 임무는 문화를 신학적으로 이해하려는 신학적 문화사가에게 요구되는 것이며, 그가 이 기능을 수행하면서 조직신학을 위해 창조적 자료를 제공한다.

우리는 지금까지 수행했던 연구를 통해 성서와 교회사 그리고 종교문화사처럼 조직신학의 자료가 매우 다양하고 풍부하다는 것을 보여주었다. 더욱이 우리는 이처럼 자료가 되는 수많은 소재(source material)에는 그 중요성의 정도가 있다는 사실도 보여주었다. 그것들의 중요성은 기독교 신앙이 그 근거로 삼고 있는 중심 사건, 곧 그리스도로서의 예수 안에서 새로운 존재로 등장한 존재와 얼마나 더 직접적인 혹은 간접적인 관계를 맺고 있는지에 따라서 달라진다. 하지만 우리가 아직 대답하지 않은 두 가지 중요한 물음, 곧 조직신학자는 어떤 매개물을 통해 이 자료를 갖게 되었는지와 그가 그 자료들을 평가할 때 사용하는 규범은 무엇인지란 물음에 대한 답을 구하고자 한다.

2. 경험과 조직신학

조직신학의 자료들은 그것들에 관여한 사람만이, 곧 그것들을 구체적으로 "경험"한 사람만이 그것들을 사용할 수 있다는 특징을 지닌다. 경험은 자료들이 우리에게 "말을 건네는" 매개물, 곧 우리가 그것들을 받아들일 수 있게끔 도움을 주는 매개물을 의미한다. 따라서 신학의 본성 및 방법을 논할 때마다 경험에 관한 물음 역시 논의에서 빠질 수 없는 핵심적인 문제였다. 초기 프란체스코 학파의 신학자들은 오늘날 진리와의 "실존적" 관계라고 이야기하는 것에 대해 잘 알고 있었다. 신학은 그들에게 실천적 지식, 곧 인식 주체가 영적인 실재에 참여하는 것, 달리 말해 그가 상대하는 것을 직접 손으로 만져보는 **촉감**(*haptus*)과 입으로 맛보는 **미각**(*gustus*)에 기초한 실천에 관한 지식이었다. 헤일스의 알렉산더(Alexander of Hales)와 보나벤투라(Bonaventura)는 대단히 엄격하게 "경험"을 중시한 신학자였다. 그들은 다른 형태의 경험과는 구별되는 종교적 경험의 본성을 분석하는 일에 많은 노력을 기울였다. 그들의 노력 이면에는 **"존재 자체"**(*esse ipsum*)이면서 동시에 **"진리 자체"**(*verum ipsum*)인 존재를 즉각적으로 인식하는 것을 강조했던 신비주의적이고 아우구스티누스적인 직접성의 원리가 있었다. 토마스 아퀴나스(Thomas Aquinas)와 둔스 스코투스(Duns Scotus)의 주도 아래 있었던 지배적인 신학은 분석적 분리를 앞세워 초기 프란체스코 학파의 신비적 직관(mystical immediacy)을 대체한 이후에도 아우구스티누스 수도회와 프란체스코 수도회 전통은 결코 그 힘을 잃지 않았다. 종교개혁 이전 시대와 종교개혁 시대에 이런 경험의 원리는 (프란체스코 수도회에 있었던 급진주의자들의 열광주의에 크게 의존하는) 분파주의 운동에 의해 보존되었다. 토마스 뮌처(Thomas Münzer) 같은 열광주의자는 우리가 오늘날—불안과 절망, "한계 상황", "무의미"의 경험을 포함한—"실존적 경험"이라고 말하는 것의 거의 모든 특징을 갖고 있었다. 그리고 다른 한편 그는 자신의 개인 활동과 사회 활동에서 실제적인 결정을 내릴 때 그를 이끌고 안내하는 강력한 영적인 존재를 느끼는 황홀경을 체험했다. 비록 모든 유럽의 교회에서 교회의 권력자들이나 성서의 권위가 승리하고 고전적인 정통주의가 융성함으로써 경험의 원리가 탄압받았으나 근절되지는 않았다. 이런 경험의 원리는 유럽의 경건주의(Pietism)와 영국과 미국의 비국교회운동(Independentism) 그리고 감리교 및 복음주의에서 다시 강력하게 나타났다. 경험의 원리는 이와 같은 형태로 계몽주의 시대에도 살아남았고, 자신의 고전적인 표현 방법을 슐라이어마허의 신학 방법에서 찾았다.

현대의 그 어떤 신학도 슐라이어마허가 신학을 할 때 사용했던 경험적 방법에 관한 논의를 하지 않을 수 없다. 그의 방법에 동의하든지 동의하지 않든지 간에 말이다. 신정통주의 신학이 나쁜 영향력을 끼치게 된 원인 중 하나는 그것이 슐라이어마허의 방법과 완전히 결별함으로써 결과적으로 지난 200년 (슐라이어마허를 중심으로 100년 이전과 이후) 동안의 신학 발전을 부정했다는 점이다. 오늘날의 신학은 신정통주의의 그러한 부정이 타당했는지 아니면 타당하지 않았는지, 그리고 타당했다면 어느 정도 타당했는지, 타당하지 않았다면 어느 정도 타당하지 않았는지와 같은 중요한 물음을 논해야 한다. 물론 신정통주의 신학이 슐라이어마허에 관한 잘못된 해석에 기초해서 그러한 판단을 내렸다면, 확실히 그러한 부정은 타당하지 않을 것이다. 하지만 우리가 신정통주의 판단을 잘 살펴보면 그러한 부정보다 훨씬 더 많은 논의가 진행되었음을 발견할 수 있을 것이다. 예를 들어 슐라이어마허의 그 유명한 종교 정의에 대한 심리학적 해석은 쉽게 피할 수 있었던 것이므로 잘못된 것이었을 뿐만 아니라 심지어 불공정한 것이었다. 슐라이어마허가 종교를 "절대 의존의 감정"이라고 정의했을 때, "감정"은 아우구스티누스 수도회와 프란체스코 수도회 전통이 가르치는 의미처럼 절대적인 어떤 존재를 즉각적으로 깨닫는 것을 의미했다. 이 전통은 종교적으로는 모라비아파 교육을 통해서 슐라이어마허에게 전해졌고, 철학적으로는 스피노자와 셸링을 통해서 전해졌다. 이 전통에서 "감정"은 심리학적 기능을 가리키는 것이 아니라 지성과 의지, 주체와 객체를 초월하는 존재에 대한 깨달음을 의미한다. 슐라이어마허의 정의에 따르면 "의존"은 기독교가 말하는 "목적론적" 의존을 의미한다. 다시 말해 이 목적론적 의존은 도덕적 특징을 가지고 있는 것이고, 자유를 포함하는 것이며, 절대자(the unconditional)에 대한 경험을 범신론적이고 결정론적으로 해석하는 것을 배제하는 것이다. 슐라이어마허의 "절대 의존의 감정"은 내가 이 책에서 설명하는 "우리 존재의 근거와 의미에 관한 궁극적 관심"이라고 부르는 것과 매우 유사하다. 지금 내가 설명하는 것처럼 사람들이 슐라이어마허를 이해했다면, 그들은 절대 의존의 감정에 대해 통상적으로 제기하는 비판과 같은 것을 가하지 않았을 것이다.[26]

이와 다르게 우리는 슐라이어마허가 『기독교 신앙』(Glaubenslehre)에서 활용한 방법에 대해서는 비판해야 한다. 그는 기독교 신앙의 모든 내용을 자기가 그리스도인의 "종교 의식"이라고 불렀던 것에서 추론하고자 애썼다. 그의 추종자들, 특히 호프만(Hoffmann)과 프랑크(Frank) 같은 신학자들이 소속되어 있는 루터파의 "에어랑엔 학파"는 그리스도인의 중생 경험에서 기독교 신앙의 내용을 도출하여 전체 신학 체계를 확립하려고 시도했

---

26   바로 이런 이유로 Barth가 Schleiermacher에 대해 말하는 Brunner의 『신비와 말씀(Die Mystik und das Wort)』(Tübingen: J. C. B. Mohr, 1924)을 거부한 것은 다행스러운 일이다.

다. 프랑크의 신학 조직이 명확하게 입증한 것처럼 그는 대단한 착각을 하고 있었다. (프랑크가 "나사렛 예수"로 말했던) 기독교가 근거로 삼고 있는 사건은 경험에서 추론한 것이 아니다. 그와 달리 그것은 역사에서 **주어진 것**이다. 경험 역시 조직신학의 내용을 제공하는 원천이 아니라 그것을 실존적으로 받아들이도록 도움을 주는 매개물일 뿐이다.

슐라이어마허의 신학이 받았던 것처럼 비판을 받지 않은 다른 형태의 경험 신학이 미국의 복음주의 전통에서 성장했다. 그것은 경험주의 철학이 실용주의 철학과 결합한 것이어서 유럽 대륙에서 나온 경험 신학과는 다르다. 그것은 철학적 경험론자가 가장 중요시하는 순전한 경험에 기초해서 "경험론적인 신학"(empirical theology)을 만들겠다고 선언한다. 조직신학의 방법과 관련한 모든 것이 "경험"이라는 용어의 의미와 관련이 있기 때문이다. 오늘날에 논의되고 있는 철학적·신학적 논의를 자세히 분석해 보면, 경험이라는 용어는 세 가지 방식, 곧 존재론적 의미, 과학적 의미, 그리고 신비적 의미로 사용되고 있음을 알 수 있다. 경험의 존재론적 의미는 철학적 실증주의의 결과물이다. 이 이론에 따르면, 실증적으로 주어진 것만이 우리가 의미를 가지고 있다고 말할 수 있는 유일한 실재다. 그리고 실증적으로 주어진 것은 경험 가운데 주어진 것임을 의미한다. 달리 말해 실재는 경험과 동일하다. 윌리엄 제임스(William James)와 부분적으로는 존 듀이(John Dewey)가 발전시킨 실용주의는 경험을 최상의 존재론적 지위로 격상시킨 이런 행위의 이면에는 철학적 동기가 있음을 보여준다. 그 동기는 다름 아닌 존재론적 주체와 존재론적 객체가 분리되는 것을 부정하는 것이다. 주체와 객체가 분리된다면, 그러한 분리는 다시 회복될 수 없고, 지식의 가능성은 더 이상 설명될 수 없으며, 생명과 그 과정의 통일성은 신비로 남기 때문이다. 최근에 등장한 역동적인 자연주의 철학은 경험이라는 존재론적 개념을 받아들인다. 그 철학이 그 강조점에서 더 실재론적이든지 혹은 더 관념론적이든지 또는 훨씬 더 신비주의적이든지 간에 상관없이 말이다.

이런 의미의 경험이 조직신학의 자료로 사용된다면, 그 신학 조직은 전체 경험을 초월하는 그 어떠한 것도 설명하지 못할 수 있다. 한마디로 전통적 의미의 신적 존재는 그 조직에서 배제된다. 반면에 경험 전체가 우리의 궁극적 관심이 될 수 없기 때문에 전체 경험 중 어떤 특별한 경험이나 특별한 성질을 가진 경험이 조직신학의 자료가 된다. 예를 들어 (화이트헤드의) 가치를 생성하는 과정이나 (헨리 넬슨 위만의) 점진적 통합 과정 혹은 (호킹의) 우주 전체라는 특성이 특별히 종교 경험이라고 이야기될 수 있다. 하지만 이와 같이 전체 경험 중 어떤 특별한 경험을 종교 경험이라고 이야기할 수 있으려면, 우리는 먼저 종교 경험이 무엇인지에 대한 개념을 가지고 있어야만 한다. 그렇지 않다면, 우리는 전체 경험 중 어떤 것이 종교 경험인지를 알 수 없을 것이다. 이것은 실재 전체를 신학적으로 분석하기 이전에 일어나는 또 다른 종류의 경험, 곧 종교적 실재에 직접 참여하는 경험이 있음을 의미한다. 이러한 경험은 정말로 우리가 현실에서 경험하는 상황을 반영한다. 경험의 존재론적 개념을 사용하는 경험론적 신학자들은 이런 경험에서 자신들의 신학을 이끌어내지 않는다. 그들은 그것을 구체적인 종교적 실재에 직접 참여한 것에서, 곧 신비 경험이라는 의미의 종교 경험에서 이끌어낸다. 그리고 그들은 전체 경험에서 부합하는 요소들을 발견하려고 애쓴다. 그들은 자신들의 개인적인 종교 생활에 대해 우주론적으로 확증을 받고자 한다.

이런 유형의 경험적인 신학은 순환 논증을 보이고 있음에도 불구하고 조직신학에 확실히 기여했다. 곧 그것은 종교적 대상들이란 여러 가지 대상 중 어떤 대상들을 의미하는 게 아니라 우리의 일반 경험이 가진 어떤 특징이나 측면에 대한 표현임을 밝혔다. 이런 점에서 미국의 경험론적인 신학은 대륙의 현상학적 신학(예를 들어 루돌프 오토[Rudolph Otto]와 막스 셸러[Max Scheler]의 신학)과 일맥상통한다. "신은 존재하는가?"라는 물음보다는 오히려 "'거룩함'(the holy)은 무엇을 의미하는가?"라는 물음이 제기될 때 우리의 사고는 실용주의와 현상학이 일치하는 사고의 연장선상에 있게 된다.[27]

경험이라는 용어의 두 번째 의미는 실험적으로 확인하는 과학 실험이라는 경험에서 유래한다. 이런 의미의 경험은 어떤 정밀한 세계를 구성한다. 그것은 그 자체로 있는 어떤 존재를 가리키는 게 아니라 인식할 수 있는 구조로 제시된 존재를 가리킨다. 이 존재는 이성적인 요소와 지각적인 요소를 결합한 것이며, 실험과 확인이라는 결코 끝나지 않는 과정의 결과물을 의미한다. 일부 경험론적인 신학자들은 과학 실험 방법을 신학에 적용하려고 시도했지만, 그들은 결코 성공할 수 없었는데, 이는 크게 두 가지 요인 때문이었다. 첫 번째 요인은 신학의 대상(즉 우리의 궁극적 관심과 그것의 구체적인 표현들)이 전체 과학 실험의 대상이 아니라는 것이다. 우리는 객관적 관찰이나 그러한 객관적 관찰에 의해 도출된 결과를 통해 신학의 대상을 발견할 수 없다. 우리는 오직 순종과 참여를 통해서만 그 대상을 발견할 수 있다. 두 번째 요인은 우리가 과학의 검증 방식들을 사용해서 신학의 대상을 검증할 수 없다는 것이다. 이런 검증 방식을 사용할 때, 실험자는 실험이라는 상황 외부에 객관적으로 자리한다. 이런 상황 외부에 객관적으로

---

27   Max Dessoir의 *Lehrbuch der Philosophie*(Berlin: Ullstein, 1925)에 실린 나의 글인 *Religionsphilosophie*를 보라.

자리하는 것이 예를 들어 양자물리학에서처럼 불가능하다면, 실험자는 자신의 계산에 이런 사실의 결과를 포함한다. 검증하는 신학자는 "존재하느냐 존재하지 않느냐"는 궁극적인 의미의 위기를 감수하며 참여할 때만 신학적 대상을 검증할 수 있다. 이러한 실험은 결코 끝나지 않고, 심지어 완전한 삶의 경험에서조차도 끝나지 않는다. 위기라는 요소는 여전히 존속하고 시간과 공간 속에서 실험을 통한 검증을 불가능하게 한다.

우리는 과학적·경험적 신학을 통해 이것을 확증할 수 있다. 경험에 대한 인식론적 분석이 (브라이트맨의) "우주적 인격"이나 (부딘[Boodin]의) "우주적 지성" 또는 (와이먼)의 "창조적 과정" 같은 개념들을 포괄하는 것으로 이어진다면, 이러한 개념들은 과학적인 개념도 아니고 신학적인 개념도 아니다. 그것들은 과학적 개념이 아니라 존재론적 개념이다. 그것들은 다른 존재들 옆에 나란히 있는 어떤 존재를 기술하지 않고 어떤 존재 자체가 가지고 있는 하나의 특성을 가리킨다. 이것은 과학적 경험에 의해서 이루어진 것이 아니라 과학적인 요소와 비과학적인 요소가 혼재되어 있는 시각에서 이루어져 나온 것이다. 더욱이 이러한 개념들은 신학적 개념들도 아니다. 물론 조직신학은 그런 개념들을 사용할 수 있을 뿐 아니라 사용해야한다. 하지만 "우주적 인격"이나 "창조적 과정"은 궁극적 관심이 될 수는 없다. 그것들은 그러한 궁극적 관심의 잠정적인 특성을 지닌 철학적 가능성들이다. 달리 말해서 그것들은 종교적 필연성들이 아니다. 그것들은 실존적이지 않고 이론적이다. 하지만 그것들이 종교적 의미—곧 모든 존재론적 개념들의 진정한 가능성—를 주장한다면, 그것들은 더 이상 과학적인 것일 수 없고, 그저 우리의 궁극적 관심에 대한 상징적인 표현들이기 때문에 신학적 용어로 논의되어야 한다. 과학 경험 그 자체는 그 어떤 경우에도 조직신학의 토대와 원천을 고안해낼 수 없다.

마지막 세 번째로, 신비 경험 혹은 참여에 의한 경험은 경험 신학의 참된 문제가 된다. 그것은 경험의 의미를 나타내는 과학적 개념뿐 아니라 존재론적 개념에 의해서도 비밀리에 전제되어 있다. "참여"라는 경험 없이는 경험 전체나 혹은 정밀한 경험도 우리의 궁극적 관심에 대해 그 어떤 것도 보여주지 못할 것이다. 하지만 문제는 참여에 의한 경험이 무엇을 보여줄 수 있느냐 하는 것이다. 종교개혁가들에게 경험은 계시의 원천이 아니었다. 신적인 영은 우리 안에 성서의 메시지를 증언한다. 그는 새로운 계시들을 주지 않는다. 우리가 내면에서 겪는 영적인 힘이 불어넣어지는 경험도 우리에게 어떤 새로운 것을 전달해주지 않는다. 반대로 복음주의적인 열광주의자들은 영의 임재에서 새로운 계기를 이끌어냈다. 영을 소유한 사람의 경험이 종교적 진리의 원천이 되고 그 결과 조직신학의 원천이 된다. 영이 각각의 그리스도인 안에서 성서의 문자와 교회의 교리들을 해석해주지 않는다면, 그것들은 그저 문자와 율법으로 남는다. 영감을 불어넣는 영의 현존 경험이 신학의 궁극적 자료가 된다.

종교개혁 시대의 열광주의자들은 기독교의 메시지를 초월하는 영적 경험을 알지 못했다. 비록 그들이 계시의 역사를 세 시기로 구분한 피오레의 요아힘(Joachim de Fiore)을 추종하면서 "세 번째 시대", 즉 영의 시대를 소망했지만, 그들은 그것을 후기 기독교 시대(post Christian period)라고 묘사하지는 않았다. 영은 두 번째 시대를 다스리는 아들과 첫 번째 시대를 다스리는 아버지의 영이다. 세 번째 시대는 두 번째 시대에서 변화한 것이지만 그 실체의 변화는 전혀 없었다. 이러한 열광주의자들이 보인 경험에 대한 태도는 슐라이어마허의 태도와는 같았지만, 최근의 경험 신학의 태도와는 같지 않았다. 위대한 비기독교 종교들과 진화론적 사고방식 및 실용주의 방식의 특징을 보여주는 새로움에 점점 더 많이 노출되면서 신학자들은 경험을 조직신학의 중요한 자료로 생각하지 않고 새로운 진리를 끊임 없이 취할 수 있는 무궁무진한 자료로 생각했다. 그들은 기독교 경험의 경계를 넘어서는 새로운 경험을 열린 마음으로 받아들이는 것을 적절한 태도라고 생각했다. 그들은 그리스도로서의 예수 사건이 중심이 되는 영역 내에서 활동해야 한다는 것에 제약받지 않았다. 물론 신학자로서 그들은 어떤 순환에서 작업하지만, 그들은 그 순환의 외연이 확장될 수 있을 뿐만 아니라 그 중심점도 바뀔 수 있는 순환 안에서 작업한다. 한마디로 "열린 경험"이 조직신학의 자료다.

신정통주의는 이런 개념을 반대하고 종교개혁가들에게로 되돌아가고, 복음주의적인 성서주의는 종교개혁의 소종파들에게로 되돌아갔다. 신정통주의와 성서주의는 모두 기독교의 영역을 벗어나는 종교적 경험이 조직신학의 자료라는 주장을 반대한다. 신정통주의는 경험이 조직신학의 자료가 될 수 있다는 사실조차도 반대한다.

우리가 경험이란 객관적 자료를 받아들이는 매개물이라고 정의한다면, 이러한 정의는 신학자가 기독교 경험 외의 다른 가능한 경험에 의존하는 것을 배제한다. 게다가 그것은 경험이 신학의 자료라는 주장도 부정한다. 그리고 마지막으로 그것은 기독교 순환에만 머무른다는 조건을 갖더라도 다른 자료들에 몇몇 새로운 자료를 추가할 수 있다는 경험에 대한 믿음도 부정한다. 기독교 신학은 예수 그리스도라는 유일한 사건에 근거하고, 그리고 이 사건의 무한한 의미에도 불구하고 그것은 바로 실제로 일어난 **이** 사건(*this* event)으로 머무르며, 그리고 그 사건 자체가 모든 종교적 경험의 기준으로 머무른다. 이 사건은 경험으로 주어진 것이지 결코 경험에서 나온 것이 아니다. 따라서 경험은 받아들이는 수동성을 갖고 있을 뿐 생산할 수 있는 능동성을 갖고 있지는 않다. 경험이 가진 생산적인 힘은 경험에 주어진 것을 변형하는 데 한정된다. 하지만 이러한 변형은 의도된 것이 아니다. 받아들이는 행위는 받아들임을 의도하며 그저 받아들임만을 의도한다. 변형이 의도된 것이라면, 받아들임은 조작된 것이다. 조직신학자는 규범이라는 기준에 입각해서 자신의 경험이 아니라 다른 자료들에서 반드시 나와야만 하는 기독교 메시지에 순종할 의무가 있다(다음 장을 보라). 이런 의무는 어떤 의도적인 주관성도 배제한다. 하지만 그것은 매개물을 통해 매개된 것에 근거하여 매개물이 가지는 영향력을 신학자의 주관성에 끼친다. 그 매개물은 자신이 받아들인 표현에 색을 입히고 해석을 결정한다. 우리는 이런 과정에서 두 가지 극단적인 실패를 피해야 한다. 곧 첫 번째로, 매개물의 영향력, 곧 신학자의 경험이 너무 적어서 그 결과가 변혁을 일으키는 대신에 반복되면 안 된다. 두 번째로, 신학자의 경험이 너무 많아서 그 결과가 변혁을 일으키는 대신에 새로운 산물을 가져와서는 안 된다. 첫 번째 실패는 기독교 사상사의 고대 시기에 지배적으로 나타났지만, 두 번째 실패는 현대 시기에 훨씬 더 두드러진다. 이렇게 변화가 일어나는 궁극적인 이유는 신학적 인간론 안에서 변화가 일어났기 때문이다. 인간이 모든 종교 경험의 원천, 곧 자신 안에 있는 영적인 힘과 하나가 되어야만 인간의 종교 경험은 조직신학의 독립된 자료가 될 수 있다. 인간의 영과 그 안에 현존해 있는 영이 하나가 될 때만 그의 경험은 계시의 특성을 띤다. 이런 하나 됨이 현대 인간론에 함의되어 있다. 종교개혁가들이 열광주의자들에게 현실에 입각해서 매우 강하게 반대했던 것처럼, 이런 하나 됨은 사실이 아니다. 성자(saint)는 영(Spirit)이 자신의 영(spirit)에 말씀하시는 것에 귀를 기울여야만 한다. 성자 역시 죄인이기 때문이다. 예언자들이나 사도들을 통한 계시가 있었듯이, 성자를 통한 계시가 있을 수도 있다. 하지만 이 계시는 성자를 통해 나오는 것이 아니라 그에게 맞서서 그에게 오는 것이다. 인간의 상황을 잘 분별할 수 있는 통찰력을 가질 때, 우리는 경험을 조직신학에 포함된 매개물이 아니라 독립된 자료로 만들려는 모든 신학을 없앨 수 있다.

3. 조직신학의 규범

우리가 지금까지 다뤘던 조직신학의 자료들과 매개물에 관한 논의에 이어서 다뤄야 할 중요한 문제, 곧 매개하는 경험뿐만 아니라 자료들도 준수해야만 하는 기준에 관한 문제에 대해서 살펴보고자 한다. 우리가 자료의 범위와 다양성을 고려할 뿐 아니라 경험이라는 매개적 기능의 불명확성을 고려할 때, 그러한 기준은 반드시 필요하다. 우리가 규범의 지시를 준수하면서 자료와 매개물을 사용할 때 신학 체계를 생산할 수 있다.

그리스도인들은 교회 역사의 아주 초기부터 기독교 교리의 규범에 관해 물음을 제기했다. 교회는 이에 대해 규범의 내용과 형식으로 나누어 대답했다. 교회는 내용적 측면과 관련해서 교리적 규범을 나타내고 있는 신조―그 중심에는 세례를 받을 때 예수를 그리스도라고 고백하는 신앙고백문을 포함한다―를 만들었다. 형식적 측면과 관련해서는 규범을 왜곡하는 이단들에 맞서 그것을 보호하는 주교들과 공의회 및 교황과 같은 권위자들의 위계를 확립했다. (로마 가톨릭교회와 그리스 정교회 및 영국의 국교회를 하나로 일컬어) 가톨릭 교회는 형식적인 규범을 매우 중시했기 때문에 내용적 규범에 대한 필요가 사라졌다. 여기서 기독교 교리란 교회가 공적인 권위자들을 통해 선언한 것을 의미한다. 이것이 바로 로마 카톨릭교회가 다른 점에서는 스콜라 체계를 철저히 체계화했지만, 내용과 관련해서는 체계화하는 원리를 갖고 있지 않은 이유다. 또한 전통을 교황의 결정과 최종적으로 동일시한 이유이기도 하다(트리엔트 공의회). 게다가 그것은 성서가 이후에 그리스 정교회와 로마 가톨릭교회의 교의의 발전에 거의 영향을 끼치지 못했던 이유이기도 하다.

교회의 권위가 그 지위를 상실하게 되었을 때, 개신교는 규범에 관한 물음을 다시 중요한 것으로 여겼다. 개신교 신학자들은 자신들의 의도가 아니라 초기 기독교처럼 상황의 필요에 맞추어 형식적 규범과 내용적 규범을 확립했다. 루터는 바울을 따라서 자신이 "이신칭의"라고 명명했던 내용적 규범이 가진 힘과 성서의(특히 바울 저작의) 메시지가 가진 권위를 가지고 로마 가톨릭교회의 조직을 타파했다. 루터파 종교개혁의 규범들은 상호의존 관계에 있는 칭의와 성서였다. 칼뱅주의는 칭의를 점차 예정으로 대체했고, 성서의 권위를 더 문자적으로 이해함으로써 내용적 규범과 형식적 규범의 상호성을 약화시켰다. 하지만 루터파나 칼뱅주의나 문제와 해결의 방향은 동일했다.

우리가 종교개혁가들이 내용적 규범에 관해 분명하게 진술한 것에 비추어 교회사 전체를 조망해 본다면, 우리는 모든 시기에 유사한 규범들이 사실상 존재했음을 발견하게 된다. 초기 그리스 교회의 규범은 불멸의 생명과 영원한 진리가 성육신함으로써 유한한 인간이 죽음과 오류에서 해방되는 것을 의미했지만, 로마 교회의 규범은 신-인이 현실적이고 성례적인 희생을 하심으로써 유한한 인간이 죄책과 분열로부터 구원받는 것을 의미했다. 이와 다르게 근대 개신교의 규범은 인간 실존의 인격적이고 사회적인 이상을 대표하는 "공관복음서의" 예수 상을 의미했다. 그리고 현대 개신교의 규범은 신구약 성서에 나오는 하나님 나라에 대한 예언자적 메시지를 의미한다. 이러한 상징들은 조직신학이 자신의 자료를 취급하고 신학자의 매개적 경험을 판단하는 방식에 의식적이거나 무의식적 기준이 되었다.

　이러한 규범들의 성장은 많은 의식적 결정에 의해 이루어진 성장에도 불구하고 전체적으로는 무의식적 결정에 의해 이루어진 성장이다. 그것은 교회와 기독교 메시지의 만남 안에서 그리고 만남을 통해서 성장한다. 이런 만남은 세대마다 다르고, 그러한 차이는 지속되는 교회의 역사에서 가시적으로 드러났다. 그 규범은 성장했지만, 신학자들이 의도적으로 만든 것은 아니었다. 규범은 신학적 성찰의 산물이 아니라 교회의 영적 삶의 산물이다. 교회는 조직신학의 "고향"이기 때문이다. 신학의 자료와 규범은 오직 교회에서만 현실적으로 실존한다. 오직 교회에서만 조직신학의 매개물을 경험할 수 있다. 외롭게 홀로 성서를 읽는 독자라고 할지라도 결코 교회 밖에 있지 않다. 그는 수 세기 동안 수집되고 보존된 성서를 받아들였다. 그는 교회 또는 교회 일원의 활동을 통해서 그 책을 갖게 되었다. 비록 그가 자신의 모국어로 번역된 방식으로 성서의 해석을 접한다고 할지라도, 그는 교회가 해석한 성서를 받아들였다. 결국 조직신학자의 경험은 교회를 통해 전달된 자료들에 의해서 형성된 것이다. 그리고 이렇게 형성된 자료 중 가장 구체적이고 가장 가까이 있는 자료는 조직신학자가 함께 살아가는 교회이고 교회의 집단 경험이다. 이곳이 바로 조직신학자로서의 "작업 공간"이다. 비록 그가 그 교회에 저항해서 살고 있다고 할지라도 교회는 그의 작업 공간이다. 저항은 교제(communion)의 한 형태이기 때문이다.

　내가 이 책에서 기준으로 제시하는 규범은 하나의 조건적인 규범으로만 진술될 수 있을 것 같다. 참된 규범이란 신학자의 사적인 의견이 아니라 교회와 기독교 메시지의 만남을 표현한 것이기 때문이다. 내가 제시하는 규범이 그러한 참된 규범인지 아닌지는 지금 당장 알 수 없다.

　조직신학의 규범은 "모든 신학에 적용할 수 있는 비판적 원리"와 같은 게 아니다. 그와 같은 비판적 원리는 부정적이고 보호하는 기능을 하지만, 조직신학의 규범은 긍정적이고 건설적인 기능을 한다. 비판적 원리는 추상적이지만 규범은 구체적이어야 한다. 비판적 원리는 신학과 다른 형태의 지식이 상호 개입하는 것을 막기 위한 변증이 펼쳐지는 긴장 상황 가운데 형성되었다. 규범은 현대 개신교가 처한 교리적 상황, 곧 형식적인 권위가 부재하고 내용적 원리가 요구되는 상황이라는 압박 속에서 형성되어야 한다.

교회 역사에서 효과적인 조직신학의 규범들은 내용에 있어서는 서로 다르지 않았지만, 강조점에서는 서로 달랐다. 아래서 진술할 규범은 종교 개혁가들이 서로 다르게 강조했고 현대 자유주의 신학자들이 서로 다르게 강조하는 규범이다. 하지만 그것은 동일한 내용을 보존하고 있으며 현재 상황과 성서에 훨씬 더 적합한 형태로 제시된다고 주장한다.

오늘날 현대인들이 자신들은 삶의 모든 영역에서 일어나는 분열과 대립, 자기파괴, 무의미함과 절망에 비추어 자신의 상황을 경험한다고 말하는 것은 전혀 과장이 아니다. 이런 경험은 예술과 문학에서 표현되었고, 실존주의 철학에서 개념화되었으며, 모든 종류의 정치적 분열에서 현실화되었고, 심리학에서 무의식으로 분석되었다. 그것은 개인적 삶과 사회적 삶에 있는 마성적·비극적 구조에 관한 새로운 이해를 신학에 제공했다. 이 경험에서 제기되는 물음은 종교개혁처럼 자비로우신 하나님과 죄의 용서에 관한 물음도 아니고, 초기 그리스 교회처럼 유한성과 죽음 그리고 잘못에 관한 물음도 아니며, 그렇다고 개인의 종교 생활이나 문화와 사회의 기독교화에 관한 물음도 아니다. 그것은 실재에 관한 물음, 곧 우리 실존에서 일어난 자기소외를 극복하는 실재, 즉 화해와 재연합, 창조성과 의미, 희망을 주는 실재에 관한 물음이다. 우리는 그러한 실재를 "새로운 존재"(New

Being)라고 명명할 것이다. 이 용어의 전제와 함의는 나의 조직신학 전체를 통해서만 설명될 수 있다. 새로운 존재란 바울이 "새로운 창조"라고 이야기한 것에 근거하며 영혼과 사회 및 우주 전체 안에 그 영향을 끼치고 있는 "옛 실재"의 악마적 분열을 극복하는 힘을 가리킨다. 기독교의 메시지가 "새로운 존재"의 메시지로 이해된다면, 우리는 우리의 현재 상황과 전 인류의 상황에 함의되어 있는 물음에 대답할 수 있다.

하지만 이러한 대답은 충분하지 않다. 그것은 즉시 다음과 같은 더 많은 물음으로 이어진다. "이 새로운 존재는 어디서 현현하는가?" 조직신학은 이 물음에 다음과 같이 대답한다. "그 존재는 예수 그리스도 안에서 현현한다." 또한 이 대답은 내가 이 책에서 규명하려는 주요 목적에 포함되어 있는 전제와 함의를 지니고 있다. 지금은 그저 다음과 같은 것을 이야기할 수 있을 뿐이다. 곧 그러한 공식 어구는 초기 그리스도인들이 예수를 그리스도로 고백했던 세례 신앙고백문을 받아들인다는 점이다. 그리스도이신 그는 새로운 **시대**(*eon*)를 가지고 오는 자, 곧 새로운 실재를 의미한다. 그리고 인간 예수가 그리스도라고 이야기하는 것은 역설적인 주장이다. 이러한 역설이 없다면, 새로운 존재는 이상일 뿐 실재가 아닐 것이며 결과적으로 우리 인간의 상황에 내포되어 있는 물음에 대한 대답이 되지 못할 것이다.

내가 이 책에서 사용하고 있고 지금 변증적인 상황에 가장 적합한 것이라고 여기는 조직신학의 규범이란 "그리스도로서의 예수 안에 나타난 새로운 존재"를 의미한다. 이 규범이 모든 신학의 비판적 원리와 결합한다면, 우리는 조직신학의 내용적 규범이 우리의 궁극적 관심이자 그리스도로서의 예수 안에 나타난 새로운 존재라고 말할 수 있다. 이 규범은 조직신학의 모든 자료를 판단하는 데 필요한 기준이 된다.

가장 중요한 물음은 어떻게 이 규범이 기본 자료, 곧 성서와 관련을 맺는가다. 성서 **자체**가 조직신학의 규범이라고 이야기된다면, 우리는 그 어떤 구체적인 것도 언급할 수 없다. 성서는 수 세기 동안에 기록되었고, 수집되었으며, 편집되었던 종교 문학 작품의 모음집이기 때문이다. 루터는 대부분의 종교개혁 신학자들보다 그 자신을 더 격상시킬 수 있는 방식으로 이러한 사태를 잘 알고 있었다. 그는 성서를 이루는 각각의 작품을 해석하고 평가하는 내용적 규범, 곧 그리스도의 메시지 혹은 이신칭의라는 규범을 제시했다. 그는 이 규범에 비추어 모든 성서의 책을 해석하고 판단했다. 다른 한편으로 비록 이러한 규범들이 성서에서 나온 것이지만, 성서가 어느 정도로 그것을 표현하는지에 따라서 성서의 규범적 가치가 결정된다. 규범이 성서에서 나온다는 이유만으로 성서가 조직신학의 규범이라고 이야기될 수 있다. 하지만 규범은 교회와 성서 메시지의 만남 가운데 성서에서 나온 것이다. 성서에서 나온 규범은 동시에 조직신학이 성서를 사용하는 데 기준이 된다. 실제로 조직신학의 태도는 언제나 그와 같은 것이었다. 구약성서는 결코 직접적인 규범이 아니었다. 구약성서는 신약성서에 의해 판단을 받았고, 그리고 신약성서는 그것을 구성하는 모든 부분이 똑같은 영향력을 행사하지 않았다. 바울의 영향력은 사도 교부 시대에는 대부분 사라졌고, 요한의 영향력이 그 자리를 대신 차지했다. 복음이 "새로운 율법"으로 더욱더 이해될수록 공동 서신과 이에 상응하는 공관복음서의 구절들이 더욱더 중요해졌다. 바울이 유대교에 보였던 반응은 아우구스티누스의 보수적인 방식으로 나타났고, 그리고 종교개혁가들의 보수적인 방식으로도 계속해서 일어났다. 바울의 저작과 요한의 저작들보다 공관복음서가 더 중요해진 것은 근대 개신교의 특징이었다. 그리고 심지어 최근에는 구약성서를 예언자적으로 해석한 것이 신약성서의 중요성을 무색하게 만들고 있다.[28] 성서 자체는 결코 조직신학의 규범이 아니었다. 규범은 성서와 교회의 만남을 통해 성서에서 도출된 원리였다.

이것은 성서의 정경성 물음을 이해하는 관점을 제시해준다. 교회는 꽤 후대에 정경을 확정했지만, 기독교의 교파들은 서로 정경에 어떤 책을 포함시키고 포함하지 않을지에 대해서 합의를 이루지 못했다. 로마 가톨릭교회는 구약성서의 외경을 정경에 포함시켰지만 개신교는 그것을 거부했다. 두 교회가 그러한 판단을 내린 이유는 각각의 교파가 취하는 조직신학의 규범 때문이었다. 루터는 외경 이외에도 더 많은 책을 제외하고 싶어 했다. 이러한 어지러운 상황은 성서의 정경을 구성하는 일과 관련해서 불확정성(indefiniteness)의 요소가 있음을 보여준다. 그것은 신학적 규범과 그 규범이 나오는 기본 자료로서의 성서가 아주 분명하게 구분된다는 사실을 입증해준다. 규범이 성서를 구성하는 각 책의 정경성을 결정한다. 그것은 (초기 교회에서 일부 반대되었던 책들[antilegomena]처럼) 정경과 위경을 가르는 경계선상에 성서의 몇몇 책들을 놓아둔다. 정경을 창조한 것은 영이며, 모든 영적인 것들처럼 정경 역시 확정된 방식으로 법적으로 고정될 수 없다. 정경을 구성하는 책과 관련하여 부분적으로 그 여지를 열어놓는 것은 교회의 영성을 위한 안전장치라고 말할 수 있다.

조직신학의 기본 자료로서의 성서와 성서에서 나온 규범 간의 관계는

---

28 조직신학의 성서적 토대는 내용적 규범의 표현, 곧 그리스도로서 예수 안에 나타난 새로운 존재라는 표현이 알려준다. 그러한 표현은 무엇보다도 영(the Spirit)에 관한 바울의 교리와 관련이 있다. 자유주의 신학에 대항하는 Barth의 바울적 저항은 종교개혁가들의 저항과 일치하며, 믿음을 통한 칭의라는 바울의 방어적 교리에 의존하고 있다. 반면 조직신학이 가진 이러한 바울적 성격(Paulinism)은 그리스도 안에서 이루어지는 새로운 창조라는 바울의 건설적 교리에 의존하는데 이 교리에는 "새로운 시대"라는 예언자적·종말론적 메시지가 포함되어 있다.

교회 역사의 규범적 특성에 관한 물음에 새로운 접근법을 제시한다. 우리는 교회의 결정을 조직신학의 자료이자 실제 규범으로 받아들인 로마 가톨릭교회의 습관과 교회사의 규범적 특성이자 원천으로 그 기능을 박탈하려는 개신교의 급진적인 습관 사이에서 중도의 길을 찾아야 한다. 우리는 개신교의 관습에 대해서는 이미 논했다. 곧 우리는 교회사의 규범적 특성이 다음과 같은 사실, 곧 규범은 성서에서 나왔지만 교회와 성서의 메시지의 만남에서 만들어진다는 사실에 함의되어 있다고 말했다. 달리 말해서 이것은 교회의 역사를 이루는 각각의 시대는 그 특정한 상황 가운데 신학적 규범을 확립하는 데 의식적으로 혹은 무의식적으로 기여한다는 것을 의미한다. 하지만 교회의 결정이 이런 함의를 넘어서 직접적으로 규범적 특성을 갖고 있지는 않다. 조직신학자는 교부들과 공의회 및 신조들 등을 언급하면서 자신이 사용하는 규범에 대한 타당성을 주장할 수 없다. 개신교 신학은 교황의 무오류성 교리를 주장하는 로마 가톨릭 신학에 대한 급진적인 반대 주장으로서 그와 같은 모든 것이 오류에 빠질 가능성이 있다고 주장해야만 한다. 교회의 결정이 가진 간접적인 규범적 특성은 한때 교회가 자신들의 결정을 통해 기독교의 메시지를 지켜야 했던 위험한 순간들을 극복했음을 언급하는 이정표의 기능으로 이루어진다. 그러한 이정표는 신학자에게 아주 중요한 경고와 건설적인 도움을 제공한다. 하지만 그것은 신학자의 작업 방향을 위엄을 가지고 결정해주지는 못한다. 그는—가장 중요한 혹은 보다 덜 중요한 권위자에게 승인되었는지에 상관없이—자신의 규범을 교회사의 자료들에 적용한다.

종교문화사는 조직신학의 규범에 훨씬 더 간접적으로 기여한다. 종교나 문화가 조직신학의 규범에 끼치는 영향력은 교회가 처한 종교문화적 상황이 교회와 성서 메시지의 만남을 위한 부분적 조건이 된다는 점에서만 느껴진다. 우리가 그런 영향력을 부인하거나 거부할 이유가 전혀 없다. 조직신학은 메시지 자체가 아니다. 그리고 메시지 자체는 우리의 파악 능력을 벗어나 있을 뿐만 아니라 결코 우리 마음대로 처리할 수 있는 결정에 의존하고 있지도 않지만(달리 말해 메시지 자체가 우리를 지배하고 결정하지만), 그 신학적 해석은 교회의 행위이자 교회에 속한 개인이 하는 행위라고 말할 수 있다. 따라서 신학적 해석은 종교적으로 그리고 문화적으로 조건지어져 있고 심지어 해석의 규범과 기준은 인간의 실존적 상황으로부터 독립적일 수 없다. "어떤 조건에도 제약받지 않는" 신학을 만들려는 성서주의와 정통주의의 시도는 신정통주의 운동의 올바르고 필수 불가결한 원리, 즉 "하나님은 하늘에 계시고 사람은 땅 위에 존재한다"[29]라는 원리와 모순된다. 비록 그 사람이 조직신학자일지라도 말이다. 그리고 "땅 위에 존재한다"는 것은 개인이 결점을 갖고 있음을 의미할 뿐만 아니라 역사적으로 조건지어져 있음도 의미한다. 이러한 유한성의 흔적을 벗어나려고 했던 신정통주의 신학자들의 시도는 자신들이 맞서 싸우고 있던 종교적 교만을 보여주는 징후다.

조직신학의 규범은 교회와 성서 메시지의 만남의 결과이기 때문에, 그것은 교회가 집단적으로 경험한 것의 산물이라고 말할 수 있다. 하지만 그런 표현은 심각하게 모호하다. 그런 표현은 집단적 경험이 규범의 내용을 만들어낼 수 있다는 의미로 이해될 수도 있다. 하지만 규범의 내용은 성서의 메시지를 의미한다. 개인의 경험뿐만 아니라 집단의 경험은 그 메시지

---

29 역주 "하나님 앞에서 말을 할 때, 함부로 입을 열지 말라. 마음을 조급하게 가져서도 안 된다. 하나님은 하늘에 계시고 너는 땅 위에 있으니, 말을 많이 하지 않도록 하여라"(전도서 5:2). Barth는 『로마서 주석』의 2판 서문에서 Kierkegaard가 강조했던 "무한한 질적 차이"를 강조하면서 전 5:2을 제시했다. Karl Barth, 『로마서(2판, 1922)』, 손성현 옮김(서울: 복 있는 사람, 2017), 102.

가 받아들여지고, 채색되며, 해석되는 매개물을 가리킨다. 규범은 경험이라는 매개물 안에서 자란다. 하지만 그것은 동시에 어떤 경험의 기준이 되기도 한다. 규범은 그것이 그 안에서 성장하게 되는 매개물을 판단하기도 한다. 비록 그러한 규범이 이러한 미미한 매개물을 통해서만 실존할 수 있을지라도, 그것은 모든 종교적 경험이 가진 취약하고, 일관성이 없으며, 왜곡된 특징을 판단한다.

4. 조직신학의 합리적 특성

조직신학의 자료와 매개물과 규범에 관한 물음은 조직신학의 구체적인 역사적 토대와 관련이 있다. 그러나 조직신학은 (슐라이어마허가 그릇되게 주장했던 것처럼) 역사적 분과가 아니다.[30] 다시 말해서, 조직신학은 구성적 작업이다. 조직신학은 사람들이 기독교 메시지를 과거에 무엇이라고 생각했는지 알려주지 않는다. 오히려 조직신학은 오늘의 상황에 적합하게 기독교 메시지를 해석하여 제공하고자 한다. 그래서 이런 물음이 제기된다. "조직신학은 합리적 특성을 얼마나 가지고 있는가?" 이성은 확실히 신학적 체계를 세우는 데 구성적으로 활용된다. 그럼에도 조직신학에서 이성이 감당하는 역할에 대해서는 많은 의심과 논란이 과거에도 있었을 뿐만 아니라 현재에도 있다.

우리가 현재의 맥락에서 다루어야 할 첫 번째 문제는 "합리적"이라는 단어를 적합하게 정의하는 것이다. 하지만 이성에 대한 정의를 제공하기

---

30 『강의에서 사용하기 위한 짧은 신학연구 강의록(*Kurze Darstellung des theologischen Studium zum Gebrauche für Vorlesung*)』(2nd ed., 1830).

위해서는 그것의 다양한 구조와 기능에 관한 확대된 논의가 필요하다(제1부, 제1장). 우리는 서론에서 그런 논의를 할 수 없기 때문에 다음과 같은 예상된 진술을 할 수밖에 없다. 신학자의 기술적이고 학술적인 작업에 포함된 인식과는 질적으로 다른, 신앙에 포함된 종류의 인식이 있다. 이러한 인식은 완전히 실존적이고 자기결정적이며 자기포기적인 특성을 보이며, 지식이 완전하게 발달하지 않은 신앙인의 신앙도 그런 인식을 가지는 특성을 보인다. 새로운 존재에 참여하는 자마다 그 새로운 존재의 진리에 참여한다. 게다가 신학자는 새로운 존재에 참여할 뿐만 아니라 논리 정연한 방식으로 그것의 진리를 표현해야 한다. 우리는 우리가 신앙의 내용을 받아들이는 기관을 "자기초월적" 또는 황홀경적 이성이라고 명명할 것이고 신학자가 가진 기관을 "기술적"(technical) 또는 형식적 이성이라고 명명할 것이다. 이 두 가지 경우와 관련된 이성은 신학의 자료가 아니다. 그것은 신학의 내용을 만들어내지 않는다. 황홀경적인 이성(ecstatic reason)은 궁극적 관심에 사로잡힌 이성을 말한다. 이성은 궁극적 관심에 압도되고, 침략되며, 동요되기 때문이다. 그릇된 신학이 "신의 실존 논증"에서 입증하려고 시도한 것처럼 이성은 논리적 추론에 의해 궁극적 관심의 대상을 만들어내지 못한다. 오히려 신앙의 내용이 이성을 사로잡는다. 신학자의 기술적 이성이나 형식적 이성 역시 내용을 만들어내지 못한다. 우리가 신학자의 자료와 매개물을 논한 것에서 보여주었던 것처럼 말이다.

하지만 현재의 상황은 그렇게 단순하지만 않다. 마치 수용이라는 행위가 수용되는 것에 아무런 영향력을 끼치지 않는 그저 형식적인 행위인 것처럼 말이다. 이와는 전혀 다르다. 내용과 형식, 곧 주는 것과 받는 것은 그런 단어들이 의미하는 것보다 훨씬 더 변증법적인 관계를 맺는다. 바로 이 지점에서 어려움이 발생한다. 신학적 규범을 정식화하고자 할 때 이 어려움은 명확해진다. 이 정식화는 개인적이고 공동체적인 종교적 경험의 문제인 동시에 신학자의 방법론적 판단의 문제다. 규범은 황홀경적 이성에 의해 받아들여지고 동시에 기술적 이성을 통해서 이해된다. 전통 신학과 신정통주의 신학 역시 이러한 점에서는 다르지 않다. 신학이 존재하는 한 모호성은 존재할 수밖에 없고, 그것은 신학을 "의문의 여지가 있는" 작업으로 만드는 요소 중 하나다. 이 문제는 인간의 형식적 이성이 황홀경적 이성과 완벽한 조화를 이룰 때만, 곧 인간이 완전한 신율(theonomy) 속에서, 달리 말해 하나님 나라의 충만함 속에서 살아가게 될 때만 해결될 수 있다. 신학이 증언해야 하는 기독교의 기본 진리 중 하나는 신학 자체도 모든 인간의 활동처럼 인간의 실존적 상황의 모순에 지배를 받는다는 것이다.

비록 조직신학과 관련한 합리적 특성의 문제는 최종적으로 해결되지 않은 채 존속할 수 있지만, 다음과 같은 몇 가지 주요한 원리들을 진술할 수는 있다.

조직신학의 합리적 특성을 결정하는 첫 번째 원리는 의미론적 합리성이다. 철학적·과학적·대중적 언어에서 사용되는 용어들이 있다. 신학자가 이런 용어들을 사용한다면, 그는 종종 그 용어가 사용되는 담론 영역에서 그 내용이 드러난다고 가정할 수 있다. 하지만 그가 생각하는 것처럼 늘 그런 것은 아니다. 수 세기 동안 신학이 채택해온 단어들이 있다. 비록 종교적·철학적 의미와 다른 담론 영역의 의미를 계속 가지고 있지만, 신학이 수 세기 동안 채택해온 단어들이 있다. 신학자는 이런 상황에서는 **의미론적 합리성**(semantic rationality)을 사용해야 한다. 스콜라주의의 영광은 스콜라주의가 철학뿐만 아니라 신학을 위해 의미의 교환소(clearing house)가 되었다는 데 있다. 현대 신학의 개념들이 불명료하고 모호한 채로 남아 있다는 사실은 언제나 그것의 단점이었고 때로는 수치였다. 하지만 철학적 용어와 과학적 용어의 무질서한 상태가 이러한 상황을 다소 불가피하게 만들었다고 언급되어야 한다.

우리는 범수학적 형식주의(pan mathematical formalism)[31]를 구성하려는 시도와 의미론적 합리성의 원리를 혼동해서는 안 된다. 정신적인 삶의 영역에서 단어들은 수학적 기호로 환원될 수 없을 뿐만 아니라 문장들도 수학적 방정식으로 환원될 수 없다. 정신적 실재를 나타내는 단어들의 힘은 그것들의 함의들에 들어 있다. 이런 함의를 제거할 경우 그 어떤 영역에서도 의미를 갖지 않은 마른 뼈만 남게 될 것이다. 논리실증주의자들은 그런 환원들을 거부했다는 점에서 옳았다.[32] 신학이 "영"(Spirit)과 같은 용어를 사용했을 때, 그 단어에는 철학적이고 심리학적인 영(spirit)의 개념, 숨과 영을 동일한 것으로 본 마술적 세계관, 물질 혹은 육체에 반대되는 영(Spirit)에 대한 신비적·금욕적 경험, 인간 정신을 사로잡는 신적인 힘에 대한 종교적 경험을 나타내는 의미들이 내포되어 있다. 의미론적 합리성의 원리는 이런 함의들을 배제할 것을 요구하는 것이 아니라 의미론적 합리

---

31   역주. Cantor의 집합론이 등장한 이후 "러셀의 역설"을 위시한 많은 역설이 제시되면서 수학의 엄밀성과 확실성은 위기에 빠졌고, 수학을 다시 확고부동한 기초 위에 세우기 위해서 "수학기초론"이라는 분야가 등장했다. 수학기초론 안에서 논리주의(Russell과 Whitehead)와 직관주의(Brouwer) 및 형식주의(Hilbert) 등의 입장들이 제기되면서 대안을 제시하고자 했다. 논리주의는 수학을 논리학으로 만들어 역설을 제거하고자 했고, 직관주의는 수학을 인간의 사유가 창조해낸 산물로 규정하여 직관을 통해서 역설을 제거하고자 했으며, 형식주의는 수학의 대상은 기호이며, 수학적 공리는 기호의 집합체이므로 모순 없는 공리 시스템을 통해 역설을 제거하고자 했다. 하지만 결론적으로 1931년 "괴델의 정리"("〈수학원리〉와 관련 시스템에 나타난 확정할 수 없는 명제들에 대하여")가 발표된 이후 완벽한 수학에 대한 꿈은 종말을 고했다. 紀志剛, 『수학의 역사』, 권수철 옮김(서울: 더숲, 2015), 257-262; 이진경, 『수학의 몽상』(서울: 휴머니스트, 2012), 260-279; 304 참조.
32   역주. 형식주의는 단어를 기호로 치환하고 단어의 의미를 사상(捨象)시켜, 기호들의 논리적 관계만을 따져 참/거짓을 판단하고자 했다. 하지만 논리실증주의는 분석명제가 아닌 종합명제에 대해서는 경험을 통해 참/거짓을 판단하고자 했다.

성을 함의들에 연관시킴으로써 주요 강조점을 정교하게 할 것을 요구하는 것이다. 예를 들면 "영"(Spirit)은 "정신"(spirit)과 연관이 있어야 하지만 원시적인 마술적 의미는 배제되어야 하고, 신비적 함의는 인격주의적 함의 등과 연관되어 논의되어야 한다.

또 다른 예는 "새로운 존재"라는 용어다. 존재는 형이상학적이고 논리적인 특성의 함의를 지니고 있다. 하나님을 존재 그 자체와 연결하여 사용할 때 존재는 신비적 의미를 지닌다. "존재"와 관련된 "새로운"이라는 단어는 창조성과 중생 및 종말론의 함의를 지닌다. 이런 의미의 요소들은 "새로운 존재" 같은 단어가 사용될 때마다 나타난다. 의미론적 합리성의 원리는 단어에 들어 있는 모든 함의를 의식적으로 연결하여 핵심 의미(controlling meaning)를 중심으로 그것들을 연결할 것을 요구한다. "역사"라는 단어가 사용될 때, 역사에 관한 서로 다른 차원의 학문적인 의미들은 앞서 언급한 두 가지 예보다 훨씬 더 그 특징을 잘 보여준다. 하지만 역사를 진보하는 것으로 특별히 강조하는 현대의 역사 이해와, 하나님이 역사 전반에 걸쳐 활동하신다는 것을 강조하는 예언자들의 이해, 그리고 계시는 역사적 특징을 가진다는 것을 강조하는 기독교의 이해는 역사가 신학적 맥락에서 논의될 때마다 학문적 의미들과 관련을 맺는다. 조직신학자는 이런 예들을 통해서 의미론적 합리성의 원리가 매우 중요함을 보게 된다. 또한 그는 그러한 예들에서 이런 원리를 적용하는 것이 얼마나 어려운지도 파악한다. 이런 어려움은 모든 중요한 신학적 용어에는 다양한 의미의 차원이 있다는 점과 그중 사라진 차원이 있다는 점, 그리고 그러한 모든 점이 신학적 의미에 포함되어 있다는 점에서 발생한다.

이런 의미론적 상황은 신학자가 사용하는 언어가 성스러운 언어이거나 계시의 언어가 아니라는 점을 분명히 밝힌다. 신학자는 성서의 용어나

고전 신학의 언어만을 사용하는 데 자신을 제한하지 않는다. 그가 성서의 단어들을 사용할지라도 철학적 개념을 피할 수는 없다. 그리고 그가 종교 개혁가들의 용어만을 사용하더라도 철학적 개념을 피할 수 있는 것은 더 더욱 아니다. 따라서 신학자는 기독교 신앙의 내용을 설명하는 자신의 임무에 도움이 된다고 생각될 때마다 철학적 용어와 과학적 용어들을 사용해야 한다. 그가 그 용어들을 사용하면서 조심해야 할 두 가지는 의미론적 명백함과 실존적 순수성이다. 그는 개념적 모호함과 철학적·과학적·시적 용어로 위장한 반기독교적인 생각들이 침입하여 기독교 메시지를 왜곡하는 가능성을 피해야 한다.

신학의 합리적 특성을 결정하는 두 번째 원리는 **논리적 합리성**(logical rationality)이다. 이 원리는 우선 모든 의미 담론을 결정하는 문장 구조와 논리학에서 고안된 문장 구조를 언급한다. 신학은 다른 학문처럼 형식 논리에 의존한다. 이러한 점은 철학과 신학이 형식 논리를 거부하더라도 계속 유지되어야만 한다.

형식 논리가 전체를 제어한다는 입장을 반대하는 철학적 저항은 변증법적 사유의 이름으로 수행되었다. 변증법에서 그렇다와 아니오, 즉 긍정과 부정은 서로를 요구하지만, 형식 논리학에서 그것들은 서로를 전혀 용납지 않는다. 그렇지만 변증법과 형식 논리 사이에는 어떠한 실재적 갈등도 없다. 변증법은 긍정과 부정을 통해 사유의 운동 혹은 실재의 운동을 따르지만, 논리적으로 바른 용어를 사용하여 그 운동을 묘사한다. 같은 개념은 항상 같은 의미로 사용된다. 그리고 개념의 의미가 변한다면, 변증법을 사용하는 이는 옛것을 새것이 되게 하는 내적 필연성을 논리적으로 올바른 방식으로 묘사한다. 헤겔이 반성적 사유 안에 있는 순수 존재의 절대적 무를 보여주면서 존재와 비존재의 동일성을 기술했을 때, 형식 논리는 모순을 일으키지 않았다.[33] 삼위일체 교리에서 신적 생명이 하나 됨 안에 있는 삼위로 기술될 때도, 형식 논리는 모순을 일으키지 않았다. 삼위일체 교리는 셋이 하나이고 하나가 셋이라는 논리적으로 무의미한 말을 주장하지 않는다. 그것은 변증법적 용어를 사용하여 신적 생명의 내적 운동이란 그 자신으로부터의 영원한 분리와 자신으로의 영원한 되돌아옴이라고 묘사한다. 우리는 신학이 의미 없는 단어의 조합, 즉 명백한 논리적 모순을 수용할 것이라고 예상하면 안 된다. 변증법적 사유는 사유의 구조와 모순되지 않는다. 그것은 아리스토텔레스와 그의 지지자들이 고수하던 논리 체계 이면에 있는 정적인 존재론을 역동적 존재론으로 바꾸었다. 이러한 변화는 대부분 기독교의 실존 해석에 근거하는 주의주의적(voluntaristic) 동기와 역사적 동기의 영향 아래서 이루어졌다. 존재론의 이런 변화는 사유 구조를 기술하고 해석하는 논리 임무와 관련한 새로운 전망을 열었다. 그것은 사유의 구조와 존재의 구조의 관계에 관한 물음을 새로운 방식으로 묻게한다.

신학적 변증법은 논리적 합리성의 원리를 위반하지 않는다. 마찬가지로 그것은 종교와 신학 안에 있는 역설적 진술도 위반하지 않는다. 바울이 일단의 **역설**을 통해 사도로서의 자신의 처지와 일반 그리스도인의 처

---

33 "순수 존재와 순수 무는 동일한 것이다. 따라서 진리일 수 있는 것은 존재나 무가 아니라 무 속에 있는 존재이며 존재 속에 있는 무로서—이것은 단지 이행하는 것이 아니라—오히려 이행된 상태에 있는 것이다. 그러나 또한 이에 못지않게 진리는 이 양자의 무구별성을 의미하는 것이 아니라 모름지기 이들이 절대적으로 구별되어 있으면서 동시에 서로가 각기 자기의 반대물 속에서 소멸되는 데 있다. 이렇게 볼 때 결국 이 양자의 진리는 한쪽이 다른 한쪽 속에서 직접적으로 소멸되는 운동, 즉 생성에 있거니와, 다시 말해서 이것은 양자가 구별되면서도 또한 이들 스스로가 직접적으로 해소되는 그러한 구별의 과정을 거쳐가는 운동을 뜻한다." F. Hegel, 『대논리학(I)-존재론』, 임석진 옮김(서울: 도서출판 벽호, 1994), 75-77 참고.

지를 드러냈을 때(고린도후서), 그는 모순된 것을 말하려고 의도하지 않았다. 오히려 그는 그리스도인의 실존이 가진 무한한 긴장을 적합하고 이해할 수 있도록 표현하고자 했으며, 따라서 그것을 논리적으로 표현하고자 했다. 바울이 죄인의 의로움의 역설(루터의 표현으로는 **죄인이면서 동시에 의인**[*simul peccator et iustus*])에 관해 말할 때, 그리고 요한이 (이후 칼케돈 신조에서는 **역설**로 표현된) 육신이 되신 로고스에 관해 말할 때, 그 두 사람 중 어느 누구도 논리적 모순에 빠지기를 원치 않았다.[34] 그들은 하나님의 행위가 인간의 모든 가능한 기대와 모든 필요한 준비를 초월한다는 확신을 표현하고 싶어 했다. 하나님의 행위는 유한한 이성을 파괴하지 않고 초월한다. 하나님은 사고와 존재의 **로고스**(logos) 구조를 초월한 원천이자 초월하는 원천인 로고스(Logos)를 통해 활동하기 때문이다. 그분은 자신의 로고스의 표현들을 헛되게 하지 않으신다. "역설"이라는 용어는 신중하게 정의되어야 하고, 역설적인 언어는 분별력을 가지고 사용되어야 한다. 역설이란 "의견에 반대함", 즉 유한한 이성의 의견(opinion)에 반대함을 의미한다. 역설은 하나님의 행위에서 유한한 이성이 대체되지만 폐기되지는 않았다는 사실을 의미한다. 다시 말해서, 역설은 이런 사실을 논리적 모순이 아니라 유한한 이성이 적용될 수 있는 영역을 넘어서 있는 지점에 비추어 표현한다. 이것은 모든 성서적이고 고전적인 신학적 **역설**이 나타나는 곳에서는 황홀경적 상태로 표현되었다. 이러한 역설이 참된 논리적 모순의 차원으로 전락하고 사람들이 무의미하게 조합된 단어들을 하나님의 지혜로 받아들이고자 이성을 희생시키라고 강요받을 때, 혼란이 발생한다. 하지만 기독교는

---

34 Brunner가 『중보자』(*The Mediator*)에서 논리적 합리성에 대한 공격을 기독교 진리의 판단 기준으로 삼은 것은 실수였다. 이런 "공격"은 Kierkegaard의 판단 기준도 신약의 판단 기준도 아니다.

금욕주의를 실천하라는 인위적인 "행위"를 요구하지 않는 것처럼 그 누구에게도 그러한 지적인 "좋은 행위"를 요구하지 않는다. 이 마지막 분석에서 볼 수 있는 것처럼 기독교 메시지에는 단 **하나의** 참된 역설, 곧 실존의 조건 아래서 실존을 정복한 것의 출현이라는 역설만이 들어 있다. 이러한 역설적 사건에는 성육신과 구속, 칭의 등이 함축되어 있다. 그 사건을 역설로 만드는 것은 논리적 모순이 아니라 그것이 모든 인간의 기대와 가능성을 초월해 있다는 사실이다. 그것은 경험 혹은 현실의 맥락 속으로 침입하지만, 그러한 맥락에서 기원한 것은 아니다. 이러한 역설을 수용하는 것은 부조리를 수용하는 것을 의미하지 않는다. 오히려 그것은 우리의 경험을 초월해 있는 것에서 우리의 경험 안으로 침입한 것의 힘에 사로잡힌 상태를 의미한다. 종교와 신학에서의 역설은 논리적 합리성의 원리와 모순되는 것을 말하지 않는다. 역설은 그 나름의 논리적 역할을 이행한다.

조직신학의 합리적 특성을 결정하는 세 번째 원리는 **방법론적 합리성**(methodological rationality)이다. 그것은 신학이 하나의 방법, 즉 신학의 명제를 도출하고 진술하는 명확한 방식을 따른다는 것을 의미한다. 이 방법의 특징은 그것이 많은 비합리적인 요인들에 의존한다는 점이다(이 책 IV. 2를 보라). 하지만 그 방법이 확립되었다면, 그것은 합리적으로 일관되게 수행되어야 한다. 이러한 방법론적 합리성을 일관성 있게 적용한 것을 최종적으로 표현한다면, 그것은 다름 아닌 신학 조직이다. "조직신학"이라는 명칭이 어떤 정당성을 가지고 있다면, 조직신학자는 그 조직을 두려워하지 말아야 한다. 방법론적 지식이 사용된 모든 영역에서 인식적 주장의 일관성을 보장하는 것은 그 조직적 형식의 기능이다. 이와 관련해서 어떤 이들이 조직을 신뢰할 수 없다며 격렬하게 조직을 반대할 때, 우리는 그들이 전체적으로 가장 조직적인 주장을 펼치고 있음을 알 수 있다. 또한 우리는 조직적인 형태가 필요 없다고 공격하는 이들이 다른 사람의 사유에 최소한의 비일관성을 발견하기라도 한다면 그들을 무자비하게 공격할 때도 조직적인 주장의 특징이 종종 드러나는 것을 볼 수 있다. 반대로 우리는 가장 균형 잡힌 조직에서도 쉽게 어떤 틈을 발견할 수 있다. 삶은 끊임없이 조직이라는 껍질을 뚫고 나오기 때문이다. 누군가는 각각의 조직 안에는 인간의 삶과 이해가 그 한계로 인해 성취하는 데 실패한 영역을 보완하기 위해서 각각의 사람이 단편적으로 경험한 삶을 모아서 하나의 시선(vision)을 가지고 그러한 조직을 대단히 건설적으로 묘사한 것을 포함한다고 말할 수 있다. 이와 반대로 다른 이는 각각의 단편적인 조직 안에는 아직 해명되지 않은 것이 함축되어 있다고 말할 수 있다. 헤겔의 웅장한 조직은 종교와 국가의 변증법을 포함해서 삶의 변증법을 다루는 초기 (베른) 시기에 쓰인 단편적인 글에 기초한다. 그의 조직이 가진 거대한 역사적 결과뿐 아니라 "피"는 실존에 대한 이런 단편적인 이해에 근거하고 있다. 그가 이후에 논리학의 도움을 받으면서 묘사한 사상들은 경직된 것이 되었다. 니체가 쓴 많은 단편은 영원히 모순으로 남아 있을 것 같았다. 하지만 그러한 단편들 안에는 조직이 내포되어 있었으며, 그것이 가진 마성적 강력함은 20세기에 이르러서야 명확해졌다. 단편들은 함축된 조직을 지니고 있었고, 하나의 조직은 명백한 단편임을 드러냈다.

조직적 형태는 종종 다음과 같은 세 가지 관점에서 공격을 받았다. 첫 번째 공격은 "조직"과 "연역 조직"을 혼동하는 것에서 일어났다. 연역 조직은 수학 분야 말고는 과학과 철학 및 신학의 역사에서 좀처럼 사용되지 않았다. 스피노자는 『윤리학』(*Ethics*)에서 이런 연역 조직, 특히 **기하학적 방식**(*more geometrico*)을 사용하여 자신의 사상을 더욱 정교하게 묘사했다. 그리고 라이프니츠가 우주를 수학적인 용어로 묘사할 수 있는 **보편수학**

(*mathesis universalis*)을 제안했을 때, 그는 비록 이런 제안을 실제로 실행에 옮기지는 않았지만 자기 머릿속으로 상상했다. 고전 물리학자들은 자신들의 원리에 귀납적으로 도달한 이후에 그것을 연역적으로 조직을 세우려고 시도했지만, 결국 수학적 용어로 자신들의 조직을 세우고자 노력했다. 라이문두스 룰루스(Raimundus Lullus)를 제외한 그 어느 신학자도 결코 연역적 조직을 사용하여 기독교의 진리를 구성하려고 시도하지 않았다. 기독교 진리는 실존적 특성을 지니고 있기 때문에 그런 시도는 용어상 모순이 된다. 조직이란 연역적 주장들을 의미하지 않고 일관성 있는 주장들로 이루어진 전체를 의미한다.

조직에 대한 두 번째 비판은 그것이 앞으로 더 많은 연구를 하지 못하게 닫힌 것처럼 보인다는 점이다. 이런 감정의 이면에는 19세기 후반 이래로 낭만주의 자연철학(Romantic philosophy of nature)을 반대하는 과학의 격렬한 반발이 있었다. 이러한 반발은 그 힘을 이제 다 소진했고 자연철학의 과학적 업적들(예를 들어 인간론이나 무의식을 밝힌 심리학의 업적들)에 대한 우리의 태도 혹은 인지를 다루는 모든 영역에서 가져온 조직적인 형태에 대한 우리의 태도를 결정할 수 없다. 위대한 조직들이 연구를 억제했던 것처럼 자극했다는 것 역시 하나의 역사적 사실이다. 조직은 사실 진술이나 합리적 진술 전체에 의미를 부여하고 그것들의 함의와 결과를 보여준다. 그러한 진술 전체의 관점에서 그리고 그런 관점을 수행하면서 나오는 어려움에서 새로운 문제가 발생한다. 이처럼 실증 연구와 관련한 "조직"이 보여주는 긍정적인 결과와 부정적인 결과를 비교해 볼 때 어느 것이 더 낫다고 말할 수 없으며 그 두 가지가 균등한 것으로 평가된다.

조직에 대한 세 번째 비판은 대부분 감정에 의해 발생한 것이다. 조직은 창조적인 정신적 생명을 억눌러 가두는 감옥과 같다. 어떤 조직을 받아들이는 것은 "관념의 모험"을 금지하는 것처럼 보인다. 역사는 이것이 전혀 사실이 아님을 보여준다. 고대 그리스 철학의 위대한 학파들은 창의적인 제자들을 많이 배출했다. 그들은 각각의 철학 학파에 머물러 그 학파가 가르치는 조직을 받아들였을 뿐만 아니라 창시자의 근본 사상을 변형시켜 독창적인 사상을 새롭게 고안하기도 했다. 19세기 신학 학파들도 이와 똑같은 일을 했다. 인간 사유의 역사는 조직의 역사였고 지금도 여전히 그러하다.

나는 세 가지 용어를 구별함으로써 조직신학의 조직적인 성격과 그것의 방법론적인 합리성에 대한 논의를 마무리하고자 한다. 조직신학의 형식은 **신학대전**(*summa*)과 논문(essay) 형식의 중간 형태를 띤다. 신학대전은 "모든 현실적인" 문제와 많은 잠재적인 문제를 명확하게 다룬다. 반면에 논문은 하나의 **현실적** 문제를 다룬다. 조직신학은 특별한 상황에서 해결책을 필요로 하는 **일단의 현실적인** 문제를 다룬다. 늘 그랬던 것은 아니지만, 중세에는 신학대전의 방식이 지배적이었다. 근대가 시작되었을 때 조직신학의 조직적인 특성을 지향하는 경향이 중단되지는 않았지만 논문 방식이 지배적이었다. 오늘날에는 정신생활의 혼란과 신학대전을 쓰는 일의 불가능성으로 인해 조직적인 형식을 더 필요로 한다.

5. 상관관계의 방법

방법론적 합리성의 원리는 모든 학문이 각자의 접근 방식을 사용해서 실재를 이해하고자 하는 것처럼 조직신학 역시 실재에 접근하기 위한 하나의 방법을 사용하고 있음을 간접적으로 말해준다. 방법이란 도구를 말한다. 문자적으로는 우회로(way around)를 뜻하지만 여기서는 관련 주제에 적합해야 하는 것을 의미한다. 우리가 경험하기 전에 어떤 방법이 적합한 것인지 적합하지 않은 것인지에 대해 판단을 내릴 수는 없다. 우리는 인식 과정 자체 내에서 그 방법의 적합성의 유무에 대해 지속적으로 판단을 내려야 한다. 방법과 조직이 서로를 결정한다. 따라서 그 어떤 방법도 모든 주제에 적합한 방법이라고 주장할 수 없다. 방법론적 제국주의는 정치적 제국주의만큼 위험하다. 정치적 제국주의처럼 방법론적 제국주의 역시 실재의 녹립적 요소들이 방법에 저항할 때 무너진다. 방법은 실재를 포획하는 "냉혹한 그물"이 아니라 실재 자체의 한 요소다. 적어도 한 가지 점에서 방법에 관한 서술은 방법이 적용되는 대상의 중요한 측면을 서술하는 것이라고 말할 수 있다. 인지 관계 자체는 어떤 특별한 인식 행위와 상관없이 그 관계를 맺고 있는 주체에 관한 것뿐만 아니라 대상에 관한 것도 드러낸다. 예를 들어 물리학에서의 인식 관계는 공간(과 시간) 안에 존재하는 대상들의 수학적 특성을 보여준다. 생물학에서의 인식 관계는 공간과 시간 안에 존재하는 대상의 구조(Gestalt)와 자발적인 특징을 드러낸다. 역사 기술에서의 인식 관계는 시간(과 공간) 안에 존재하는 대상에 대한 개체적이고 가치가 포함된 특징을 드러낸다. 신학에서의 인식 관계는 시간과 공간 안에 존재하는 대상들의 근거가 가진 실존적이고 초월적인 특징을 드러낸다. 따라서 그 어떤 방법도 그 방법이 적용되는 대상에 관한 선험적 지식을 사용하지 않고서는 발전될 수 없다. 조직신학과 관련해서 말하자면, 이것은 조직신학의 방법 역시 그 방법을 사용해 구축되는 조직에 관한 선험적 지식에서 유래한다는 것을 말한다.

조직신학은 상관관계의 방법(method of correlation)을 사용한다. 그것은 의도적으로 그 방법을 때로는 많이 사용하고, 때로는 적게 사용하는데, 특히 변증의 관점이 만연할 때는 매우 의도적이면서도 솔직하게 그 방법을 사용해야 한다. 상관관계의 방법이란 실존적 물음과 신학적 대답이 서로 긴밀한 관계를 맺으면서 기독교 신앙의 내용을 설명하는 방법을 의미한다.

"상관관계"(correaltion)라는 용어는 다음과 같이 세 가지 방식으로 사용될 수 있다. 첫째, 그것은 통계표가 보여주는 것처럼 서로 다른 일단의 데이터들이 서로 상응하는 것을 가리킬 수도 있다. 아니면 그것은 정반대의 개념들이 논리적으로 상호의존하는 것을 가리킬 수도 있다. 마지막으로 그 용어는 전체 구조 안에서 사물들이나 사건들이 실제로 상호의존하는 것을 가리킬 수도 있다. 이 용어가 신학에서 사용된다면, 이 세 가지 의미는 모두 신학에서 중요하게 사용될 것이다. 우선 종교적 상징들과 이 상징들이 상징하는 것 사이의 상응을 의미하는 상관관계가 있다. 이어서 인간을 나타내는 개념들과 신을 나타내는 개념들 사이의 논리적 관계를 의미하는 상관관계가 있다. 마지막으로 인간의 궁극적 관심과 인간의 궁극적 관심을 불러일으키는 것 사이의 실제적 의미에서의 상관관계가 있다. 이 세 가지 상관관계 중 첫 번째 의미는 종교적 지식의 중심 문제와 관련이 있다(제1부, 제1장). 상관관계의 두 번째 의미는 하나님과 세계에 관한 진술들을 밝혀낸다. 예를 들어 무한성과 유한성의 상관관계의 의미를 밝히는 것처럼 말이다(제2부, 제1장). 상관관계의 세 번째 의미는 종교적 경험에서 하나님과 인간의 관계를 규정한다.[35] 신학에서 상관관계를 가지고 사유하는 세 번째 용례는 칼 바르트 같은 신학자에게 저항을 불러일으켰다. 그는 하나님과 인간의 관계에 대한 온갖 종류의 설명이 하나님께서 부분적으로 인간에게 의존하는 것으로 보이게 할 수도 있다고 심히 우려했다. 하지만

---

35   Luther. "당신이 그분을 믿는 만큼, 당신은 그분을 경험한다."

하나님께서 자신의 심연적 본성에서는[36] 결코 인간에게 의존하지 않으실지라도, 인간에게 현현하실 때, 그분은 자신의 현현을 받아들이는 인간의 방식에 의존하신다. 이것은 참으로 사실이다. 설사 예정론, 즉 하나님은 자신이 현현하는 방식을 예정하셨고 자신의 현현을 받아들이는 것이 인간의 자유와 완전히 독립되어 있다고 주장된다 하더라도 말이다. 하나님과 인간의 관계 그리고 이 관계 안에 있는 인간뿐만 아니라 하나님 역시 계시 역사의 단계들과 모든 개인이 발전하는 단계들을 따라서 변화한다. "우리를 위한 하나님"과 "하나님을 위한 우리" 사이에는 상호의존적인 관계가 있다. 하나님의 진노와 하나님의 은혜는 하나님의 "마음"속(루터)에서는, 곧 그분 존재의 심연 속에서는 대립하지 않는다. 하지만 그것들은 하나님과 인간의 관계에서 대립한다. 하나님과 인간의 관계는 상관관계를 이룬다. "하나님과 인간의 만남"(에밀 브루너)은 두 존재에게 모두 실제적인 어떤 것을 의미한다. 따라서 그러한 만남은 그 세 번째 용어의 의미처럼 실제적인 상관관계를 의미한다.

신과 인간의 관계는 인식적인 측면에서도 상관관계를 이루고 있다. 상징적으로 말하자면, 하나님은 인간의 물음에 대답하시고 인간은 그분이 대답하신 것에 영향을 받아 질문한다. 신학은 인간 실존에 함축되어 있는 물음을 명확히 나타내고, 인간 실존에 내포되어 있는 물음에 따라서 신적 자기 현현에 내포되어 있는 물음을 다시 명확히 나타낸다. 이것은 마치 물음과 대답이 분리되어 있지 않은 지점으로 인간을 몰아가는 하나의 순환이다(circle). 하지만 이 지점은 시간 속에서 전개되는 활동의 어느 순간을 가리키지 않는다. 그것은 인간의 본질적 존재에, 즉 인간이 그곳에서 창조되

---

36   Calvin. "그분의 본질 안에."

었고 그곳에서 분리되어 있는 일치에, 곧 무한과 유한의 일치에 속한다. 그 본질적 일치, 그리고 무한에서 떨어져 나온 유한한 인간의 실존적 분리, 이 둘의 징후는 바로 인간이 자신이 속해 있는 무한에 관해 질문하는 능력이다. 달리 말해 그가 무한성에 대해 질문해야만 한다는 사실은 그가 그것으로부터 분리되어 있음을 말해준다.

계시 사건에 내포된 대답들은 우리의 실존 전체, 곧 실존적 물음과 상관관계를 맺는 한에서만 의미가 있다. 일시성의 충격과 인간이 자신의 유한성을 깨달으면서 발생하는 불안 그리고 비존재로 소멸되는 위협을 경험한 이들만이 하나님이라는 개념이 의미하는 바를 이해할 수 있다. 또한 우리의 역사적 실존에서 비극적 모호함을 경험하고 실존의 의미가 무엇인지에 대해 전적으로 의문을 제기하는 이들만이 하나님 나라라는 상징이 의미하는 바를 이해할 수 있다. 계시는 우리가 예전에 제기했고 앞으로도 항상 제기할 물음들에 대답한다. 그러한 물음들은 다름 아닌 바로 "우리 자신"을 의미하기 때문이다. 인간이란 그가 그 어떤 물음을 내놓기 전에 자신에 관해 궁금해하는 바로 그 물음을 말한다. 따라서 인류 역사의 아주 이른 시기부터 근본 물음이 명확하게 제시되었다는 사실은 전혀 놀라운 일이 아니다. 신화에 관한 모든 분석 자료들은 신화는 그런 근본 물음을 이야기로 설명한 것임을 보여준다.[37] 또한 어린이를 다룬 모든 관찰 자료가 보고하는 것처럼 어린이들이 그런 동일한 물음을 부모들이나 선생들에게 한다는 것 자체도 전혀 놀랍지 않은 일이다. 인간이 된다는 것은 자기 자신의 존재에 대해 질문하고 이 물음에 주어진 대답의 영향 아래서 살아가는 것

---

37   참조. H. Gunkel, *The Legends of Genesis* (Chicago: Open Court Publishing Co., 1901). 『창세기의 설화들』(감은사 역간).

을 의미한다. 이것을 반대로 이야기하자면, 인간이 된다는 것은 자기 자신의 존재에 관한 물음에 대답을 받아들이고, 그 대답의 영향 아래서 물음을 묻는 것을 의미한다.

상관관계의 방법을 사용할 때, 이 책에서 설명하는 나의 조직신학은 다음과 같은 방식으로 진행된다. 우선 그것은 실존적 물음을 제기하는 인간의 상황을 분석하고, 기독교 메시지에서 사용된 상징들이란 다름 아닌 이런 물음에 대한 대답임을 논증한다. 나는 오늘날 널리 사용되는 "실존적"이란 용어에 비추어 인간 상황을 분석할 것이다. 그런데 이런 분석이 실존주의보다 훨씬 더 오래되었다. 그것은 인간이 자신에 관해 사유한 만큼 오래되었고 철학적 반성을 시작한 이후로 다양한 종류의 개념으로 표현되었다. 인간은 자기의 세계를 볼 때마다 자신이 세계의 일부로서 그 안에 존재하고 있음을 알게 되었다. 하지만 인간은 대상들의 세계를 과학적 분석을 통해 특정한 이해에 도달하는 것을 넘어서 그것을 뚫고 들어가 그 안에 영원히 머무를 수 없는 이방인에 불과하다는 사실도 깨닫게 되었다. 그다음에 그는 자신이 실재의 더 깊은 차원으로 들어가는 입구라는 사실, 곧 그는 자신의 실존에 실존 자체로 들어가는 유일한 가능성이 있음을 알게 되었다.[38] 이것은 인간이 그 어떤 다른 대상들보다도 훨씬 더 과학적 탐구에 접근하기 쉽다는 것을 의미하지 않는다. 오히려 그 반대다! 이는 자기 자신의 실존에 대한 즉각적인 경험이 실존의 본성에 대한 것을 일반적으로 보여준다는 사실을 의미한다. 곧 자신의 유한성의 본성을 꿰뚫고 그것

---

38 영혼에 거주하면서 동시에 영혼을 초월하는 진리에 관한 아우구스티누스의 교리; 존재의 근거와 자기의 근거의 신비주의적 동일화; 파라켈수스와 Böhme 및 Schelling의 저작들 그리고 Schopenhauer부터 Bergson까지의 "생명의 철학"이 존재론적 목적들을 위해 심리학적 범주들의 사용; 인간 실존의 형식이자 존재론으로 들어가는 입구인 Heidegger의 "현존재"(Dasein) 개념을 참조하라.

을 이해한 사람이라면 그 누구나 실존하는 모든 것 안에 들어 있는 유한성의 흔적을 발견할 수 있다. 게다가 그는 자신의 유한성에 내포되어 있는 물음을 유한성에 보편적으로 내포되어 있는 물음으로 질문할 수 있다. 그렇게 하면서 그는 하나의 인간론을 고안하지 않는다. 그저 그는 인간으로서 자신이 경험했던 실존에 대한 이해를 표현할 뿐이다. 칼뱅이 『기독교강요』를 시작하는 문장에서 하나님에 대한 지식과 우리 인간의 지식을 서로 관련시켰을 때, 그는 인간 자체에 관한 이론이나 하나님 자체에 관한 교리를 이야기하지 않았다. 오히려 그는 인간의 비참함에 대해 말한다. 그에 따르면, 이 비참함은 하나님의 영광에 대한 자신의 실존적 이해의 토대를 제공하고 하나님의 영광은 인간의 비참함에 대한 자신의 이해에 대한 본질적 토대를 제공한다. 칼뱅이 가르치는 인식적 상관관계의 한쪽은 일반적으로 실존을 드러내고 자신의 실존에 함축된 물음을 제기하면서 실존하는 인간이고, 다른 쪽은 하나님의 위엄이다. 칼뱅은 자신의 조직신학 첫 번째 문장에서 상관관계의 본질을 표현한다.[39]

인간 상황을 분석할 때, 우리는 인간이 문화의 모든 영역에서 창조적으로 해석하고 만든 자료들을 사용할 수 있다. 철학뿐만 아니라 시, 드라마, 소설, 심리치료 및 사회학도 인간 상황을 분석하는 데 기여한다. 신학자는 기독교 메시지가 제시한 대답에 관련해서 이런 자료들을 체계화한다. 그는 이런 메시지에 비추어 대부분의 철학자가 진행한 분석보다 훨씬 더 깊이 있게 실존에 관한 분석을 제공한다. 그럼에도 신학자의 분석은 철학

---

39 "우리 자신을 아는 지식은 하나님을 찾는 자극이 될 뿐만 아니라 하나님을 찾는 데 큰 도움이 된다. 반대로 먼저 하나님의 특징에 대해 묵상하고 다음으로 자신에 대해 숙고하지 않는다면 아무도 자신에 대한 참된 지식에 도달할 수 없다는 것은 명백한 사실이다"(Calvin, 『기독교강요』, I , 48).

적 분석으로 남는다. 비록 신학자가 실존을 분석하더라도, 그리고 그 신학자가 칼뱅과 같은 종교개혁가라고 할지라도—실존에 함축된 물음들의 발전을 포함하고 있는—실존에 대한 분석은 철학적 임무이기 때문이다. 인간의 실존을 분석할 때, 신학자가 아닌 철학자와 철학자로서 작업하는 신학자 사이의 차이점은 전자는 보다 폭넓은 철학적 작업의 일부분이 되는 분석을 제공하려고 노력하지만, 후자는 자신의 분석 내용을 기독교 신앙에서 도출해낸 신학적 개념과 연관지으려고 애쓴다는 것이다. 이것은 신학자의 철학적 작업을 타율적인 행위에 의한 것으로 만들지는 않는다. 그는 철학자로서 신학적으로 참인 것을 자신에게 말하지 않는다. 하지만 그는 인간 실존과 일반적인 실존을 기독교 상징이 그에게 의미 있게 보이고 이해할 수 있는 방식으로 보고자 노력하지 않을 수 없다. 그는 전체가 아닌 자신이 관심을 기울이는 궁극적 관심에만 부분적으로 집중한다. 물론 이러한 태도는 철학자에게도 해당한다. 그럼에도 그렇게 궁극적 관심에만 주의를 기울이는 신학자의 행위는 자율에 의한 것이다. 그것은 자신의 경험 안에서 주어진 대상에 의해서만 결정되었기 때문이다. 그가 자신의 신학적 대답에 비추어서 보게 될 것이라고 기대하지 않았던 것을 본다면, 그는 방금 본 것을 고수하고 신학적 대답을 다시 서술할 것이다. 그는 자신이 본 그 어떤 것도 자신이 대답한 실체를 바꿀 수 없다고 확신한다. 이 실체는 존재의 **로고스**, 곧 그리스도로서의 예수 안에서 현현한 로고스이기 때문이다. 이것이 그의 전제가 아니라면, 그는 자신의 철학적 정직성이나 신학적 관심 중 하나를 희생시켜야 할 것이다.

기독교 메시지는 인간 실존에 함축된 물음에 대답한다. 이러한 대답은 기독교가 토대로 삼고 있는 계시 사건에 포함되어 있으며 조직신학은 자료들**에서**, 매개물을 **통해서**, 규범을 **준수하면서** 그 대답을 얻는다. 대답의 내용은 물음들, 즉 인간 실존의 분석에서 나올 수 없다. 대답은 인간 실존 너머에서 인간 실존에게 "주어진" 것이다. 인간 실존 너머에서 주어진 게 아니라면, 그것은 대답일 수 없다. 그 물음은 인간 실존 자체를 의미하기 때문이다. 하지만 이런 물음과 대답의 관계는 그런 관계 이상으로 더 많은 것을 포함한다. 그것은 상관관계이기 때문이다. 물음과 대답은 상호의존하는 관계다. 내용적 측면에서 살펴볼 때, 기독교적 대답은 그것이 나오는 계시적 사건들에 의존한다. 그리고 형식적 측면에서 살펴볼 때, 기독교적 대답은 그것이 대답해야 하는 물음의 구조에 의존한다. 하나님은 인간의 유한성에 함축되어 있는 물음에 대한 대답이다. 이러한 대답은 실존에 대한 분석에서 유래할 수 없다. 하지만 하나님이라는 개념이 조직신학에서 말하는 실존에 함축되어 있는 비존재의 위협과의 상관관계 속에서 등장한다면, 우리는 하나님을 비존재의 위협에 저항하는 존재의 무한한 힘이라고 명명해야 할 것이다. 고전 신학에서 이 무한한 힘은 존재 자체를 말한다. 우리가 불안을 유한함에 대한 깨달음이라고 정의한다면, 하나님은 용기의 무한한 근거라고 명명해야 할 것이다. 고전 신학에서 용기의 무한한 근거는 보편적 섭리를 말한다. 하나님 나라라는 개념이 우리의 역사적 실존이라는 수수께끼와 상관관계 안에서 나타난다면, 우리는 하나님 나라를 역사의 의미와 완성 그리고 일치라고 말해야 한다. 우리가 기독교의 전통적인 상징을 이런 방식으로 해석할 때, 우리는 이런 상징이 가진 힘을 보존할 수 있을 뿐 아니라 인간 실존에 대한 현재 우리의 분석에 의해 정교해진 물음에 그러한 상징을 연결할 수 있다.

상관관계의 방법은 기독교 신앙의 내용과 인간의 정신적 실존을 부적절하게 연관시킨 방법들을 대체한다. 거부된 첫 번째 방법은 초자연적 방법(supernaturalistic method)이다. 이 방법에 따르면, 기독교의 메시지란 낯선 세계에서 온 낯선 물체처럼 인간의 상황으로 유입된 계시된 진리의 모음이다. 이러한 인간 상황에서는 그 어떤 매개 활동도 불가능하다. 이러한 진리들 자체는 그것들이 수용되기 전에 새로운 상황을 만들어낸다. 곧 인간이 신성을 수용하기 위해서는 인간이 아닌 이외의 어떤 것이 되어야 한다. 우리는 고전적인 이단에 비추어서 초자연적 방법은 가현설적이고 단성론적인 특징을 가졌으며, 특히 인간의 수용 능력을 완전히 무시하고 그저 초자연적 "신탁들"의 모음집으로만 성서를 평가하는 특징을 보인다고 말할 수 있다. 하지만 이와 다르게 인간은 자신이 의문을 품고, 던지지 않은 물음에 대한 대답을 수용할 수 없는 특징을 갖고 있다. 더욱이 그는 자신의 분명한 실존 안에서 그리고 자신의 모든 정신적 창조물을 통해서 기독교가 대답한 질문을 했으며 지금도 질문한다.

기독교가 거부한 두 번째 방법은 "자연주의적" 방법(naturalistic method) 혹은 "인문주의적" 방법(humanistic method)이다. 이 방법은 인간의 자연주의적 상태에서 기독교 메시지를 찾는다. 그것은 인간 실존 자체가 바로 그 문제라는 것을 알지 못한 채 인간 실존에서 그 문제에 대한 대답을 발전시킨다. 우리는 이런 의미에서 지난 2세기 동안의 많은 자유주의 신학을 "인문주의" 신학이라고 말할 수 있다. 자유주의 신학은 인간의 실존적 상태를 본질적 상태와 동일시했고, 보편적인 인간 조건에 자기소외와 자기모순이 반영되어 있어서 인간의 실존적 상태와 본질적 상태가 단절되어 있음을 간과한다. 신학적으로 말하자면, 기독교 신앙의 내용이란 종교 역사의 진보 과정에서 인간이 고안한 종교의 자기실현에 불과한 것이다. 따라서 인간의 물음과 그에 제시된 대답은 인간의 창조성이라는 동일한 수준에서 고안된 것에 불과하다. 모든 것은 인간이 꾸민 것에 지나지 않고, 인간에게 주어진 건 아무것도 없다. 하지만 계시란 인간이 자신에게 스스로 말한 것을 의미하지 않고 인간에게 "말해진" 것을 의미한다.

　마지막으로 거부된 세 번째 방법은 그것이 자연적인 하부 구조 위에 초자연적인 구조를 세웠다는 점에서 "이원론적"(dualistic) 방법이라고 명명될 수 있다. 이 방법은 앞의 두 가지 방법보다는 상관관계의 방법이 해결하려는 문제를 훨씬 더 잘 인식하고 있었다. 그것은 인간의 정신과 하나님의 정신 사이의 무한한 차이에도 불구하고 그것들 사이에 긍정적 관계가 있어야 함을 이해한다. 그것은 인간이 자신의 노력에 의해서 또는 자기 모순적 표현인 "자연 계시"를 통해서 도달할 수 있는 일군의 신학적 진리를 상정하면서 이 관계를 표현한다. 소위-또 다른 자기모순적 용어인-"신의 실존" 논증들이 자연 신학의 가장 중요한 부분이다. 그것들이 인간의 유한성과 그와 관련된 문제들을 분석하는 한 그것들은 참된 논증들이다(제2부, 제1장을 보라). 하지만 그것들이 제기된 물음 형태에서 대답을 추론하는 한 그것들은 거짓 논증들이다. 자연 신학에는 이렇게 진리와 거짓이 혼재되어 있다는 점이 지금까지 일단의 위대한 철학자와 신학자들이 자연 신학, 특히 신의 실존 논증들을 공격했던 이유 및 이와 반대로 일단의 위대한 철학자와 신학자들이 그것들을 옹호했던 이유를 설명해준다. 상관관계의 방법은 자연 신학을 실존 분석으로 해소시키고 초자연 신학을 실존에 내포된 물음에 대한 대답으로 해소시킴으로써 이런 역사적이고 조직신학적인 수수께끼를 해결한다.

6. 신학 조직

이 책이 설명하는 신학 조직의 구조는 상관관계의 방법을 따른다. 상관관계의 방법은 신학 조직을 구성하는 각각의 부분이 인간 실존과 실존 일반에 대한 분석을 전개하는 개별적인 장을 포함할 것과 조직신학의 자료와 매개물 그리고 규범에 기초해서 신학적 대답을 제시하는 하나의 장을 포함할 것을 요구한다. 그것은 이런 구분을 반드시 유지해야 한다고 말한다.

이러한 구분이 이 신학 조직의 구조가 지닌 기본 뼈대다. 우리는 실존적 물음과 신학적 대답에 비추어서 역사적·사회학적·심리학적 자료들을 해석하여 그 두 개의 장을 연결하는 하나의 장을 따로 구성하는 것을 생각할 수 있다.[40] 우리는 조직신학의 자료에서 가져온 이런 요소들을 그것들의 역사적·사회학적·심리학적 배경에서 살피지 않고 조직적 해결책과 관련된 그것들의 의의에 따라 살피기 때문에 그러한 요소들을 하나의 독립된 장이 아니라 신학적 대답과 관련된 장에 포함시킨다.

내가 제시하는 신학 조직은 제5부로 구성되어 있는데, 이러한 구성은 기독교 메시지의 구조와 실존의 상관관계에서 유래했고, 각각의 부는 크게 두 개의 장으로 구성되어 있으며 이러한 구성은 다음과 같은 방법으로 서로 관련을 맺는다. 인간의 실존은 자기모순 혹은 자기소외의 특성을 띠고 있어서, 우리는 두 가지 측면에서 인간의 실존을 살펴야 한다. 곧 첫 번째 측면에서는 인간의 본질(당위성)을 다루고, 두 번째 측면에서는 인간의 자기소외의 실존(비당위성)을 다룬다. 이 두 가지 측면은 창조의 영역과 구원의 영역이라는 기독교 구분에 부합한다. 따라서 나의 신학 조직의 한 부분은 (존재하는 모든 존재의 본질적 본성과 일치하는) 인간의 본질적 본성과 인간의 유한성과 유한성 일반에 함의되어 있는 물음을 분석하고, 이 물음에 대한 답을 하나님으로 제시한다. 나는 이런 이유로 인해서 이 부분, 곧 2부에 "존재와 하나님"이라는 제목을 붙였다. 나의 신학 조직을 구성하는 제

---

40   이전에는 개요 안에, 특히 강의를 위해 준비했던 "명제들" 안에 그것들을 항상 삽입했다.

3부는 (실존 일반의 자기파괴적 측면에 일치하는) 인간의 실존적 자기소외와 이런 상황에 함의되어 있는 물음을 분석하고, 이 물음에 대한 답을 그리스도로 제시한다. 따라서 나는 이 부분에 "실존과 그리스도"라는 제목을 붙였다. 제4부는 실존적 특성뿐만 아니라 본질적 특성도 추상화된 것들이라는 사실 및 본질적 특질과 실존적 특질은 실재 속에서 "생명"이라 불리는 복합적이고 역동적인 단일체 속에서 나타난다는 사실에 기초하고 있다. 본질적인 존재의 능력은 왜곡된 모든 실존에 모호하게 나타난다. 달리 말해서 생명, 곧 현실적 존재는 생명을 소유한 모든 것에 그러한 특성을 드러낸다. 따라서 나의 신학 조직의 이 부분은 (생명 일반과 일치하는) 생명으로서의 인간을 분석하고 생명의 모호함에 함축되어 있는 물음을 다루며, 이 물음에 대한 답을 성령으로 제시한다. 따라서 이 부분에는 "생명과 영"이라는 제목을 붙였다. 제2부부터 제4부까지는 실존의 물음들에 대한 기독교의 대답을 포함한다. 하지만 실천적인 이유 때문에 각각의 부에서 몇몇 요소를 "발췌하여" 그것을 하나로 합쳐서 인식론이라는 부분으로 다루는 게 필요하다. 나의 신학 조직의 이 부분은 인간의 합리성, 특히 (전체로서 실재의 합리적 구조와 일치하는) 인간의 인지적 합리성과 이성의 유한성, 자기소외 및 모호성에 함축되어 있는 물음을 분석하고 이 물음에 대한 답을 계시로 제안한다. 따라서 나는 이 부분을 "이성과 계시"라고 명명했다.

마지막으로 생명은 "역사"라고 이야기되는 차원을 포함한다. 그리고 그것은 생명 일반을 다루는 부분에서 생명의 역사적 측면을 다루는 자료를 구분하는 게 유용하다. 이것은 "하나님 나라"라는 상징이 조직신학의 중심 부분을 결정하는 삼위일체 구조에 독립되어 있다는 사실에 일치한다. 나의 신학 조직의 이 부분은 (역사적인 것 일반의 본성과 일치하는) 인간의 역사적 실존과 역사의 모호함에 함축되어 있는 물음을 분석하고 하나님 나라를 그에 대한 답으로 제시한다. 나는 이 부분을 "역사와 하나님 나라"라고 명명했다.

이 책의 독자들은 "존재와 하나님"을 먼저 읽는 게 도움이 될 것 같다. 이 부분은 존재의 기본 구조를 개괄하고 이 구조에 함축되어 있는 물음에 대한 대답─신학에서 제시하는 모든 다른 대답을 규정하는 대답인 신론─을 제시하기 때문이다. 하지만 우리가 다음과 같이 몇 가지를 깊이 있게 숙고해볼 때, 인식론의 부분인 "이성과 계시"에서 시작하는 것이 좋을 것 같다. 첫 번째, 모든 신학자는 "당신의 주장의 근거는 무엇인가요? 당신의 기준은 무엇이고, 그것은 검증을 받았나요?"라고 질문한다. 이러한 질문은 처음부터 인식론적 대답을 요구한다. 두 번째, 우리가 이성은 그 자신을 초월한다고 가정하는 진술을 하기 전에 이성(reason과 이성[Reason])의 개념을 명확히 규정해야 한다. 세 번째, 계시에 대한 개념을 가장 먼저 다루어야 한다. 계시는 기독교 신앙을 형성하는 내용의 궁극적 원천으로서 나의 신학 조직의 모든 부분에 전제되어 있기 때문이다. 이러한 이유로 나는 나의 신학 조직을 "역사와 하나님 나라"로 마무리하는 것처럼 "이성과 계시"에 대한 논의에서 나의 신학 조직의 첫 부분을 시작한다. 우리는 각각의 부에서 다른 부분에 나오는 요소들이 예상되거나 반복된다는 사실을 피할 수 없을 것이다. 어떤 면에서 각각의 부는 다른 관점에서 전체를 포함한다고 말할 수 있다. 나의 신학 조직은 결코 연역 조직이 아니기 때문이다. 제1부부터 제5부에 걸쳐 제기되는 물음은 모두 새롭게 전개된다는 분명한 사실이 연역의 연속을 불가능하게 한다. 계시란 조직으로 주어지지 않는다. 하지만 계시는 비일관적이지도 않다. 따라서 조직신학자는 모든 가능한 체계를 초월해 있는 것, 곧 신적인 신비의 자기 현현을 어떤 조직으로도 해석할 수 있다.

제1부

이성과 계시

Ⅰ. 이성과 계시에 대한 요청

A. 이성의 구조

1. 이성의 두 가지 개념

인식론(epistemology), 곧 앎에 관한 "지식"은 존재론(ontology), 곧 존재에 관한 지식의 일부분을 차지한다. 앎은 사건들 전체 안에 들어 있는 하나의 사건이기 때문이다. 모든 인식론적 주장은 함축적으로는 존재론적 주장이다. 따라서 우리는 지식에 관한 물음보다는 존재에 관한 물음에서 실존에 대한 분석을 시작하는 것이 훨씬 더 바람직하다. 더욱이 존재에 관한 물음에서 시작하는 것이 당시 널리 퍼진 고전 전통에 훨씬 더 잘 부합한다. 하지만 존재론적 전통이 의심을 받고 이런 전통을 창출하는 데 사용된 도구들이 이 전통에 대해 의심을 불러일으키고 결국 믿을 수 없는 전통이라는 것을 초래한 근거가 된 것은 아닌지에 대한 논쟁이 일어났을 상황에서 우리는 지식에 관한 물음에서 실존의 분석을 시작할 수밖에 없다. 이러한 상황은 다양하게 일어났다. 고대 그리스 철학 학파들 간에 논쟁이 일어났을 때

개연주의(probabilism)와 회의주의(skepticism)의 상황이 발생했다. 그리고 데카르트는 중세 전통이 해체되는 상황에 직면했다. 물론 흄(Hume)과 칸트(Kant) 역시 전통적인 형이상학을 더 이상 믿지 못하는 상황을 마주했다. 신학은 끊임없이 이러한 상황을 마주한다. 신학은 지식에 이르는 자신의 방법을 설명해야만 했다. 앞에 열거한 이들이 평범한 방식에서 근본적으로 벗어난 것처럼 보였기 때문이다. 비록 이와 같은 예들에서 인식론이 존재론을 선행할 수 있지만, 인식론이 철학적 체계나 신학적 체계에 대한 토대를 제공할 수 있다고 간주하는 것은 오류에 지나지 않는다. 비록 그것이 철학적 체계나 신학적 체계를 이루는 다른 부분들을 선행한다고 할지라도, 인식론은 그러한 부분들을 분명하게 그리고 함축적으로 고려함으로써 정교해질 수 있는 것과 같은 방식으로 그것들에 의존한다. 최근 신칸트주의 철학자들은 인식론이 존재론에 의존한다는 것을 인정했고, 그리고 19세기 후반에 일어났던 인식론적 해일이 사라지는 데 기여했다. 고전 신학은 언제나 계시론이 신론, 인간론, 기독론 등을 전제하고 있음을 깨닫고 있었다. 그것은 인식론적 "서론"이 신학 조직 전체에 의존하고 있음을 잘 알고 있었다. 신학 작업과 관련해서 인식론과 방법론에 관한 사항을 독립적인 토대로 삼고자 했던 최근의 시도들은 무익한 일로 판명되었다.[1] 따라서 조직 신학자가 인식론 부분(이성과 계시에 관한 설명)에서 시작할 때 그는 이성과 관련해서 그리고 계시와 관련해서 자신이 기대하는 것을 분명하게 나타내야 한다.

많은 신학 작품과 종교적 담론에 들어 있는 가장 큰 약점 중 하나는 "이성"이라는 단어를 느슨하고 모호한 방식으로 사용한다는 점이다. 사람

---

1   서론을 보라.

들은 때때로 그 단어를 칭찬할 때 사용하지만 대개는 경멸할 때 사용한다. 사람들이 일상적인 대화를 할 때 그와 같이 불명확하게 언어를 사용하는 것을 이해할 수 있지만(비록 종교적 위험이 발생할 수 있지만), 신학자가 용어를 정확하게 정의하지 않거나 용어의 범위를 정확하게 규정하지 않고 사용하는 것은 이해받지 못할 것이다. 따라서 우리가 앞으로 사용할 "이성"이라는 용어의 의미를 먼저 정의하는 것이 필요하다.

우리는 이성을 존재론석 개념과 기술적 개념으로 구분할 수 있다. 존재론적 개념(ontological concept)은 파르메니데스(Parmenides)부터 헤겔까지 아우르는 고전 전통에서 두드러진다. 반면에 기술적 개념(technical concept)은 철학 이전의 사유와 철학 사상에서 항상 있었지만, 고전적인 독일 관념론의 몰락과 영국 경험론의 부상 이후에 두드러졌다.[2] 고전 철학의 전통에 따르면, 이성이란 인간의 마음(mind)이 실재를 파악하고 변형할 수 있는 마음의 구조를 의미한다. 그것은 인간 마음의 인식적·미학적·실천적·기술적 기능에서 효과적으로 작동한다. 감정적 삶조차도 그 자체로는 비이성적인 삶이 아니다. **에로스**(*erōs*)는 인간의 마음이 진리를 향해 나아가도록 움직인다(플라톤). 완벽한 형상을 사랑하는 것이 모든 것을 움직인다(아리스토텔레스). 영혼의 "정념 없는 상태"(apatheia)에서 **로고스**는 자신의 현존을 드러낸다(스토아주의). 자신의 근원을 향한 열망이 영혼과 지성을 형언할

---

2   Max Horkheimer, 『이성의 몰락(*The Eclipse of Reason*)』(New York and Oxford: Oxford University, 1947). 역주. 『도구적 이성 비판: 이성의 상실』, 박구용 옮김(서울: 문예출판사, 2006)을 보라. Horkheimer는 이 책에서 주관적 이성과 객관적 이성을 언급하는데, 본래적인 주관적 이성과 객관적 이성은 Tillich가 말하는 존재론적 이성과 동일하다. 하지만 주관적 이성의 형식화가 진행되면서, 주관적 이성은 목적 자체에 관해서는 묻지 않고 목표에 도달하기 위한 방법에만 관여하게 되었다. 그렇게 형식화된 이성을 "도구적 이성"(instrumental reason)이라고 한다. Tillich는 도구적 이성을 "기술적 이성"이라 칭하고 있다.

수 없는 모든 의미가 연원한 근원으로 고양시킨다(플로티노스). 유한한 모든 것에 대한 "욕구"(*appetitus*)가 유한한 모든 것으로 하여금 선 자체를 향해 나아가도록 한다(아퀴나스). "지성적 사랑"은 지성과 감정을 마음의 가장 합리적 상태에서 하나로 일치시킨다(스피노자). 철학이란 "신을 예배"하는 것이다. 다시 말해서, 그것은 "절대 진리" 안에서 생명을 누림과 동시에 기쁨을 만끽하는 사유를 의미한다(헤겔). 고전적 이성은 로고스를 말한다. 그것은 훨씬 더 직관적인 방식으로 이해되거나 훨씬 더 비판적인 방식으로 이해된다. 로고스의 인식적 본성은 다른 요소들에 더해진 또 하나의 요소를 가리킨다. 즉 로고스는 인식적이면서 미학적이고, 이론적이면서 실천적이며, 초연적이면서 열정적이고, 주관적이면서도 객관적이다. 고전적 의미에서 이성을 부인하는 것은 결국 인간을 반대하는 것이다. 이성을 부인하는 것은 신을 반대하는 것이기 때문이다.

하지만 이와 같은 이성의 존재론적 개념은 항상 이성의 기술적 개념을 동반하거나 때로는 그것에 의해 대체된다. 이성은 "추론" 능력으로 좁아졌다. 고전적 이성 개념과 관련해서는 이성의 인식적인 측면만 남았으며, 인식 영역에서는 목적에 이르는 수단을 발견하는 이성의 인식 행위만 남았다. 로고스적 의미의 이성은 먼저 목적을 결정하고 그다음으로 그 목적에 이르는 수단을 결정하지만, 기술적 의미의 이성은 먼저 수단을 결정하고 이후에 "다른 곳"에서 목적을 받아들인다. 기술적 이성이 존재론적 이성의 동료로 남아 있고, "추론"이 이성의 요구를 충족시키는 데 사용되는 한, 이런 상황에서는 그 어떤 위험도 존재하지 않는다. 비록 "추론"을 이성에서 분리하려는 위협은 항상 존재했지만, 그것은 대부분 인류 역사의 철학 이전 시대뿐 아니라 철학의 시대에도 만연했다. 하지만 19세기 중반 이후 이런 위협은 두드러진 현실이 되었다. 이로 인해 비이성적인 세력들, 곧 실증주의 전통이나 권력의 의지에 도움이 되는 자의적 결정들이 목적을 제공하기에 이르렀다. 비판적 이성은 규범과 목적을 통제하던 기능을 상실했다. 동시에 이성의 비인식적 측면은 순수 주관성에 적절하지 않은 것으로 치부되었다. 논리실증주의를 받아들인 일부 철학자들은 기술적 이성을 초월하는 그 어떤 것도 "이해"할 수 없다며 거부했고, 그로 인해 자신의 철학을 실존적 관심의 문제를 탐구하는 데는 완전히 부적절한 것으로 만들었다. 기술적 이성이 논리적이고 방법론적인 관점에서 정교해진다고 하더라도 그것이 존재론적 이성과 분리된다면, 그것은 인간성을 상실하게 만든다. 그리고 더 나아가서 이 기술적 이성 자체가 존재론적 이성에게 지속적인 영양분을 공급받지 못한다면, 기술적 이성의 능력과 질이 쇠퇴하고 손상된다. "추론"을 형성하는 "수단과 목적"의 구조에서 제시되는 사물의 본성에 관한 주장들조차도 기술적 이성에 근거하지 않는 것들을 전제한다. 존재론적 이성이 없다면, 우리는 구조와 게슈탈트[3] 과정과 가치뿐만 아니라 의미도 파악할 수 없다. 기술적 이성은 그러한 것들을 참된 실재보다 못한 것으로 격하시킨다. 하지만 기술적 이성은 그러한 것들을 이런 지위로 격하시킴으로써 수단과 목적의 관계에 결정적인 통찰들을 그 스스로 박탈했다. 물론 우리는 생리학적이고 심리학적인 과정들을 분석하면서 그리고 이러한 분석이 제공한 요소들을 생리학적인 혹은 심리학적인 목적에 사용하면서 인간 본성의 많은 **측면**을 알게 된다. 하지만 우리가 이런 방식으로 인간을 알게 된다고 주장한다면, 우리는 인간의 본성뿐만 아니라 수단과 목적 안에서 파악할 수 있는 인간에 관한 결정적인 진리들조차도 이

---

3   역주. 심리학에서 게슈탈트는 부분이 모여서 이루어진 전체보다는 완전한 구조와 전체성을 지닌 통합된 전체로서의 형상과 상태를 가리킨다.

해하지 못한다. 이것은 실재의 모든 영역에 대해서도 사실이다. 기술적 이성은 언제나 중요한 기능을 수행한다. 조직신학에서조차도 말이다. 그러나 기술적 이성은 존재론적 이성의 표현이자 부속물로서만 적합하고 의미 있다. 신학은 이성의 이 두 개념 중 어느 하나만을 선택하거나 반대할 필요가 없다. 그것은 기술적 이성의 방법과 수단-목적의 관계를 사용한다. 신학은 일관되고 논리적이며 정확하게 파생된 유기적인 사유를 확립하고자 기술적인 이성의 방법, 곧 수단과 목적의 관계를 사용한다. 그것은 기술적 이성이 이용하는 인식 방법들이 가진 정밀함을 수용한다. 하지만 그것은 기술적 이성과 존재론적 이성을 혼동하는 것을 거부한다. 예를 들어 신의 실존을 "추론"할 때 신학은 기술적 이성의 도움을 받지 않는다. 기술적 이성의 도움을 받아 추론된 신은 수단과 목적의 관계에 지배를 받을 것이기 때문이다. 아마 그는 하나님보다 못한 존재일 것이다. 다른 한편 신학은 기술적 이성이 기독교 메시지에 가한 공격에 불안해하지 않는다. 이런 공격은 종교가 자리하고 있는 수준에 영향을 끼치지 못하기 때문이다. 그것이 미신을 없앨 수 있을지는 모르겠지만 신앙을 건드릴 수는 없다. 신학은 수단과 목적의 관계라는 맥락에서 하나님과 같은 "것"이 존재하지 않음을 증명하는 기술적 이성의 비판적 기능에 감사한다(혹은 감사해야 한다). 기술적 이성이 보여준 담론의 세계에 비추어 종교적 대상들을 살펴보았을 때, 그러한 대상들은 부정적인 비판을 받을 수밖에 없는 미신적인 대상들로 드러난다. 기술적 이성이 지배하는 곳마다 종교는 미신이 되며, 그것은 분별 없이 이성에 지지를 받거나 올바르게 제거되기도 한다.

비록 신학이 체계적 작업을 수행할 때 기술적 이성을 항상 사용하더라도, 그것은 기술적 이성과 존재론적 이성의 관계에 관한 물음을 피할 수 없다. 이성과 계시의 관계에 대한 전통적인 물음은—참된 물음을 구축할 수조차 없는―기술적 이성의 차원에서 논의될 수 없고 존재론적 이성, 곧 **로고스**의 의미를 가진 이성의 수준에서는 논의될 수 있다. 기술적 이성은 하나의 도구다. 그것은 다른 모든 도구처럼 더 완벽하거나 덜 완벽할 수 있고 더 숙련되게 사용되거나 덜 숙련되게 사용될 수 있다. 하지만 그 어떤 실존적 문제도 기술적 이성의 사용과 관련이 없다. 존재론적 이성과 관련해서는 상황이 전혀 다르다. 계시와 존재론적 이성을 동일시하고 기술적 이성의 주장을 거부한 것은 관념론 철학의 실수였다. 이것이 바로 관념론적 종교철학의 본질이다. 관념론과 달리 신학은 존재론적 이성의 본질, 곧 존재의 보편적 로고스가 계시의 내용과 동일하지만 이성은―그것이 자아와 세계 안에서 현실화되었다면―여전히 실존의 파괴적 구조와 삶의 구원하는 구조에 의존하고 있음을 보여줘야만 한다(제3부와 제4부). 달리 말해 이성은 유한성과 분열에 지배를 받고 있고 "새로운 존재"에 참여할 수 있다. 이성이 이런 지배에서 벗어나 "새로운 존재"에 참여하는 것의 현실화는 기술의 문제가 아니라 "타락"과 "구원"의 문제다. 신학자는 다른 몇 가지 관점에서 이성을 고찰해야 한다. 곧 그는 존재론적 이성과 기술적 이성을 구별해야 할 뿐만 아니라 존재론적 이성의 본질적 완전함과 실존 및 생명 그리고 역사에서 현실화되는 다양한 단계에 처한 존재론적 이성의 상태를 구별해야 한다. 예를 들어 이성이 "맹목적"이라는 종교적 판단은― 자신의 영역에 있는 대부분의 것을 아주 잘 볼 수 있는―기술적 이성을 가리키지도 않고 본질적 완벽함, 곧 존재 자체와 하나를 이루고 있는 존재론적 이성을 가리키지도 않는다.[4] 이성이 맹목적이라는 판단은 실존의 조건

---

4   "이데아들" 또는 영원한 본질들을 바라보는 원래 상태에 있는 영혼에 대해 말하는 플라톤의 신화를 참조하라. 역주. 플라톤, 『파이돈』, 72e-77a의 "상기"에 관한 논증을 참조.

들 아래에 있는 이성을 언급한다. 그리고 이성이―부분적으로 맹목적인 것에서 자유롭게 되었고 부분적으로는 그러한 맹목적인 것에 사로잡혀 있어서―취약하다는 판단은 삶과 역사 안에 있는 이성을 언급한다. 우리가 이성과 관련해서 이런 구분을 하지 않는다면, 이성에 관한 모든 진술은 정확하지 않거나 심각하게 모호한 것일 것이다.

2. 주관적 이성과 객관적 이성

존재론적 이성은 실재를 파악하고 형성할 수 있는 마음의 구조로 정의될 수 있다. 파르메니데스 이후로 철학자들은 실재를 이해하고 형성하는 로고스(logos)가 그와 같은 일을 할 수 있다는 공통된 가정을 지니고 있었다. 실재 자체가 로고스(Logos)의 특성을 가졌기 때문이다. 물론 파악하고 형성하는 자기가 가진 로고스의 구조와 파악되고 형성된 세계가 가진 로고스의 구조 사이의 관계에 대한 설명은 매우 다양했지만, 설명이 필요하다는 사실에 대해서는 모든 이가 받아들였다. 주관적 이성과 객관적 이성―마음의 합리적 구조와 실재의 합리적 구조―의 관계는 전통적으로 네 가지 유형으로 기술되었다. 첫 번째 유형은 주관적 이성을 실재 전체가 그것의 일부분, 곧 마음에 끼친 결과로 생각한다. 그것은 실재가 합리적인 마음을 산출할 수 있는 힘을 가지고 있다고 전제한다. 실재는 이 마음을 가지고 자신을 파악하고 형성한다. 소박 실재론 또는 비판 실재론 혹은 독단적 실재론(유물론)에 상관없이 실재론은 이러한 기본적인 전제를 인식하지 않고서도 이런 입장을 취한다. 두 번째 유형은 객관적 이성을 주관적 이성이 구조화되지 않은 물질―주관적 이성은 이 물질을 통해 현실화된다―에 근거해서 만들어낸 것으로 간주한다. 고대 그리스 철학의 제한된 형태로 나타난 것이든지 현대 철학의 제한받지 않는 형태로 나타난 것이든지 간에 관계없이 관념론은 물질이 이성의 구조적 힘에 수용된다는 사실에 대해 그 어떤 설명도 하지 않고 이런 주장을 펼친다. 세 번째 유형은 주관적 이성과 기능적 상호의존성을 주장하면서, 서로 안에서 서로가 완성됨을 제시한다. 형이상학적 이원론이나 형이상학적 다원론 혹은 인식론적 이원론이나 인식론적 다원론은 주관적 이성과 객관적 이성의 기본적인 통일성에 대해 질문하지 않고 이런 입장을 취한다. 네 번째 유형은 실재의 합리적 구조 안에 그 자신을 표현하는 기본적인 동일성을 인정한다. 일원론은 동일성을 존재에 비추어 기술하든지 아니면 경험(실용주의)에 비추어 기술하든지 상관없이 주관적 이성과 객관적 이성의 차이를 종종 설명하지 않고 이런 입장을 취한다.

이 네 가지 유형이 어느 정도 진리를 갖고 있는지를 판단할 의무가 신학자에게는 없다. 하지만 그가 이성의 개념을 사용할 경우에는 네 가지 유형에 들어 있는 공통된 전제를 고려해야 한다. 물론 신학자들은 항상 그러한 일을 암묵적으로 고려해왔다. 그들은 로고스를 통한 창조를 이야기하거나 실재하는 모든 것에서 이루어지는 하나님의 영적인 현존에 대해 이야기했다. 그들은 인간이 이성적 구조를 갖고 있기 때문에 그를 하나님의 형상이라고 말했으며 세계를 파악하고 형성하는 임무를 그에게 부여했다.

주관적 이성이란 실재의 상응하는 구조에 근거해서 실재를 파악하고 형성할 수 있게끔 해주는 마음의 구조로 정의될 수 있다(그러한 상응이 어떤 방식으로 설명되든지 간에 말이다). 이 정의에서 "파악"(grasping)과 "형성"(shaping)에 관한 묘사는 주관적 이성은 수용과 반작용에 비추어서 자기 환경과 세계에 관계를 맺는 개체적 자아 안에서 현실화된다는 사실에 근거한다. 마음은 수용하거나 반작용한다. 마음이 합리적으로 수용하면서 세계를 파악하고, 합리적으로 반작용하면서 세계를 형성한다. 이런 맥락에서 "파악"은 아주 깊은 곳, 곧 어떤 사물이나 사건의 본질적 특성까지 관통해서 그것을 이해하고 표현하는 것을 함의한다. 이런 맥락에서 "형성"은 주어진 자료를 게슈탈트, 곧 존재의 힘을 가진 살아 있는 구조로 변형시키는 것을 의미한다.

이성의 파악하는 특성과 형성하는 특성 간의 구분은 서로 배타적인 특성을 말하지 않는다. 이성의 형성하는 행위는 합리적인 수용을 하는 모든 행위에 포함되어 있고, 파악하는 행위는 합리적인 거부를 하는 모든 행위에 포함되어 있다. 우리는 우리가 실재를 보는 방식에 따라서 실재를 변형하고, 우리가 실재를 변형하는 방식에 따라서 실재를 본다. 세상을 파악하고 형성하는 것은 상호의존적이다. 제4복음서는 인식 영역과 관련한 이것을 다음과 같이 명료하게 표현한다. "진리를 행함으로써 진리를 안다."[5] 참된 것이 능동적으로 실현될 때만 진리가 현현한다. 비슷한 방식으로 카를 마르크스(Karl Marx)는 실재를 변형시키는 의지에 근거하지 않는 모든 이론을 "이념", 즉 실존하는 악들을 정당화하는 이론적 작업으로 그것들을 보존하려는 시도라고 말했다. 도구주의자들(instrumentalist)의 사상이 현대인들에게 끼친 영향 중 일부는 지식과 행위의 일치에 대한 강조점에서 나온다.

"수용하는 합리성"(receiving rationality)의 인식적 측면이 특별한 논의를 요구하지만, 지금까지 논의된 내용은 존재론적 이성의 전 영역을 탐구할 수 있게 해준다. 이성적 행위의 두 종류, 곧 파악과 형성에는 기본적으

---

5   요 3:21. 역주. Tillich는 요 3:17-21을 본문으로 "진리를 행하기"(Doing the thruth)라는 설교에서 이 주제를 다룬 바 있다. Paul Tillich, *The Shaking of the Foundations* (Harmondsworth: Pengiun Books, 1962), 118-21.

로 정반대의 특성이 나타난다. 감정적 요소가 모든 이성적 행위에 나타나기 때문이다. 우리는 이성의 수용적 측면과 관련해서 인식적 요소와 미학적 요소의 양극성을 볼 수 있다. 또한 우리는 이성의 반작용하는 측면과 관련해서 체계적 요소와 유기적 요소의 양극성을 볼 수 있다.[6] 하지만 "이성의 영역"에 대한 이런 묘사는 그저 예비적 차원에 지나지 않는다. 방금 언급했던 네 가지 기능은 각각 그 정반대의 요소로 나아가는 변화의 단계를 포함한다. 음악은 소설보다 인식적 기능을 훨씬 더 적게 갖고 있으며, 기술과학은 생명을 다루는 전기(biography) 혹은 존재론보다 미학적 영역을 훨씬 더 적게 갖고 있다. 인격적 공동체는 국가 공동체보다 조직적 요소를 훨씬 더 적게 갖고 있으며, 상법은 정부보다 유기적 요소를 훨씬 더 적게 갖고 있다. 우리는 인간 마음의 이성적 기능들을 정적인 조직으로 이해하려고 하면 안 된다. 그러한 이성적 기능들 사이에는 명확하게 영역이 나뉘어 있지 않으며 그러한 기능들의 확장에 대해서 그리고 그것들 간의 관계에 대해서 역사적으로 많은 변화가 있었다. 하지만 그러한 기능들은 모두 존재론적 이성의 기능이며 그것 중 일부 가운데는 감정적 요소가 훨씬 더 중요하다는 사실이 그것들을 덜 이성적인 것으로 만드는 것은 아니다. 음악은 수학만큼 이성적이다. 음악 안에 들어 있는 감정적 요소는 수학에서는 더 이상 볼 수 없는 실재의 측면을 드러낸다. 공동체 역시 법만큼이나 이성적이다. 공동체 안에 들어 있는 감정적 요소는 법에서 허용하지 않는 실재의 측면을 드러낸다. 물론 음악에는 수학적 특성이 함축적으로 들어 있고 모든 공동체 관계에는 법적인 특성이 잠재적으로 들어 있다. 하지만 이

---

6   역주. 독일어 번역본에서는 체계적(organizational) 요소와 유기적(organic) 요소를 각각 정돈하는 기능(ordnenden Funktion)과 공동체를 형성하는 기능(gemeinschaftsbilden Funktion)이란 단어가 사용되었다.

것은 이성적 기능들의 본질이 아니다. 그러한 기능들은 그것들 자체의 이성적 구조를 갖고 있다. 이것이 바로 파스칼이 다음과 같이 말한 것의 의미다. "이성이 파악할 수 없는 마음의 원리들이 있다."[7] 여기서 "이성"은 이중적인 의미로 사용되었다. "마음의 원리들"은 미학적이고 공동체적인 경험의 구조를 의미한다(아름다움과 사랑). 그리고 "그것들을 파악할 수 없는" 이성은 기술적 이성을 말한다.

주관적 이성은 마음의 이성적 구조를 의미하지만, 객관적 이성은 마음이 파악할 수 있고 이것에 따라서 마음이 실재를 형성할 수 있는 실재의 이성적 구조를 의미한다. 철학자의 이성은 자연에 들어 있는 이성을 파악한다. 예술가의 이성은 사물들의 의미를 포착한다. 입법가의 이성은 사회 균형을 이루는 구조에 따라서 사회를 형성한다. 공동체 지도자들의 이성은 유기적인 상호의존의 구조에 따라서 공동체의 삶을 형성한다. 주관적 이성이 수용과 반작용이라는 이중적인 과정에서 실재의 이성적 구조를 표현할 때, 그것은 이성적인 게 된다. 그것이 존재론적 용어나 인식론적 용어로 표현되든지 간에 이런 관계는 정적이지 않다. 존재 자체처럼 이성도 역동적 요소와 정적인 요소를 결코 깨질 수 없는 관계로 결합한다. 이러한 결합은 주관적 이성의 특징뿐만 아니라 객관적 이성의 특징을 말해준다. 실재의 이성적 구조와 마음의 이성적 구조는 모두 변화 가운데 지속되고, 지속 가운데 변화된다. 따라서 현실적 이성이 가진 문제는 실재를 파악하고 형성하는 데 있어서 오류와 실패를 피하는 것뿐 아니라 주관적 이성의 모든 행위 안에서 그리고 객관적 이성의 모든 순간에서 이성이 역동적으로 효과를 발휘하게끔 하는 것이다. 이런 상황이 가진 위험은 합리적 창

---

7   Blaise Pascal, *Pensees*, Selection 277. 『팡세』(민음사 역간).

조성의 역동성을 실존 안에 있는 이성의 왜곡과 혼동할 수 있다는 점이다. 이성의 역동적 요소는 마음으로 하여금 이런 위험을 감수하도록 강요한다. 모든 이성적인 행위에는 세 가지 요소, 곧 이성의 정적인 요소, 이성의 역동적인 요소, 그리고 이 두 가지 요소의 실존적 왜곡이 고유한 것으로 있다. 따라서 마음은 이성이 왜곡한 어떤 것을 이성의 정적인 요소로 옹호하거나 이성의 역동적 요소가 되는 것을 왜곡된 것으로 공격하는 게 가능하다. 순수 예술(academic art)은 미학적 이성이 가진 정적인 요소를 옹호하지만, 많은 순수 예술에서는 어떤 새로운 것이 처음 등장했을 때 그것을 창조적이고 새로운 것으로 이야기하지만, 처음 시작한 시점에서 그것은 이전에 받아들여지던 순수 이상을 왜곡한 것으로 비난받았다. 사회 보수주의(social conservatism) 역시 한때는 역동적으로 신설된 것이었지만 그것이 처음 등장했던 시기에는 그 이전의 보수적인 이념들을 왜곡한 것으로 공격받았다. 이러한 위험들은 현실적 이성의 모든 과정에서, 곧 실재에서뿐만 아니라 마음 안에서 피할 수 없는 것이다.

우리는 객관적 이성 안에 있는 역동적 요소가 무엇을 의미하는지를 질문해야 한다. 그것은 우리가 실재의 구조 안에 있는 변화하는 요소에 관해서 이야기할 수 있는지의 문제다. 그 누구도 실재가 변한다는 사실에 대해서는 의심하지 않지만, 많은 이들이 그러한 변화는 실재의 구조가 변할 수 없기 때문에 오직 가능하다고 믿는다. 이것이 정말 그렇다면, 마음 자체의 이성적 구조 역시 변할 수 없으며, 이성적 과정에는 오직 두 가지 요소, 곧 정적인 요소와 실재의 구조를 적절하게 파악하고 형성하지 못하는 실패의 요소만 있을 것이다. 주관적 이성만이 오로지 역동적이라고 한다면, 우리는 이성의 역동적 요소를 무시해야 할 것이다. 실재 자체는 그 자신 안에 구조적 가능성을 창출한다. 마음뿐 아니라 생명도 창조적이다. 합리적 구조를 구체화할 수 있는 것들만이 살 수 있다. 살아 있는 존재들은 객관적 이성의 요구에 일치해서 그 자신을 현실화하려는 자연의 성공적 시도들이다. 자연이 이런 요구를 따르지 않는다면, 그것의 산물은 성공하지 못한 시도들일 것이다. 이런 것은 법이라는 형식과 사회 관계에 대해서 사실이다. 역사의 과정에서 창출된 새로운 산물들은 그것들이 객관적 이성의 요구를 준수했을 때만 성공할 수 있는 시도들이다. 자연도 역사도 이성과 모순된 것을 창출할 수 없다. 역사와 자연에 있는 옛것이나 새것은 모두 정적이면서 동시에 역동적으로 존재하는 압도적인 합리적 일치를 이루며 연결되어 있다. 새로운 것이 이 일치를 파괴할 수는 없다. 그것은 절대 그럴 수 없다. 객관적 이성은 구조적 가능성, 곧 존재의 **로고스**이기 때문이다.

3. 이성의 깊이

이성의 깊이란 이성이 아니라 그것보다 우선하고 그것을 통해 드러나는 어떤 것에 대한 표현을 의미한다. 객관적 구조와 주관적 구조를 가진 이성은 이러한 구조들 안에서 나타나지만 힘과 의미라는 측면에서 그 구조들을 초월하는 어떤 것을 가리킨다. 이것은 점진적으로 발견될 수 있고 표현될 수 있는 이성의 또 다른 영역이 있음을 말하지 않고, 모든 이성적 표현을 통해 표현된 것을 말한다. 우리는 그것을 이성적 구조 안에서 본 "실체"나 존재의 로고스 안에서 현현한 "존재 자체" 또는 모든 합리적 피조물 안에 있는 창조적인 것의 "근원" 또는 어떤 피조물이나 전체 피조물에 의해서 소진될 수 없는 "심연" 혹은 마음과 실재의 이성적 구조 안으로 유입되어 그것들을 실현시키고 변화시키는 "존재와 의미의 무한한 가능성"이라고 표현할 수 있다. 이성보다 "우선하는" 것을 가리키는 이런 모든 용어는 은유적 특성을 가진다. "우선"이란 표현 그 자체가 은유적이다. 이것은 필연적으로 그럴 수밖에 없다. 그런 용어들이 각각의 고유한 의미에서만 사용된다면, 그것들은 이성에 속할 것이고 그것보다 우선하지 않을 것이기 때문이다.

이성의 깊이를 은유적으로 묘사하는 것은 가능하지만, 그 은유들은 이성이 현실화되는 다양한 영역에 적용될 수 있을 것이다. 인식 영역에서 이성의 깊이는 모든 지식의 영역에서 이야기되는 상대적 진리를 통해서 진리 자체, 곧 존재와 궁극적 실재의 무한한 힘을 가리키는 이성의 특성을 의미한다. 미학적 영역에서 이성의 깊이는 미학적 직관과 관련이 있는 모든 영역에서 산출되는 창조물들을 통해서 "아름다움 자체", 즉 무한한 의미와 궁극적 의의를 알려주는 이성의 특성을 말한다. 법의 영역에서 이성의 깊이는 현실화된 정의의 모든 구조를 통해서 "정의 자체", 즉 무한한 진지함과 궁극적 위엄을 가리키는 이성의 특성을 의미한다. 공동체의 영역에서 이성의 깊이는 현실화된 사랑의 모든 형태를 통해서 "사랑 자체" 즉 "무한한 풍성함과 궁극적 일치"를 가리키는 이성의 특성을 말한다. 이런 이성의 차원, 즉 깊이의 차원은 모든 이성적 기능들의 본질적 특성이다. 그 기능들의 깊이가 그 기능들이 소진되지 않도록 해주며 그것들에 위대함을 부여해준다.

이성의 깊이란 인간 마음의 두 가지 기능을 설명하는 이성의 특성을 의미한다. 그 두 가지 기능의 합리적 특성은 긍정되지도 부정되지도 않는다. 그것들은 이성의 다른 기능들로 환원될 수도 없고 이성 이전의 심리학적 또는 사회학적 요소에서 나올 수도 없는 독립된 구조를 보여주기 때문이다. 신화는 원시 과학이 아니며, 제의 역시 원시 도덕이 아니다. 신화와 제의를 향하는 사람들의 태도뿐 아니라 그것들의 내용도 궁극적 관심을 표현하는 무한성의 도덕적 요소들뿐 아니라 과학을 초월하는 요소들을 보여준다. 이런 요소들은 모든 합리적인 행동과 과정에 본질적으로 함축되어 있기 때문에 원칙적으로는 별도의 표현을 요구하지 않는다. 우리는 진리를 파악하는 모든 행위 가운데 진리 자체를 은연중에 파악하며, 변화시키는 사랑의 모든 행위 가운데 사랑 자체가 은연중에 변화한다. 이성의 깊이는 본질적으로 이성 안에 나타난다. 하지만 그것은 실존의 조건들 아래에서는 이성 안에 숨겨져 있다. 이런 조건들 때문에 실존 안에 있는 이성은 그 고유의 기능뿐만 아니라 신화와 제의를 통해서도 자신을 표현한다. 원래 신화뿐 아니라 제의도 있어서는 안 된다. 그것들은 본질적인 이성과 모순되기 때문이다. 달리 말해서 그것들은 그것들의 분명한 실존에 의해서 그 자신의 깊이와 즉각적인 일치를 상실해버린 이성의 "타락한" 상태를 폭로한다. 일치를 잃어버린 이성은 그것의 근거와 심연에서 분리됨으로써 "피상적인"(superficial) 것이 되었다. 기독교와 계몽주의는 신화도 제의도 없어야 한다는 판단에는 동의하지만 그들의 이런 판단은 서로 다른 전제에서 나온 것이다. 우선 기독교는 신화와 제의가 없는 상태, 곧 잠재적으로는 "태초"에나 가능하고 현실적으로는 "종말"에나 가능한 상태를 단편적으로 그리고 시간의 변화 속에서 기대한다. 반면에 계몽주의는 합리적 지식이 신화를 논파하고 합리적 도덕이 제의를 정복하는 새로운 미래에서 신화와 제의가 종말을 고할 것을 예견한다. 계몽주의와 합리주의는 이성의 본질적 본성을 실존에 있는 이성의 상태와 혼동한다. 본질적으로 이성은 자신의 각각의 행위와 과정에서 그 깊이에 대해 투명하다. 하지만 이런 투명함은 실존 속에서는 흐릿하고 신화와 제의로 대체된다. 따라서 신화와 제의는 실존적 이성의 관점에서는 대단히 모호한 것이다. 그것들을 정의하고 설명하며 이해하는 수많은 이론이 이런 모호한 상황에 대한 증거다. 우리가 그저-대부분은 심리학적이고 사회학적인 설명이고 이성의 합리적인 이해의 결과물인-부정적인 이론들을 무시한다면, 우리는 다음과 같이 두 가지 중 하나, 곧 신화와 제의가 다른 것들과 함께 이성의 일부분이라거나 그것들은 상징의 형태로 이성의 깊이를 보여준다는 설명 중 하나를 선택해야 한다. 우리가 신화와 제의를 다른 기능들과 함께 특별한 이성적 기능들로 간주한다면, 우리는 결코 끝나지 않고 해결할 수 없는 문제를 마주하게 된다. 신화와 제의는 다른 기능들에 의해 삼켜지고, 비합리적인 감정의 범주 안에 놓이거나 이성의 구조 안에서 낯선 것, 이질적이며 파괴적인 것이라고 주장될 것이다. 하지만 그것들이 상징의 형태로 이성의 깊이를 표현하는 것으로 간주된다면, 그것들은 이성의 고유한 기능이 간섭할 수 없는 차원에 놓이게 된다. 존재론적 이성 개념이 수용되고 이성의 깊이가 이해될 때마다, 신화와 지식, 제의와 도덕 간의 어떤 갈등도 불필요하다. 계시는 이성을 파괴하지 않지만 이성은 계시에 관한 물음을 제기한다.[8]

B. 실존적 이성

1. 현실적 이성의 유한성과 모호성

마음과 실재의 구조로서의 이성은 존재와 실존 그리고 삶의 과정들을 통해 현실화된다. 존재는 유한하고, 실존은 자기모순적이며 삶은 모호하다(제2부-제4부를 보라). 현실적 이성(actual reason)은 실재의 이러한 특성들에

---

8   상징 형식들에 관한 확장된 논의는 제2부 제2장 B. 3. b - 4. b를 볼 것.

참여한다. 그것은 유한한 범주들과 자기파괴적인 갈등들 및 모호함을 헤치며 나아가고, 모호하지 않으며 갈등을 벗어나 있고 유한한 범주의 속박을 벗어난 것의 요청으로 나아간다.

니콜라우스 쿠자누스(Nicolaus Cusanus)와 임마누엘 칸트(Immanuel Kant)는 유한한 이성의 본성을 고전적 형식으로 설명했다. 우선 쿠자누스는 인간의 인식적 이성의 유한성과 무한한 근원을 파악하는 인간의 인식적 이성의 무능력을 인정하는 **"박식한 무지"**(*docta ignorantia*)에 대해 말했다. 하지만 인간은 이런 처지를 인식하면서 동시에 유한한 모든 것에 현존하는 무한성을 의식한다. 물론 그 무한성은 모든 것을 무한히 초월하지만 말이다. 쿠자누스는 소진되지 않는 근거가 모든 존재 안에 현존하는 것을 "대립의 일치"라고 명명했다. 이성은 유한성에도 불구하고 자신의 무한한 깊이를 깨닫는다. 그것은 합리적 지식으로 그것을 표현할 수 없지만(무지), 그것을 표현할 수 없다는 지식은 실제 (박식한) 지식이다. 이성의 유한성은 이성이 실재를 파악하고 형성하는 데 완전하지 못하다는 사실에 있지 않다. 그러한 불완전함은 이성에게 그저 우연적으로 있는 것이다. 반면에 유한성은 이성에게 본질적인 것으로 있다. 존재에 참여하는 모든 것도 유한성을 본질적으로 가지고 있는 것처럼 말이다. 칸트는 자신의 『순수이성비판』과 『실천이성비판』 그리고 『판단력비판』[9]에서 가장 중요하고 포괄적인 방법으로 이런 유한성의 구조를 묘사했다. 경험의 범주는 유한성의

---

9 Kant가 종종 인식론적 관념론자, 윤리적 형식론자로만 해석되어 결국 거부당하는 것은 안타까운 일이 아닐 수 없다. Kant는 그러한 해석을 훨씬 뛰어넘는 철학자다. 그의 범주론은 인간의 유한성을 설명하는 이론이다. 그의 정언명령에 관한 이론은 실천이성의 깊숙한 곳에 자리하고 있는 무조건적인 요소를 설명하는 이론이다. 예술과 자연에 있는 목적론적 원리에 대한 그의 이론은 이성의 개념을 이성의 인식적·기술적 의미를 넘어서 우리가 "존재론적 이성"이라고 부르는 것으로 확대한다.

범주를 의미한다. 범주들은 실재 자체를 파악할 수는 없지만, 인간으로 하여금 자신의 세계, 자신에게 나타나고 자신의 현실적 경험을 구축하는 현상 전체를 파악할 수 있게 해준다. 유한성의 중요한 범주는 다름 아닌 시간이다. 유한하다는 것은 시간적 존재를 의미한다. 이성은 유한성의 한계를 극복하고 영원한 것에 도달할 수 없다. 그것이 제일원인, 절대 공간, 보편적 실체에 도달하기 위해서 인과관계 및 공간 그리고 실체의 한계를 극복할 수 없는 것처럼 말이다. 바로 이 지점에서의 상황은 니콜라우스 쿠자누스의 상황과 정확하게 일치한다. 인간은 이성의 범주적 구조를 분석하면서 자신을 가두고 있는 유한성을 발견한다. 또한 그는 자신의 이성이 이러한 속박을 받아들이지 못하고 유한성의 범주를 가지고 무한성을, 곧 경험의 범주를 가지고 진정한 실재를 파악하려고 시도한다는 점과, 그리고 그것은 필연적으로 실패한다는 점을 발견한다. 유한성의 감옥이 열리는 유일한 지점은 도덕적 경험의 영역이다. 도덕적 경험의 영역에서 무조건적인 것이 시간적이고 인과적인 조건들의 전체 안으로 난입하기 때문이다. 하지만 칸트가 도달한 이 지점은 그저 어느 한 지점, 곧 무조건적인 명령이 이루어지는 지점, 달리 말해 이성의 깊이에 대한 순전한 깨달음의 지점에 불과하다.

칸트의 "비판적 무지"(critical ignorance)는 니콜라우스 쿠자누스의 "박식한 무지"만큼이나 명료하게 이성의 유한성을 설명한다. 하지만 그 두 가지 설명은 다음과 같은 점에서 다르다. 쿠자누스에게 있는 로마 가톨릭교회의 신비주의는 직관을 통해 이성의 근거 및 심연과 연합하라고 말한다. 하지만 칸트에게 있는 개신교적 비판주의는 이성이 무조건적 명령을 실재 자체에 다가가는 유일한 접근법으로 수용하도록 이성을 제한한다. 칸트 이후의 형이상학에서 이성은 자신이 유한성의 범주에 속박되어 있음을 망각했다. 하지만 이성이 신적 위엄을 가진 것으로 자기를 고양했을 때, 그것은 이성에 대한 경멸을 불러일으켰고 그것을 폐위시켰으며 이성의 한 기능이 다른 여러 기능을 정복해버렸다. 헤겔 이후 가장 중요해진 이성의 몰락은 우리 시대의 기술적 이성이 가장 중요한 자리를 차지하게 만들고 존재론적 이성의 보편성과 깊이를 상실하게 만드는 데 결정적으로 기여했다.

하지만 이성이 단순히 유한하기만 한 것은 아니다. 그것이 모든 다른 사물 및 사건과 함께 실존의 조건에 영향을 받는다는 것은 사실이다. 이성은 자신과 모순되고 분열과 자기파괴의 위협을 받는다. 그것의 요소들은 서로서로 대립한다. 하지만 이러한 모습은 이성의 한 단면에 지나지 않는다. 이성의 현실적 생명에서 이성의 기본 구조는 결코 완전히 상실되지 않았다. 이성이 완전히 상실되었다면, 실재뿐 아니라 마음이 실존으로 진입하려고 했을 바로 그 순간에 그것들은 파괴되었을 것이다. 이성의 현실적 생명에서 본질적인 힘과 실존적인 힘들, 창조의 힘과 파괴의 힘들은 하나로 합쳐져 있고 동시에 해체된다. 신학은 현실적인 이성 안에서 벌어지고 있는 이러한 갈등을 보면서 이성을 비판할 수 있는 정당성을 확보한다. 하지만 이와 같은 이성 **자체**에 대한 비난은 신학적 무지나 신학적 교만을 드러내는 징후에 지나지 않는다. 반대로 이성의 이름으로 신학 자체를 공격하는 것은 합리주의의 얄팍함이나 합리주의의 **휘브리스**(*hybris*, 오만불손함)의 징후를 보여주는 것이다. 우리는 존재론적 이성의 내적 갈등을 적절하게 설명해서 대중 종교와 반대중적인 신학이 이성 자체에 대해 탄식하는 것을 중단시켜야 한다. 동시에 우리는 이성이 계시의 요청이 일어나는 자체적인 실존적 곤경을 인정하도록 만들어야 한다.

2. 현실적 이성 안에서 일어나는 갈등과 계시의 요청

a) 자율 대 타율

이성의 구조적 요소들은 실존의 조건 아래서 서로 갈등한다. 비록 그것들이 완전하게 분리되지 않는다고 할지라도 그것들은 현실적 이성이 해결할 수 없는 자기파괴적인 갈등을 겪는다. 이런 갈등에 대한 설명이 이성의 결함이나 무지에 비판을 가하는 대중 종교나 신학의 공격을 무력화시켜야 한다. 이성이 계시에 비추어 자기를 비판하는 것은 대중 종교나 신학의 모호하고 단순히 감정적으로 공격하는 설명보다 훨씬 더 깊이 있는 통찰을 가져올 것이고 훨씬 더 합리적일 것이다. 이성의 구조 안에 있는 구조와 깊이의 양극성이 실존의 조건 아래서 자율적 이성과 타율적 이성 간에 갈등을 일으킨다. 이러한 충돌에서 신율(theonomy)에 대한 요청이 이루어진다. 이성의 정적인 요소와 역동적인 요소의 양극성이 실존의 조건 아래에서 이성의 절대주의와 상대주의 사이에 갈등을 일으킨다. 이러한 대립은 구체적이면서 절대적인 것에 대한 요청으로 이어진다. 이성의 형식적 요소와 감정적 요소의 양극성이 실존의 조건 아래서 이성의 형식주의와 비합리주의 사이의 갈등을 불러온다. 이러한 갈등에서 형식과 신비의 연합에 대한 요청이 발생한다. 이 세 가지 경우에서 이성은 계시에 대한 요청으로 진행된다.

이성이 자신의 깊이를 고려하지 않고 자신의 구조를 긍정하며 현실화할 때, 그것은 자율적 이성이 된다. 자율이란 신학자들이 종종 주장하는 것처럼 개인이 자기 자신에게 법이 되는 것을 말하는 개인의 자유를 의미하지 않는다. 신학자들은 독립적인 문화를 공격할 때 이런 식으로 다루기 쉬운 희생양을 도입했다. 오히려 자율은 개인이 자신을 합리적 존재로 이해하고 자신의 내면에서 발견한 이성이라는 법에 복종하는 것을 의미한다. **자신**(*autos*)의 **법**(*nomos*)은 자신의 인격성의 구조가 따라야만 하는 법을 가리키지 않는다. 그것은 주관적 이성과 객관적 이성의 법을 가리킨다. 그것은 마음과 실재라는 로고스 구조 안에 내포되어 있는 법을 말한다. 자율적 이성은 이성의 서로 다른 기능들과 그 기능들의 구조적 요구를 통해서 자신을 긍정할 때, 개인 안팎의 상황의 표현일 뿐인 것을 사용하거나 거부한다. 그것은 실존 속에 있는 자기와 세계의 상황에 의해서 한정되는 위험에 저항한다. 자율적 이성은 이런 조건들을 이성이 자신의 구조적 법칙에 따라서 파악하고 형성해야 하는 자료로 간주한다. 따라서 자율적 이성은 "파악되지 않은 인상들"과 "형성되지 않은 욕구들"에 속박되지 않으려고 애쓴다. 자율적 이성의 독립성은 자의성(wilfulness)에 반대되는 것이다. 그것은 자신의 본질적 구조, 곧 마음과 실재 안에 있는 본성의 법이자 존재 근거 자체에 뿌리박고 있는 신적인 법인 이성의 법에 복종한다. 이것은 존재론적 이성이 행하는 모든 기능과 관련해서도 사실이다.

역사적으로 자율적 이성은 타율적 이성과 끝없이 투쟁하면서 자신을 자유롭게 했고 유지해왔다. 타율(heteronomy)이란 **낯선**(*hetero*) **법**(*nomos*)을 이성의 기능 중 하나의 기능이나 모든 기능에 강요하는 것을 말한다. 달리 말해 그것은 이성이 어떻게 실재를 파악하고 형성해야 하는지에 대해 "외부"에서 명령하는 것을 의미한다. 하지만 여기서 "외부"는 그저 외부만을 말하는 게 아니다. 그것은 동시에 이성 자체 안에 있는 하나의 요소, 즉 이성의 깊이도 나타낸다. 이 사실로 인해 자율과 타율 간에 벌어지는 싸움이 위험해지고 비극적인 것이 된다. 결국 이것이 이성 자체 안에서 일어나는 갈등이다. 이성이 합리성 이전의 것, 곧 어지럽게 마구 섞여 있는 감각 인상들 덩어리와 무질서하게 섞인 본능과 욕구와 충동의 덩어리인 이상, 참된 타율은 나타날 수 없다. 그와 같은 모든 것은 이성의 외부에 있지만, 이성이 그 자신에게 복종할 것을 요구하는 법이 아니다. 그것은 어떤 이성적인 의미에서도 법이 아니다. 타율의 문제는 이성의 자율적 현실화를 반대하면서 이성을 대표한다고 주장하는 권위의 문제, 곧 이성의 깊이의 문제다. 그러한 주장의 근거는 많은 전통과 제도들 또는 개인들이 분명하게 가지고 있는 합리적 힘에서 나타나는 우월성이 아니다. 진정한 타율의 근거는 존재의 근거라는 권위를 가지고 말하고 따라서 무조건적이고 궁극적인 방식으로 말하는 주장이다. 타율의 권위는 일반적으로 신화와 제의에 비추어 자신을 표현한다. 거기에는 이성의 깊이의 직접적이고 의도적인 표현이 들어 있기 때문이다. 물론 비신화적이고 비제의적인 형태들도 마음을 지배할 수 있는 권위를 가질 수 있다(예를 들어 정치적 이념들). 이런 의미에서의 타율은 대개 이성의 깊이를 상실하여 무의미하고 무력해진 자율에 가해진 반발을 의미한다. 그것은 하나의 반발로서 파괴적이고, 이성이 자율에 대한 권리를 가졌음을 부정하며 이성의 구조적 법을 외부에서 파괴한다.

자율과 타율은 신율에 근거하며, 그것들의 근거가 되는 신율적 일치가 파괴될 경우에 자율과 타율은 모두 잘못된다. 신율은 최고의 권위자가 이성에 부과한 신적인 법을 받아들이는 것을 의미하지 않는다. 오히려 그것은 자기 자신의 깊이와 일치를 이루는 자율적 이성을 의미한다. 신율적 상황에서 이성은 자신의 구조적인 법들에 복종하면서, 그리고 무한한 근거의 힘 안에서 자신을 현실화한다. 이성의 구조와 근거는 **신**(*theos*) 안에서 하나로 연합되며 그것들의 일치는 신율의 상황에서 나타난다. 신이 이성의 구조와 근거를 위한 **법**(*nomos*)이 되기 때문이다. 하지만 실존의 조건 아래서는 완전한 신율이 있을 수 없다. 신 안에서 본질적으로 결합되어 있는 그 두 가지 요소는 실존의 조건에서는 서로 격렬하게 다툼을 벌이며 상대방을 파괴하려고 애쓴다. 그것들이 벌이는 이런 다툼에서 이성 자체를 파괴하는 경향이 있다. 따라서 시간과 공간에서 항상 분열되어 있는 것을 다시 하나로 재연합하는 것을 요청하는 일은 이성을 반대하는 것이 아니라 이성에서 일어나는 것이다. 이런 요청이 다름 아닌 계시를 요청하는 것이다.

　세계사적 관점에서 볼 때 자율과 타율 간의 갈등은 현대의 발전과 인류의 정신적 역사에서 일어난 많은 문제뿐 아니라 고대 그리스를 신학적으로 이해하는 데 중요한 열쇠가 된다. 예를 들어 고대 그리스 철학의 역사는 다음과 같은 관점으로 서술될 수 있다. 우선 여전히 신율적이었던 철학 이전의 시기(신화와 우주론)에서 시작하여 이성의 자율적 구조에 대해 점진적으로 정교화가 이루어지고(소크라테스 이전), 이성의 구조와 깊이를 종합하며(플라톤), 여러 철학 학파에서 이 종합을 이론화하고(아리스토텔레스 이후), 자율적으로 살아가기 위한 세계를 만들려고 노력하다가 마침내 이성이 좌절하는 상황에 봉착하며(회의주의), 이성이 이러한 회의에서 벗어나 신비적 초월감을 맛보고(신플라톤주의), 과거와 현재의 권위에 대해 의심하며(철학 학파와 종교 분파들), 기독교의 영향으로 새로운 신율이 탄생하고(클레멘스와 오리게네스), 타율적 요소들이 개입했다(아타나시오와 아우구스티누스). 중세 전성기 동안에는 타율적 요소가 지배하던 상황(아퀴나스)에서 신율이 현실화되었다(보나벤투라). 중세가 그 끝을 향해 달려가면서 타율이 부분적으로 문화와 종교에서 강한 면모를 보이는 자율(유명론)에 반대하여 막강한 힘을 행사했으며(종교재판소) 결국 중세의 신율을 파괴했다. 르네상스와 종교개혁 시기에는 자율과 타율의 갈등이 새로운 모습으로 더욱 강해졌다. 르네상스 때는 기독교적 신플라톤주의(쿠자누스와 마르실리오 피치노[Marsilio Ficino])가 새롭게 등장하여 신율적 특성을 보여주었고 이후의 발전 과정 가운데 점점 더 자율적 특성으로 바뀌었다(에라스무스와 갈릴레이). 이와 다르게 종교개혁은 초기에는 종교와 문화를 하나로 통합하여 자율을 강조했고(자기 양심을 신뢰했던 루터와 인문주의를 받아들였던 츠빙글리) 얼마 지나지 않아 어떤 점에서는 후기 중세를 능가할 정도로 타율을 강조했다(개신교 정통주의). 18세기와 19세기에는 몇몇 타율을 강조하는 잔존 세력과 반동에도 불구하고 자율이 거의 완벽한 승리를 거두었다. 정통주의와 근본주의는 문화생활의 구석으로 내몰려 황폐화되고 무력해졌다. 자율적 수단을 갖고서 신율을 재확립하려는 고전적이고 낭만주의적인 시도들(헤겔과 셸링)은 성공하지 못했고, 이후에는 한편으로는 급진적인 자율적 반작용을 불러일으켰으며(후기 헤겔주의자들), 다른 한편으로는 강력한 타율적 반작용을 불러일으켰다(부흥운동). 자율은 기술적 이성의 지침에 따라 모든 반작용을 정복했지만 깊이의 차원을 완전히 상실했다. 그것은 궁극적 의미를 상실하여 천박하고 공허해졌으며 의식적 절망 혹은 무의식적 절망을 낳았다. 이러한 상황에서 유사 정치적 특성을 가진 강력한 타율이 깊이의 차원을 상실한 자율이 빚은 공허한 세계로 들어왔다. 공허한 자율과 파괴적인 타율에 맞선 이중적인 투쟁은 고대 세계의 종말에 있었던 것처럼 오늘날 새로운 신율에 대한 요청을 아주 긴급한 것으로 만든다. 자율적 이성은 완전한 파국으로 종결되었다. 자율도 타율도 혼자 고립해서는 그리고 서로 갈등하면서는 그 어떤 해결책도 제시할 수 없다.

b) 상대주의 대 절대주의

본질적으로 이성은 정적인 요소와 역동적인 요소를 하나로 결합한다. 정적인 요소는 이성이 생명의 과정에서 자신의 정체성을 상실하지 않도록 보호한다. 역동적인 요소는 이성이 생명의 과정에서 자신을 합리적으로 현실화할 수 있게 해주는 힘이지만, 정적인 요소가 없다면 이성은 삶의 구조일 수 없다. 이성의 이 두 가지 요소는 실존의 조건에서 해체되고 서로를 향해 적대한다.

이성의 정적인 요소는 두 가지 형태의 절대주의(absolutism), 곧 전통의 절대주의와 혁명의 절대주의로 나타난다. 반면에 이성의 역동적인 요소는 두 가지 형태의 상대주의, 곧 실증주의적 상대주의와 냉소적 상대주의로 나타난다. 전통의 절대주의(absolutism of the tradition)는 이성의 정적인 요소를 사회적으로 수용된 도덕, 제도화된 정치 형태들, "순수" 미학, 그리고 아무 의심 없이 받아들이는 철학 원리와 같은 특별한 전통과 동일시한다. 사람들은 대개 이런 태도를 "보수적"인 태도라고 말한다. 하지만 보수주의는 두 가지를 의미할 수 있다. 곧 그것은 오로지 이성의 역동적인 측면만을 강조하는 것에 반대하여 정적인 측면만을 옹호할 준비가 되어 있음을 의미할 수 있고, 아니면 그것은 이성의 역동적 구조들을 정적인 것으로 생각하여 그것들만을 절대적으로 타당한 것으로 격상하는 열광주의(fanaticism)를 의미할 수 있다. 하지만 어떤 경우가 되었든지 간에 정적인 요소를 역동적인 요소에서 분리하는 것은 불가능하고, 그렇게 분리하고자 하는 모든 시도는 현실적 이성 과정에서 출현하는 다른 형태들을 공격하면서 결국 절대화된 형태를 파괴한다. 그러한 공격들은 다른 형태의 절대주의, 곧 혁명의 절대주의(absolutism of the revolutionary)의 힘으로 진행된다. 하지만 어떤 절대주의가 혁명의 공격을 받아 파괴된다면, 이후 그 혁명의 승자는 동일하게 절대주의 용어로써 자신을 절대화한다. 이것은 피할 수 없는 일이다. 그러한 공격은 절대적 주장, 종종 유토피아적인 성격의 힘을 통해 승리했기 때문이다. 혁명적 이성은 자신이 불변하는 진리를 대변한다는 것을 전통주의만큼이나 확고하게 믿지만, 그러한 이성은 이 믿음에 대해 전통주의보다 훨씬 더 일관적이지 못하다. 전통의 절대주의는 자신이 항상 이야기했던 것을 지금 말한다고 주장하면서 사람들에게 과거 시대를 한번 떠올려 보라고 말한다. 하지만 혁명의 절대주의는 그러한 주장이 실패하는 것, 곧 자신의 혁명이 승리하면서 전통이 단절되는 것을 적어도 한 번은 경험했다. 따라서 그것은 자신의 종말도 가능하리라는 것을 예측했어야 하지만 그렇게 하지 않았다.[10] 이것은 그 두 가지 형태의 절대주의가 배타적이지 않다는 사실을 보여준다. 그것들은 서로를 유도한다.

그 두 가지 절대주의는 다른 형태의 상대주의와 모순된다. 상대주의는 이성의 구조에 있는 정적인 요소를 부정하거나 역동적인 요소를 너무 강조해서 어떤 분명한 자리가 현실적 이성에 남아 있지 않다. 그것은 실증주의적 상대주의거나 냉소적 상대주의일 수 있다. 전자는 전통의 절대주의와 유사하고 후자는 혁명의 절대주의와 유사하다. 실증주의적 상대주의는 절대 기준을 가치 평가에 적용하지 않고 "주어진"(기존의) 것을 받아들인다. 따라서 실제로 그것은 온갖 전통의 절대주의만큼이나 보수적일 수 있지만, 이러한 상대주의가 가진 보수적인 특성은 전통의 절대주의와는 다른 토대에 근거하며 그 의미도 다르다. 예를 들어 19세기 중반에 있었던 법실증주의는 18세기에 있었던 혁명적 절대주의를 반대하면서 나왔다. 하지만 그것은 자신을 절대화하지 않았다. 그것은 다른 민족과 시대의 실정법(positive law)을 "그저 주어진" 것으로 받아들였다. 하지만 그것은 자연법

---

10   개신교 정통주의의 절대주의는 로마 가톨릭교회의 절대주의보다 덜 일관적이다. "종교개혁은 계속된다"는 Schleiermacher의 말은 개신교에서 유일하게 일관된 태도다. 미국에서 가장 급진적으로 전통의 절대주의를 대표하는 집단들이 자신을 미국 독립 전쟁의 "딸" 또는 "아들"이라고 부른다는 것은 인류학적으로도 좀 더 잘 드러나겠지만 매우 놀라운 일이다. 러시아 공산주의는 혁명의 절대주의 공격을 주장했을 뿐 아니라 혁명 이전의 과거 전통들과 자신을 의식적으로 연결하면서 부분적으로는 전통의 절대주의로 발전시켰다. 마르크스는 혁명이 이루어지는 과정의 모든 단계에서의 승리는 일시적으로 이루어진다는 특징을 강조한 점에서 훨씬 더 일관성이 있었다. 그는 다음과 같이 말했다. "혁명은 지속된다."

의 입장에서 가하는 비판적 공격을 허용하지 않았고 당대의 실정법을 영원한 법으로 제정하지도 않았다. 마찬가지로 당시 19세기의 미학적 상대주의(aesthetic relativism)는 고전적 이상에 비추어 그 이전에 있던 양식 중 어떤 양식이 더 우월하다며 선호하지 않고 모든 양식을 동일한 차원에 있는 것으로 취급했다. 사회관계 분야에서 지역의 전통들은 존중을 받았고, 그러한 전통이 상이하게 발전되었지만, 비판적인 규범 없이 수용되었다. 이 모든 것보다 훨씬 더 중요한 것이 철학적 실증주의(philosophical postivism)다. 데이비드 흄(David Hume) 이래로 실증주의는 많은 방향으로 발전했으며, 삶의 전 영역에서 절대적 규범과 판단 기준을 실용주의의 검증 기준으로 대체했다. 진리란 집단과 구체적 상황 혹은 실존적 곤경에 따라 서로 달라지기 때문에 상대적인 것이다. 이런 점에서 최근의 실존주의의 종류들은 실용주의적 상대주의의 원리 및 유럽의 "생명의 철학"(Lebensphilosophie)의 일부 종류와 놀라울 정도로 일치한다. 실증주의가 보수적 절대주의나 냉소적 유형의 상대주의로 변형된다는 것은 실증주의에 일어난 비극이 아닐 수 없다. 실증주의의 이런 자기파괴적인 함의들은 이전 절대주의의 유물이 앞서 말했던 여러 발전으로 나아가지 못하고 지연시킬 정도로 강력하게 남아 있는 나라들 안에 은폐되어 있다(영국과 미국).

냉소적 상대주의는 대개 유토피아적 절대주의에 실망해서 나온 결과물이다. 그것은 절대 원리들에 반대하는 회의적인 논증들을 사용하지만, 급진적 회의주의의 두 가지 가능한 결과 중 그 어떤 것도 도출하지 못한다. 그것은 계시로 나아가지도 않고 고대의 회의주의가 종종 그랬던 것처럼 이론과 실천의 영역을 떠나지도 않았다. 냉소주의(cynicism)는 모든 이성적 구조—정적이든 역동적이든 상관없이—보다 자신이 우월하다는 태도나 그것에 관심을 보이지 않는 무관심한 태도를 말한다. 냉소주의적 상대주의

자들은 이성을 부정하기 위해서만 이성을 사용한다. 그들은 이러한 자기모순적 이성을 "냉소적으로" 수용했다. 합리적 비판주의는 일부 타당한 구조들을 전제하지만, 그것은 냉소적 상대주의의 토대가 되지는 않는다. 냉소적 상대주의의 토대는 모든 합리적 행위의 타당성을 불신하는 것이다. 비록 그러한 토대가 그저 비판에 불과할지라도 말이다. 냉소적 상대주의는 자기모순에 의해 파괴되지 않는다. 그것의 필연적 결과(nemesis)는 자신이 만든 빈 공간, 즉 새로운 절대주의가 끊임없이 유입되는 완전히 비어 있는 허공이다.

"비판"(criticism)이란 절대주의와 상대주의 사이의 갈등을 극복하려는 시도를 의미한다. 그것은 소위 비판 철학(critical philosophy)이라는 것에 한정된 태도를 말하지 않는다. 철학의 역사 전체를 살펴볼 때, 비판은 언제나 있었지만 철학에만 한정되지는 않았다. 그것은 존재론적 이성의 모든 영역에서 작용하고 있다. 그것은 내용에서는 정적인 요소를 제거하고 그것을 순수 형식에 한정함으로써 이성의 정적인 요소와 역동적인 요소를 하나로 결합하려는 시도다. 이것을 가장 잘 보여주는 예가 "정언명령"(categorical imperative)이다. 정언명령은 특별한 요구들을 부정하고 구체적인 세부 사항을 상황이라는 우연성에 양보한다. 비판은 냉소주의뿐 아니라 전통주의를 배제하고 실증적 요소와 혁명적 요소를 결합한다. 우리는 철학에서 비판적 태도를 보여주는 대표적인 인물을 예로 든다면, 소크라테스와 칸트라고 말할 수 있다. 하지만 소크라테스와 칸트 학파가 발전했을 때, 그러한 발전은 비판적 태도가 하나의 가능성이라기보다 요구라는 것을 입증했다. 이 두 사람의 학파에서 정적인 요소 혹은 역동적인 요소 중 하나가 우세했을 때, 비판은 좌절되었다. 플라톤의 초기 대화편들은 비판적이었지만, 플라톤주의는 절대주의 방향으로 발전했다. 쾌락주의(hedonism)와 냉소주의는 소크라테스의 합리주의를 수용했지만 절대주의 방향으로 발전했다. 칸트의 대표적인 추종자들은 순수 절대주의자들이 되었지만, 신칸트 학파는 자연적 영역과 사회적 영역의 무한한 상호작용의 과정에서 해체되는 상대주의를 강조했다. 이것은 우연히 일어난 일이 아니다. 비판적 태도는 무의미한 기준들을 통해 절대적인 것을 확립하면서 그것들의 무의미함에 대해 그 스스로를 기만했다. 이러한 기준들은 항상 특별한 상황을 반영한다. 예를 들어 그것은 펠레폰네소스 전쟁에 참여한 아테네의 상황이나 서구 유럽에서 부르주아 정신의 승리를 반영한 것과 같다. 비판 철학이 확립한 원리들은 너무나 구체적이어서 자신들의 절대적 주장에 비추어 볼 때는 너무나 상대적이었다. 그러나 그 원리를 적용하는 것은 아주 절대적이었다. 그것은 상대적인 타당성보다는 훨씬 더 많은 것을 주장하는 특별한 형태의 삶을 나타냈다. 따라서 현대 세계뿐 아니라 고대 세계에서도 비판은 절대주의와 상대주의 간의 갈등을 극복할 수 없었다. 절대적인 것인 동시에 구체적인 것만이 이런 갈등을 극복할 수 있다. 달리 말해 오직 계시만이 그러한 갈등을 극복할 수 있다.

c) 형식주의 대 감정주의

이성은 자신의 본질적 구조에서 형식적 요소와 감정적 요소를 결합한다. 이성의 인식적 기능과 법적 기능에서는 형식적 요소가 우세하고 미학적 기능과 공동체적 기능에서는 감정적 요소가 우세하다. 하지만 본질적 이성은 자신의 모든 활동에서 두 가지 요소를 결합한다. 이런 결합은 실존의 조건에서 붕괴한다. 그 두 가지 요소는 서로를 적대시하며, 앞서 논의된 갈등만큼이나 심하고 파괴적인 갈등을 일으킨다.

　　모든 이성적 기능의 형식적 측면만을 배타적으로 강조하고 각각의 기능들이 서로 분리될 때 형식주의(formalism)가 나타난다. 통제하는 지식과 그에 상응하는 형식 논리가 모든 지식의 본보기로 취해진다면, 그것들은 인식의 영역에서 형식주의를 보여준다. 통제하는 지식은 인식적 이성의 한 측면이며 모든 인식 행위의 본질적인 요소다. 전체 인식 기능을 독점하고 다른 방법으로 얻은 지식이 있다는 점과 진리를 획득할 수 있다는 점을 부정하려는 이성의 시도는 이성이 실존적으로 분열했음을 보여준다. 그것은 인식적 이성이 **"지적인 사랑"**(*amor intellectualis*)으로만 파악할 수 있는 사물과 사건들의 심층을 철저히 조사하지 못하게 한다. 인식 영역의 형식주의는 지성주의(intellectualism), 즉 **에로스** 없이 인식적 지성을 사용하는 것을 의미한다. 지성주의를 반대하는 감정적 반응들은 모든 지식의 문제에서 엄격하고 진지하며 엄밀하게 정확한 사고를 해야 한다는 의무를 망각한다. 하지만 그것들은 통제할 뿐 아니라 결합해야 하는 지식을 요구한다는 점에서 옳다.[11]

미학적 영역에서 형식주의는 하나의 태도, 곧 "예술을 위한 예술"(art for art's sake)이라는 말로 표현되는 예술지상주의 태도를 의미한다. 이것은 예술 작품들의 형식을 위해서 그 내용과 의미를 무시한다. 유미주의(aestheticism)는 예술품에 포함된 예술가의 정서를 도외시한 채 그가 사용한 예술 기법을 객관적으로 판단하고 치밀하게 감정(connoisseurship)을 받으면서도 예술의 실존적 성격을 인정하지는 않는다. 물론 창조적이면서도 이성적인 형식 없이는 예술적 표현이 불가능하지만, 가장 세련된 형식조차도 정신이 가진 내용을 표현하지 않고서는 그 형식은 그저 공허할 뿐이다. 아무리 풍요롭고 심오한 예술 작품이라고 할지라도 형식주의와 유미주의

---

11   이후에 나오는 항목들을 보라.

가 그것을 평가한다면, 그 작품이 가진 정신적 생명은 파괴될 것이다.[12] 많은 이들이 감정적으로 유미주의를 반대할 때, 그들의 미학적 판단은 잘못되었지만 기본 의도는 옳았다.

법적 이성의 영역에서 형식주의는 법이 형성하려는 인간의 실재에 그 법의 형태가 적합한지를 묻지 않고 그저 정의를 실현하는 데 필요한 구조만을 강조하는 것으로 나타난다. 모든 시대마다 사람들이 법은 자신들의 삶을 전혀 반영하지 못한다고 불평하게 만드는 법과 삶 간의 비극적인 소외는 법률을 제정하고 시행하는 이들의 악한 마음에서 비롯된 것이 아니다. 오히려 그것은 법의 형식에서 감정을 배제한 결과에서 기인한다. 법의 형식주의라는 의미의 법률주의(legalism)는 특정한 형태의 논리처럼 순수 형식만을 가진 일종의 놀이, 곧 삶과 분리된 그 자체로 일관성을 이루는 순수 형식의 놀이와 같은 것을 의미한다. 이런 놀이가 삶에 적용된다면, 그것은 현실을 파괴할 것이다. 권력으로 무장한 형식은 사회 집단을 억압하는 끔찍한 기관이 될 것이다. 우리의 관점에서 법적 형식주의와 전체주의의 억압은 서로 밀접한 관련을 맺는다. 법적 형식주의에 맞서는 정서적 반응은 법에는 구조가 필요하다는 것을 잘못 이해하고 있지만, 우리 삶의 요구를 해결하는 데 법적 형식주의가 부적절하다는 것을 본능적으로 이해한다.

이성의 공동체적 기능에서 형식주의는 사회와 개인의 삶을 형성한 전통적인 형식들을 보존하고 적용하며 보호한다. 사람들은 이런 태도를 관습주의(conventionalism)라고 명명하는데, 우리는 관습주의를 전통주의(traditionalism)와 혼동하면 안 된다. 전통주의는 특별한 전통이나 관습이 가

---

12   바흐의 "마태수난곡"이 공개적으로 공연될 때, 그것은 마태복음 이야기가 전하는 무한한 의미는 이해하지 못하고 바흐 음악을 위대한 예술로만 존중하는 사람들에게 복음이 무의미해지는 위험을 감수한다.

진 내용과 의미 때문에 그것들을 절대적인 것으로 삼는다. 반면에 관습주의는 자신이 옹호하는 관습을 절대적인 것으로 삼지 않을 뿐 아니라 관습의 주장과 의미 때문에 그것들을 중시하지도 않는다. 그것은 사회적이고 개인적인 형식을 형식으로 주장한다. 관습적 형식주의는 용인되는 행위 방식에 타성적으로 순종하는 것을 요구한다. 그것이 사회관계, 교육 및 자기 수양에 끼친 무시무시한 힘은 모든 인간 사회에 비극적 효력을 낳았다. 그것은 모든 새로운 존재와 모든 새로운 세대가 처음부터 갖고 태어난 생동성과 창조성을 파괴하는 경향을 띠고 있다. 그것은 삶을 불구로 만들고 사랑을 규칙으로 대체한다. 그것은 자신이 형성해야 할 영적이고 정서적 본질을 억압하면서 인격과 공동체를 형성한다. 형식이 의미를 파괴한다. 관습적 형식주의에 맞서는 정서적 반응이 특별히 강하고 위험하다. 그것은 규약과 습관, 곧 지지하고 보존하며 지배하는 힘과 관련해서는 "약점"을 갖고 있지만, 정념과 희생을 무릅쓰고 형식적 왜곡을 반대한 점에서는 올바르다.

형식주의는 존재론적 이성의 모든 기능 안에서뿐만 아니라 각각의 기능이 서로 관련을 맺는 것에서도 나타난다. 이성은 특별한 일단의 구조적 형식에 지배받는 부분들로 나뉘면서, 이성의 일치가 방해받는다. 이것은 이성의 기능들이 맺는 상호관계뿐만 아니라 그 기능들을 파악하고 형성하는 것도 관련이 있음을 말한다. 미학적 요소를 허용하지 않는 인식적 기능은 인식적 요소를 허용하지 않는 미학적 기능과 분리된다. 본질적인 이성은 이 두 가지 요소를 다양한 차원에서 하나로 결합해서 갖고 있다. 한편 그것은 역사적이고 존재론적인 직관과 같은 기능에 반영되어 있고, 다른 한편으로는 심리 소설이나 형이상학적 시에 반영되어 있다. 신화는 인식적 기능과 미학적 기능이 결합되어 있음을 완벽하게 보여준다. 그것은 그 두 가지 기능이 태어나고 의존하며 다시 회귀하는 모태와 같다.

19세기 초의 낭만주의자와 철학자 및 예술가들은 인식적 기능과 미학적 기능을 다시 하나로 재건하고자 했다(현대 예술가와 철학자들[표현주의, 신실재론 및 실존주의]이 이런 시도를 계속하고 있다). 그들은 인식적이고 미학적인 형식주의에서 벗어나고자 했고 결국 그 두 가지 기능을 분리했다. 그들은 심지어 새로운 신화에서 그 두 가지를 결합하고자 했다. 하지만 그들은 이 신화에서 실패했다. 갈등하는 이성에 근거해서는 그 어떤 신화도 창조될 수 없었다. 달리 말해 이성적 기능들의 일치는 이루어질 수 없었다. 새로운 신화란 형식화된 이성의 산물을 의미하지 않고 새로운 계시가 가진 재연합하는 힘을 표현한 것이다.

또한 이성의 형성하는 기능들은 이성이 형식화되면서 그리고 이성과 감정이 분리되면서 각각 분리된다. 유기적 근거를 허용하지 않는 체계적 기능은 체계적 기능을 허용하지 않는 유기적 기능에서 분리되었다. 본질적인 이성에서 이 두 가지 요소는 법적인 구조를 포괄하는 자유로운 기관들의 삶과 비슷한 방식으로 다양한 차원에서 그리고 다양한 변화에서 결합해 있다. 법적인 기능과 공동체적인 기능의 결합은 그것들 두 가지의 원천이자 그것들이 그곳으로 다시 회귀하려는 제의 공동체에서 충분히 표현된다. 구낭만주의자와 신낭만주의자는 모두 이상화된 중세 시대에서 추앙된 그리스도의 "몸"을 대변하는 국가를 열망하거나―아니면 이 국가가 재건될 수 없다면―국가적인 몸이나 인종적인 몸 또는 인류의 "몸"을 대변하는 국가를 열망한다.[13] 그들은 형식화되지 않은 법의 전달자가 될 수 있는 유

---

13   역주. 낭만주의는 두 시기로 구분된다. 전기는 Schleiermacher와 초기 Schelling으로 대표되는 시기이며, 후기는 후기 Schelling과 Kierkegaard로 대표되는 시기이다. 전기에는 무한이 유한 안에 현존함을 강조하였고, 후기에는 깊이의 차원, 무한의 차원이 신적인 것으로 격상

기체를 찾는다.[14] 하지만 유기체로서의 인류도, 종교적인 세계 공동체의 기능을 하는 것으로서의 공동의 제의도 그 자신을 법과 공동체와 결합할 수 없었다. 이런 일치는 어떤 형식화된 제도에 의해서도 체계화되지 않는 공감과 욕구 그리고 운동에 의해서도 이루어질 수 없다. 체계와 유기체가 연합된 새롭고 보편적인 공동체의 요청은 계시에 대한 요청을 의미한다.

마지막으로 이성의 형식화는 이성의 파악하는 기능과 형성하는 기능을 분리한다. 이런 갈등은 대개 이론과 실천의 갈등으로 묘사된다. 형성하는 요소를 상실한 이성의 파악하는 기능과 파악하는 요소를 상실한 이성의 형성하는 기능은 서로 갈등한다. 본질적인 이성에서 그 두 가지 요소는 결합해 있다. 아주 많이 남용되고 있는 "경험"이라는 단어는 이런 일치를 가리키는 하나의 함의를 지닌다. 경험은 통찰과 행위를 결합한다. 신화와 제의의 관계에서는 그 어떤 분리도 상상할 수조차 없다. 제의는 신과 인간의 드라마를 펼치는 신화를 포함하며, 신화는 상상이 표출되는 제의를 포함한다. 따라서 이론과 행위의 재일치를 위한 끊임없는 투쟁이 벌어지는 것은 이해할 만한 일이다. 마르크스는 『철학의 빈곤』을 저술하면서 세계를 변혁시키지 않으면서 그것을 그저 해석만 하는 철학에 이의를 제기했다.[15]

되기도 하면서, 오히려 마성적인 것으로 타락하기도 한다. 낭만주의자들은 중세 사회의 유기석 구조로 사회를 회복시키고자 하는 열망을 가지고 있었다. 이 열망은 미국독립혁명과 프랑스대혁명에 대한 반작용인데, 유기적 구조에는 언제나 계층적 구조가 포함되어 있었다. 국가는 단순히 정치가에 의해 움직여지는 조직이 아니라, 모든 것(종교도 포함해서)을 포괄하는 통일체로서 간주되었다. Tillich, 『19-20세기 프로테스탄트 사상사』, 117-119.

14 이것이 인류가 오늘날 지향하고 있고 성급하게 세계 정부를 예상하면서 세계를 구성하는 운동과 관련된 실제적인 문제다.

15 역주. Marx는 『빈곤의 철학』을 쓴 Proudhon에 대해서 "공상적 사회주의자"라고 비판하면서 "철학의 빈곤"을 썼다. 또 Marx는 "Feuerbach에 관한 테제"라는 글의 11번 테제에서 이렇게 말한다. "철학자들은 세계를 단지 다양하게 해석해왔을 뿐이다. 중요한 것은 세계를 변화시키는 것이다." Marx, "Feuerbach에 관한 테제", 『칼 맑스-프리드리히 엥겔스 저작선집 1』, 189.

니체는 역사주의(historism)를 공격하면서 우리의 역사적 실존과 관련을 맺지 않는 역사 기술에 이의를 제기했다.[16] 종교 사회주의는 진리는 실천되어야만 한다는 제4복음서의 통찰을 받아들였고, "새로운 실재"에 적극적으로 참여하지 않고서는 그 실재의 본성을 알 수 없다는 성서 전통 전체의 통찰을 받아들였다.[17] 도구주의는 행위와 지식 간의 내적 관계를 보여준다. 비록 그것이 대부분은 기술적 이성의 차원에 머무른다고 할지라도 말이다. 그럼에도 그 갈등은 남아 있다. 실천은 이론이 자신보다 열등하다고 생각하면서 그것을 반대한다. 그것은 모든 이론적 연구가 끝나기 전에 모든 연구를 중단하는 행동주의를 요구한다. 실제로 우리는 그런 요구 외에는 다른 것을 할 수 없다. 우리는 생각을 마치기 전에 행동해야 하기 때문이다. 이와 다르게 사유의 무한한 지평은 어떤 구체적인 결정을 위한 토대를 확실하게 제공하지 못한다. 실존적 결정이 관련되어 있지 않은 기술 영역을 제외하고서 사람들은 한계를 가졌거나 왜곡되었거나 불완전한 통찰에 근거해서 결정해야 한다. 이론도 고립된 행위도 행위와 이론이 서로 갈등하는 문제를 해결할 수 없다. 이론적 가능성의 무한성에도 불구하고 나타나

---

16   역주. 19세기 Hegel은 변증법이라는 논리적 도구를 통해서 역사를 목적론적으로 철학화했다. 이와 달리, 역사주의는 역사비평 방법과 정확한 사료비평을 바탕으로 무목적적이지만 유기적인 역사적 변화를 탐구하려고 했다. 역사주의가 인간의 실존과는 무관한 객관적 역사 기술을 목표로 설정한 것과는 달리, Nietzsche는 가치 정립의 문제가 중요하다는 것을 역설했다. "모든 과학은 이제부터 철학자의 미래 과제를 위해 준비하지 않으면 안 된다. 이 과제란 철학자가 가치의 문제를 해결해야만 하며 가치의 등급을 정해야만 한다는 식으로 이해된다." Friedrich Nietzsche, 『선악의 저편: 도덕의 계보』, 김정현 옮김(서울: 책세상, 2009), 391.

17   역주. Tillich가 말하는 종교 사회주의는 Blumhardt와 Ragaz 같은 독일 종교 사회주의운동만으로 한정되지 않는다. 원자화된 대중사회에 반대해서 유기체적 사회를 회복하고자 하는 종교 사회주의 운동은 Goethe와 Saint-Simon 등에 의해서 일어난 운동이며, Tillich가 가담했던 종교 사회주의 운동은 후기에 속한다. Tillich, 『19-20세기 프로테스탄트 사상사』, 115.

는 유일한 진리와 모든 행위에 함축되어 있는 무한한 위험에도 불구하고 나타나는 유일한 선만이 이성의 파악하는 기능과 형성하는 기능 사이에 벌어지는 분열을 극복할 수 있다. 그러한 진리와 선에 대한 요청은 다름 아닌 계시의 요청을 의미한다.

이성의 기능적 분리는 이성의 형식화, 곧 형식주의와 감정주의 사이에 벌어진 갈등의 결과다. 이성의 형식화가 가져온 결과들이 나타난다. 감정은 그러한 결과들에 반발할 뿐 아니라 모든 영역에 있는 형식적 이성에도 반발한다. 하지만 이런 반발은 쓸데없는 짓이다. 그것은 단순히 "감정적"이기 때문이다. 달리 말해 그런 반발은 구조적 요소들이 들어 있지 않기 때문이다. 감정이 그저 감정으로만 머무른다면, 그것은 지성주의와 유미주의를 반박하고 법률주의와 관습주의를 반박하기에는 역부족이다. 비록 감정이 이성을 지배하기에는 역부족이지만, 그것은 개인적으로도 사회적으로도 인간의 마음을 파괴하는 큰 힘을 가질 수 있다. (존재론적 이성의 의미에서 말하자면) 이성적 구조가 없는 감정은 비합리주의가 된다. 이러한 비합리주의는 두 가지 점에서 파괴적이다. 비합리주의가 형식화된 이성을 공격한다면, 그것은 어떤 이성적 내용을 가져야만 한다. 하지만 이 내용은 합리적 비판주의에 지배를 받지 않고 감정이 불러일으키는 능력에서 힘을 얻는다. 그 내용은 여전히 이성적인 것을 갖고 있지만, 비합리적으로 활성화된 이성이고 맹목적이며 열광적이다. 그것이 종교적 용어로 표현되든지 세속적 용어로 표현되든지 간에 그것에는 마성적인 것의 모든 특성이 있다. 다른 한편 비합리주의가 모든 내용을 비우고 단순히 주관적인 감정이 된다면, 아무것도 없는 무의미한 상태가 형성되고, 왜곡된 이성이 합리적으로 확인하지도 않고 그 무의미한 상태에 난입할 수 있다.[18] 이성이 자신의 형식적 구조들을 희생시키고 그것과 함께 비판적 힘을 희생시킨다면, 그 결과는 공허한 감정이 아니라 반합리적인 힘들을 가진 악마가 출현하는 것이다. 이러한 악마는 종종 기술적 이성이라는 모든 도구에 지원을 받는다. 사람들은 이런 경험을 하게 되면서 형식과 감정의 재결합을 요청한다. 이것은 다름 아닌 계시를 요청하는 것을 의미한다. 이성은 계시를 거부할 수 없다. 그것은 계시를 요청한다. 계시는 이성의 재통합을 의미하기 때문이다.

C. 이성의 인식적 기능과 계시의 요청

1. 지식의 존재론적 구조

조직신학은 계시의 개념을 자세히 논할 때 존재론적 이성의 인식적 기능을 특별히 고찰해야만 한다. 계시는 인간 지식을 위한 존재의 근거를 드러내는 것이기 때문이다. 신학 그 자체는 자신을 위한 인식론을 만들어낼 수 없지만, 그것은 계시의 인식적 특성과 관련된 인식적 이성의 특성들을 언급해야 한다. 특히 신학은 실존의 조건 아래서 인식적 이성에 대해 설명해야 한다. 하지만 실존적 인식의 갈등에 관한 묘사는 그것의 존재론적 구조에 대한 이해를 전제한다. 그러한 묘사는 실존적 갈등을 가능하게 하고 계시를 요청하게 만드는 인식적 이성의 양극적 구조이기 때문이다.

---

18   독일 청소년 운동(German youth movement)이라는 공허한 비합리주의는 나치라는 합리주의적 비합리주의가 자랄 수 있는 비옥한 토양이었다.

앎이란 연합의 한 형식이다. 모든 지식의 행위에서 인식 주체와 인식 대상은 서로 결합한다. 달리 말해 주체와 대상 간의 차이가 극복된다. 주체는 대상을 "파악하고", 그것을 자신에 적응시키며 동시에 자기 자신을 그 대상에게 적응시킨다. 하지만 지식의 일치는 독특한 것이다. 그것은 분리를 통한 일치다. 분리는 인식적 일치를 위한 전제 조건이다. 우리는 알기 위해서 어떤 사물을 "보아야" 하고, 우리는 어떤 사물을 보기 위해서 "떨어져" 있어야 한다. 인식적 차이는 인식적 일치를 위한 전제 조건이다. 대부분의 철학자가 이 두 가지 측면을 알고 있었다. 유사한 것이 유사한 것을 인식하는 것인지 아니면 유사하지 않은 것이 유사하지 않은 것을 인식하는지에 대한 해묵은 논쟁은 (어떤 동일성을 전제하는) 일치와 (어떤 비동일성을 전제하는) 차이가 인식 과정에서 필요한 양극적 요소임을 보여주는 고전적 표현이다. 차이와 일치의 결합은 지식의 존재론적 문제다. 그것은 플라톤으로 하여금 영혼과 본질들(이데아들)이 원래 하나로 결합해 있었고, 영혼이 일시적인 실존 안에 갇혀 있는 동안에는 그것들에서 분리되어 떨어져 존재하며, 본질을 상기하기 위해서는 인식의 여러 단계를 밟으면서 점차로 상승하여 그것들과 다시 하나가 된다는 신화를 제안하도록 이끌었다. 그러한 결합은 결코 완전히 파괴될 수는 없지만, 소외를 가지고 있다. 개체적인 대상은 그 자체가 낯선 것이다. 하지만 그것은 인식 주체가 본질적으로 결합해야만 하고 그 대상을 바라보았을 때 상기해야만 하는 본질적 구조를 갖고 있다. 이러한 모티프는 철학의 전체 역사에서 나타난다. 그것은 인간이 모든 시기에 인식 관계, 곧 주체와 대상의 차이뿐 아니라 그것들의 인식적 일치를 이해하기 위해 이루어진 인간 사유의 거대한 시도를 설명해준다. 회의주의는 주체와 대상을 일치시킬 가능성이 없다고 절망했지만, 비판주의는 어떻게 지식이 현상뿐 아니라 실재 자체를 이해할 수 있는지를 설명하지 않고 사물 자체로서의 대상을 실제 지식의 영역에서 제거했다. 실증주의는 주체와 대상의 차이를 완전히 제거했고, 관념론은 그것들의 동일성을 선언했지만, 그 두 가지 사조는 주체와 대상의 소원함과 오류의 가능성을 설명하지 못했다. 이원론은 주체와 객체가 신적 지성 혹은 실체 안에서 초월적 일치를 이룬다고 상정했다. 물론 그것은 어떻게 인간이 그러한 지성에 참여하는지를 설명하지 않았다. 그러나 이러한 각각의 시도들은 지식의 존재론 문제, 곧 분리와 결합을 의식하고 있었다.

인식론적 상황은 개인의 삶과 사회의 삶이 지식과 관련이 있기 때문에 그것들의 특정한 측면에 의해 실존적으로 확인된다. 세련된 형태뿐 아니라 조야한 형태에서도 종종 발견할 수 있는 앎을 위한 앎이라는 열정은 결핍, 곧 공허함이 성공적인 이해에 의해 충족된다는 사실을 나타내준다. 낯설고 잘 모르는 것이지만 그럼에도 우리에게 속해 있는 어떤 것이 지금은 우리의 일부분으로 친숙해진다. 플라톤에 따르면 지식의 에로스는 가난함을 대변하는 여신 페니아와 풍요함을 대변하는 신 포로스 사이에서 태어났다. 그것은 우리가 속해 있던 것이자 우리에게 속해 있는 것과 재결합하도록 우리를 추동한다. 지식의 모든 활동에서 결핍과 소외가 정복된다.

하지만 지식은 성취 그 이상의 일을 한다. 그것은 변화를 가져오고 치유도 한다. 앎의 주체가 그저 대상을 반영하기만 하고, 그 대상과의 차이를 극복하지 못한다면, 이와 같은 일은 불가능할 것이다. 소크라테스는 이러한 상황을 잘 알고 있었다. 그래서 그는 선에 대한 앎에서 선한 행위가 나온다고 주장했다. 물론 선을 행하지 않고서도, 그리고 선을 행할 수 없을 때조차도 선을 알 수 있다는 말은 쉬우면서도 보잘것없는 말이다. 우리는 바울이 소크라테스보다 얼마나 더 현실적인 사람이었는지를 보여주기 위해서 그 두 사람을 대면시킬 필요는 없다. 소크라테스는 다음과 같은 것,

곧 어떤 이들은 자신들이 잘 알고 있는 지식과 정반대로 행동한다는 사실을 모든 학생이 알고 있었음을 적어도 알고 있었을 개연성이 있다. 또한 그는 철학자와 신학자들조차도 몰랐던 것, 곧 참된 지식은 결합을 포함하고 따라서 하나로 결합한 것을 받아들이는 개방성을 포함한다는 사실도 알고 있었다. 이것이 바로 바울이 말했던 지식, 곧 신약성서에서 인식적·성적·신비적 연합을 의미하는 **그노시스**(*gnosis*)다.[19] 이런 점에서 소크라테스와 바울은 서로를 반대하지 않는다. 하나님과 그리스도를 아는 사람은 하나님에게 사로잡혔고 그리스도와 연합했다는 의미에서 선을 행한다. 사물들의 본질적 구조를 아는 사람은 그것들의 의미와 능력을 받았다는 의미에서 그것들에 따라서 행동한다. 곧 비록 그가 선을 위해 죽어야 한다고 할지라도 그는 선을 행한다.

최근에 "통찰"이라는 용어는 그노시스의 의미, 즉 변혁하고 치유하는 지식이라는 함의를 갖게 되었다. 심층 심리학은 통찰에 치유하는 힘을 부여했다. 그러한 통찰은 심리분석학의 객관적 지식이나 이 이론에 비추어 자신의 과거에 대해 아는 객관적 지식을 의미하는 것이 아니라, 모든 고통과 그러한 고통을 다시 받을 것이라는 전율에 대한 자신의 실제 경험에 대한 반복을 의미하는 것이다. 달리 말해, 그것은 자기 자신의 과거와 결합하는 것과 특히 현재에 파괴적인 영향을 끼친 순간들과 재결합하는 것을 가

---

19   역주. Tillich는 "영지주의"(gnosticism)에 관해 설명하면서 그노시스(영지)를 다음과 같이 설명했다. "그노시스라는 말은 세 가지 의미로 쓰였다. 첫 번째는 지식 일반이란 의미로, 두 번째는 신비적 합일[교섭]이란 의미로, 세 번째는 성적 결합이란 의미로 쓰였다. 이 세 가지 의미는 모두 신약성서 안에서도 찾아볼 수 있다. 그노시스란 과학적 인식을 의미하지 않고, 참여에 의한 인식을 의미한다. 그것은 부부 사이의 관계처럼 친밀한 결합이다. 이것은 분석적·종합적 연구의 결과로 얻을 수 있는 지식이 아니다. 이것은 과학적 지식과 대조를 이룬 실존적 인식, 곧 하나 됨의 경험이며 구원의 경험이다." Tillich, 『그리스도교 사상사』, 83.

리킨다. 그러한 인식적 연합은 소크라테스와 바울이 전제했고 요구했던 것만큼의 철저하고 어려운 변화를 가져온다. 대부분의 아시아 철학과 종교는 결합하고 치유하며 변화시키는 지식의 힘을 당연한 일이라고 생각한다. 하지만─결코 완전하게 해결되지 않은─그들의 문제는 결합과 관련된 것이 아니라 분리의 문제다.

분리와 일치 사이의 통합으로 지식을 해석하는 또 다른 실존적 확증은 모든 통합된 인간 집단에서 이루어지는 지식에 대한 사회적 평가에서 볼 수 있다. 집단의 삶이 기초하고 있는 원리에 대한 통찰과 그 원리의 수용은 집단의 삶을 위한 절대적인 전제 조건으로 여겨진다. 이런 점에서 종교적 집단과 세속적 집단, 민주주의 집단과 전체주의 집단 사이에는 차이가 없다. 우리가 지식의 통합하는 특성을 인정하지 않는다면, 모든 사회 집단이 지배하는 원리들에 관한 지식을 강조하는 것을 이해하기란 불가능하다. 자신들의 독단적인 가정을 의식하지 못한 이들이 만든 소위 독단주의에 대한 많은 비판은 주체와 분리된 대상에 대한 객관적 인식으로 지식을 이해한 오해에 뿌리를 내리고 있다. 그러한 지식과 관련한 독단주의는 정말로 무의미하다. 하지만 지식이 통합한다면, 많은 것은 그것이 통합하는 대상에 의존한다. 이것이 실재의 왜곡된 요소와 기만하는 요소, 즉 실제로 실재가 아니라 실재라고 주장하는 것과 결합하는 것을 의미한다면, 오류는 위험해진다. 오류에 빠질지 모른다는 불안, 혹은 다른 이들이 빠질 여지가 있거나 이미 빠져버린 오류에 대한 불안, 그리고 모든 결속력 있는 사회 집단에서 오류에 맞서는 엄청난 반응들 및 오류를 악마에 사로잡힌 것으로 해석하는 것, 이 모든 요인들은 지식이 결합을 포함할 때만 이해할 수 있다. 자유주의, 곧 독단주의에 맞선 저항은 지식에 속해 있고 사회 집단의 붕괴 가능성까지도 가능하게 하는 질문과 탐구 그리고 새로운 대답에 개방을 요구하는 분리라는 진정한 요소에 근거한다. 실존의 조건 아래서는 이런 갈등의 최종적인 해결책을 발견할 수 없다. 이성이 일반적으로 절대주의와 상대주의 사이에 벌어지는 갈등에 휩싸이는 것처럼, 그렇게 인식적 이성도 지식의 모든 활동 가운데 통합과 분리 사이에 벌어지는 갈등의 대상이 된다. 이러한 갈등에서 실존적 연합의 확실성과 인식적 분리의 개방성을 결합하는 지식에 대한 요청이 일어난다. 이러한 요청이 계시적 지식에 대한 요청이다.

2. 인식적 관계들

통합의 요소와 분리의 요소는 서로 다른 지식의 영역에서 다른 비율로 나타난다. 하지만 두 가지 요소가 나타나지 않고서는 지식은 있을 수 없다. 통계 지수들은 물리학의 지식이나 사회학의 지식을 위한 자료들이지만 그것들 자체는 지식이 아니다. 경건을 위한 묵상은 인식적 요소들을 함의하지만 그것 자체가 지식은 아니다. 주로 분리의 요소에 의해서 결정되는 지식의 형태는 "통제하는 지식"(controlling knowledge)이라고 명명될 수 있다.[20] 통제하는 지식은 기술적 이성의 유일한 예는 아니지만 두드러진 예다. 그것은 주체가 대상을 지배하기 위해서 주체와 대상을 통합한다. 그것은 대상을 완전히 조건화하고 계산 가능한 "사물"로 바꾼다. 그것은 그 대상에서 어떤 주관적인 특성도 허용하지 않는다. 통제하는 지식은 그 대상을 지금의 모습으로 되돌릴 수 없는 것으로 본다. 확실히 모든 지식의 형태에서 주체와 대상은 논리적으로 구분된다. 하나님에 관한 우리의 지식에조차

---

20   Max Scheler, *Versuche zu einer Soziologie des Wessens* (Munich, 1924).

도 대상은 항상 존재한다. 하지만 통제하는 지식은 (마땅히) 논리적으로뿐만 아니라 존재론적으로 그리고 윤리적으로도 "객관화된다." 그러나 그 어떤 것도 단순하게 사물이기만 한 것은 아니다. 존재하는 모든 것은 존재라는 자기 세계의 구조에 참여하기 때문에, 자기 관련성이라는 요소들은 보편적이다. 이것이 모든 것과의 결합을 가능하게 만든다. 그 어떤 것도 절대적으로 소외되어 있지 않다. 은유적인 방법으로 말하자면, 우리는 다음과 같이, 곧 우리가 사물들을 바라보는 것처럼 그렇게 사물들도 자신들이 수용되고 있다는 기대감과 인식적 통합에서 우리를 풍요롭게 한다는 제안을 갖고서 우리를 바라본다고 말할 수 있다. 대상들은 자신들이 "호기심을 불러일으키는" 존재들임을 알려준다. 우리가 그것들의 더 심원한 차원까지 들어가서 그것들이 가진 특별한 존재의 힘을 경험한다면 말이다.[21] 동시에 이것은 그것들이 기술적 의미에서 사물들이라는 사실, 곧 그것들의 **내적 의미**(*telos*)에 이질적인 목적에 어울리는 수단들로 사용되고 형성되는 사물이라는 사실을 배제하지 않는다. 금속은 "호기심을 불러일으킨다." 그것은 주체성과 자기 관계성이라는 요소들을 가진다. 한편 그것은 수많은 도구와 목적에 활용되는 원료다. 금속의 본성은 압도적인 양의 객관화된 지식과 기술에 사용되는 것을 허용하지만, 인간의 본성은 그렇지 않다. 인간은 대상화되는 것을 반대한다. 대상화되는 것에 맞선 그의 저항이 실패로 돌아간다면, 인간 자신은 무너진다. 인간과 맺는 참된 객관적 관계는 통합의 요소에 의해 결정된다. 분리의 요소는 이차적이다. 물론 그것이 없어진 것은 아니다. 인간의 육체적·심리적·정신적 부분에는 통제하는 지식이 파악할

---

21   Goethe는 사물들의 존재의 힘이 되는 독특한 구조를 가리키면서 "존재하는"(seiend) 사물들이 어떻게 존재하고 있는지를 숙고해볼 것을 우리에게 요청했다.

수 있고 파악해야 하는 차원이 있다. 이것은 인간의 자아를 포함해서 인간의 본성을 아는 방식을 말하는 것도 아니고 과거나 현재에 살고 있는 어떤 개인의 인격을 알아가는 방식을 의미하는 것도 아니다. 결합이 없다면 인간에게 접근할 수 있는 인식적 접근도 없다. 통제하는 지식과 반대로 이 인식적 태도는 "수용하는 지식"(receiving knowledge)으로 명명될 수 있다. 그것은 현실적으로도 가능적으로도 수단과 목적의 관계에 의해서 결정되지 않는다. 수용하는 지식은 대상을 자신 안에, 곧 주체와 하나로 결합한다. 이것은 감정적 요소를 포함한다. 통제하는 지식은 감정적 요소에서 가능한 한 그 자신을 분리하려고 애쓴다. 감정은 수용하는 인식을 위한 전달 수단이다. 하지만 이 전달 수단이 내용 자체를 감정적으로 만드는 것과는 거리가 멀다. 내용은 합리적인 것이고, 검증받아야 하는 것이며, 대단히 조심스럽게 살펴봐야 하는 것이다. 그럼에도 그 어떤 것도 감정 없이 인식적으로 수용될 수 없다. 주체와 대상의 결합은 감정적 참여 없이는 가능하지 않다.

우리는 결합과 분리의 일치를 "이해"(understanding)라는 용어로 정확히 묘사할 수 있다. 그 용어의 문자적 의미―"지식의 대상이 서 있는 곳 아래를 떠받치는"이라는 의미―는 친밀한 참여를 함의한다. 그것은 일상적인 용법에서는 어떤 사물의 논리적 의미를 파악하는 능력을 가리킨다. 타자나 역사적 인물을 이해하고 어떤 동물의 생활이나 종교 경전을 이해하는 것은 통제하는 지식과 수용하는 지식의 융합, 일치와 분리의 융합, 참여와 분석의 융합을 포함한다.

대부분 인식적 왜곡은 인식적 이성 안에 들어 있는 양극성을 무시하는 데서 일어난다. 이런 왜곡은 단순하게 피할 수 있는 실수가 아니다. 오히려 그것은 실존의 조건 아래서 일어나는 진짜 갈등이다. 이 갈등의 한 측면이 사회 집단 안에 있는 독단주의와 비판주의 사이에 벌어지는 긴장이다. 하지만 그 갈등에는 또 다른 측면도 있다. 통제하는 지식은 실재의 모든 차원에 대한 통제를 주장한다. 그것은 생명과 정신, 인격, 공동체, 의미와 가치, 심지어 궁극적 관심조차도 분리와 분석, 계산, 기술의 사용에 비추어 다루어야 한다고 주장한다. 이 주장의 이면에 있는 힘은 통제하는 지식이 가진 엄밀함과 검증가능성 및 공적 접근 가능성, 그리고 무엇보다도 실재의 개체적인 차원에 적용해서 거둔 큰 성공이다. 우리가 이런 주장을 무시하거나 억누르는 것은 사실상 불가능하다. 대중의 사고는 방법론적 요구와 그것의 놀라운 결과에 너무 사로잡혀 있어서 수용과 통합을 전제하는 모든 인식적 시도를 심하게 불신한다. 이런 태도는 (영적인 삶뿐 아니라) 정신적인 삶이 급속도로 쇠퇴하는 것과 자연으로부터의 소외, 그리고 무엇보다 가장 위험한 일, 곧 인간 존재를 사물로 취급하는 결과를 초래했다. 심리학과 사회학, 의학과 철학에서는 인간을 해체하여 그의 존재를 구성하고 결정짓는 요소들로 그를 세분화한다. 경험적 지식의 보물은 이런 방식으로 산출되었고 새로운 연구 프로젝트들은 그러한 보물을 매일 차곡차곡 쌓아나가고 있다. 하지만 인간은 이런 작업에서 상실되었다. 참여와 연합에 의해서만 알려질 수 있는 것, 곧 수용적 지식의 대상이 되는 것은 무시되었다. 인간은 통제하는 지식이 그에 대해 생각했던 것, 곧 사물 중 하나에 지나지 않았고, 생산과 소비를 지배하는 기계 안에 들어 있는 하나의 톱니가 되었으며, 폭정에 시달리며 인간성이 말살된 대상이거나 대중 매체에 규격화된 사물이 되었다. 인식의 비인간화가 실제로 비인간화를 낳았다.

낭만주의와 생명의 철학 그리고 실존주의라는 세 가지 주요 운동은 통제하는 지식이 지배하는 시대적 조류에 저항했다. 그것들은 모두 일시적으로는 성공했을지 몰라도 결국에는 패배했다. 그것들은 참과 거짓의 기준이라는 문제를 해결하지 못했기 때문이다. 낭만주의적 자연철학은 시와 상징이 전하는 직관과 지식을 혼동했다. 그것은 대상 세계로부터의 낯섦, 곧 인간과 관련된 자연의 낮은 차원뿐만 아니라 높은 차원으로부터의 낯섦을 무시했다. 헤겔이 자연을 "소외된 정신"(estranged spirit)이라고 말했을 때, 그는 "소외된"이 아니라 "정신"에 강조점을 두었다. 정신은 수용하는 지식을 가지고 자연에 접근하는 가능성을 인간에게 부여했다. 인간은 그로 인해 자연에 참여하고 그것과 연합하려고 시도한다. 하지만 헤겔의 자연철학은 전세계적으로 의미 있는 실패였다. 낭만주의적 자연철학은 이러한 패배를 피할 수 없었다. 삶의 역동적인 과정과 의식적으로 연합을 추구하던 생명의 철학도 패배했다. 그러한 철학은 다음과 같은 사실, 곧 생명(혹은 삶)은 통제하는 지식의 대상일 수 없고, 수단과 목적의 구조가 생명을 지배한다면 생명은 죽으며, 그리고 생명의 역동적 창조성, 곧 생명의 도약(élan vital, 베르그송)은 수용적 지식, 직관적 참여와 신비적 연합에게만 개방된다는 사실을 알았다. 하지만 이것은 생명의 철학이 결코 답할 수 없는 다음과 같은 질문을 제기한다. 생명이 그 자신을 의식하는 직관적 연합은 어떻게 검증할 수 있을까? 직관적 연합이 표현될 수 없다면 그것은 지식이 아니다. 그것이 표현될 수 있다면, 그것은 인식적 이성의 기준에 들어가고, 그것의 적용은 분리와 분석과 대상화를 요구한다. 베르그송이나 다른 생명의 철학자들은 수용적 지식과 통제적 지식의 관계를 설명하지 않는다. 실존주의는 통제하는 지식의 지배에서 개인의 자유를 구하고자 노력했다. 하지만 이 자유는 어떤 기준도 없을 뿐 아니라 내용도 없는 용어로 기술되었다. 실존주의는 통제하는 지식과 기술 이성이 만들어낸 대상화된 세계의 손아귀에서 벗어나려는 가장 필사적인 시도였다. 그것은 이 대상화된 세계를 "부정"하지만 다른 것을 "긍정"한다. 그것은 통제적 지식을 사용하거나 아니면 계시로 돌아가야 한다. 실존주의는 낭만주의와 생명의 철학처럼 기술

이성을 포기하거나 계시에 관해 질문해야 한다. 계시는 계시 자체를 통해 나타나는 것과 완전한 연합을 창조한다고 주장한다. 그것은 완전한 연합을 이룰 때 수용적 지식이 된다. 동시에 그것은 통제하는 지식과 분리와 분석에 대한 요구를 만족시킨다고 주장한다.

3. 진리와 검증

모든 인식 행위는 진리를 추구한다. 신학은 진리라고 주장하기 때문에 "진리"라는 용어의 의미와 계시된 진리의 본질 그리고 자신과 다른 형태의 진리의 관계에 대해 논해야 한다. 그런 논의가 없다면, 신학적 주장은 자연주의자와 실증주의자들이 종종 사용하는 의미론이라는 단순한 장치를 통해 무시될 수 있다. 그들에 따르면, "진리"라는 용어는 경험을 통해 검증가능한 진술들에만 제한적으로 사용되어야 한다. "참"이라는 술어는 분석 명제나 과학 실험에서 확인할 수 있는 명제에만 한정해서 사용되어야 한다.

"참"과 "거짓"이라는 용어를 그렇게 한정해서 사용하는 것은 가능할 뿐만 아니라 그것은 관습에 의해 정해지는 문제다. 그러한 용어 사용을 한정해야 한다는 주장이 수용될 때마다, 그것은 서양 전통 전체와의 단절을 의미하며 고대와 중세 그리고 현대 문학에서 **진리** 또는 **참**(*alethes* 또는 *verum*)으로 이야기되는 것을 대체할 다른 용어를 고안해야 함을 의미한다. 꼭 그렇게 단절할 필요가 있을까? 이에 대한 답은 궁극적으로 실용적인 이유가 아니라 인식론적 이성의 본성에 근거해서 이루어져야 한다.

현대 철학은 일반적으로 참과 거짓을 판단의 속성으로 말한다. 판단은 실재를 파악할 때 성공할 수도 실패할 수도 있으며, 실재를 파악하면 참이고 파악하지 못하면 거짓이다. 하지만 실재 자체란 "그것을 그것이게 하는 바"를 의미한다. 따라서 그것은 참도 될 수 없고 거짓도 될 수 없다. 이와 같은 것은 확실히 가능한 논증이지만, 이런 논증을 벗어나는 것도 가능하다. 어떤 이가 "무엇이 판단을 참으로 만드는가?"라고 질문한다면, 다른 이는 실재 자체와 관련된 것을 이야기해야 한다. 우리는 실재가 판단이 거짓일 수 있는 방식으로, 그리고 판단이 참이기 위해서는 많은 관찰과 사고 과정이 필요한 방식으로 인식 행위에 그 자신을 나타낸다는 사실에 관해 설명해야 한다. 사물들은 자신들의 참된 본질(true being)을 숨기고 있기 때문이다. 그것은 감각 인상들 및 변화하는 현상들 그리고 근거 없는 의견들의 이면에서 발견된다. 이런 발견은 우선 "긍정"하고, 이후에 "부정"하며, 그리고 최종적으로 "긍정"하는 과정을 통해 이루어진다. 그것은 "긍정과 부정"이나 변증법적으로 이루어진다. 우리는 겉모습을 뚫고 들어가서, 현상을 걷어내며, "심층", 즉 사물의 **"본질"**(우시아[ousia])에 도달해야 한다. 이 본질이 사물에 존재의 능력을 부여한다. 그것이 외적 실재(seeming reality)와 다른 사물의 실상, "진정한 실재"(truly reality)를 의미한다. 하지만 이성적인 단어, 즉 로고스의 능력을 가진 누군가가 진정한 실재가 "존재하는" 실재의 차원을 파악하고서는 그것이 참이 아니라고 말한다면, 그것은 "참"이라고 이야기될 수 없을 것이다. 이러한 진리 개념은 소크라테스와 플라톤의 고향에서만 통용되는 것은 아니다. 용어가 어떤 방식으로 바뀌어 사용되든지 간에, 진리와 외적 실재의 관계가 어떤 방식으로 묘사되든지 간에, 마음과 실재의 관계가 어떤 방식으로 이해되든지 간에, "진정한 실재"의 문제를 다루지 않을 수 없다. 외적 실재가 비현실적인 것이 아니라 진정한 실재로 이해될 때, 그것은 사람들을 속이는 것이 된다.

어떤 이들은 참된 존재 개념이란 우리가 실재를 만나면서 고대하던 기대들이 실망으로 바뀌는 결과들에 지나지 않는 것이라고 말하기도 한다.

예를 들어 우리가 어떤 사람을 만났다고 해보자. 우리는 그의 모습을 보고 그가 앞으로 미래에 훌륭한 일을 해낼 것 같은 기대감을 품게 되었다. 그런 기대 중 일부는 거짓으로 판명날 것이고 그의 인격을 "보다 심층적으로" 이해하고자 하는 욕구를 불러일으킬 수 있다. 우리가 그를 처음 봤을 때 그를 이해한 것과 이후에 더 심층적으로 이해한 것을 비교해 보면, 최초의 이해는 "피상적인" 것이다. 새로운 기대감들이 일어나고 그것 중 일부는 다시 거짓으로 판명난다. 그리고 그것들은 우리를 그의 인격의 더 심층적인 차원으로 이끈다. 마침내 우리는 그의 실제적이고 참된 인격의 체계, 곧 그의 존재의 본질과 능력을 발견하는 데 성공할 것이고 더 이상 속지 않게 될 것이다. 그럼에도 우리는 계속 놀랄 것이다. 하지만 인격이 지식의 대상이라면 그런 놀람은 당연하다. 어떤 것에 대한 진리는 잘못된 기대감과 이후의 실망을 예방하는 존재를 보여주는 지식의 차원에 있다. 따라서 진리란 존재의 본질뿐 아니라 그것의 본질을 이해하는 인식 행위를 말한다. "진리"란 용어는 "이성"이라는 용어처럼 주관적인 진리와 객관적인 진리를 모두 아우른다. 어떤 판단이 참인 판단인 이유는 그 판단이 참된 존재를 파악하고 표현하기 때문이다. 진정한 실재는 진리가 된다. 그것이 참인 판단으로 파악되고 표현된다면 말이다.

현대 철학이 진리라는 용어와 관련해서 존재론적 용례를 거부한 일은 다음과 같은 가정에서, 곧 진리는 오직 경험 과학의 영역에서만 검증될 수 있다는 가정에서 나온 것이다. 실험을 통해 검증될 수 없는 진술은 동어반복과 감정 표현 혹은 무의미한 명제들로 간주된다. 이런 태도에도 중요한 진리가 있다. 내적 증거를 갖고 있지 않고 과학 방식으로 검증될 수도 없는 진술은 그 어떤 인식적 가치도 없다. "검증"(verification)이란 어떤 판단의 참 또는 거짓을 판단하는 방법을 의미한다. 그러한 방법이 없다면, 판단은 그저 어떤 이의 주관적인 상태를 표현한 것이지 인식적 이성의 행위를 표현한 것일 수 없다. 검증 실험은 진리의 본성에 속한다. 이와 관련해서 실증주의는 옳다. 모든 인식적 가정(가설)은 실험을 통과해야 한다. 가장 안전한 실험은 반복 가능한 실험이다. 검증을 할 수 있는 인식 영역은 방법론적 엄격함이라는 장점과 매 순간 어떤 주장을 실험할 가능성을 갖고 있다. 하지만 검증이라는 실험 방법을 모든 검증의 유일한 유형으로 만드는 것은 인정할 수 없다. 검증은 삶의 과정 가운데 이루어질 수 있다. (과학 실험과 반대되는) 이런 형태의 검증은 (과학 실험의 검증처럼) 삶의 과정 중 계산할 수 있는 요소만을 뽑아내기 위해 전체 삶의 과정을 중단하고 훼손시킬 필요가 없다는 이점을 가졌다. 비실험적 특성의 검증하는 경험이 덜 정확하고 덜 분명하지만 삶에는 더 진실하다. 지금까지 모든 인식 검증의 가장 큰 부분은 경험이었다. 어떤 경우에는 실험적이고 경험적인 검증이 함께 진행된다. 다른 경우에 실험적 검증은 전혀 이루어지지 않는다.

이 두 가지 검증 방식이 두 가지 인식 태도, 곧 통제하는 인식과 수용하는 인식에 각각 상응한다는 것은 분명하다. 통제하는 지식은 통제하는 행위의 성공 여부에 의해 검증된다. 과학 지식의 기술적 활용은 가장 위대하고 가장 인상적인 검증이다. 운행 중인 모든 기계는 과학적 가정에 근거해서 만들어졌으며 그러한 과학적 가정의 진위를 끊임없이 반복해서 검증하고 있다.

수용하는 지식은 두 가지 본성, 곧 앎의 주체와 앎의 대상의 창조적 연합에 의해 검증된다. 물론 이런 실험은 반복할 수도 없고 엄밀하지도 않을 뿐만 아니라 어떤 특별한 순간에 끝낼 수 있는 것도 아니다. 삶의 과정 자체가 그러한 실험을 한다. 따라서 그 실험은 불명확하고 잠정적이다. 달리 말해 그 실험에는 위험 요소가 들어 있다. 그 동일한 삶의 과정을 이루는 미래 단계는 대단히 위험한 것으로 보이는 것이 좋은 것이었고 대단히 좋은 것으로 보이는 것이 나쁜 것이었음을 증명할 것이다. 그럼에도 우리는 그 위기를 감수해야 하고, 수용하는 지식을 적용해야 하며, 실험적 검증을 지속해야 한다. 우리의 삶이 검증 실험을 통해 검증되든지 검증되지 않든지 간에 말이다.

삶의 과정은 생물학적·심리학적·사회학적 연구 대상이다. 과학자들은 방대한 양의 통제하는 지식과 실험 검증을 이런 학문들에 적용할 수 있고 실제로 적용한다. 그리고 과학자들이 삶의 과정을 다룰 때 가능한 한 실험 방법을 확대하려고 노력하는 것은 정당하다. 하지만 이런 과학자들의 시도에는 그들의 무능함이 아니라 그 정의(definition)에서 나오는 한계가 있다. 삶의 과정은 전체성과 자발성 그리고 개별성이라는 특성을 보인다. 실험은 고립과 규칙성 및 일반화를 전제한다. 따라서 삶의 과정의 분리된 요소들만이 검증 실험에서 사용된다. 반면에 과정들 자체가 알려지기 위해서는 창조적 연합을 수용해야 한다. 물리학자, 심리치료사, 교사, 사회 개혁자, 정치지도자들은 개체적이고 자발적이며 전체적인 삶의 과정 중 일면만을 연구한다. 그들은 통제하는 요소와 수용하는 요소가 연합한 지식에 근거해서만 작업할 수 있다. 그들의 지식의 진위는 실험에 의해서 부분적으로 검증되고 그들이 연구하는 개인의 삶에 참여하면서 부분적으로 검증된다. 이런 "참여에 의한 지식"이 직관으로 명명된다면, 모든 개체적 삶의 과정을 파악하려는 인식적 접근은 직관적인 것이다. 이런 의미에서 직관은 비이성적이지도 않고, 실험을 통해 검증된 지식을 완전히 무시하지도 않는다.

역사적 지식의 영역에서 이루어지는 검증 역시 실험적 요소와 경험적 요소를 결합해 이루어진다. 역사 연구의 사실적 측면은 실험 방법에 해당하는 방식으로 서로를 검증하는 자료와 전통 및 문헌에 근거한다(비록 역사적 연구가 반복될 수 없다고 할지라도 말이다). 하지만—모든 역사 기술이 채택하는—선택적이고 해석적인 측면은 이해와 설명과 관련된 참여에 근거한다. 역사가의 본질과 그가 다루는 대상의 본질이 연합하지 않는다면, 의미 있는 역사는 가능하지 않다. 하지만 역사가들은 이런 연합 **때문에** 동일한 검증된 자료에 근거해서 어떤 한 시대와 그 시대에 살았던 역사적 인물에 대해 서로 다른 중요한 해석을 제시했다. 이런 점에서 검증은 해명하는 것과 이해를 제공하는 것, 그리고 의미 있고 일관된 상황을 제시하는 것을 의미한다. 역사가의 임무란 과거 속으로 "사라져 버린 것"을 현재에 다시 "소생시키는 것"이다. 그의 지식의 성공에 대한 검증, 곧 그가 제시하는 상황의 진위에 대한 검증은 그가 이것을 할 수 있는지 할 수 없는지에 달려 있다. 물론 이 검증은 최종적인 검증이 아니다. 따라서 모든 역사적 작업은 위험하다. 하지만 그것은 검증적 실험이 아니라 경험적 실험이다.

주관적 이성과 객관적 이성의 구조를 규정하는 원리와 규범들은 철학의 인식적 대상이다. 합리주의와 실용주의는 인식적 지식과 수용적 지식의 연합을 무시하는 방식으로 자신들의 검증에 관한 문제를 논한다. 합리주의는 자명함과 보편성과 필연성이라는 관점에서 원리와 규범들을 발전시키려고 한다. 존재와 사유의 범주와 미학적 표현의 원리들 그리고 법과 공동체의 규범들은 비판적 분석과 선험적 지식을 받아들인다. 합리적 원리와 범주와 규범들이 어디서 나왔는지를 유추하는 일에는—통제하는 지식의 실험도 필요 없을 뿐 아니라 수용하는 지식의 실험도 필요 없는—수학적 증명이라는 유비가 사용된다. 분석적 사고는 인간의 마음과 실재라는 합리적 구조에 대해 판단할 수 있다.

실용주의는 합리주의와 정반대의 것을 주장한다. 실용주의자들은 소위 이성의 원리와 범주들과 규범들을 그동안 인간이 축적하고 여러 실험을 통해 산출한 경험의 결과물들로 생각한다. 따라서 그것들은 미래의 경험에 의해서 근본적인 변화를 겪을 수 있고 반복적으로 검증될 것이다. 그것들은 경험적 지식의 자료와 미학적 표현물 그리고 법적 구조와 공동체의 자료를 설명하고 판단하는 힘을 갖고 있음을 입증해야 한다. 그것들이 이런 일을 할 수 있다면, 그것들은 실용적으로 검증을 통과한 것이다.

합리주의도 실용주의도 지식에 있는 참여라는 요소를 알지 못한다. 그 두 가지 중 어느 것도 수용하는 지식과 통제하는 지식을 구분하지 못했다. 그 두 가지는 모두 통제하는 지식의 태도에 의해 대부분 결정되었고 그 지식에 함축된 방안들과 같이 발전했다. 우리는 합리주의와 실용주의를 반대하여 존재론적 이성의 원리들을 검증해보면, 그것들은 합리적인 자명성이라는 특징을 갖고 있지도 않고 실용주의적인 실험이라는 특징도 갖고 있지 않다는 것을 보여준다고 말해야 한다. 합리적 자명성은 단순한 형태의 합리성보다 더 많은 것을 포함하는 원리, 예를 들어 칸트의 정언명령에서 나올 수 없다. 순수한 합리성보다 더 많은 것을 표현하는 모든 구체적인 원리, 모든 범주와 규범들은 실험적 검증이나 경험적 검증을 받아야 한다. 비록 구체적 원리가 자명한 요소를 갖고 있다고 할지라도(자명한 요소는 구체적 원리에서 추상화되지 않는다), 그것이 자명한 것은 아니다. 그렇다고 실용주의가 합리주의보다 더 좋은 설명을 제시하는 것은 아니다. 그것에는 기준이 없다. 그들이 성공적으로 작동하는 원리를 "기준"이라고 제시한다면, 다음과 같은 질문이 제기된다. "성공의 기준은 무엇인가?" 그들은 이 질문에 성공이라는 용어로 대답할 수 없다. 즉 그들은 실용적으로 대답할 수는 없다. 그들은 완전히 형식적인 방식을 사용하지 않고서는 이 질문에 합리적으로 대답할 수 없다.

철학적 체계들이 수용되고 경험되며 검증되는 방식은 합리주의와 실용주의를 넘어선 검증의 방식을 가리킨다. 이런 체계들은 수용적 지식과 인식적 연합이라는 측면에 비추어서 많은 인간 존재의 마음에 강요되었다. 통제하는 지식, 합리적 비판 혹은 실용주의 실험의 측면에서, 그것들은 수없이 반박되었다. 하지만 그것들은 건재함을 자랑한다. 그것들의 검증은 인류의 삶의 과정에서 그것들이 얼마나 효능을 발휘하느냐를 살펴봄으로써 이루어진다. 그것들은 끊임없이 의미를 부여하고 창의적인 힘을 제공하고 있음을 입증한다. 이러한 검증 방식은 확실히 엄밀하지 않고 분명하지도 않지만, 영구적이고 효과적이다. 그것은 역사적 과정에서 공허하고 무력한 것과 순수 합리성의 관점에서 유지될 수 없는 것을 폐기한다. 어쨌든 그것은 실용주의나 합리주의의 오류에 빠지지 않으면서도 실용적 요소와 합리적 요소를 결합한다. 그럼에도 이런 검증의 방식은 최종적 의미가 없을 가능성에 의해 위협받는다. 그것은 다른 경쟁하는 방식들보다 삶에 더 참되다. 하지만 그것은 삶의 근본적인 위험을 수반한다. 그것은 자신이 검증하려는 것과 관련해서는 의미가 있지만, 그것의 검증 방식에서는 안전하지 않다.

이런 상황은 인식적 이성에서 일어나는 근본 갈등을 반영한다. 지식은 딜레마에 빠져 있다. 곧 통제하는 지식은 안전하지만 궁극적 의미를 갖고 있지 않다. 반면에 수용하는 지식은 궁극적 의미를 갖고 있지만 확실성을 주지 않는다. 이런 딜레마의 위협적인 특징은 좀처럼 인식되지도 않고 이해되지도 않는다. 하지만 그것이 알려지고 초보적이고 불완전한 검증에 의해 은폐되지 않는다면, 그것은 진리를 절망적으로 포기하거나 계시를 요청하는 것으로 이어져야만 한다. 계시는 확실하고 궁극적 관심에 관한 진리―곧 모든 의미 있는 인식적 활동의 위험과 불확실성을 포함하고 수용하지만, 그것들을 받아들이면서 초월하는 진리―를 제시한다고 주장하기 때문이다.

II. 계시의 실재

A. 계시의 의미

1. 계시의 표지들

a) 방법론적 언급

의미를 탐구하기 위해서 의미들이 언급하는 실재에 관한 물음에는 잠시 동안 주의를 기울이지 않고 "의미들"을 묘사하는 것이 소위 현상학적 방법 (phenomenological method)의 목표다.[1] 이런 방법론적 접근의 의의는 개념의 타당성을 견정하고 그것을 승인하거나 거부하기 전에 그 개념의 의미를 명확하게 밝히고 그 범위를 규정해야 한다는 요구에 있다. 아주 많은 경우에, 특히 종교 영역에서 어떤 개념은 정제되지 않고 모호하거나 대중적인 의미에서 이해되어 쉽고 부당하게 거절당하는 피해를 본다. 신학은 모든 기본 개념에 현상학적 접근법을 적용해야 하고, 무엇보다도 신학을 비판하

---

1   Edmund Husserl, *Ideas*, trans. Boyce Gibson (New York: Macmillan Co., 1931).

던 이들로 하여금 그들이 비판했던 개념들의 의미가 무엇인지를 되돌아보게 하며, 그리고 신학자들이 개념을 신중하게 기술하고 논리적으로 일관되게 사용하며 논리적 빈틈을 신앙 간증으로 메우지 않게 해야 한다. 따라서 이 책은 제1부부터 제5부까지의 내용이 참되고 현실성이 있음을 주장하고 논하기 전에 중요한 개념들의 의미를 묘사하면서 각각의 내용을 시작한다.

현상학적 설명에 대한 검사는 현상학적 설명이 제시하는 묘사가 설득력이 있다는 점, 같은 방향에서 보고자 하는 사람은 누구나 그러한 묘사를 볼 수 있다는 점, 그 설명은 그것과 관련된 다른 개념들을 해명해준다는 점, 그것은 그런 개념들이 반영한다고 말한 실재를 이해할 수 있게 해준다는 점을 통해 진행된다. 현상학(phenomenology)이란 부정적인 또는 긍정적인 선입견과 설명의 간섭 없이 현상이 "그 자신을 제시한 그대로" 현상을 파악하는 방식을 말한다.

하지만 현상학적 방법은 자신의 타당성과 관련해서 결정적으로 중요한 다음과 같은 물음을 대답되지 않은 채 남겨둔다. 곧 관념은 어디에서 그리고 누구에게 계시되는가? 현상학자는 다음과 같이 대답한다. "전형적인 계시 사건을 하나의 예로 취해서 그 사건 안에서 그리고 그것을 통해서 계시의 보편적 의미를 이해하라." 우리가 현상학적 직관을 통해서 서로 다르고 아마도 모순된 계시의 예들을 마주치자마자 우리는 그의 이런 대답이 충분하게 이루어지지 않았음을 알게 된다. 계시의 예를 선택할 때 그 선택 기준은 무엇인가? 현상학은 이 물음에 대답하지 못한다. 이것은 현상학이ㅡ현상학적 방법의 창시자인 후설이 원래 연구 대상으로 삼았던ㅡ논리적 의미의 영역에서는 효과적이지만 종교와 같은 정신적 실재의 영역에서

는 부분적으로만 효과적이라는 사실을 보여준다.[2]

하나의 예를 선택하는 것과 관련된 물음은 오직 비판적 요소가 "순수" 현상학에 도입될 때에만 대답될 수 있다. 그 예에 대한 선택은 우연에 맡길 수 없다. 그 예가 자연 영역의 경우처럼 어떤 종의 사례에 지나지 않는다면 거기에는 전혀 문제가 없다. 하지만 영적인 삶은 자연적인 예들보다 훨씬 더 많은 것을 만들어낸다. 그것은 보편적인 존재와 같은 고유한 것을 구현한다. 따라서 우리가 현상학적 설명을 사용해서 계시와 같은 개념의 의미를 살펴볼 때 어떤 하나의 예를 결정하는 것은 대단히 중요한 일이다. 그러한 결정은 형식에 있어서는 비판적이고 내용에 있어서는 실존적이다. 실제로 그것은 우리가 이미 받아들인 것이고 최종적인 것으로 간주하고 있으며 다른 계시들에 대해 비판할 수 있는 계시에 의존한다. 그럼에도 우리는 현상학적 접근을 유지한다. 이것은 직관적·묘사적 요소와 실존적·비판적 요소를 결합한 "비판적 현상학"이다.

실존적·비판적 요소란 우리가 예를 선택할 때 따라야 하는 기준을 의미한다. 그리고 직관적·묘사적 요소란 우리가 선택한 예에서 드러나는 의미를 묘사할 때 사용하는 수단이 되는 기술(technique)을 말한다. 구체적이고 고유한 특성을 가진 예(예를 들어 예언자 이사야가 본 계시적 환상)는 그러한 예가 가진 의미는 모든 예들에도 타당하다는 현상학적 묘사의 보편적 주장과 긴장 관계를 이룬다. 이러한 긴장은 불가피하다. 그것은 두 가지 방식, 곧 다른 예들과 비교하면서 혹은 절대적 구체성과 절대적 보편성이 결합한 예를 선택하면서 완화될 수 있다. 하지만 첫 번째 방식은 예들에서 구

---

2   Max Scheler는 자신의 *Vom Ewigen im Menschen*(Leipzig: Neue Geist, 1923)에서 로마 가톨릭교회의 조직신학을 현상학적으로 정당화했다. Husserl이 이 시도를 거부한 것은 옳았다.

체성을 박탈하고 그것들의 의미를 공허한 일반화(예를 들어 유대교의 계시도 아니고 기독교의 계시도 아니며, 예언자적 계시도 아니고 신비적 계시도 아닌 것)로 축소하는 추상화의 방식으로 이어진다. 이런 추상화는 엄밀하게 현상학이 극복하려고 했던 것이다. 두 번째 방식은 특별계시(예를 들어 베드로가 예수를 그리스도로 받아들인 것)가 최종적인 계시이며 따라서 보편적으로 타당하다는 확신에 의존한다. 계시의 의미는 "고전적인" 예에서 나오지만 이런 방식에서 파생된 개념은 모든 계시에 타당하다. 비록 불완전하고 왜곡된 계시 사건이 실제로 있다고 할지라도 말이다. 계시를 보여주는 각각의 예는 이런 현상학적 개념과 관련해서 판단되고 이 개념은 기준으로 사용될 수 있다. 그것은 모든 계시의 본질적 본성을 표현하기 때문이다. 비판적 현상학은 정신적인(그리고 영적인) 의미들을 묘사하는 규범적 기술을 제공하는 데 가장 적합한 방법이다. 신학은 자신의 기본 개념들 각각을 다룰 때 이 방법을 사용해야 한다.

b) 계시와 신비

"계시"(revelation, "덮개를 열다")라는 용어는 전통적으로 지식을 획득할 때 평범한 방식으로는 접근할 수 없는 은폐된 것의 현현을 의미하는 것으로 사용되었다. 이 용어는 꽤 모호한 특징을 지닌 일상 언어에서 훨씬 폭넓게 사용되었다. 예를 들어 어떤 사람은 한 친구에게 자신의 마음속에 감춰진 생각을 고백한다. 어떤 증인이 범죄 현장에 대해 증언한다. 한 과학자가 자신이 오랫동안 실험해온 새로운 방법을 발표한다. 어떤 통찰이 "계시처럼" 불현듯 떠오른다. 하지만 이런 모든 사례에서 볼 수 있는 것처럼 "계시하다" 또는 "계시"라는 단어의 힘은 그것의 고유하고 좁은 의미에서 파생된다. 계시란 어떤 특별하면서도 이례적인 방식으로 무언가를 은폐하고 있던 덮개가 열리고 거기서 특별하고 이례적인 것이 드러나는 것을 말한다. 이 은폐성(hiddenness)이 종종 "신비"라고 명명된다. 이 용어 역시 좁은 의미와 넓은 의미로 사용된다. 우선 넓은 의미를 살펴보면, 그것은 고등수학의 신비나 성공한 이가 전해주는 이야기의 신비처럼 신비한 이야기를 포함한다. 좁은 의미에서 살펴본다면, 그것은 본질적으로 신비한 어떤 것, 즉 그것이 신비한 특성을 상실한다면 그 자신의 본질도 상실하는 것을 가리킨다. 이러한 고유한 의미에서 "신비"라는 용어는 "눈을 감다" 혹은 "입을 다물다"라는 의미를 가진 뮈에인(muein)이라는 그리스어에서 유래했다. 일상적인 지식을 획득하려면, 인간 주체는 대상을 파악하기 위해서 반드시 눈을 떠야 하고 자신의 이해가 맞는지를 살펴보며 다른 이들과 소통하기 위해서는 입을 열어야 한다. 하지만 참된 신비는 일상적인 인식의 접근법과 반대되는 접근법에서 경험된다. 두 눈을 "감아야" 한다. 참된 신비는 보는 행위, 즉 인식 주체가 자신이 알고자 하는 대상을 마주보아야 하는 행위를 초월하기 때문이다. 신비는 주체와 대상의 관계보다 "선행하는" 차원의 특징을 나타낸다. "입을 다물다"도 동일한 차원을 나타낸다. 우리가 일상 언어로 신비 경험을 표현하는 것은 불가능하다. 일상 언어는 주체와 대상이라는 도식에서 형성되었고 그 도식에 연결되어 있기 때문이다. 신비가 일상 언어로 표현된다면, 그것은 필연적으로 오해를 받고, 다른 측면에서 파악되며 모독을 당한다. 이것이 바로 신비 종교의 가르침을 누설한 자는 신성을 모독한 자로서 자신의 죄를 죽음으로 속죄해야만 했던 이유다.

본질상 신비한 것은 무엇이든지 설령 그것이 계시될 때조차도 신비함을 상실할 수 없다. 그렇지 않다면 사람들이 신비한 것으로 잘못 생각한 것이 계시된 것이지, 본질적으로 신비한 것이 계시된 것은 아니기 때문이다. 하지만 분명히 계시되었지만 여전히 신비로 남아 있는 것의 계시에 대해 이야기하는 것은 용어상 모순이 아닐까? 이것이 바로 종교와 신학이 주장하는 외견상의 역설이다. "하나님이 자신을 계시하셨다"라는 명제와 "하나님은 자신을 계시하셨던 자들에게도 무한한 신비이시다"라는 명제가 옹호될 때마다 역설이 함축적으로 진술된다. 하지만 이것은 참된 역설이 아니다. 계시는 인식적 요소들을 포함하기 때문이다. 본질적으로 그리고 필연적으로 신비한 것의 계시란 일상적인 경험의 맥락을 초월해서 있는 무언가가 일상 경험의 맥락 안에서 현현했음을 의미한다. 그 무언가가 계시를 통해 현현한 이후에, 우리는 신비에 대해 더 많은 것을 알게 된다. 첫 번째, 신비의 존재는 이제 경험의 문제가 되었다. 두 번째, 그 존재와 우리의 관계는 경험의 문제가 되었다. 이 두 가지가 인식적 요소들이다. 하지만 계시는 신비를 지식으로 분해하지 않는다. 그리고 그것은 우리의 일상적인 지식 전체에, 즉 주체와 대상이라는 실재의 구조에 근거하는 우리의 지식에 그 어떤 것도 직접적으로 추가하지 않는다.

우리가 "신비"라는 용어를 올바로 사용하기 위해서는 우선 용어를 부정확하고 불명확하게 사용하면 안 된다. 우리는 어떤 것이 계시된 이후에는 더 이상 신비하지 않은 것에 "신비"라는 용어를 적용하지 말아야 한다. 그리고 우리가 방법론적인 인식적 접근법으로 발견할 수 있는 대상을 "신비"라고 말하면 안 된다. 우리가 오늘은 알 수 없지만 내일 알 수 있는 대상을 신비라고 말하지는 않기 때문이다. 이 단어의 부정확하고 불명확한 용례는 통제하는 지식과 수용하는 지식 간의 차이점과 관련이 있다. 통제하는 지식을 사용해서 획득할 수 없는 실재의 요소들, 곧 속성과 게슈탈트, 의미와 관념 그리고 가치와 같은 요소들은 "신비들"이라 이야기된다. 하지만 우리는 다른 인식적 접근법을 사용해서 그것들을 파악하기 때문에 그것들은 신비가 아니다. 우리가 양적 분석의 방법만을 사용해서 지식을 알 수 있다면, 어떤 색의 속성이나 어떤 관념의 의미 혹은 어떤 살아 있는 존재의 본질은 우리가 알 수 없는 신비한 것들일 것이다. 이성의 인식 능력을 이런 식으로 축소하는 것은 정당하지 않다. 비록 통제하는 지식이 실재를 이루고 있는 그러한 요소들을 파악할 수는 없겠지만, 실재의 그러한 요소들에 대한 지식을 갖는 것은 합리적이다.

진정한 신비는 이성이 자신을 넘어서 자신의 "근거"나 "심연", 곧 이성보다 "선행하는" 것, "존재하는 것은 존재하고 존재하지 않는 것은 존재하지 않는다"는 사실(파르메니데스), "무가 아니라 어떤 것이 존재한다"는 근원적 사실(Ur-Tatsache)로 나아갈 때 나타난다. 우리는 이것을 신비의 "부정적 측면"이라고 명명할 수 있다. 신비의 이런 측면은 이성의 모든 기능에 있다. 또한 그것은 객관적 이성뿐 아니라 주관적 이성에도 나타난다. 모든 사물과 실재 전체 안에 나타나는 유한성의 "흔적"(이 책 제2부 제1장 C. 2를 보라)과 인간의 정신이 비존재의 위협에 부닥쳤을 때 그 정신을 사로잡은 "충격"(이 책 제2부 제1장 C. 1)이 신비의 부정적 측면, 곧 존재의 근원에 있는 심연의 요소를 계시한다. 이런 부정적 측면은 항상 잠재적으로 있고, 공동체의 경험에서뿐만 아니라 인식적 경험에서도 나타날 수 있다. 부정적 측면은 계시의 필수 요소다. 신비는 이 요소 없이 신비일 수 없다. 이사야가 하나님께 소명을 받게 되는 환상에서 "나는 망하게 되었도다"(사 6:5)라는 말을 하지 않았다면, 그는 하나님을 경험할 수 없었을 것이다. 신비가들이 "영혼의 어둔 밤"을 경험하지 못했다면, 그들은 근거라는 신비를 경험할 수 없었을 것이다.

(부정적 측면을 포함하는) 신비의 긍정적 측면은 현실적 계시에서 나타난다. 여기서 신비는 심연뿐 아니라 근거로 나타난다. 그것은 비존재를 정복하는 존재의 능력으로 등장한다. 그것은 우리의 궁극적 관심으로 나타난

다. 게다가 그것은 이성의 깊이와 신비를 가리키는 상징들과 신화들에서 자신을 표현한다.

계시란 우리의 궁극적 관심을 불러일으키는 것의 현현을 의미한다. 계시된 신비는 우리에게 궁극적 관심의 대상이 된다. 그것이 우리의 존재의 근거이기 때문이다. 종교 역사에서 계시 사건들은 항상 궁극적인 방식으로 뒤흔들고, 변혁하며, 주장하고, 의미 있는 것으로 묘사되었다. 그것들은 신적인 원천에서, 곧 거룩한 존재이고 따라서 우리에게 무조건적인 주장을 하는 존재의 능력에서 유래한다. 우리에게 궁극적 관심이 되는 그 신비는 오직 계시에서만 나타난다. 우리가 주체와 대상의 구조 안에서 실재를 파악할 때 대상들과 사건들과 관련하여 계시라고 간주했던 것들에서 유래하는 관념 중 대다수는 진정한 신비도 아니고 진정한 계시에 근거하지도 않는다. 자연과 역사, 개인들, 그들의 과거와 미래, 은폐된 것들과 발생하는 일들에 관한 지식은 모두 계시의 문제가 아니라 관찰과 직관 그리고 결론의 문제다. 그러한 지식이 계시에서 나온 것처럼 꾸민다면, 그것은 학문적인 방법을 사용하는 검증 실험을 거쳐서 수용되거나 거부되어야 한다. 그것은 계시 바깥에 놓여 있다. 그것은 궁극적 관심의 문제도 아니고 본질적인 신비의 문제도 아니기 때문이다.

계시는 우리의 궁극적 관심인 신비의 계시로서 항상 어떤 관심을 가진 구체적인 상황 안에 있는 이에게 일어난다. 이것은 우리의 전통이 계시로 인정하는 모든 사건 안에서 분명하게 나타났다. 하지만 "일반" 계시 (Offenbarung ueberhaupt)란 존재하지 않는다. 계시는 한 개인이나 집단, 곧 한 개인이 전체를 대표하는 집단을 사로잡는다. 그것은 이런 상관관계에서만 계시하는 힘을 발휘한다. 구체적인 상황 바깥에서 받은 계시들은 그것들을 받았다고 주장하는 원래의 집단이 전해주는 보고들로 이해될 수 있다. 그 계시가 사로잡았던 원래의 집단에 속하지 않는 어떤 사람이 그러한 보고들에 관한 지식과 그것들에 관해 명민하게 이해했다고 하더라도 그것은 그에게 계시일 수 없다. 계시를 자신의 궁극적 관심으로 받아들인 사람이 존재하지 않는다면 계시는 없다.

계시는 언제나 주관적인 측면과 객관적인 측면이 상호의존하는 사건이다. 어떤 사람이 신비의 현현에 사로잡힌다. 이것은 그 계시의 주관적 측면이다. 계시의 신비가 누군가를 사로잡는 어떤 일이 발생한다. 이것은 계시의 객관적 측면이다. 이 두 측면은 분리될 수 없다. 그 아무런 일도 객관적으로 일어나지 않는다면, 아무것도 계시되지 않는다. 아무도 일어난 일을 주관적으로 받아들이지 않는다면, 그 사건은 무언가를 계시하는 데 실패한다. 객관적 발생과 주관적 수용은 계시의 전체 사건과 관련이 있다. 계시는 수용하는 측면이 없어도 현실적이지 않고, 제공하는 측면이 없어도 현실적이지 않다. 신비는 전통적으로 "기적"이라고 이야기되었던 관점에서 볼 때는 객관적으로 보인다. 반면에 그것은 "황홀경"(ecstasy)이라고 이야기되었던 관점에서 볼 때는 주관적으로 보인다. 기적과 황홀경이라는 두 용어는 철저하게 재해석되어야 한다.

c) 계시와 황홀경

신학에서 사용되는 "황홀경"이라는 용어는 "신비"라는 용어보다 훨씬 더 잘못 사용될 위험이 있다. 사람들이 신비라는 용어에 내포된 의미를 많이 왜곡해서 사용했음에도 불구하고, 그들이 하나님에 대해 조금이라도 이야기하고 싶어 할 때면 극소수의 사람을 제외하고는 많은 이들이 하나님의 신비를 이야기하기 때문이다. "황홀경"은 이와 상황이 전혀 다르다. 예언자와 사도들이 자신들이 경험한 황홀경을 다양한 용어를 사용하여 사람들에게 반복적으로 알렸음에도 불구하고, 소위 "황홀경" 운동은 이 용어에 적절하지 않은 함의들을 부과했다. 우리는 "황홀경"이라는 용어에서 왜곡된 함의들을 제거하여 그 용어가 바람직한 신학적 기능을 할 수 있도록 해줘야 한다. 우리가 이런 일을 할 수 없다는 게 입증된다면, 그리고 우리가 그 용어를 대체할 수 있는 다른 용어를 발견하지 못한다면, 그 용어가 묘사하는 실재도 우리의 시야에서 사라질 것이다.

"황홀경"(문자적으로 "자신의 자기 밖에 서다"를 의미한다)이란 인간의 마음이 평범한 상황을 초월한다는 의미와 관련해서 이례적인 마음의 상태를 의미한다. 그것은 이성을 부정하지 않는다. 그것은 이성이 그 자신을 넘어선, 곧 주체와 객체의 구조를 넘어선 마음의 상태를 말한다. 이성이 자기 자신을 넘어섰다고 해서 자신을 부정하지는 않는다. "황홀경적 이성"은 변함없이 이성으로 머무른다. 그것은 자기를 파괴하지 않고서는 할 수 없는 비합리적이거나 반합리적인 것을 받아들이지 않고 유한한 합리성의 기본 조건, 곧 주체와 객체의 구조를 초월한다. 바로 이것이 신비가들이 금욕과 명상의 행위를 통해 도달하고자 했던 상태다. 하지만 신비가들은 이런 행위가 단지 준비 단계였고 계시 상황에서 일어나는 신비의 현현에서만 황홀경을 경험할 수 있음을 알고 있었다. 인간의 마음이 신비에, 즉 존재와 의미의 근거에 의해 사로잡힐 때만 황홀경을 경험할 수 있다. 반대로 황홀경이 없다면 계시도 없다. 기껏해야 과학적으로 실험할 수 있는 정보만 있을 뿐이다. 찬송가가 노래하고 예언 문학이 풍성하게 묘사하는 "예언자의 황홀경"은 황홀경의 경험이 보편적 의의를 갖고 있음을 보여준다.

"황홀경"이라는 용어는 종종 열광주의와 혼동된다. 우리는 사람들이 이 두 가지를 종종 혼동하는 이유를 쉽게 이해할 수 있다. "열광주의"(enthusiasm)라는 용어는 인간이 자기 자신 안에 신을 품고 있는 상태 혹은 신에게 사로잡힌 상태를 의미한다. 이 두 가지 의미에서 인간 마음의 열광적인 상태는 황홀경의 특성을 갖고 있고, 두 용어의 본래 의미는 근본적으로 다르지 않았다.[3] 하지만 "열광주의"는 이러한 종교적 함의들을 상실했고 특정 생각과 가치와 성향 및 특정한 사람을 열정적으로 지지하는 것에 사용되었다. 열광주의는 더 이상 신과 관련된 함의를 갖고 있지 않지만, "황홀경"은 이와 같은 함의를 적어도 어느 정도는 갖고 있다.

오늘날 "황홀경"의 의미는 보통 특별한 종교적 경험과 인격적 영감, 특별한 성령의 은사, 개인적 계시, 신비에 관한 비밀스러운 지식을 가지고 있다고 주장하는 종교적 집단들에 의해서 규정된다. 그러한 주장은 종교만큼이나 오래되었고 언제나 놀람을 자아내며 비판적 판단을 받는 대상이 되었다. 이런 주장을 미리 거부하고 이러한 집단은 진정한 황홀경을 경험하지 않았다고 부정하는 것은 잘못된 것이다. 하지만 우리는 그들이 그 용어를 독점하지 못하도록 해야 한다. 신학에서 특히 변증신학이 "황홀경"이라는 용어를 적절하게 사용할 수 있다.

소위 황홀경 운동으로 지칭되는 운동에 참여하는 이들은—그들이 너무 몰입하면 안 되는 것보다 훨씬 더 많이 몰입하기를 바라는—과도한 흥분을 성령의 임재 혹은 계시의 발생으로 잘못 아는 지속적인 위험에 처해 있다. 신비가 진정으로 현현할 때는 주관적인 일뿐 아니라 객관적인 일도 일어난다. 주관적인 일은 종교적으로 과도한 흥분 상태에서만 일어난다. 그런 과도한 흥분은 종종 인위적으로 만들어진다. 따라서 그러한 상태는 계시의 힘을 갖고 있지 않다. 우리의 궁극적 관심을 불러일으키는 것에

---

3 종교개혁 시대에 특별한 영적 계시가 자신들을 이끈다고 주장했던 집단들이 "열광주의자들"로 불렸다.

대한 새로운 실천적 해석이나 이론적 해석은 결코 그러한 주관적 경험에서 나올 수 없다. 과도한 흥분은 심리학적 용어로 완벽하게 설명할 수 있는 마음의 상태다. 황홀경은 심리학적 차원을 초월한다. 비록 그것이 심리학적 차원을 갖고 있다고 하더라도 말이다. 그것은 우리 존재의 신비와 우리 자신들의 관계에 대해 타당한 것을 계시한다. 황홀경이란 우리의 무조건적 관심을 불러일으키는 것이 그 자신을 우리의 심리학적 조건 전체 안에서 드러내는 형식을 의미한다. 그것은 그것들을 통해 드러난다. 하지만 그것들에서 유래하는 것은 아니다.

우리의 마음을 사로잡는 비존재의 위협은 존재의 신비의 부정적 측면(신비의 심원적 요소)이 경험되는 "존재론적 충격"을 자아낸다. "충격"은 보통의 침착함이 사라지고 그 구조가 뒤틀어진 마음의 상태를 나타낸다. 이성은 자신의 경계선에 도달했다가 다시 본연의 상태를 되찾으며, 다시 극단적 상황으로 내몰린다. 우리는 우리의 인식 기능을 사용하여 이런 존재론적 충격의 경험을 철학의 기본적인 물음, 곧 존재와 비존재의 물음으로 표현할 수 있다. 물론 어떤 이가 일부의 철학자들에게 다음과 같이 질문하는 것은 잘못된 것이다. 곧 "왜 어떤 것이 존재하는가?", "왜 무는 존재하지 않는가?" 이런 형태의 물음은 존재보다 선행하는 어떤 것, 곧 존재가 나왔을 수 있는 어떤 것을 상정하기 때문이다. 하지만 존재는 존재에서만 유래할 수 있다. 이 물음의 의미는 존재란 다른 것에서 유래할 수 없는 최초의 사실이라는 진술로 표현될 수 있다. 이런 의미에서 이해할 때, 그 물음은 존재론적 충격과 말하자면 모든 참된 철학의 시작을 역설적으로 표현한 것을 의미한다.

존재론적 충격은 계시와 계시가 수용되는 황홀경의 경험에서 보존되는 동시에 극복된다. 그것은 신적 현존의 **무화시키는 힘**(*mysterium* *tremendum*)으로 보존되며 **고양시키는 힘**(*mysterium fascinosum*)⁴으로 극복된다. 황홀경은 이성이 모든 기능을 통해서 나아가게 되는 심연의 경험과, 이성이 자신의 깊이와 존재 일반의 깊이의 신비에 의해서 사로잡히는 근거의 경험을 결합한다.

계시가 발생하는 황홀경의 상태는 마음의 합리적 구조를 파괴하지 않는다. 위대한 종교를 설명하는 고전 문헌들에 기록된 황홀경의 경험에 대한 보고들은 악마가 인간을 사로잡을 때, 그것은 인간의 마음의 합리적 구조를 파괴하지만, 신적 황홀경은 인간의 마음을 보존하고 고양한다는 동일한 점을 보고한다. 비록 신적 황홀경이 인간의 마음을 초월한다고 하지만 말이다. 악마가 이성을 사로잡을 때, 그것은 이성의 윤리적·논리적 원리들을 파괴한다. 하지만 신적 황홀경은 그 원리들을 긍정한다. 마성적 "계시들"은 많은 종교 문헌에서, 특히 구약성서에서 폭로되고 거부된다. 실천 이성의 원리로서의 정의를 침해하는 거짓 계시는 신적인 것을 반대하고 따라서 거짓으로 비판받는다. 마성적인 것은 인간의 두 눈을 어둡게 하고 계시하지 않는다. 악마에 사로잡힌 상태에서 인간의 마음은 실제로 "제정신"이 아니라 오히려 이성적 자아의 중심을 사로잡고 그것을 파괴하는 전체 마음이 되고자 열망하는 그 자신을 이루는 요소들의 힘 아래에 놓여 있다. 하지만 황홀경과 악마에 사로잡힌 것 사이에는 일치점도 있다. 두 가지 경우에 일반적으로 주체와 객체라는 마음의 구조는 작동하지 않는다. 하지만

---

4   누멘(*numen*)이라는 라틴어는 "신성"을 의미하는데, 이 단어를 기반으로 Rudolf Otto 는 numinöse(누멘적인 것)라는 조어를 만들었다. 이것은 어떤 대상을 신적인 것(누멘적인 것)으로 체험하게 될 때 이에 수반되는 마음의 상태를 의미한다. 이러한 "누멘적인 것"에 는 두렵고 떨리는 요소(*mysterium tremendum*)와 매혹적인 요소(*mysterium fascinosum*)가 포함되어 있다. Rudolf Otto, 『성스러움의 의미』, 김희성 옮김(왜관: 분도출판사, 2018), 39, 79.

신적 황홀경은 이성적 마음 전체를 침해하지 않지만, 악마의 사로잡음은 인간의 이성적 마음을 약하게 하거나 파괴한다. 이것은 비록 황홀경이 이성의 산물은 아니지만 이성을 파괴하지 않는다는 점을 보여준다.

활홀경이 감정적 측면을 강하게 갖고 있음은 분명하다. 하지만 황홀경을 감정으로 축소하는 것은 분명한 잘못이다. 모든 황홀경의 경험에서 이성의 파악하고 형성하는 기능들은 그것들 자신을 넘어서 움직이며 감정도 마찬가지다. 감정은 인식적 기능과 윤리적 기능보다 훨씬 더 가까이 계시의 신비와 그것의 황홀경적 수용에 다가가지 않았다.

황홀경은 그것의 인식적 요소와 관련해서 종종 "영감"(inspiration)이라고 불린다. "숨쉬다"(spirare)라는 라틴어에서 파생된 이 용어는 황홀경의 경험에서 인식적 이성의 순수 수용성을 강조한다. 혼동과 왜곡으로 인해 "영감"이라는 용어는 "황홀경"과 "기적"만큼이나 거의 쓸모 없게 되었다. 이러한 상황은 성찰하지 않는 인식 행위를 묘사하는 이 단어의 모호한 용례에서 부분적으로 기인한다. 이 용어의 이런 용례에서, 영감을 받는다는 것은 어떤 창조적인 방식에 있음 혹은 어떤 생각을 파악하게 되었음이나 갑작스럽게 발생하는 직관을 통해서 어떤 것의 이해에 도달함을 의미한다. 이 용어가 이와 정반대로 오용되는 사례는 성서영감설의 특정 형식과 관련이 있다. 영감이란 영감을 받은 사람이 기계적으로 받아쓴 행위 또는 이보다 좀 더 정교한 방식에서는 정보를 전달받는 행위로 묘사된다. 이와 같은 영감에 대한 설명과 관련해서 이성은 자신이 결합할 수 없는 낯선 지식의 부분, 곧 인간 마음의 합리적 구조가 이성 안에 남아 있을 때 그 합리적 구조를 파괴할 수 있는 부분에 의해서 침범당한다. 결국 기계적 영감설 혹은 황홀경과 관련 없는 다른 형태의 영감설은 마성적이다. 그것은 영감을 받아들여야 할 의무가 있는 합리적 구조를 파괴한다. 영감이 황홀경적 경험의 인식적 특성을 지칭하는 명칭이라면, 그것은 유한한 대상들 혹은 관계들에 대한 지식을 중재하는 것이 아님이 분명하다. 그것은 이성의 주관과 객관 구조에 의해 결정되는 복잡한 지식에 덧붙여진 것도 아니다. 영감은 지식의 새로운 차원, 즉 우리의 궁극적 관심과 존재의 신비와 관련한 이해의 차원을 누설한다.

d) 계시와 기적

일반적 정의에 따르면, "기적"이란 자연 법칙에 모순되어 일어난 사건을 의미한다. 사람들은 이러한 정의와 모든 종교에서 검증 안 된 채 등장하는 수많은 기적 이야기 때문에 이 용어를 오해했고, 신학적으로 사용하기 힘들다고 생각했다. 하지만 진정한 경험을 표현하는 용어로 사용되는 용어는 그 용어를 대체할 수 있는 용어가 발견되었을 때만 사용되지 않고 폐기될 수 있는데, 그런 대체할 수 있는 용어가 아직은 발견되지 않은 것 같다. 신약성서는 "기호"(표적, *semeion*)이라는 그리스어를 종종 사용하여 기적을 나타내는 종교적 의미를 표현한다. 이 용어에 부가적인 의미가 덧붙여지지 않는다면, 그것은 이러한 종교적 의미를 표현하지 못한다. "사건"이라는 용어에 "기호"라는 용어를 첨가해서 기호 사건들(sign-events)이라고 말하는 게 훨씬 더 정확하다.

기적의 원래 의미, 곧 "놀라움을 자아내는 것"은 계시 경험을 "제공하는 측면"을 묘사하는 데 매우 적합하다. 하지만 이런 함의는 사건들의 자연적 구조를 파괴하는 초자연적 추론의 잘못된 함의에 의해 철회되었다. 이러한 잘못된 함의는 "기호"라는 단어와 "기호 사건"이라는 구문에서 사용되지 않아야 한다. 원래 순전한 종교적 의식들은 기적들을 초자연적 이론으로 정교하게 다루지 않고 그저 신적 현현과 관련된 놀라운 이야기들만 수용하지만, 이성의 시대는 자연 법칙을 부정하는 것을 기적 이야기의 핵심이라고 말했다. 일종의 비합리주의적 합리주의는 기적 이야기에서 부조리의 정도가 종교적 가치를 측정하는 데 척도가 되었다고 주장한다. 더욱더 불가능할수록 더욱더 계시적인 것이다! 우리는 이미 신약성서에서 후기 전통일수록 더욱더 자연을 반대하는 요소가 기호의 요소를 반대해서 강조되고 있음을 관찰할 수 있다. 위경 복음서들이 작성되었던 사도 교부 시대에는 부조리에 대한 견제가 없었다. 이교도와 그리스도인들은 모두 자신들을 흔들어놓고 기호를 제공하는 사건들 안에서 하나님이 임재하는 것에 아주 많은 관심이 없었고, 오히려 그들은 반합리적인 사건들에 의해서 자신들의 합리적인 마음에 만들어진 감각에 관심을 기울였다. 이런 합리주의적 반합리주의가 후기 기독교를 물들였으며 그것은 교회의 삶과 신학에 여전히 부담을 주고 있다.

존재의 신비가 현현하는 것은 그것이 드러내는 존재의 구조를 파괴하지 않는다. 신비에서 수용되는 황홀경은 그것이 수용되는 마음의 합리적 구조를 파괴하지 않는다. 계시의 신비를 드러내는 기호 사건은 그것이 나타나는 실재의 합리적 구조를 파괴하지 않는다. 우리가 이런 기준들을 적용한다면, 우리는 의미 있는 기호 사건이나 기적들을 진술할 수 있다.

우리는 "기적"이라는 단어를 특정한 시기에 놀라움을 자아내는 사건들, 예를 들어 과학적 발견과 창의적인 기술 및 인상적인 예술 작품이나 정치적인 사건 그리고 개인의 업적 등에 사용하지 말아야 한다. 사람들은 그러한 것들에 익숙해진 다음에는 그것들에 더 이상 놀라지 않는다. 비록 그들이 그것들에 대단한 존경심을 보이고 그들의 그러한 마음이 커질지라도 말이다. 실재의 구조들, **게슈탈트들**, 성질들, 사물들의 내적인 **텔로스들**(*teloi*, 목적들)은 늘 공경의 대상이 된다고 해도 기적이 아니다. 공경에는 놀라움의 요소가 있지만, 그것은 누멘적(numinous) 놀라움은 아니다. 더욱이 그것은 기적을 의미하지도 않는다.

황홀경이 인간의 마음에서 일어난 비존재의 충격을 전제하는 것처럼, 그렇게 기호 사건들은 실재에서 발생한 비존재의 흔적을 전제한다. 엄격하게 상관관계를 맺고 있는 충격과 흔적에서 존재의 신비가 가진 부정적 측면이 드러난다. "흔적"이라는 용어는 범죄자의 경우에는 예를 들어 치욕의 표시를 가리키며, 성인(saint)의 경우에는 예를 늘어 하나님의 은혜의 표시를 가리킨다. 하지만 이 두 가지 예에서 그것은 부정적인 것을 가리킨다. 거기에는 모든 것에서 나타나는 흔적, 곧 유한성의 흔적이나 함축적인 비존재와 피할 수 없는 비존재에 대한 흔적이 있다. 많은 기적의 이야기에는 그 기적적인 사건에 참여했던 이들을 사로잡은 "신비한" 두려움에 대한 묘사가 두드러진다. 거기에는 평범한 실재의 견고한 근거가 "철회되는" 느낌이 나온다. 실재 안에 있는 비존재의 흔적과 마음에 있는 비존재의 충격이 서로 관련이 있다는 경험은 이런 철회되는 느낌을 낳는다. 비록 이런 느낌은 계시 자체는 아니지만 모든 참된 계시 경험을 동반한다.

기적은 자연 과정에 초자연이 개입한 것으로 해석될 수 없다. 그러한 해석이 사실이라면, 존재의 근거의 현현은 존재의 구조를 파괴할 것이다. 종교적 이원론이 주장하는 것처럼 하나님은 그 자신 안에서 두 부분으로 나뉠 것이다. 그러한 기적을 "마성적" 기적이라고 명명하는 것이 훨씬 더 적절할 것이다. 그것이 "악마"에 의해 발생한 것이기 때문이 아니라 그것이 "파괴의 구조"를 들추어냈기 때문이다(제4부, 제1장을 보라). 그것은 마음이 악마에 "사로잡힌" 상태와 일치하며 "마법"(sorcery)이라고 명명될 수 있다. 기적에 관한 초자연적 이론은 하나님을 마법사나 "사로잡힘"의 원인으로 만든다. 그것은 마음과 실재 안에 있는 마성적 구조와 하나님을 혼동한다. 존재의 신비가 참되게 현현한 것을 왜곡한 것들이 있는데 이런 왜곡에 근거하는 구조들이 있다. 객관적 이성뿐 아니라 주관적 이성이 파괴되었다는 관점에서 계시의 본성을 묘사하려고 악마에 사로잡힘과 마법의 구조에서 유래한 유형을 사용하는 초자연적 신학은 도저히 용납할 수 없는 것이다.

존재의 신비가 자신을 드러내는 기호 사건은 마음의 특별한 요소들과 상관관계를 맺고 있는 실재의 특별한 요소들 안에 존재한다. 참된 기적은 무엇보다도 실재의 합리적 구조에 모순되지 않으면서 놀랍고, 특별하며, 뒤흔드는 사건이다. 두 번째, 그것은 존재의 신비를 가리키는 사건이면서 그것과 우리의 관계를 분명한 방식으로 표현한다. 세 번째, 그것은 황홀경 경험 안에서 기호 사건으로 수용되는 사건이다. 이 세 가지 조건이 충족될 경우에만 우리는 참된 기적을 이야기할 수 있다. 놀라운 특징으로 사람들을 뒤흔들지 못하는 것은 계시의 힘을 갖고 있지 않다. 존재의 신비를 가리키는 것 없이 사람들을 뒤흔드는 것은 기적이 아니라 마법이다. 황홀경 경험에서 수용되지 않은 것은 실제 기적이 아니라 기적을 믿는 믿음에 관한 보고다. 이것은 예수의 기적을 기록한 공관복음서에서 강조되었다. 기적은 그 자신들이 기호 사건이 된 이들과 기호 사건을 믿음으로 받아들인 이들에게만 주어졌다. 예수는 "객관적인" 기적을 일으키는 것을 거부했다. 객관적인 기적이란 용어상 모순이다. 기적과 황홀경의 엄격한 상관관계가 기적을 묘사하는 용어와 황홀경을 묘사하는 용어를 서로 맞바꾸어 사용하는 것을 가능하게 한다. 우리는 황홀경은 마음에서 일어난 기적이고, 기적은 실재에서 일어난 황홀경이라고 말할 수 있다.

황홀경도 기적도 인식적 이성의 구조를 파괴하지 않기 때문에 역사적 연구뿐 아니라 과학적 분석과 심리학적·물리학적 연구도 가능하고 필요하다. 연구는 제한 없이 진행될 수 있고 진행되어야만 한다. 그것은 계시와 황홀경 및 기적에 대한 마성적 해석과 미신을 해체할 수 있다. 과학과 심리학과 역사학은 진정한 계시의 초자연적 왜곡에 맞서 싸우는 신학의 조력자들이다. 과학적 설명과 역사비평은 계시를 보호한다. 그것들은 계시를 해체할 수 없다. 계시는 과학적·역사적 분석이 연구하는 데 적절하지 않은 실재의 영역에 속해 있기 때문이다. 계시는 이성의 깊이와 존재의 근거가 현현하는 것이다. 그것은 실존의 신비와 우리의 궁극적 관심을 가리킨다. 계시가 발생하는 조건들에 대해 과학과 역사가 말하는 것들과 계시는 아무런 관련이 없다. 물론 그것은 과학과 역사가 그 자신에 의존하도록 만들지도 않는다. 실재의 다른 영역들 사이에는 어떤 갈등도 일어나지 않는 게 가능하다. 이성은 황홀경과 기적에서 계시를 받아들인다. 하지만 이성은 계시에 의해서 파괴되지 않는다. 계시가 이성에 의해서 공허해지지 않는 것처럼 말이다.

2. 계시의 매개물들

a) 계시의 매개물로서의 자연

존재의 신비를 전하는 전달자가 되지 못하거나 계시와 상관관계를 맺지 못하는 실재와 사물 그리고 사건은 없다. 그 어떤 것도 원리적으로 계시에서 배제되지 않는다. 특별한 속성에 근거한 그 어떤 것도 계시에 포함될 수 없기 때문이다. 어떤 사람도 어떤 사물도 우리의 궁극적 관심을 표현하는 가치를 갖고 있지 않다. 반대로 모든 사람과 모든 사물이 존재 자체, 즉 존재의 근거와 의미에 참여한다. 그러한 참여가 없이 그것들은 존재의 능력을 갖지 못했을 것이다. 이것이 바로 거의 모든 유형의 실재가 어딘가에서 계시의 매개물이 될 수 있는 이유다.

비록 그 어떤 것도 자신의 두드러진 특성들에 의해서 계시의 전달자가 될 수 없지만, 이런 특성들은 어떤 사물이나 사건이 우리의 궁극적 관심과 존재의 신비와 우리의 관계를 표현하는 방향을 결정한다. 돌과 사람은 모두 계시의 위상(位相)에 들어감으로써 계시의 전달자가 될 수 있다는 가능성에서는 아무런 차이가 없다. 하지만 계시가 그것들을 통해 전달되는 계시의 의의와 진리의 관점에서 그것들 사이에는 큰 차이가 존재한다. 돌은 존재의 근거와 의미를 말해줄 수 있는 매우 한정된 특성을 보여준다. 반면에 인간은 존재의 신비를 말해줄 수 있는 중요한 특성과 모든 특성의 함의들을 보여준다. 하지만 돌은 인간이 분명하게 보여주지 못하는 특성(예를 들어 내구력과 저항력)을 가지고 있다. 그와 같은 특성들은 인간을 통해 전달되는 계시를 보완하는 요소로 돌을 만들 수 있다. 예를 들어 하나님에게 "영원한 반석"과 같은 은유를 적용한 것처럼 말이다. 성례전의 요소들(물과 포도주 그리고 기름 등)은 이런 관점에서 이해되어야 한다. 계시의 독립된 전달자로서 그것들의 원래 특성은 보완하는 기능으로 바뀌었다. 하지만 이런 기능에서조차도 그것들의 원래 독립된 힘은 여전히 눈에 띈다.

자연에서 취한 계시의 매개물들은 자연적 대상만큼이나 다양하게 많다. 바다와 별, 식물과 동물, 인간의 몸과 영혼은 계시를 전달해주는 자연적 매개물들이다. 계시적 특성의 위상을 가질 수 있는 자연적 사건 역시 무수히 많다. 예를 들어 하늘의 움직임, 낮과 밤의 변화, 성장과 쇠퇴, 탄생과 죽음, 자연적 재해, 성숙과 질병, 성별과 위험과 같은 것들이 있다. 이 모든 경우에 사건과 사물은 계시의 특성을 갖고 있지 않다. 그것들은 그것들을

계시의 매개물과 전달자로서 사용하는 것을 계시한다.[5]

일상의 삶은 규칙적인 것과 비규칙적인 것이 명확하지 않게 혼재되어 있지만, 계시적인 위상에서는 규칙적인 것 또는 비규칙적인 것은 분명한 형태로 경험된다. "이례적인 규칙성"이 계시의 매개물이라면, 존재의 신비는 마음과 실재의 합리적 특성과 관련해서 현현한다. 반면에 신적인 것은 신적인 **신비**가 되는 것을 멈추지 않고 자신이 가진 **로고스**의 특성을 드러낸다. "이례적인 비규칙성"이 계시의 매개물이 된다면, 존재의 신비는 마음과 실재의 합리성 이전의 특성과 맺는 관계 안에서 현현한다. 곧 신적인 것은 신적인 신비가 되는 것을 멈추지 않고 자신의 깊이의 특성을 보여준다. 계시의 매개물로서의 이례적인 규칙성은 종교의 사회적이고 윤리적인 형태를 결정한다. 칸트가 무조건적인 숭고함에 대한 표현으로 밤하늘에 떠 있는 별과 인간의 내면에 있는 도덕 법칙을 일치시킨 것은 사회법과 자연법을 경험한 것과 이 두 가지와 실존의 궁극적 의미가 상호 의존한다는 것을 보여주는 고전적인 표현이다. 계시의 매개물로서의 이례적인 비규칙성은 종교의 개인주의적이고 역설적인 형태를 결정한다. 물보다 가볍다는 절대적 신념을 가져야만 깊은 바다 위에 떠 있을 수 있다는 키에르케고르의

---

5   많은 종교들이 기지고 있는 성적인(scxual) 외식과 상징들을 판단할 때 우리는 성적인 것 자체가 무언가를 계시하는 것이 아니라 존재의 신비가 성적인 것을 매개물로 삼아 특별한 방식으로 우리에게 존재의 신비와 성적인 것의 관계를 나타낸다는 점을 기억해야 한다. 이것은 고전적 기독교에서 성적인 상징들을 풍부하게 사용하는 이유를 설명하고 정당화할 수 있다. 이런 상징들이 갖고 있는 마성화의 위험을 올바르게 인식했던 개신교는 이런 상징들을 지나치게 불신했고, 때로는 계시적 경험에서 성이 가진 매개하는 특징을 망각하기도 했다. 하지만 우선적으로 사랑의 여신들은 신적인 힘과 위엄을 보여주는 여신들이며, 오직 부차적으로만 궁극적 의미에서 성적인 영역을 재현할 뿐이다. 개신교는 성적인 상징 체계를 거부하면서 상징적 부유함을 상실하는 위험에 빠졌을 뿐만 아니라, 성적인 영역 또한 존재와 의미의 근거에 뿌리내리고 있으며 거기에서 신성함을 얻고 있음에도 불구하고 존재와 의미의 근거로부터 성적인 영역을 제외시키는 위험에 빠졌다.

상징 및 모든 규칙성과 합리성을 뛰어넘는 "도약"에 대한 그의 강조점은 이런 유형의 종교를 설명하는 고전적 표현이다. 리츨주의의 신학과 신정통주의 신학 사이의 갈등은 이런 차이 때문에 일어난다.

자연적 매개물을 통해 전해지는 계시는 자연 계시를 의미하지 않는다. "자연 계시"(natural revelation)가 자연을 통해 전해지는 계시와 구별된다면, 그것은 용어상 모순이다. 그것이 자연 계시라면, 그것은 계시가 아니기 때문이다. 그리고 그것이 계시라면, 그것은 자연을 황홀한 것과 기적적인 것으로 만들기 때문이다. 자기와 세계에 대한 자연 지식은 존재의 근거를 드러내는 계시로 이어질 수 없다. 그것은 존재의 근거에 관한 물음으로 이어질 수 있고, 이러한 물음은 소위 자연 신학이 할 수 있었고 해야만 했던 것이다. 하지만 자연 계시도 자연 신학도 그것에 대해 질문하지 않았다. 이성이 자기 자신의 근거와 심연에 대해 질문했다. 이성이 그러한 물음을 묻지만, 그것에 대답할 수는 없다. 계시는 이 물음에 대답할 수 있다. 그리고 이러한 대답은 소위 자연 계시나 자연 신학에 근거하지 않는다. 그것은 실제적인 계시와 황홀경 및 표적 사건에 근거한다. 자연 신학과 더 명확하게 말하자면 자연 계시는 신비의 계시가 가진 부정적 측면, 곧 충격과 비존재의 흔적에 관한 잘못된 표기에 불과하다.

인식적 이성은 이것만큼 나아갈 수 있다. 그것은 이성의 근거 안에서 신비의 물음을 발전시킬 수 있다. 하지만 이런 상황의 분석을 넘어서는 모든 수단은 결론이 나지 않는 주장이나 전통적인 믿음의 유물 혹은 그 두 가지가 된다. 바울이 자연을 통한 하나님의 잠재적 지식이 우상숭배에 의해 왜곡되었다고 이야기했을 때, 그는 민족들이 보이는 의심스러운 논쟁 때문이 아니라 자연을 통한 왜곡된 계시 때문에 민족들에게 도전하지 않았다. 자연의 특정한 부분이나 자연 전체는 황홀경의 경험 안에서 계시의 매개물이 될 수 있다. 하지만 자연은 존재의 신비에 관한 결론에 도달하는 데 필요한 논증의 근거가 될 수 없다. 비록 그것이 가능할 수 있지만, 그것은 자연 신학이라고 불릴 수 없으며 심지어 자연 계시로는 더더욱 불릴 수 없다.

b) 계시의 매개물로서의 역사와 집단 및 개인들

역사적인 사건과 집단 혹은 개인들 자체는 계시의 매개체가 아니다. 그것들을 계시로 만들어주는 것은 그것들의 역사적 의미나 사회적이고 개인적인 위대함이 아니라 그것들이 특별한 조건에 들어가는 계시적 위상이다. 역사가 황홀경과 표적 사건의 상관관계 안에서 그 자신을 넘어서는 것을 가리킨다면, 계시가 일어난다. 사람들로 형성된 집단이 존재와 의미의 근거에 대해 투명해진다면, 계시가 일어난다. 그러한 계시의 발생은 사람과 집단 및 사건들의 특성에서 예견되거나 유래될 수 없다. 그것은 역사적·사회적·개인적 운명(destiny)을 의미한다. 그것은 신적 생명의 "인도하는 창조성"(directing creativity)을 말한다(이 책 제2부 II. B. 3. c를 보라).

역사적 계시는 역사 **안에서** 일어난 계시가 아니라 역사를 **통해서** 일어난 계시를 의미한다. 인간은 본질적으로 역사적인 존재이기 때문에 모든 계시는 역사 안에서 일어난다. 설사 그것이 바위나 나무를 통해 매개된다 하더라도 말이다. 하지만 오직 어떤 특별한 사건이나 일단의 사건들이 기적으로서 황홀경적으로 경험될 때만 역사 자체는 계시가 된다. 그러한 경험은 어떤 민족의 역사에서 일어난 위대한 창조적 사건이나 파괴적 사건과 연결될 수 있다. 그렇다면 정치적 사건들은 신의 선물과 심판 및 약속 그리고 궁극적 관심과 존재의 신비의 현현으로 해석된다. 역사는 개인들이 대변하고 해석한 집단의 역사다. 집단과 개인들은 계시적 특성을 가진 역사적 사건들과 관련해서 계시의 매개물들이 될 수 있다. 집단의 역사적 목표와 관련이 있는 황홀경의 경험을 한 집단은 다른 집단에게 계시의 매개물이 될 수 있다. 이것이 바로 유대인의 예언운동(prophetism)이 아브라함의 축복에 모든 민족을 포함시키고 모든 민족이 이스라엘의 하나님을 예배하기 위해 시온산에 온다는 것을 예견했을 때 예기했던 것이다. 교회는 국가와 개인들에게 계시의 전달자가 되라는 소명을 항상 의식해왔다. 유사하게 계시적 사건들과 연결된 개인들도 그들 자신이 이런 사건의 대변자나 해석가 또는 때때로 이 두 존재가 되어서 계시의 매개물이 될 수 있다. 모세와 다윗 그리고 베드로는 계시적 사건들의 해석가일뿐 아니라 대변자로 묘사된다. 고레스(Cyrus) 왕은 계시적 사건을 보여주지만 제2이사야는 그것을 해석한다. 선교사 바울은 계시 사건을 대변하지만, 신학자 바울은 그것을 해석한다. 이 모든 사람은 대변하는 일과 해석하는 일, 이 두 가지 기능과 관련해서 역사적 사건의 매개물이 된다. 그리고 사건들 자체뿐 아니라 그들 모두는 그들을 무한하게 초월한 어떤 것, 곧 궁극적으로 우리에게 관심을 불러일으키는 것의 자기 현현을 가리킨다.

인간을 통해 일어나는 계시는 역사를 대변하거나 해석하는 이들에게 한정되지 않는다. 계시는 모든 개인을 통해 일어날 수 있다. 계시는 존재의 근거에 대해 투명한 인격을 갖춘 모든 인간을 통해 일어날 수 있다. 예언자는 비록 역사적 계시의 매개물이지만 계시의 매개물이 되는 다른 사람을 배제하지 않는다. 거룩함의 영역을 관장하는 제사장, 거룩함을 구현하는 성인들(saints), 성령에 사로잡힌 평범한 신자들은 다른 이들과 전체 집단을 위한 계시의 매개물이 될 수 있다. 하지만 계시의 특성을 가진 것은 제사장의 기능 자체가 아니다. 종교적 예식을 기계적으로 관장하는 것은 그것이 매개한다고 주장하는 거룩한 실재에 대한 그 어떤 계시의 현존도 차단할 수 있다. 제사장적 기능은 오직 특별한 조건 아래서만 존재의 신비를 계시한다. 성인의 경우도 마찬가지다. "성인"이라는 용어는 오해되고 왜곡되어 사용되었다. 고결함(saintliness)은 종교적 완벽함 혹은 도덕적 완벽함과 동일시되었다. 개신교는 이런 이유로 신학에서 성인 됨(sainthood)과 종교에서 성인의 실재를 결국 제거했다. 하지만 성인 됨이란 인격이 완벽하다는 것을 의미하지 않는다. 성인들은 자신들을 통해 계시되는 존재의 근거를 위해 투명한 인격을 갖추고 매개물로서 계시의 위상으로 들어갈 수 있는 사람들을 의미한다. 그들의 존재는 다른 이들을 위한 표적 사건이 될 수 있다. 이것이 바로 모든 성인에게서 기적을 요구하는 로마 가톨릭교회의 관습 이면에 있는 진실이다. 개신교는 성인과 평범한 신자의 차이를 허용하지 않는다. 모든 신자가 성도의 공동체, 곧 새로운 실재에 소속되어 있는 한 성인이다(이 새로운 실재의 토대는 거룩함이다). 그리고 모든 성인은 죄의 용서가 필요한 이들에게 속해 있는 한, 평범한 신자다. 하지만 신자는 이것에 기초해서 다른 이들에게 계시의 매개물이 될 수 있으며 이런 의미에서 성인이다. 그 신자의 믿음과 사랑은 그러한 믿음과 사랑의 능력과 창조성에 사로잡힌 이들에게 표적 사건이 될 수 있다. 개신교 신학이 제안하는 성인됨의 문제를 고찰하는 것이 확실히 필요하다. 역사적 계시는 자연을 통해 이루어지는 계시가 동반되고, 그것에 의해 지지받을 수 있으며, 일반적으로 그렇게 된다. 자연은 역사가 움직이는 기초이며, 역사는 자연 없이는 어떤 실재도 가질 수 없기 때문이다. 따라서 신화와 성스러운 전설은 역사적 계시 안에 계시적 특성을 가진 자연이 참여했음을 보고한다. 공관복음서에는 계시의 상관관계에 안에 들어온 자연적 사건이 그리스도 예수 안에서 하나님 나라가 임재했음을 증언해주는 이야기들로 가득하다.

c) 계시의 매개물로서의 말과 내적인 말씀에 관한 물음

"말"(또는 단어[word])은 계시의 개념뿐 아니라 거의 모든 신학 교리를 위해서도 중요하지만 "신학적 의미론"(theological semantic)이 긴급하게 필요하다는 점에서도 매우 중요하다. 내가 제안하는 신학 조직에는 의미론의 물음과 그에 관한 대답이 나오는 부분이 몇 군데 있다. 인간의 합리적 구조는 단어 없이는 이해될 수 없다. 인간은 단어 없이 실재의 합리적 구조를 파악할 수 없기 때문이다. 계시는 자신을 매개해주는 단어 없이는 이해될 수 없다. 하나님에 관한 지식은 상징적 단어에 대한 의미론적 분석을 하지 않고서는 묘사될 수 없다. 우리는 "하나님의 말씀"과 "로고스"라는 상징과 관련해서 이 단어의 일반적 본질을 알지 않고서는 그것들의 다양한 의미를 이해할 수 없다. 성서의 메시지는 의미론적이고 해석학적인 원리 없이는 해석될 수 없다. 교회의 가르침은 단어의 의사소통적인 기능과 함께 표현적이고 지시적인 기능에 대한 이해를 전제한다. 이런 맥락에서 신학 전체를 "하나님의 말씀"의 확장된 교리로 환원하려는 시도가 있었다는 것은 놀랄 만한 일이 아니다(바르트). 하지만 이것이 이루어졌다면, "말"은 계시와 동일시되고 "말"이라는 용어는 모든 신적인 자기 현현이 그 아래에 포괄될 수 있도록 넓은 의미를 가진 것으로 사용되거나, 아니면 계시는 상징이 아니라 문자적으로 이해된 발화된 말(spoekn word)과 "하나님의 말씀"에만 제한되어야 한다. 첫 번째 경우와 관련해서 "말"이라는 용어의 특별한 의미는 상실된다. 반대로 두 번째 경우와 관련해서 특별한 의미는 보존되지만, 하나님은 말씀을 통하지 않고서는 자기 현현을 할 수 없으시다. 하지만 이것은 하나님이 전능하시다는 의미와 모순될 뿐 아니라 성서 문헌의 안팎으로 사용된 종교 상징주의(religious symbolism)와도 모순된다. 종교 상징주의는 신의 임재 경험을 묘사하는 데 청각뿐 아니라 시각과 촉각 그리고 미각도 사용한다. 따라서 하나님의 "말씀"이 들릴 뿐 아니라 보이고 맛보아질 수 있다면, "말"은 신적 자기 현현을 모두 포괄하는 상징이 될 수 있다. **로고스**의 성육신이라는 기독교 교리는 말씀이 시각과 촉각의 대상이 되었다는 역설을 포함한다(아래 제1부 Ⅱ. D. 2를 보라).

우리는 말을 통해 이루어지는 계시와 "계시된 말씀들"을 혼동하지 말아야 한다. 거룩한 언어든지 혹은 세속적인 언어든지 상관없이 인간의 말은 인간의 역사 과정에서 만들어지고 마음과 실재의 경험적 상관관계에 근거한다. 계시라는 황홀한 경험은 어떤 다른 경험처럼 언어를 형성하고 변형하는 데 기여할 수 있다. 하지만 그것은 외국어의 경우처럼 배울 수 있는 언어를 창출하지는 못한다. 계시는 자연과 역사, 인간의 심리적이고 영적인 삶을 사용하는 것처럼, 일상 언어를 계시의 매개물로 사용한다. 마음과 실재의 평범한 경험을 그것들의 범주적 구조 안에서 표현하고 나타내는 일상 언어는 황홀경과 표적 사건에서 나타나는 마음과 실재의 이례적인 경험을 표현하고 나타내는 수단이 된다.

말은 자신과 관련되고 그 누구도 접근할 수 없는 자아의 경험을 다른 자아에게 다음과 같은 두 가지 방식, 곧 표현(expression)과 지칭(denotation)의 방식으로 전달한다. 이 두 가지 방식은 부분적으로 결합되어 있지만, 지칭이 부재한 곳에는 표현만 극단적으로 나타나고, 표현이 거의 부재한 곳에서는 지칭만 극단적으로 나타난다. 언어의 지칭이 가진 힘은 일반적인 의미를 파악하고 전달하는 능력에 있다. 언어의 표현이 가진 힘은 인간의 상태를 드러내고 전달하는 능력에 있다. 수학적 수식은 거의 독점적으로 지칭적 특성만을 가지고 있고, 절규(outcry)는 거의 독점적으로 표현하는 특성만을 가지고 있다. 하지만 절규의 경우에조차도 감정의 분명한 내용이 나타나며, 수학 방정식의 경우에서조차 결과가 증명된 것과 그 결과를 증명한 방법의 적합성에 대한 만족이 표현될 수 있다. 대부분의 발화는 이 두 가지 극단 사이를 오간다. 더 과학적이고 전문적인 것일수록 지칭의 극단에 가깝다. 반대로 더 시적이고 우호적인 것일수록 표현적 극단에 더 가깝다.

계시의 매개물로서의 말은 지칭과 표현이라는 일상의 의미를 넘어선다. 계시의 상황에서 언어는 단어의 일상적 의미를 통해 우리와 언어의 관계를 알려주는 지칭의 힘을 가진다. 계시의 상황에서 언어는 일상 언어로 표현될 가능성을 통해 표현할 수 없는 것과 그것과 우리의 관계를 보여주는 표현력을 가진다. 이것은 말이 계시의 매개물이 될 경우에는 일상 언어의 논리적 구조가 파괴되는 것을 의미하지 않는다. 단어가 무의미하게 조합되는 것은 어떤 지칭적 기능을 하지 않고 표현력을 갖고 있을 수 있지만, 그것은 신의 현존을 표현하지 못한다. 반대로 일상 언어는 궁극적 관심사를 다룰 때조차도 계시의 매개물이되지 못한다. 그것은 궁극적인 것을 지각할 수 있게 해주는 "소리"(sound)와 "음성"(voice)을 갖고 있지 않다. 일상 언어가 궁극적인 것, 곧 존재와 의미에 대해 말할 때, 그것은 궁극적인 것을 예비적인 것과 조건적인 것 그리고 유한한 것의 차원으로 낮추고 따라서 그것의 계시적 힘을 약하게 한다. 반대로 계시의 매개물로서의 언어는 인간의 표현과 지칭이 전달하는 소리와 음성을 통해서 신적 신비의 "소리"와 "음성"을 가진다. 이런 힘을 가진 언어가 "하나님의 말씀"이다. 언어의 특성을 설명하기 위해서 시각의 은유를 사용하는 것이 가능하다면, 우리는 계시의 말로서 하나님의 말씀은 투명한 언어라고 말할 수 있다. 어떤 것은 존재와 의미의 심원함에 대해 자기를 현현하는 일상 언어를 통해서 빛을 비춘다(더 엄밀하게는 표현한다).

계시의 매개체로서의 말, 즉 "하나님의 말씀"은 다른 숨겨진 진리에 대해 알려주는 정보가 아니라는 게 분명하다. 만일 그것이 그런 것이었다면, 즉 계시가 정보에 불과했다면, 언어의 "투명성"은 필요하지 않았을 것이다. 궁극의 "소리"를 전달하지 않는 일상 언어는 "신적인 문제들"에 대해 정보를 제공할 수 있다. 그러한 정보가 인지적 관심이나 혹은 아마도 윤리적 관심을 끌 수 있을지는 모르지만 계시가 가지는 모든 특성을 결여하고 있을 것이다. 그것은 사로잡고, 뒤흔들며, 그리고 변혁하는 힘, 곧 "하나님의 말씀"이 가지고 있는 힘을 갖고 있지 않을 것이다.

설령 계시의 매개물로서의 말이 정보를 제공하지 않는다고 하더라도, 그것은 자연과 역사 그리고 인간에게 일어나는 계시 사건과 아무런 관련 없이 말해질 수 없다. 말은 다른 매개물들에 추가된 계시의 매개물이 아니다. 그것은 모든 계시 형태에 있어야 하는 필수 요소다. 인간은 말하는 능력을 통해 인간이 되기 때문에, 인간은 말하든 침묵하든 간에 말 없이는 실제로 인간이 될 수 없다. 예언자들이 선포했을 때, 그들은 "하나님의 위대한 행위들", 곧 이스라엘 역사에서 일어난 계시적 사건들에 대해 선포했다. 사도들이 선포했을 때, 그들은 하나님의 한 가지 위대한 행위, 곧 예수가 그리스도라고 이야기되는 계시적 사건을 선포했다. 다른 종교의 사제들과 선견자와 신비가들이 성스러운 신탁을 전하고 성스러운 문서를 작성했을 때, 그들은 일상적인 현실을 벗어나 들어가서 본 영적 실재를 해석하는 것이었다. 존재가 발화보다 선행하며, 계시적 실재가 계시된 말보다 선행하고 그것을 결정한다. 그들이 신적 권위를 갖는 법률서로 받아들이는 소위 "믿음과 도덕"에 관한 신적 계시들의 모음집은 계시적 사건들을 동반하지 않으며, 그것은 하나님의 말씀이 아니고 계시적 힘을 갖고 있지도 않다. 십계명과 위대한 계명이 이스라엘과 맺은 하나님의 언약과 관련이 없고, 그것들이 그리스도 안에서 임재한 하나님 나라와 관련이 없다면, 십계명도 위대한 계명도 계시일 수 없다. 이러한 계명들은 옛 실재를 반대하는 질서들이 아니라 새로운 실재에 대한 해석으로 이해되고 받아들여져야 한다. 그것들은 율법이 아니라 새로운 실재를 묘사한 것이다. 우리는 교리에 대해서도 이와 동일하다고 말할 수 있다. 계시된 교리는 없지만 교리적인 것으로 묘사될 수 있는 계시 사건과 상황들이 있다. 교회의 교리들이 파생되고 성장해온 계시적 상황과 분리된다면, 그것들은 무의미하다. "하나님의 말씀"은 계시된 명령뿐만 아니라 계시된 교리도 포함하고 있지 않다. 그것은 계시적 상황과 함께하고 그것을 해석한다.

"내적인 말"(inner word)이라는 문구는 적절하지 않은 표현이다.[6] 말은 의사소통을 위한 수단이다. "내적인 말"은 일종의 자기소통, 곧 자기 자신과 나누는 영혼의 독백과 같다. 하지만 그것은 개체적인 영혼의 깊은 곳에서 말씀하시는 하나님을 묘사하기 위해서 사용된다. 무언가가 영혼에게 이야기되었다. 하지만 그것은 발화를 통해 전해진 것도 아니고 침묵이라는 말로 전해진 것도 아니다. 그것은 조금도 말로 표현되지 않았다. 그것은 영혼 그 자체가 움직인 것이다. "내적인 말"은 계시의 매개물로서 말을 부정하는 표현이다. 말이란 누군가에게 이야기하는 것을 의미한다. 하지만 내적인 말은 이미 존재하는 것과 이야기할 필요가 없는 것에 대한 의식을 의미한다. "내적인 계시"라는 문구에 대해서도 이와 동일한 것을 이야기할 수 있다. 내적인 계시는 아직 내적 인간의 일부분이 되지 않은 것을 계시해야만 한다. 그렇지 않으면 그것은 계시가 아니라 상기일 것이다. 가능적

---

6   역주. Tillich는 『19-20세기 프로테스탄트 사상사』에서 다음과 같이 말한다. "문제는 밖으로부터 이루어지는 말씀의 신학과 안으로부터 이루어지는 경험의 신학의 차이에 있다. 내적 경험은 자주 그러나 틀리게 '내면의 말씀'이라 불린다. 이 말은 좋은 말이 아니다. '내면의 빛'이란 말이 더 낫다. 현대 술어로서는 '실존적 경험'이란 말을 쓴다." Tillich, 『19~20세기 프로테스탄트 사상사』, 39.

으로 현재적인 것이 현실화되고 인식하게 되는 것이다. 사실 이것이 신비가와 관념론자 그리고 신령주의자들[7]의 견해다. 그들이 이것을 알아차리든 알아차리지 못하든 간에 말이다. 실존적 분리의 상태에 처한 인간은 상기를 통해서 새로운 존재가 전해주는 메시지를 얻을 수 없다. 그 메시지는 그에게 전달되어야 하고, 그에게 전해져야만 한다. 그것은 계시의 문제다. 내적인 말이라는 교리에 대한 이런 비판은 신령주의에서 합리주의로 쉽게 전환되는 것에 의해 역사적으로 정당화되었다. 내적인 말은 마음과 실재의 합리적 구조를 이루는 논리적이고 윤리적인 규범들과 점점 더 동일시되었다. 계시의 음성은 우리가 본질적으로 알고 있는 것을 우리에게 알려주는 우리의 도덕적 양심의 음성으로 대체되었다.

기독교 신학은 내적인 말의 교리에 반대해서 계시의 매개물로서 말씀의 교리, 곧 상징적으로 하나님의 말씀의 교리를 유지해야만 한다.

3. 계시의 역동성: 근원적 계시와 의존적 계시

계시의 역사는 근원적 계시와 의존적 계시가 서로 다르다는 것을 알려준다. 이것은 계시의 상관관계적 특징에 따른 결과다. 근원적 계시(original revelation)란 이전에는 없었던 자리에서 일어난 계시를 말한다. 이 기적과 이 황홀경의 결합은 처음으로 일어난 일이다. 그 두 가지는 근원적이다. 의존적 계시(dependent revelation)에서 기적과 그것을 처음 받아들이는 이들은

---

7   주술사(occultist)라는 의미를 가진 "신령주의자"(spiritualist)라는 용어는 종교개혁 시대와 18세기 초에 소위 열광주의자를 가리키는 말로 사용되었다. 신령주의자들의 특징은 각각의 그리스도인의 영혼 안에서 내적인 말씀 또는 내적인 계시가 일어나는 것을 믿는 믿음을 보였다.

제공하는 쪽을 형성하지만, 새로운 개인과 집단들이 계시의 동일한 상관관계에 들어갈 때마다 수용하는 쪽은 바뀐다. 예수는 그리스도시다. 이는 그가 그리스도가 되셨기 때문이고 그리고 그분이 그리스도로 받아들여졌기 때문이다. 이 두 가지 측면이 없다면, 그는 그리스도가 아닐 것이다. 이것은 예수를 처음으로 받아들인 이들에게 참이고, 그와 맺는 계시의 상관관계 안으로 이후에 들어오는 모든 세대에게도 참이다. 하지만 예수를 통한 근원적 계시와 의존적 계시 사이에는 차이점이 있다. 베드로가 근원적인 계시의 황홀경을 경험하면서 그리스도라고 고백했던 인간 예수를 만났지만, 이후의 세대들은 베드로와 다른 사도들이 그리스도로 받아들였던 예수를 만난다. 교회의 역사에는 지속되는 계시가 있지만, 그것은 의존적 계시다. 근원적 기적은 최초의 수용과 더불어 영원한 기준점이 되지만, 다음 세대들이 그것을 영적으로 수용할 때 그것은 끊임없이 바뀐다. 하지만 상관관계의 한쪽이 바뀌면, 전체 상관관계도 바뀐다. "예수 그리스도는 어제나 오늘이나 영원히 한결같은 분이다"[8]라는 고백이 교회 역사의 모든 시기에 변하지 않는 기준점이었다는 것은 사실이다. 하지만 기준과 관계를 맺는 행위는 결코 동일하지 않다. 근원적 계시를 받아들이는 새로운 가능성을 가진 새로운 세대들은 상관관계 안으로 들어와 그것을 바꾸기 때문이다. 교회 전통주의도 정통 성서주의도 이런 "의존적 계시의 상황"을 벗어나지 못한다. 이것은 "교회의 역사는 계시의 힘을 갖고 있는가?"라는 많이 논의된 물음에 대답한다. 교회의 역사는 교회가 근거하는 계시 이상의 근원적 계시들이 발원한 장소가 아니다(참조. 경험에 관한 서론 D. 2). 오히려 그것은 교회 안에서 활동하시는 영의 사역의 한 측면이 되는 의존적 계시가

---

8   역주. 히 13:8.

지속적으로 나오는 장소가 된다. 이러한 측면은 교회를 구성하는 각각의 구성원뿐 아니라 교회 전체에 적용되는 "조명"이라고 종종 명명된다. 조명이라는 용어는 새로운 존재를 현실화하는 과정에서 필요한 인식적 요소를 가리킨다. 그것은 황홀경의 인식적 측면이다. "영감"은 전통적으로 근원적 계시를 나타내는 데 사용되었지만, "조명"은 우리가 "의존적 계시"라고 명명하는 것을 표현하는 데 사용되었다. 영은 각각의 신자들에게 그리고 집단에게 조명하실 뿐 아니라 기독교가 근거하는 사건과 계시적 상관관계를 맺도록 신자들의 인식적 이성을 인도한다.

이것은 그리스도인이 자신의 삶에서 계시를 훨씬 더 넓게 볼 수 있게 하는 관점으로 이어진다. 의존적인 계시의 상황은 영이 인간의 영을 사로잡고 뒤흔들어 이끄는 모든 상황에 나타난다. 기도와 조명이 모두 그것의 취지를 달성할 때, 즉 피조물과 그것의 창조적 근거를 재결합한다면, 그것들은 그런 의미에서 계시적이다. 계시의 표지들—신비와 기적 그리고 황홀경—은 모든 참된 기도에 나타난다. 하나님께 호소하고 그분에게 응답을 받는 것은 황홀하고 기적적인 경험이다. 그것은 주관적 이성과 객관적 이성의 모든 일상적인 구조를 초월한다. 그것은 존재의 신비가 현존하는 것이며 우리의 궁극적 관심이 실현되는 것이다. 우리가 기도를 두 존재 사이에 이루어지는 대화의 차원으로 전락시킨다면 그것은 신성모독이고 어리석은 행동이다. 하지만 우리가 그것을 "마음의 고양"으로, 즉 인격의 중심이 하나님에게 고양되는 것으로 이해한다면, 그것은 계시적 사건이 된다.

이러한 고찰은 실존적이지 않은 계시의 개념을 근본적으로 배제한다. 과거에 일어난 계시에 관한 명제들은 이론적 정보를 제공한다. 하지만 그것들은 계시적 힘을 전혀 갖고 있지 않다. 그것들은 지성을 자율적으로 사용하거나 의지를 타율적으로 복종시켜서 진리로 수용될 수 있다. 그와 같은 수용은 인간이 행한 일, 곧 종교개혁가들이 삶과 죽음을 놓고 투쟁하며 거부했던 유형의 행위 공로일 것이다. 계시는 근원적이든지 혹은 의존적이든지 간에 그것에 참여하는 이에게, 곧 계시적 상관관계 안으로 들어가는 이에게만 계시의 힘을 가진다.

근원적 계시는 한 개인을 통해서 공동체에 주어진다. 한 개인이 갈등하고 결정하며 자기를 포기하는 삶의 중요성에서만 원래 계시를 받을 수 있다. 어떤 개인도 자신을 위해 계시를 받지 않는다. 그는 자신의 공동체를 위해, 곧 전체 인류를 위해 계시를 함축적으로 받는다. 이것은 예언자들이 받은 계시에서 분명히 드러난다. 그들이 받은 계시는 항상 소명으로 주어졌다. 예언자는─종종 처음에는 자신을 거부했고 이후에는─자신을 따르는 공동체를 위해 주어지는 계시의 중재자다. 이것은 고대 이스라엘의 예언자에게만 한정되지 않았다. 우리는 대부분의 종교와 심지어 신비 집단에서도 똑같은 상황을 볼 수 있다. 선견자와 종교의 창시자, 사제, 신비주의자는 모두 개인이었고, 근원적 계시는 이들에게 주어졌지만, 의존적인 방식으로 똑같은 계시의 상관관계 안으로 들어간 집단에게서 유래한다.

계시의 상관관계는 모든 새로운 공동체에 의해서 변형되고 그 공동체 안으로 들어간 모든 새로운 개인에 의해서 미세한 방식으로 변형되기 때문에, 우리는 이런 변화가 근원적 계시가 사라지고 다른 것으로 대체되는 지점에 이를 수 있는지를 질문하지 않을 수 없다. 이것은 불변하는 기준점이 완전히 사라짐으로써 또는 그것이 새로운 상관관계들을 창조하는 힘을 완전히 상실함으로써 계시의 상관관계가 종결되는 게 가능한지를 묻는 것이다. 두 가지 가능성이 종교의 역사에서 무수하게 실현되었다. 모든 위대한 종교에 등장했던 종파 운동과 개혁 운동은 기존의 종교 기관들이 근원적 계시를 자신들의 기준점으로 삼고 있지만 그것의 의미를 완전히 배신했다고 그 기관들을 공격했다. 반대로 과거에 사람들이 믿었던 대부분의 신들은 힘을 상실했다. 그들은 시적 상징이 되었고 계시의 상황을 더 이상 창출하지 못했다. 고대 그리스의 아폴론 신은 그리스도인들에게는 아무런 계시적 의미를 주지 못하며, 동정녀 마리아는 개신교인들에게 그 어떤 것도 드러내지 못한다. 이 두 인물을 통해 전해지는 계시는 끝났다. 하지만 우리는 어떻게 진짜 계시가 끝날 수가 있는지를 질문할 수 있다. 모든 계시의 배후에 서 계시는 분이 하나님이라면, 어떻게 신적인 것이 끝날 수 있을까? 그리고 하나님이 자신을 계시하지 않으셨다면, 왜 우리는 "계시"라는 용어를 사용해야 할까? 하지만 이와 같은 논의는 있을 수 없다! 모든 계시는 그것을 전달하는 하나의 매개물이나 여러 매개물에 의해서 전달된다. 이런 매개물 중 그 어떤 것도 그 자체로 계시의 힘을 소유하지 않았다. 하지만 그것들은 실존의 조건 아래서 그러한 힘을 소유한다고 주장한다. 이런 주장이 매개물들을 우상으로 만들고 그러한 주장의 붕괴가 매개체들로부터 그러한 계시의 힘을 박탈한다. 계시가 종결된다고 하더라도 계시적인 측면은 상실되지 않는다. 하지만 계시의 우상적인 부분은 파괴된다. 계시의 우상적인 부분에 있던 계시적인 것은 더 포괄적이고 더 정화된 계시들 안에 있는 요소로서 보존되고, 계시적인 모든 것은 끝날 수 없는 최종적 계시 안에 가능적으로 나타난다. 계시의 전달자는 자신을 위해 그 어떤 것도 주장하지 않기 때문이다.

4. 계시에 대한 지식

계시란 인간 이성의 인식적 기능이 파악할 수 있도록 존재의 신비가 현현하는 것을 의미한다. 그것은 지식, 곧 계시의 상황에서 황홀경과 기적을 통해서만 받아들일 수 있는 지식을 전달한다. 이런 상관관계는 "계시에 대한 지식"의 특별한 성격을 알려준다.[9] 계시에 대한 지식은 계시 상황과 분리되지 않기 때문에, 그것이 수용되자마자 평범한 지식의 맥락에 추가된 것으로, 곧 특별한 방식으로 제공되었지만 계시 상황과 독립된 것으로 도입되지는 않는다. 계시에 대한 지식은 자연과 역사 그리고 인간의 구조에 대한 우리의 지식을 증가시키지 않는다. 지식에 대한 주장이 이런 차원에서 이루어질 때마다, 그것은 진리를 확증하는 데 사용되는 실험적 검증에 지배를 받아야 한다. 그러한 주장이 계시나 어떤 다른 권위의 이름으로 펼쳐진다면, 사람들은 그것을 무시하고 평범한 연구와 검증 방식을 적용해야 한다. 예를 들어 창조에 대한 계시적 지식은 사물들의 자연적 구조를 과학적으로 설명한 물리학자의 설명에서 그 어떤 것도 추가하거나 제거하지 않는다. 또한 역사가가 역사를 계시의 역사로 해석한 것은 그가 자료와 전통 및 역사적 사건들에 대한 상호의존성에 대해 진술한 내용을 확증하거나 부정하지 않는다. 인간의 운명에 대한 계시적 진리는 심리학자가 인간 영혼의 역동성에 대해 분석한 것에 어떤 영향도 끼칠 수 없다. 계시된 지식이 평범한 지식에 지장을 준다면, 그것은 과학적 정직성과 방법론적 겸손함을 파괴할 것이다. 그것은 신적 계시가 아니라 사탄이 접신한 것임을 보여줄 것이다. 계시에 대한 지식은 존재들의 본성과 그것들 간의 관계를 전해주는 정보가 아니라 우리에게 드러난 존재의 신비를 알려주는 지식이다. 따라서 계시에 대한 지식은 계시의 상황에서만 받아들여질 수 있고―평범

---

9 우리는 계시된 지식(revealed knowledge)이라고 말하면 안 된다. 이 용어가 일상적인 내용의 지식을 이례적인 방식으로 전달하고 그로 인해 계시의 상황에서 계시된 지식을 떼어놓는 인상을 주기 때문이다. 바로 이것이 계시와 계시를 통해 전달된 지식을 설명하는 대중과 많은 신학적 해석이 가진 근본 오류다. "계시에 대한 지식"(또는 계시적 지식)이라는 용어는 지식과 상황을 분리하지 않고 일치를 강조한다.

한 지식과는 반대로—이 상황에 참여하는 이들에게만 전달될 수 있다. 이 상황에 참여하지 않고 밖에 있는 이들은 그와 똑같은 말을 다른 소리로 알아듣는다. 예를 들어 문헌학자가 신약성서를 읽을 때 그는 성서의 내용을 궁극적 관심의 문제로 삼지 않지만 성서 본문을 정확하고 올바르게 해석할 수 있을 것이다. 하지만 그는 성서의 말씀과 문장의 황홀한 계시적 의미를 놓칠 것이다. 그는 가정된 계시와 관련해서 그것에 관한 연구 보고를 발표하는 것으로 생각해 과학적 엄밀성을 가지고 이야기할 수 있지만 실제 계시에 대한 증인으로서는 이야기할 수 없다. 계시를 기록한 문헌에 관한 그의 지식은 실존적이지 않은 것이다. 말하자면 그것은 문헌들에 대한 역사적이고 철학적인 이해가 증대되는 데 많은 공헌을 할 수 있을 것이다. 하지만 그것은 그 문헌을 통해 전달되는 계시에 대한 지식과 관련해서는 그 어떤 공헌도 하지 못한다.

계시에 대한 지식은 평범한 지식에 지장을 줄 수 없다. 마찬가지로 평범한 지식도 계시에 대한 지식에 지장을 줄 수 없다. 계시의 진리와 관련하여 다른 이론들보다 선호할 수 있는 특별한 과학 이론은 존재하지 않는다. 신학자들이 신학적 근거들에 근거해서 다른 견해들보다 하나의 과학적 견해를 선호한다면, 그것은 신학에 좋지 않은 결과를 가져올 것이다. 그리고 신학자들이 종교적인 이유로 새로운 이론을 받아들이는 것을 두려워하고, 가능한 한 그것들을 거부하다가 그것을 거부하는 게 불가능해져서 마침내 받아들이게 되었을 때 그것은 신학에 굴욕감을 안겨주었다. 갈릴레이 시대부터 다윈의 시대까지 신학자들이 그와 같이 분별없이 거부한 일은 과거 수 세기 동안 종교와 세속 문화를 분열하게끔 만든 원인 중 하나였다.

이와 같은 분위기는 역사 연구에서도 팽배하다. 신학자들은 어떠한 역사적 추측도 두려워할 필요가 없다. 계시적 진리는 역사 기술에 의해 확정되지도 부정되지도 않는 영역에 놓여 있기 때문이다. 따라서 신학자들은 신학적 근거에 기초해서 역사 연구가 내놓은 결과 중 일부만을 선호해서 수용하면 안 된다. 그들이 학문적 정직성을 파괴하지 않으려면 결국 자신들이 받아들여야만 하는 역사 연구의 결과들에 반대하지 말아야 한다. 비록 그러한 결과가 계시에 대한 지식을 훼손하는 것처럼 보인다고 할지라도 말이다. 역사 연구들은 신학자들을 편안하게 하지도 말아야 하고 걱정을 끼쳐서도 안 된다. 비록 계시에 대한 지식이 역사적 사건들을 통해 일차적으로 전달되지만, 그것은 사실 주장을 함축하지 않는다. 따라서 계시에 대한 지식은 역사 기술이 진행하는 비판적 분석에 의해 드러나지 않는다. 그것의 진리는 계시적 지식의 차원에 놓여 있는 기준에 의해서 판단되어야 한다. 심층 심리학과 심신 의학 및 사회 심리학을 포함한 심리학은 똑같이 계시에 대한 지식에 지장을 줄 수 없다. 계시에는 인간 본성을 이해하는데 도움을 주는 많은 통찰이 들어 있다. 하지만 그것들은 모두 인간의 궁극적 관심을 불러일으키는 것, 즉 그의 존재의 근거와 의미와 인간의 관계에 대해 언급한다. 계시된 역사 기술이나 계시된 물리학이 없는 것처럼 계시된 심리학도 없다. 종교에 근거하여 리비도와 억압 및 승화를 주장하는 프로이트의 이론을 공격하거나 카를 융(Carl Gustav Jung)의 인간론을 계시적 지식의 이름으로 옹호하면서 계시에 대한 진리를 보호하는 것은 신학의 임무가 아니다.

하지만 계시에 대한 지식이 모든 형태의 평범한 지식에 대해 무관심한 태도를 보이는 데는 한계가 있는데, 왜냐하면 평범한 지식의 진리 주장에도 계시적 요소가 존재하기 때문이다. 우리가 평범한 지식의 범위 아래서 궁극적 관심사를 논한다면, 신학은 왜곡된 계시가 가하는 공격에 맞서서 계시의 진리를 보호해야 한다. 그러한 공격이 진정한 종교나 형이상학적으로 취한 관념들로 나타나든지 간에 말이다. 그러나 이것은 계시에 대한 지식과 평범한 지식 사이에 벌어지는 갈등이 아니라 계시적 지식의 차원에서 일어난 종교적 투쟁이다.

계시에 대한 진리는 그것들 자체가 계시적이지 않은 기준들에 의존하지 않는다. 계시에 대한 진리는 평범한 지식처럼 그 자신 안에 들어 있는 기준에 의해서 판단되어야 한다. 이런 기준을 분명하게 드러내는 것이 최종적 계시에 관한 교리의 임무다(이후 전개되는 항목들을 보라).

계시에 대한 지식은 직접적이거나 아니면 간접적으로 하나님에 대한 지식을 말하고, 따라서 그것은 유비적이거나 상징적이다. 이런 종류의 앎의 본질은 하나님과 세상의 관계의 본질에 의존하며 신론의 맥락에서만 논의될 수 있다. 하지만 우리는 이와 관련해서 일어날 수 있는 두 가지 가능한 오해를 언급하고 제거해야 한다. 우리가 계시에 대한 지식을 "유비적"이라고 명명한다면, 이것은 확실히 유한성과 무한성의 관계를 설명하는 **"존재의 유비"**(*analogia entis*)라는 고전적 이론을 가리킨다. 그러한 유비가 없다면, 그 어떤 것도 하나님에 대해 이야기할 수 없다. 하지만 존재의 유비는 결코 자연 신학을 창출할 수 없을 것이다. 그것은 하나님에 관한 진리를 발견하는 방법이 아니다. 그것은 계시에 대한 모든 지식을 표현하는 형식이다. 이런 의미에서 존재의 유비는 "종교적 상징"처럼 계시 안에 있는 인식적 기능에 내용을 제공하기 위해 유한한 실재에서 가져온 자료들을 사용해야 하는 필요성을 말한다. 하지만 이러한 필요성은 계시적 지식의 인식적 가치를 떨어뜨리지 않는다. 우리는 "단지 상징일 뿐"이라는 표현을 사용하지 않아야 한다. 하나님에 대한 비유비적 지식이나 비상징적 지식은 유비적 지식 혹은 상징적 지식보다 진리를 덜 갖고 있기 때문이다. 우리가 계시에 대한 지식을 이해하기 위해 유한한 자료를 평범한 의미로 사용할 때, 그것은 계시의 의미를 파괴하고 하나님으로부터 그분의 신성을 박탈한다.

B. 현실적 계시

1. 현실적이고 최종적인 계시

우리는 기독교 계시라고 간주하는 것의 기준들에 비추어 계시의 의미를 묘사했지만, 계시의 기준에 대해서는 아직 논의를 전개하지 않았다. 우리는 이전 장들에서 보여주었던 것처럼 더 이상 간접적으로 주장하지 않고 직접적이며 교리적으로, 곧 어떤 특정 학파나 종교 공동체의 교리적 토대로서 교의의 참된 의미 안에서 기독교의 선언을 살펴보고자 한다.

신학적 영역의 관점에 근거해서 말하자면, 현실적 계시는 반드시 최종적 계시여야 한다. 계시 경험에 사로잡힌 사람은 그 경험을 존재의 신비 및 자신과 그 존재의 관계와 관련한 진리로 믿기 때문이다. 그가 다른 근원적 계시들에 대해 열린 태도를 보인다면, 그는 이미 그 계시적 상황을 떠나서 공정한 방식으로 그것을 바라본다. 그가 근원적 상관관계 안으로 들어가거나 이것보다 더 자주 의존적 상관관계 안으로 들어갈 때 수단으로 사용했던 근원적 계시는 이제 그에게 더 이상 기준점이 되지 않는다. 우리는 구체적 계시가 우리 자신에게 궁극적으로 관심을 불러일으키지 않으며, 진정한 궁극자는 모든 구체성을 초월한다고 믿을 수 있다. 힌두교는 브라만의 힘을 황홀경으로 경험한 것을 궁극자라고 이야기한다. 반면에 인문주의는 도덕적 원리에 단호하게 복종하는 것을 궁극자라고 말한다. 이 두 가지 사례가 말하는 구체적인 계시, 예를 들어 힌두교에서 비슈누(Vishnu)가 현현하는 것이나 개신교에서 예수의 상을 도덕적 이상으로 삼는 것에는 궁극적인 것이 없다. 힌두인에게 최종적 계시는 신비 경험이고, 인문주의자에게는 현실적 계시도 최종적 계시도 없으며 오직 공관복음에서 묘사된 예수의 인상이 뒷받침하는 도덕적 자율만 있다.

기독교는 최종적 계시인 그리스도로서 예수 안에 나타난 계시에 근거한다고 주장한다. 이 주장이 기독교의 교회를 설립했으며 그것이 부재한 곳에서 기독교는—잠복적으로 중단된 것은 아닐지라도, 적어도 현현적으로는—실존하기를 중단했다(이 책 제4부 II를 보라). "최종적 계시"(final revelation)라는 표현에 나오는 "최종적"이라는 용어는 "**마지막**"(last)이라는 용어 이상을 의미한다. 기독교는 교회의 역사에서 지속적인 계시가 있다고 종종 주장했고 확실하게 주장해야 한다. 이런 의미에서 최종적 계시는 마지막 계시를 의미하지 않는다. 이 마지막이 진정한 마지막 계시를 의미할 때만, 최종적 계시는 마지막 계시로 해석될 수 있다. 그리스도로서 예수를 기준점으로 삼지 않는 교회의 역사에는 계시가 있을 수 없다. 또 다른 기준점이 추구되거나 받아들여진다면, 교회는 그것의 토대를 상실할 것이다. 그러나 최종적 계시란 참된 마지막 계시 그 이상을 의미한다. 그것은 결정적이고 완결적이며 능가할 수 없는 계시, 즉 모든 다른 것들의 기준이 되는 것을 의미한다. 이것이 기독교의 주장이며 이것이 기독교 신학의 근거다.

하지만 우리는 그러한 주장이 정당화될 수 있는지, 즉 그리스도로서 예수 안에서 드러난 계시에 들어 있는 기준들이 그 주장을 최종적으로 만드는지를 질문할 수 있다. 그러한 기준들은 계시의 상황 밖에 있는 어떤 것에서도 파생될 수 없다. 그러나 이러한 상황 안에서 그러한 기준들을 발견하는 것은 가능하고 신학이 반드시 해야 하는 일이다.

신학이 그리스도로서 예수 안에 드러난 계시의 최종성을 묻는 물음에 제시해야 하는 가장 근본적인 첫 번째 대답은 다음과 같다. 계시가 자신을 상실하지 않으면서도 그 자신을 부정하는 능력을 갖고 있다면, 그것은 최종적이다. 이러한 역설은 모든 계시가 그것을 나타내는 매개물에 의해서 제한을 받는다는 사실에 근거한다. 최종적 계시의 물음은 계시의 매개물에 대한 것, 곧 그 매개물이 자신의 유한한 조건들을 단념함으로써 그것들을 극복하는지, 그리고 그것들을 가지고서도 그 자신을 극복하는지에 대한 물음이다. 최종적 계시의 전달자인 그는 자신의 유한성, 곧 자신의 생명뿐 아니라 자신의 유한한 능력과 지식 및 완전함을 포기해야만 한다. 그는 그러한 것을 포기하면서 자신이 최종적 계시의 전달자(고전적인 용어로 표현하자면 "하나님의 아들")임을 확증한다. 그는 자신이 드러내는 신비를 완벽히 투명하게 보여준다. 하지만 그가 자신을 완벽하게 포기하기 위해서는 그 자신을 완벽하게 소유해야만 한다. 그리고 오직 그런 사람만이 분리와 왜곡 없이 자기 존재의 근거와 의미와 완벽하게 하나 된 그 자신을 소유할 수 있다(그리고 포기할 수 있다). 우리는 그리스도로 나타난 예수의 모습에서 이러한 특성들을 소유한 인간의 모습을 본다. 따라서 우리는 그에게서 최종적 계시의 매개물이라고 부를 수 있는 인간의 모습도 본다.

성서는 예수를 그리스도로 기록하고 있는데(신약성서 외에는 예수에 관한 기록은 없다), 예수는 자신의 유한한 본성을 궁극적인 것으로 주장하도록 자신을 유혹하여 악마적인 존재로 만들려고 한 권세들을 정복함으로써 그리스도가 되셨다. 이러한 권세들은 예수가 계시의 매개물이 되어서 자기 자신을 희생하려는 것을 하지 못하도록 그를 꼬드겼다. 그들은 종종 예수의 제자들로 나타나곤 했다. 그러한 권세들은 예수가 십자가를 짊어지지 않기를 바랐다(참조. 마 16장). 그들은 예수를 사람들이 섬기는 우상숭배의 대상으로 만들고자 했다. 우상숭배는 참된 계시를 왜곡하는 것이다. 그것은 계시의 매개물을 계시 자체의 지위까지 높이는 것이다. 거짓 예언자들과 이들을 도와주는 사제들이 우상을 숭배했지만, 이스라엘의 참 예언자들은 그들에 맞서 끊임없이 싸웠다. 이러한 싸움은 계시의 역사에서 역동적인 힘으로 작용했다. 그것을 보여주는 고전 문헌이 구약성서다. 그리고 이런 이유로 구약성서가 예수를 그리스도로 계시하는 것과 분리될 수 없는 일부분이 된다. 하지만 신약성서와 교회의 역사는 동일한 갈등을 보여준다. 종교개혁 시대에 예언자들의 정신은 마성적으로 왜곡된 사제들의 체제를 공격했고 기독교가 발전하면서 일어난 것 중 가장 처참한 분열을 낳았다.

바울에 따르면, 세상을 지배하고 종교를 왜곡하는 마성적이고 우상숭배적인 권세들은 그리스도의 십자가에 의해서 정복되었다.[10] 예수는 자기 제자들에게 힘과 중요성에서 메시아적인 것으로 인상을 심어주었던 계시의 매개물을 십자가에서 단념했다. 이것은 우리에게 다음과 같은 것을 의미한다. 곧 우리는 예수를 따를 때 그 안에 있는 유한한 모든 것의 권위와 그와 관련한 특별한 전통들, 개인적인 경건, 어느 정도 제한된 세계관, 그리고 그의 윤리를 율법주의적으로 주장하는 이해에서 자유롭게 되었음을 의미한다. 그는 율법이 아니라 "은혜와 진리"에 의해서만 십자가에 못 박혔다. 그가 자신의 육체, 즉 자신의 역사적 실존만을 희생했을 때, 그는 영 또는 새로운 피조물이 된다. 이러한 것들이 최종적 계시의 기준을 명확하게 보여주는 **역설**이다. 심지어 그리스도는 오로지 자신이 하나님과 동등하다는 것을 주장하지 않았으며 그것을 자신의 소유물로 주장하지 않고 포기했기 때문에 그리스도가 되신다(빌 2장). 기독교 신학은 오직 이것에 근거해서

---

10   역주. 골 2:15.

그리스도로서 예수 안에 나타난 계시의 최종성을 확증할 수 있다. 유한한 어떤 것이 자기 스스로 최종적이라고 주장하는 것은 마성적인 주장이다. 예수는 이러한 가능성을 사탄의 유혹으로 거부했다. 제4복음서의 말씀에 따르면, 그는 자신이 아무것도 갖고 있지 않으며 아버지에게서 모든 것을 받았다고 강조했다.[11] 그는 죽을 때까지 신적 신비를 투명하게 보여주었다. 그의 죽음이 그의 투명성을 최종적으로 드러냈다. 이것은 예수를 중심으로 하는 종교와 신학을 비난한다. 예수는 그리스도로서, 오직 그리스도만으로서 종교적이고 신학적인 대상이 된다. 그리고 그는 단순하게 자신 안에 있는 "예수"를 희생시킨 자로서 그리스도가 된다. 그의 모습에 있는 결정적인 특징은 예수가 된 예수는 그리스도가 된 예수에게 끊임없이 자기를 포기했다는 점이다.

따라서 최종적 계시는 타율적인 것 없이 보편적인 것이 된다. 어떤 유한한 존재도 하나님의 이름으로 다른 유한한 존재들에게 그 자신을 강요할 수 없다. 기독교의 무조건적이고 보편적인 주장은 다른 종교들보다 그 자신의 우월성에 근거하지 않는다. 기독교는 그 자신이 최종적인 것이 되지 않으면서 최종적 계시를 증언한다. 기독교로서의 기독교는 최종적인 것도 아니고 보편적인 것도 아니다. 하지만 그것이 증언하는 것은 최종적인 것이며 보편적인 것이다. 기독교는 교회의 자기 확증이나 전통의 자기 확증을 선호해서 이러한 중요한 변증법을 망각하지 말아야 한다. 소위 자유주의 신학이 그러한 자기 확증에 맞서서 하나의 종교가 최종성을 주장하거나 심지어 우월성을 주장할 수 있다는 점을 부정한 것에서는 옳았다. 나사렛 예수가 그리스도가 된 예수에게 자신을 희생했다고 주장하지 않는

---

11   역주. 요 12:49; 17:7.

기독교는 다른 많은 종교 중 하나의 종교에 불과하다. 그런 기독교는 최종성에 대해 어떤 정당한 주장도 할 수 없다.

2. 그리스도로서의 예수 안에 나타난 최종적 계시

조직신학의 순환 논리의 특징에 일치하여, 최종적 계시의 기준은 기독교가 최종적 계시라고 간주한 것, 곧 그리스도로서 예수의 출현에서 나온다. 신학자들은 이러한 순환 논리를 인정하는 것을 두려워하지 말아야 한다. 그것은 단점이 아니다. 오히려 그것은 신학의 실존적 특성을 표현하는 데 필요한 것이다. 그것은 두 가지 방식으로 최종적 계시를 묘사한다. 첫 번째, 그것은 모든 가정된 계시 혹은 실제 계시의 기준이 되는 추상의 원리의 관점에서 묘사한다. 두 번째, 그것은 최종적 계시의 발생을 반영하는 구체적인 설명의 관점에서 묘사한다. 앞 장에서는 추상의 원리를 설명했고, 이번 장에서는 추상의 원리가 구체적인 것에서 실현되는 것을 묘사할 것이다.

신약성서가 예수를 그리스도로 보고하는 것과 해석하는 것은 모두 두 가지 중요한 특징, 곧 예수와 하나님의 하나 됨과 그가 이 하나 됨에서 얻을 수 있는 것을 희생한다는 특징을 보인다. 첫 번째 특징은 복음서에서 분명하게 나타난다. 곧 복음서는 예수가 인간 삶의 모호함에 참여하지만 모든 존재의 근거가 되는 것과 깨질 수 없는 존재의 일치를 이루고 있음을 보고한다. 예수가 그리스도로 존재하는 것은 하나님에 의해서 매번 결정된다. 그는 자신의 말과 행위 및 고난과 최후의 말에서 자신이 그리스도임을, 곧 신적 신비로서 나타내는 것을 투명하게 보여준다. 공관복음서는 사탄들의 공격에 맞서서 예수와 "성부"의 이런 하나 됨을 적극적으로 유지하고 있음을 강조하지만, 제4복음서는 예수와 "성부"의 근본적인 하나 됨을 강조한다. 서신서들은 분리의 힘에 맞서서 하나 됨의 승리를 전제한다. 서신서들이 때때로 사탄들과 벌이는 투쟁의 노력과 수고를 보여주지만, 그것들은 분리의 힘에 맞서서 하나 됨의 승리를 전제한다. 그러나 예수를 최종적 계시의 전달자로 만드는 것은 결코 도덕적·지적·감정적 특성이 아니다. 신약성서 전체의 증언과 구약성서에 나오는 많은 구절이 기대하는 것에 따르면, 예수를 그리스도로 만든 것은 그 안에 하나님이 현존하신 것이다. 예수의 말과 행위 및 고통은 이런 현존의 결과다. 그것들은 예수의 존재가 된 새로운 존재가 표현한 것들이다

예수와 하나님의 하나 됨은 성서의 저자들이 두 번째로 강조한 점, 곧 예수는 하나님과의 하나 됨을 자신의 유익을 위한 수단으로 이용하려는 모든 유혹을 무찌르고 거둔 승리를 포함한다. 예수는 자신이 하나님께 지명된 메시아임을 사람들에게 알리라는 사탄의 유혹에 굴복하지 않았다. 그 유혹이 성공했다면 그는 메시아의 기능을 박탈당했을 것이다. 예수가 자신의 생애 동안에 그리고 죽는 순간에 십자가를 받아들인 것은 그와 하나님의 하나 됨, 즉 그가 존재의 근거임을 완벽하게 보여주는 결정적인 시험이었다. 제4복음서는 오직 십자가 처형의 관점에서 다음과 같은 예수의 말을 전한다. "나를 믿는 자는 **나**를 믿는 것이 아니다"(요 12:44). 예수는 끊임없이 십자가를 받아들이면서 육, 즉 역사적 개인으로서의 자신을 포기하고 "영"이 되었다(고후).[12] 이런 그의 희생은 하나의 유한한 존재로서 그를 다

---

12   역주. "그러므로 이제부터 우리는 아무도 육신의 잣대로 알려고 하지 않습니다. 전에는 우리가 육신의 잣대로 그리스도를 알았지만, 이제는 그렇지 않습니다"(고후 5:16, 새번역). "주님은 영이십니다. 주님의 영이 계신 곳에는 자유가 있습니다. 우리는 모두 너울을 벗어 버리고, 주님의 영광을 바라봅니다. 이렇게 해서, 우리는 주님과 같은 모습으로 변화하여, 점점 더 큰 영광에 이르게 됩니다. 이것은 영이신 주님께서 하시는 일입니다"(고후 3:17-18, 새번역).

른 유한한 존재들에게 강요하려는 모든 시도를 끝낸 것이다. 달리 말해 그 것은 예수론(Jesusology)이 끝났음을 의미한다. 나사렛 예수가 최종적 계시 의 매개물이 되었다. 그가 그리스도가 된 예수에게 완전히 자신을 희생했 기 때문이다. 그는 많은 순교자와 많은 일반인이 했던 것처럼 자신의 삶을 희생했을 뿐 아니라 자신 안에 있으며 자신과 관련된 모든 것을 희생했다. 그는 그 모든 것을 가지고 사람들로 하여금 자신과 그들보다 좀 더 위대한 것이 된 자신 안에 있는 것에 이르게 하기보다는 "압도적인 인격"이 된 그 에게 이르게 할 수 있었다. 이것이 "예수의 아들"이라는 상징이 의미하는 것이다(이 책 제3부 제2장의 기독론 부분을 보라).

최종적 계시는 모든 계시처럼 황홀경과 기적의 상관관계 안에서 일 어난다. 계시적 사건은 예수가 그리스도가 된 것을 의미한다. 예수는 최종 적 계시의 기적이 일어난 것을 말하며 그를 받아들이는 것은 최종적 계시 의 황홀경을 경험하는 것을 말한다. 그가 출현한 것은 역사적(이며 참여하는 자연적인) 힘들이 중요한 자리를 차지한 것이다. 그것은 인간 역사의 황홀 한 순간이고, 따라서 인간 역사의 중심이 되며 모든 가능한 실제 역사에 의 미를 부여한다. 예수 안에서 완성된 **카이로스**(제5부 2장을 보라)는 최종적 계 시의 자리를 차지한다. 하지만 이것은 예수를 최종적 계시, 즉 메시아, 그 리스도, 위에서 내려온 자, 하나님의 아들, 영, 육신이 된 로고스, 달리 말해 새로운 존재로 받아들인 자들에게만 관련이 있다. 이 모든 용어는 베드로 가 "당신은 그리스도십니다"[13]라고 고백했을 때 처음으로 선언된 주제가 상징적으로 바뀐 것들이다. 베드로는 이런 용어들을 가지고 예수를 최종적 계시의 매개물로 받아들였다. 하지만 이런 수용은 계시 자체의 일부분이

---

13   역주. 마 16:16.

된다. 그것은 역사적 황홀경에 부합하는 마음에서 일어난 기적이다. 또는 용어를 반대로 사용해 말하자면(용어들은 상호교환이 가능하다. 앞의 "d) 계시와 기적"을 보라), 그것은 역사의 기적에 부합하는 마음이 경험한 황홀경이다. 그리스도가 된 예수, 즉 최종적 계시의 기적과 그를 그리스도 또는 최종적 계시로 받아들인 교회는 서로서로 관련을 맺는다. 그리스도는 교회 없이는 그리스도가 아니며, 교회는 그리스도 없이는 교회가 아니다. 최종적 계시는 모든 계시처럼 상관관계적이다.

최종적 계시, 곧 그리스도로서 예수 안에 나타난 계시는 보편적으로 타당하다. 그것은 모든 계시의 기준을 포함하고 그러한 기준 중 **최고의 기준**(*finis*) 또는 **궁극적 목적**(*telos*, 내적 목표)을 포함하기 때문이다. 최종적 계시는 그것에 앞서 존재하거나 뒤에 오는 모든 계시의 기준이 된다. 그것은 이전에 나타난 문화와 종교뿐 아니라 앞으로 나타날 모든 종교와 모든 문화의 기준을 말한다. 그것은 모든 인간 공동체가 하나로 형성된 사회를 위해서도 확실한 기준이 되며 모든 개인의 개체적 실존을 위해서도 확실한 기준이 된다. 그것은 인류 자체에 타당할 뿐만 아니라 형언할 수 없는 방법으로 우주 자체와 관련해서도 의미가 있다. 기독교 신학은 다름 아닌 이것을 주장해야 한다. 누군가 예수가 그리스도라는 메시지의 보편 타당성에서 일부 요소를 없앤다면, 달리 말해 예수가 단지 어떤 한 개인의 성공적인 사례와 같은 것이나 그저 역사의 한 범위에서만 이야기된다면, 그는 최종적 계시라고는 도저히 말할 수 없고 그리스도로 이야기될 수도 없을 뿐 아니라 새로운 존재로 이야기될 수도 없다. 하지만 기독교 신학은 그가 최종적 계시이자 그리스도이며 새로운 존재라고 확언한다. 이는 그가 최종성이라는 그 두 가지 시험, 곧 자기 존재의 근거와 중단되지 않는 하나 됨과 예수로서의 자신을 그리스도로서의 자신에게 내주는 끊임없는 희생이라는 시험을 견뎠기 때문이다.

3. 계시의 역사

"최종적 계시"라고 불리는 사건은 고립된 사건이 아니었다. 그것은 그 사건을 준비하고 그것을 수용하는 계시의 역사를 전제한다. 사람들이 최종적 계시가 발생할 것이라고 기대하지 않았다면 그것은 일어나지 않았을 것이며, 이전에 왜곡되었던 다른 계시들이 선행해서 발생하지 않았다면 사람들은 그것이 일어날 것으로 기대하지 않았을 것이다. 최종적 계시가 그와 같은 것으로 수용되지 않았다면 그것은 최종적 계시가 아니었을 것이고, 그것이 모든 장소의 모든 사람에게 유용하지 않았다면, 그것은 최종적 계시로서의 특성을 상실했을 것이다. 우리는 최종적 계시를 준비하고 수용하는 역사를 "계시의 역사"라고 말할 수 있다.

계시의 역사는 종교의 역사가 아니며 더군다나 유대교와 기독교의 역사도 아니다. 종교의 영역 밖에도 계시가 존재하고 종교에는 계시가 아닌 것도 많이 존재한다. 계시는 종교와 종교 이외의 것을 똑같이 판단한다. 계시의 역사는 발생했던 모든 계시의 역사를 의미하지 않는다. 그와 같은 역사란 존재하지 않는다. 왜냐하면 우리는 계시의 사건에 대해 그 사건과의 실존적 관계에 근거해서만 이야기할 수 있기 때문이다. "모든 계시를 연구하는 역사가"는 단순하게 계시와 관련한 모든 자료를 검토하는 역사가일 수 있다. 계시의 역사는 최종적 계시에 비추어 해석된 역사를 의미한다. 최종적 계시 사건은 준비하는 시기와 수용하는 시기에서 발생하는 계시적 사건들의 중심과 목표 그리고 기원이 된다. 물론 이것은 최종적 계시에 실존적으로 참여하는 이에게만 해당한다. 그의 계시적 경험은 그에게 사실이고 회피할 수 없는 함의를 가진다. 인문주의 신학(humanistic theology)이 계시의 역사를 종교와 문화의 역사와 동일시하고 따라서 최종적 계시라는 개념을 제거하려는 경향이 있지만, 신정통주의 신학과 그와 관련된 자유주의 (예를 들어 리츨 학파의) 신학은 계시와 최종적 계시를 동일시함으로써 계시의 역사를 제거하고자 한다. 후자는 오직 하나의 계시, 즉 예수 그리스도 안에서 나타난 계시만 있다고 말한다. 반면에 전자는 후자에게 모든 곳에 계시가 있으면 그중 어느 것도 궁극적인 계시가 아니라고 대답한다. 우리는 그 두 가지 주장을 모두 거부해야 한다. 실제 계시적 상황에서 최종적인 것으로 수용되지 않는 계시는 직접적인 경험이 아니라 현실로부터 분리된 성찰일 뿐이다. 반대로 역사적 준비 기간을 가진 계시가 최종적인 계시가 아니라며 그것을 부정한다면, 그 계시를 역사적으로 수용해야 하는 필요성은 그 고유한 계시적 사건을 인간의 실존과 역사와 전혀 관련이 없는 낯선 것으로 만들 것이다. 따라서 그것은 인간의 정신적인 삶에도 동화할 수 없다. 그리고 그것이 정신적인 삶을 파괴하거나 정신적인 삶이 그것을 거부할 것이다. "계시의 역사"는 최종적 계시와 필연적 상관관계를 맺는다. 그것은 종교의 역사로 낮게 평가받지도 않을 뿐 아니라 파괴적인 초자연주의에 의해 제거되지도 않는다.

최종적 계시는 계시의 역사를 준비의 시기와 수용의 시기로 나눈다. 준비의 시기에 발생하는 계시는 보편적이다. "보편적"이라는 말은 세 가지 방식으로 잘못 해석될 수 있다. 그것은 모든 특별계시의 사건에서 추상화된 일반적이고 보편적인 법칙이라는 의미에서 사용되는 "일반적"이라는 말과 혼동될 수 있다. 하지만 그러한 일반 법칙은 없다. 계시는 발생하거나 발생하지 않는다. 하지만 그것은 확실하게 "일반적으로" 발생하지 않는다. 그것은 실재의 구조적 요소가 아니다. "일반적"이라는 말과 구별되는 "보편적"이라는 말은 포괄적 주장을 가진 어떤 특별한 사건을 의미한다 (또는 의미할 수 있다). 이런 의미에서 교회는 (모든 이들에게서 추상화된) 일반적임을 의미하지 않고 ("가톨릭"[catholic] 또는 모든 사람에게) 보편적임을 의미한다. "보편적 계시"라는 용어의 두 번째 오해는 자연 계시와 그것을 혼동하는 것이다. 우리가 지금까지 살펴보았던 것처럼 자연 계시란 없다. 우리는 자연을 **통한** 계시만 주장할 수 있다. 그리고 자연을 통한 계시는 특별하고 구체적이다. "보편적"이라는 용어와 관련한 세 번째 오해는 계시는 모든 곳에서 항상 발생한다는 가정이다. 계시의 흔적과 그것의 실존적 특성을 볼 때, 이와 같은 주장은 할 수 없다. 하지만 계시의 보편적 가능성을 배제하는 것 역시 불가능하다. 이런 배제는 계시의 실존적 특성을 부정할 수 있고 심지어 그것은 최종적 계시를 불가능하게 한다.

최종적 계시는 보편적 계시라는 폭넓은 토대 위에서만 발생하고 수용될 수 있다. 보편적 계시가 만들어낸 상징이 없다면, 최종적 계시는 이해될 수 없을 것이다. 보편적 계시가 일으킨 종교적 경험이 없다면, 어떤 범주와 형식들도 최종적 계시를 받아들이지 못할 것이다. 이교 사상뿐 아니라 유대교에 선행하는 계시가 없었다면, 성서의 메시지를 듣는 이들과 읽는 이들은 성서에는 자신들이 이해할 수 없는 용어와 의미가 가득하다고 생각했을 것이다. 기독교의 메시지가 보편적 계시로 쥰비되지 않았다면, 하나님의 말씀을 전하는 선교는 그 누구에게도 이루어지지 않았을 것이다. 더욱이 최종적 계시에 관한 물음이 제기되지도 않았을 것이다. 따라서 그에 대한 대답도 수용되지 않았을 것이다. 누군가가, 예를 들어 신정통주의 신학자가 모든 것은 하나님에게 가능하고 그분이 자신의 계시와 관련해서 인간이 성숙해가는 성숙의 단계에 의존하지 않으신다고 주장한다면, 그는 하나님께서는 인간의 본성과 수용 능력에 맞게끔 인간을 통해 행동하신다는 점을 강조해야 한다. 하나님은 인간을 다른 종류의 존재로 대체하지 않으시며 자신을 계시하기 위해서 어린아이를 다 성장한 사람으로 대체하지 않으신다. 그분은 자신을 인간에게 계시하시고 그를 구원하신다. 그리고 그분은 그렇게 하시면서 인간을 이런 목적에 어울리는 피조된 다른 존재로 대체하지 않으신다. 필요에 따라 대체하는 것은 하나님의 방법이 아니라 사탄의 방법이다. 어떤 계시가 그것을 준비하는 계시의 역사를 알려주지도 않으면서 최종적 계시라고 주장하는 것은 인간에게서 인간성을 말살하는 것이며 하나님을 마성화하는 것이다.

계시의 역사에서 최종적 계시의 준비는 다음과 같이 3중으로 이루어진다. 곧 그것은 보존과 비판 그리고 기대를 통해 수행된다. 어떤 계시의 경험은 계시의 매개물을 성례의 대상으로 변형한다. 그 매개물이 자연계의 사물이든지, 인간이든지, 역사적 사건이든지, 아니면 성스러운 텍스트이든지 상관없이 말이다. 제사장은 그 성스러운 대상을 보존하며 새로운 개인과 새로운 공동체 및 새로운 세대들이 계시의 상황으로 들어가게 함으로써 본래적 계시의 힘을 유지하는 임무를 수행한다. 이후에 나오는 모든 계시 및 최종적 계시가 사용하고 변형하며 확대하는 상징적 요소들은 제사장이 계시적 사건을 보존하고 유지함으로써 증대된다. 이러한 성례전적이고 제사장적인 요소가 없었다면, 어떤 예언자도 새로운 계시의 힘으로 말할 수 없었고, 어떤 신비가도 신적 근거의 깊이를 관조할 수 없었으며, 어떤 의미도 그리스도의 현현에 부여되지 않았을 것이다. 하지만 보편적 계시의 성례전적이고 제사장적인 요소가 매개물과 계시의 내용 사이에서 생긴 혼동의 대상이 된다. 그것은 매개물과 그것의 장점을 계시의 내용으로 만들려는 경향을 가지고 있다. 그것은 마성적인 것이 되려는 경향이 있다. 마성적인 것은 조건적인 것을 무조건적인 것으로 고양시키려 하기 때문이다. 계시를 준비하는 두 번째 단계는 이런 성향에 맞서는 비판적 접근이다. 그것은 세 가지 형태, 곧 신비적·합리적·예언적 형태로 나타났다. 신비주의는 계시의 모든 매개물의 가치를 떨어뜨리고 영혼과 존재의 근거를 직접적으로 하나가 되게 해서 영혼이 유한한 매개물의 도움을 받지 않고 실존의 신비로 들어가게 하려고 마성적으로 왜곡된 성례전적이고 제사장적인 요소를 비판했다. 계시는 영혼의 심연에서 일어난다. 달리 말해서 계시의 객관적 측면은 우연적인 것이 된다. 마성적인 것에 맞선 신비주의의 투쟁은 인류의 많은 부분에 엄청난 충격을 주었고 지금도 그 엄청난 충격은 지속되고 있다. 하지만 최종적 계시를 준비하는 신비주의의 힘은 모호하다. 신비주의는 구체적이고 성례전적인 영역과 그것의 마성적인 왜곡으로부터 인간을 해방시켰다. 하지만 그것은 계시의 구체적인 특성을 제거하여 계시를 실제 인간의 상황과 관련이 없는 것으로 만드는 대가를 지불했다. 그것은 인간에게 실제로 영향을 주는 모든 것보다 인간을 높게 만들었고, 이것은 인간이 시간과 공간에서 궁극적으로 실존하지 않음을 함의한다. 이러한 모호함에도 불구하고 신비주의는 존재의 근거가 심연적 특징을 갖고 있으며 유한한 모든 것을 초월하는 것과 유한한 것을 마성적으로 동일시하는 것을 거부한다. 칸트와 리츨의 계승자들과 신정통주의 신학 학파에 속한 이들이 신비주의 접근이 신비를 향해 나아가며 계시의 구체적인 매개물을 초월하는 세계사적 기능을 가졌음을 인정하지 않고 신비주의 방식의 오용 가능성과 사람들이 그 방식을 잘못 사용한 사례만 지적한 것은 불행한 일이다. 최종적 계시조차도 그 자신의 유한한 상징들을 초월하기 위해서는 신비주의의 시정 능력이 필요하다.

합리적인 접근법은 계시의 상황 밖에 있는 것이며 어떤 계시적 기능도 하지 않는 것처럼 보인다. 정말로 이성은 계시적이지 않다. 하지만 이성을 가진 모든 피조물은 이성의 깊이가 자신 안에 나타나는 것을 내용뿐 아니라 형식에서 느낀다. 계시의 역사에 기여하는 요소들은 문화에서 만들어지는 예술 작품의 양식과 그것의 기본 원리 및 비평과 요구들 안에서 암묵적으로나 명시적으로 나타난다. 그것들은 합리적 창작물이라는 방식에서 혹은 왜곡된 계시에 맞서는 합리적 비판이라는 방식에서 계시적 사건들을 표현함으로써 그것들을 전제한다. 크세노파네스와 헤라클레이토스가 호메로스의 신들을 비판한 것과 플라톤이 고대 그리스 문화에 있는 아폴론적 실체와 디오니소스적 실체를 해석한 것은 합리적인 창작물이 계시적 상황에 영향을 끼친 예들이다. 플로티노스, 에크하르트, 쿠자누스, 스피노자 및 뵈메 같은 이들은 신비주의적 요소와 합리주의적 요소를 결합하여 성례전적 전통을 비판하고 변혁했으며 계시를 새롭게 자리매김해야 한다고 요구했다. 구체적 상징들의 영역을 넘어서는 신비주의적 고양뿐만 아니라 성례전적이고 제사장적인 제도에 맞선 예언적 비판도 합리적 비판들과 결합(또는 협력)할 수 있다. 예언자와 종교개혁가 및 분파주의적 혁명가들이 가진 사회적이고 정치적인 요소는 그들을 움직인 계시 경험과 밀접하게 연결되어 있었다. 그리고 반대로 말하자면, 새로운 계시적 상황에 대한 기대는 종종 정치적 자유와 사회적 정의를 위해 움직인 세속 운동 안에 감춰져 있는 추진력이었다. 보편적 계시는 왜곡된 성례전적 형식과 제도에 맞서 일어난 신비주의적(이고 예언자적인) 반발을 포함할 뿐만 아니라 신비주의와 예언자 운동과 분리되거나 결속한 합리적 반발도 포함한다. 이러한 상황에 비추어 볼 때, 우리는 일반 명제와 관련하여 이성이 만든 창작물, 즉 인간의 문화생활이 계시의 역사에 간접적으로 참여하는 것을 배제하는 신학을 거부해야 한다.

하지만 보편적인 예비적 계시가 발전하도록 결정적인 역할을 한 것은 예언자가 왜곡된 성례주의를 공격한 것이다. 구약성서의 예언자들 혹은 구약성서와 신약성서 대부분에 나오는 예언하는 영에만 예언자 운동을 제한하는 것은 정당하지 않다. 예언자적 비판과 약속은 교회의 역사 전체에서 작동한다. 특히 그것들은 수도원 운동과 종교개혁 및 복음주의적 급진주의(evangelical radicalism)에서 작동한다. 그것들은 조로아스터와 고대 그리스의 몇몇 밀교 및 이슬람 그리고 많은 소규모 개혁 운동들처럼 기독교 이외의 종교적 혁명과 단체들에서도 유효하다. 그런 모든 것과 신비주의를 구별하는 것으로서 그것들 안에 들어 있는 공통의 특징이 기존의 성례전적 제도를 공격하게 하는 구체적인 토대가 된다. 예언자적 비판과 약속은 그 공통의 특징을 평가절하하지 않는다. 그것들은 그 특징보다 자신을 우월한 것으로 생각하지 않는다. 그것들은 존재의 근거와 하나 되는 것을 요구하지 않는다. 그것들은 계시의 구체적인 매개물과 구체적인 성례전적 상징 그리고 제사장적 제도들을 신적인 법에 따른 판단에 종속시킨다. 그것들은 신적인 법에 마땅히 종속되어야 한다. 그것이 하나님의 법이기 때문이다. 예언자 운동은 신적인 형식의 힘으로 실재를 형성하고자 애쓴다. 그것은 신적인 심연을 위해서 실재를 초월하지 않는다. 그것은 (미래가 초월적인 것으로 이해될지라도) 미래에서 이루어질 완성을 약속하고, 신비주의가 제시하는 것처럼 시간의 모든 순간에 똑같이 근접해 있는 영원성을 제시하지 않는다.

하지만 예언자 중 가장 큰 예언자로 이야기된 모세부터 옛 시대의 가장 큰 자로 이야기된 세례 요한까지 이스라엘의 예언자들에게는 고유한 것이 있다. 이스라엘의 예언자를 통해 전해진 계시는 최종적 계시를 직접적이고 구체적으로 준비한 것이며 그것은 최종적 계시와 분리될 수 없다는 것이다. 보편적 계시 자체는 최종적 계시를 직접적으로 준비한 것으로 볼 수 없다. 구약성서의 예언자 운동이 비판하고 변형한 보편적 계시만이 그러한 최종적 계시를 준비할 수 있다. 보편적 계시 자체는 최종적 계시를 준비할 수 없다. 최종적 계시는 구체적이기 때문에 단 **하나의** 구체적 발전만이 최종적 계시를 직접적으로 준비할 수 있다. 그리고 최종적 계시가 모든 계시의 기준이 되기 때문에, 최종성이라는 기준은 비록 단편적이고 예견적이라 할지라도 고안되고 적용되어야 한다. 초기 교회가 예수를 그리스도로 받아들였을 때, 그들은 제2이사야서가 제시하는 것과 같은 기준의 안내를 받았다.[14] 유대교의 예언자 운동이 가르친 역설을 배운 이들이 없었다면, 십자가의 역설은 이해될 수 없었고 수용될 수도 없었다. 따라서 초기 영지주의부터 최근의 나치즘까지 신약성서와 구약성서를 분리하려는 이들이 기독론적 역설, 곧 신약성서의 핵심을 상실했다는 것은 놀라운 일이 아니다. 그들은 최종적 계시를 보편적 계시의 예시 중 하나로 간주했고, 구약성서의 종교를 열등한 형태의 이교 종교 중 하나로 비난했다. 그들은 그것을 유대인들의 종교적 민족주의를 표현한 것으로 이해했다. 하지만 이것은 구약성서를 완전히 오해한 것이다. 구약성서는 확실히 유대 민족주의로 가득하지만, 구약성서에서 민족주의는 맞서 싸워야 할 대상으로 반복해서

---

14   역주. Tillich는 사 41장을 본문으로 "우리는 두 가지 질서 속에서 살고 있습니다"(We Live in Two Orders)라는 제목의 설교를 했는데, 이 설교에서 제2이사야가 제시하는 역설을 다음과 같이 말한다. "역사의 질서를 초월한 질서는 신적 질서입니다. 그리고 그것은 역설적입니다. 인간은 풀과 같지만, 사람들에게 선포된 하나님의 말씀은 영원히 서 있을 것입니다. 인간은 죄와 처벌의 법 아래에 서 있지만, 신적 질서는 그 질서를 깨뜨리고 용서를 가져다주십니다. 인간은 도덕적 선함과 청년의 힘의 정점에서 떨어져 실신하지만, 인간이 떨어져서 가장 약할 바로 그때, 인간은 피로함 없이 달리게 되고 독수리 같은 날개로 날아오를 것입니다. 하나님께서 인간의 가정과 가치 평가를 초월하여 행동하십니다. 하나님은 놀랍게, 예상치 못하게 역설적으로 행동하십니다. 역사적 질서의 부정적 특징은 신적 질서의 긍정적 특징입니다. 역사적 질서 속에 있는 약함과 절망, 죄와 비극은 하나님의 질서에서는 강함과 승리가 됩니다." Tillich, *The Shaking of the Foundations*, (Harmondsworth, Middlesex: Penguin Books, 1962), 29.

나타나고 있다. 종교적 민족주의는 거짓 예언자들의 표지다. 참된 예언자들은 정의의 하나님의 이름으로 이스라엘을 책망한다. 다신론에서 신들은 자기를 섬기는 백성이 없으면 힘을 상실할 수 있지만, 정의의 하나님은 힘을 상실하지 않으시고도 부정의를 저지르는 자신의 백성을 버리실 수 있었다. 그분은 정의의 신으로서 보편적인 분이시다. 이스라엘 백성이 정의를 어겼을 때, 그들이 그분과 맺은 특별한 관계에 근거해서 그분에게 어떤 것을 주장하더라도 그분은 그것을 거부하신다. "선택받은 백성"이라는 용어는 국가적 오만함을 표현하는 것이 결코 아니다. 선택받았다는 사실에는 하나님의 약속을 지키지 않을 경우 이스라엘 백성은 하나님께 거부되어 파괴될 것이라는 영원한 위협과, 그들이 선택이라는 언약을 지키기 위해 파괴될 수 있음을 수용해야 한다는 요구가 포함되어 있다. 선택과 멸망은 하나로 묶여 있다. 그 결과 어떤 유한한 존재, 무리 또는 개인은 존재의 신비를 중재하는 매개물 이상의 존재로 간주해서는 안 된다. 하지만 어떤 무리나 개인이 이런 긴장을 견딘다면, 그들의 멸망은 다름 아닌 그들의 완성이 될 것이다. 이것은 예언자들의 책망을 초월한 그들의 약속이 의미하는 바다. 이 약속은 "행복한 결말"과 관련된 문제가 아니다. 경험적으로 말해서 선택받은 민족 또는 최종적 계시를 받을 선택받은 자에게는 행복한 결말이 존재하지 않는다. 하지만 "경험적으로 말해서"라는 말은 예언자들이 전하는 형식이 아니다. 예언자들은 "이성의 깊이"와 그것의 황홀경적 경험을 표현하는 용어로 말한다.

예언자들이 왜곡된 성례주의에 맞서서 투쟁을 벌이는 과정에서, 보편적 계시에 있는 계시의 요소들이 수용되고 발전되며 그리고 변형된다. 왜곡된 표현은 거부되거나 정화된다. 이런 과정은 이스라엘 역사의 모든 시기에서 일어났고 신약성서와 교회의 역사에서 중단되지 않았다. 최종적 계시가 예비적 계시(preparatory revelation)를 역동적으로 수용하고 거부하며 변형하는 과정이 일어났다. 이런 과정을 고려할 때, 구약성서를 보편적 계시에서 분리하는 것은 불가능하다. 구약성서를 최종적 계시의 구체적이고 유일한 준비로 해석하지 않고 최종적 계시 자체의 문서로, 곧 일종의 신약성서를 예상한 것으로 해석하는 것이 불가능하고 불합리한 것처럼 말이다. 수용과 거부 그리고 변형은 모두 구약성서가 보편적 계시로 나아가는 운동을 의미하고, 신약성서가 보편적 계시**와** 구약성서로 나아가는 운동을 의미한다. 계시 역사의 역동성은 기계적 영감설과 초자연적 영감설을 거부한다.

유대 민족 전체도, 예언자들이 종종 언급했던 소수의 "남은 자" 무리도, 계시의 내용과 매개물을 동일시하는 것을 극복할 수 없었다. 이스라엘의 역사는 어떤 집단도 최종적 계시의 전달자가 아니었다는 것과 완전한 자기희생을 수행하지 못했음을 보여준다. 획기적인 대전환과 완전한 자기포기는 한 개인의 삶에서 반드시 일어나거나 전혀 일어나지 못한다. 기독교는 그것이 일어났고 그것이 일어난 순간은 계시 역사의 중심이 되며 간접적으로 모든 역사의 중심이 된다고 주장한다.

계시 역사의 중심은 그 전체 과정을 예비적 계시와 수용적 계시로 구분한다. 수용적 계시의 전달자는 교회다. 수용적 계시의 시기는 교회의 탄생과 함께 시작되었다. 기독교의 판단에 따르면, 교회 밖의 모든 종교와 문화들은 여전히 준비하는 시기에 머물러 있다. 더욱이 기독교 국가와 교회에는 분명하게 준비하는 단계에 있는 많은 집단과 개인이 있다. 그들은 최종적 계시의 메시지가 가진 의미와 힘을 결코 받아들이지 않는다. 교회들 자체도 자신들의 제도와 행위에서 준비 단계로 역행할 영원한 위험 가운데 있다. 그런 위험은 실제로 반복해서 현실화된다. 그럼에도 교회는 최종적 계시에 근거하고 수용하며 해석하고 현실화하는 끊임없는 과정 가운데 그것을 받아들여야 한다. 이것이 계시의 표지를 가진 계시의 과정이다. 교회에 하나님의 영이 현존하는 것은 계시적이다. 하지만 그것은 의존적 계시의 모든 표지를 소유하고 있는 의존적 계시다. 비록 최종적 계시의 수용과 해석 및 변형이 모든 시대와 집단 그리고 개인들 안에 새로운 상관관계를 창조하지만, 하나님의 영이 교회에 현존하는 것은 모든 세대의 의미와 힘을 주는 최종적 계시의 사건에 의존한다. 비록 계시가 하나님의 영을 통해 일어나고, 그 영은 항상 그리스도 예수의 영이지만, 수용하는 계시 역시 **계시다**. 교회는 이 계시가 중단될 수 없고, 그것은 자신 안에 개혁의 힘을 갖고 있으며, 어떤 새로운 근원적 계시도 최종적 계시의 사건을 능가할 수 없다고 실천적으로 그리고 이론적으로 주장하면서 "신앙의 위기"를 무릅쓴다. 기독교는 이런 신앙에 기초하여 그것은 원리상 종결되었다고 주장한다. 비록 근원적 계시의 역사가 계시 역사의 중심을 아직 인정하지 않는 장소에서 여전히 무한정 지속되고 있지만 말이다. 하지만 최종적 계시가 수용된다면, 계시의 과정은 중단되지 않고 역사의 종말까지 지속된다.

4. 계시와 구원

계시의 역사와 구원의 역사는 동일한 역사다. 계시는 구원이 있는 곳에서만 받아들여질 수 있고 구원은 계시와의 상관관계 안에서만 일어날 수 있다. 이런 주장들은 지적이고 비실존적인 계시 개념이나 개인주의적이고 비역동적인 구원 개념과 모순될 수 있다. 조직신학은 이 두 가지 개념을 철저하게 거부해야 하며 그 두 가지 개념을 가지고 계시와 구원을 구분하려는 모든 시도 역시 거부해야 한다.

계시가 부분적으로는 지적인 작업을 통해서, 그리고 부분적으로는 의지를 권위에 복종시켜서 받아들일 수 있는 "신적인 문제"와 관련한 정보를 의미하는 것으로 이해된다면, 구원 없는 계시가 있을 수 있다. 정보를 받아들이는 이가 실존에서 전혀 변하지 않아도 정보를 받을 수 있다. 황홀경도 기적도 계시의 상황과 관련한 이런 개념과는 전혀 관련이 없다. 하나님의 영은 불필요한 존재이거나 혹은 초자연적 정보제공자인 동시에 객관적·비실존적 진리의 교사가 된다. 성서는 계시의 상황과 관련한 이런 개념을 정확히 반대한다. 그것은 계시와 구원이 분리될 수 없음을 분명하게 주장한다. 모세는 계시가 주어지는 상황이 되는 거룩한 땅 위로 나아가기 전에 신을 벗어야만 했다. 이사야는 소명의 계시를 받기 전에 죄의 사함을 받고자 자신의 입술을 숯불로 정결하게 했다. 베드로는 예수가 그리스도라는 무아지경의 진술을 할 수 있기 전에 자신의 고향을 떠나 예수를 따라야만 했다. 바울은 그리스도인이자 사도가 되는 계시를 받았을 때 자신의 온 존재가 바뀌는 변혁을 경험해야만 했다.

하지만 어떤 이는 이러한 일이 획기적인 대전환을 경험한 이후에 다른 이들을 계시의 상황으로 이끄는 위대한 종교적인 인물들에게만 일어난다고 말할 수 있을 것이다. 그들에게 계시는 자신들에게 구원의 결과를 가져오거나 가져오지 않을 수 있는 것을 양도받는 진리의 담보가 된다. 이런 해석이 수용된다면, 계시적 진리는 수용자와 무관한 것이고, 개인이 구원을 받는지 받지 못하는지의 결과는 개인이 결정할 운명의 문제가 된다. 달리 말해 그것은 계시 자체에 아무런 의미가 없다. 분명하게 교회적이거나 교리적인 권위주의적 제도들은 그러한 논증을 매우 선호한다. 그것들은 계시의 내용을 소유물처럼 다룬다. 그런 체계에서는 권한을 가진 이들이 계시된 진리를 관리하고, 그것은 그들이 수용해야만 하는 기성품처럼 사람들에게 제공된다. 권위주의적인 체제들은 불가피하게 계시를 지적인 것으로 만들며 의지적인 것으로 만든다. 그것들은 계시적 사건과 그것을 수용하라고 요구받은 이들의 실존적 상관관계를 해체한다. 따라서 그것들은 계시와 구원이 동일시되는 것을 반대한다. 달리 말해 그것은 계시의 실존적 이해, 즉 모든 신자가 계시의 상관관계 안에 창조적이고 변혁적인 참여를 함의하는 이해를 반대한다.

계시와 구원의 동일시에 반대하는 다른 논증은 구원과 계시를 분리시키는 구원 개념에 근거하고 있다. 구원이 시대와 역사를 넘어서 개인의 궁극적 완성을 의미하는 것으로 이해된다면, 역사 안에서 발생하는 계시는 구원과 동일시될 수 없다. 이런 견해에서 구원은 완전하든지 아니면 그것은 조금도 구원이 아닐 것이다. 비록 계시가 구원의 도구가 될 수 있지만, 계시 자체는 구원하는 특성을 갖고 있지 않다. 구원은 실존의 조건에서는 항상 단편적으로 수용되기 때문이다. 이런 구원의 개념은 계시의 주지주의적 개념처럼 분명하게 거부되어야 한다. 구원은 "건강한" 또는 "완전한"을 의미하는 살부스(salvus)라는 라틴어에서 유래했고 그것은 건강한 모든 행위, 예를 들어 병과 귀신들림 및 죄에 얽매임 그리고 궁극적인 사망의 권세로부터의 치유에 적용될 수 있다. 구원은 이런 의미에서 시간과 역사에서 발생한다. 계시가 시간과 역사에서 발생하는 것처럼 말이다. 계시는 예수가 그리스도가 되신 사건에서 흔들리지 않는 객관적 토대를 가지며, 구원은 동일한 사건에 근거한다. 이 사건은 구원의 최종적 힘과 계시의 최종적 진리를 결합하기 때문이다. 실존의 조건에서 살아가는 인간이 계시를 받을 때, 계시는 그에게 항상 단편적으로 주어진다. 구원 역시도 단편적으로 주어진다. 계시와 구원은 계시와 구원의 사건과 관련해서는 최종적이고 완전하며 불변한다. 그것들은 계시적 진리와 구원의 힘을 수용하는 사람과 관련해서는 예비적이고 단편적이며 변하기 쉽다. 우리는 고전 신학의 관점을 따라서 그 누구도 하나님의 영을 통하지 않고서는 계시를 받을 수 없으며, 어떤 이가 하나님의 영에 사로잡히면 그의 인격의 중심이 완전히 바뀐다고 말할 수 있다. 그는 구원의 힘을 받았기 때문이다.

우리는 구원과 계시의 동일시를 반대하는 또 다른 논증을 다루어야 한다. 우리는 그리스도 안에서 나타난 새로운 존재가 가진 구원의 힘을 잃어버린 이는 동시에 계시적 진리를 수용할 수 없는지 질문할 수 있을 것이다. 그는 자신이 정죄 받은 상태에서도 계시를 경험할 수 있다. 그러한 상태에서 구원과 계시는 서로 뚜렷하게 분리된 것처럼 보인다. 하지만 사실은 전혀 그렇지 않다. 루터가 종종 강조했던 것처럼 거부당한 느낌이 구원을 향해 나아가는 첫 번째로 가장 중요한 단계다. 그것은 구원의 과정에서 근본적인 부분을 차지한다. 사람들이 구원받았다는 가장 강한 느낌을 경험하는 순간에서조차도 그것은 절대 사라지지 않는다. 우리가 계시의 책망하는 기능을 경험하는 한, 그것은 구원의 힘이 효과를 발휘하는 것이다. 따라서 죄도 절망도 구원의 능력이 부재한다는 것을 입증하지 못한다. 우리는 궁극적 관심에서 도피하고 우리의 존재를 뒤흔드는 계시의 경험과 우리를 변혁하는 구원의 경험에 저항하는 자기도취의 형태에서 구원의 능력이 부재한다고 표현할 수 있다.

계시와 구원의 동일시는 우리로 하여금 더 많은 것을 생각하도록 만든다. 구원과 계시는 시간과 역사의 과정에서 분명하지 않다. 따라서 기독교 메시지는 상실될 수 없는 궁극적 구원을 말한다. 그것은 존재의 근거와 재결합하기 때문이다. 이 궁극적 구원은 궁극적 계시를 말하며, 종종 "하나님의 전망"으로 묘사된다. 존재의 신비는 시간과 공간에서 나타나는 모든 계시의 역설 **없이**, 그리고 단편적이고 예비적인 것을 넘어서 현존한다. 이것은 고립된 개인을 말하는 게 아니다. 완성은 보편적으로 이루어진다. 분리된 개인이 이룬 유한한 완성은 결코 완성일 수 없다. 심지어 그런 개인들에게조차도 완성이 아니다. 어떤 사람도 그가 모든 사람과 만물의 구원과 분리되어 구원받을 수 있는 그런 방식으로 다른 이들과 그리고 실재 전체와 분리될 수 없기 때문이다. 사람들은 우주를 포괄하는 하나님 나라 안에서만 구원받을 수 있다. 하지만 하나님 나라는 신적인 것이 그 전체를 비추어 모든 것이 완전히 투명해지는 장소를 말한다. 하나님은 자신이 완성하신 나라에서 만유의 주가 되신다. 이것이 궁극적 계시와 궁극적 구원이 완전히 하나가 되는 것을 보여주는 상징이다. 이런 하나 됨을 인정하거나 인정하지 않는 것이 신학의 특징을 알아볼 수 있는 중요한 검사다.

C. 최종적 계시 안에 있는 이성

1. 자율과 타율의 갈등을 극복하는 최종적 계시

계시는 이성의 실존적 갈등에 함축된 물음에 대답한다. 우리는 지금까지 계시의 일반적인 의미와 현실성 그리고 특별히 최종적 계시의 의미와 현실성에 대해 살펴보았지만, 지금부터는 최종적 계시가 실존 안에서 이성이 제기하는 물음과 그것들 사이에서 벌어지는 갈등을 어떻게 극복하는지를 보여주고자 한다.

　계시는 자율과 타율의 본질적인 일치를 재확립하면서 그것들 사이에 벌어지는 갈등을 극복한다. 우리는 지금까지 자율과 타율 그리고 신율이라는 세 가지 개념의 의미가 무엇인지를 논했다. 우리는 이제 어떻게 신율이 최종적 계시에 의해 만들어지는지의 문제를 살펴보고자 한다. 최종적 계시는 자율과 타율이 재결합하는 데 결정적으로 중요한 두 가지 요소, 곧 최종적 계시의 전달자가 드러내는 존재의 근거에 대한 완전한 투명성과 계시의 내용을 전달하는 매개물의 완전한 자기희생을 포함한다. 첫 번째 요소는 자율 이성이 자신의 깊이를 상실하지 않고 공허한 것이 되지 않으며 마성이 침입하지 않도록 그것을 보호해준다. 신적 근거가 예수 안에 그리스도로 나타난 것처럼 모든 형식의 합리적 창조성에 영적인 실체를 제공한다. 그것은 그런 형식에 깊이의 차원을 제공하며, 제의와 신화들에서 이 깊이를 표현하는 상징들로 그것을 결합한다. 최종적 계시의 다른 요소, 곧 유한한 매개물의 자기희생은 타율적 이성이 합리적 자율에 맞서서 자신을 확립하지 못하도록 한다. 타율이란 유한한 존재가 무한한 존재의 이름으로 주장하거나 행사하는 권위를 말한다. 최종적 계시는 그러한 주장을 하지 않으며 그러한 힘을 행사할 수도 없다. 그것이 그러한 주장이나 힘을 행사한다면, 그것은 마성적인 것이 되고 최종적 계시가 되는 것을 그만둘 것이다. 최종적 계시는 타율적인 것과 권위적인 것이 되기는커녕 자유롭게 한다. 예수는 제4복음서에서 "나를 믿는 자는 나를 믿는 것이 아니다"[15]라고 말하면서 자신의 신적 권위를 타율적으로 해석하는 모든 해석을 파괴한다.

　새로운 존재의 공동체인 교회는 새로운 신율이 실현된 장소다. 그곳으로부터 신율이 인간의 문화적 삶 전체에 유입되며 인간의 정신적 생명에 영적 중심(Spiritual center)을 제공한다. 교회가 마땅히 그래야 하는 것처럼, 교회에서는 그 어떤 것도 자율에 반대하는 타율이 아니다. 인간의 정신적 생명이 궁극적으로 통합되는 곳에서 인간의 정신적 생명에 있는 그 어

15　요 12:44.

떤 것도 타율적인 것에 반대하는 자율적인 것이 아니다. 하지만 이것은 실제 인간의 상황과는 다르다. 교회는 새로운 존재의 공동체일 뿐만 아니라 실존의 갈등에 몰입한 이들이 모인 사회학적 집단이기도 하다. 따라서 그것은 타율이 되어 자율적인 비판을 억압하며, 이런 방법에 의해 문화뿐 아니라 교회 자체도 세속화시킬 수 있을 만큼 충분히 강한 자율적인 반응을 일으키는 거의 거부할 수 없는 유혹에 지배를 받는다. 그런 다음에 타율적인 흐름이 다시 악순환을 시작할 수 있다.

하지만 교회는 결코 신율의 힘을 완전히 상실하지 않았다. 교회의 역사에서는 비록 제한적이고 허물어질 수 있었지만 신율이 다른 시대들보다도 훨씬 더 많이 실현되었던 시대가 있었다. 이것은 그러한 시대들이 도덕적으로 훨씬 더 좋았거나 지성적으로 훨씬 더 완전했거나 훨씬 더 철저하게 궁극적 관심을 추구했음을 의미하지 않는다. 오히려 그것은 그러한 시대들이 우리의 정신적 생명이 피폐해지고, 해체되며 악한 세력들이 침범할 수 있는 공허한 마음으로 바뀌지 않도록 "이성의 깊이"와 자율의 근거 및 통합의 근원에 대해 훨씬 더 잘 의식했음을 의미한다.

신율의 시대는 합리적 자율이 법과 지식, 공동체와 예술에서 유지되던 시대를 말한다. 신율이 있는 곳에는 참과 정의로 간주된 그 어떤 것도 희생당하지 않는다. 신율의 시대는 분열의 감정이 아니라 전체와 중심의 감정을 가진다. 신율의 시대는 자율적 자유나 타율적 권위가 아니라 황홀경에서 경험하고 상징으로 표현된 이성의 깊이가 중심이 된다. 신화와 제의는 신율의 시대에 모든 정신적 기능이 하나로 집중되는 통일성을 제공한다. 문화는 교회에 의해 외부에서 지배당하지 않을 뿐 아니라 새로운 존재의 공동체가 문화와 공존할 수 있도록 홀로 남지도 않는다. 문화는 자신의 본질과 통합하는 힘, 곧 상징과 생명을 새로운 존재의 공동체로부터 부여받는다.

신율이 종교적이고 문화적인 상황을 단편적이고 모호하게 결정하는 경우에—예를 들어 중세 초기와 절정기에 그랬던 것처럼—이성은 계시에 종속되지도 않고 그것으로부터 독립되어 있지도 않다. 미학적 이성은 교회의 명령이나 정치적 명령에 복종하지 않을 뿐만 아니라 미학적 이성의 깊이과 분리된 세속적 예술을 창조하지도 않는다. 그것은 자율적인 예술의 형식을 통해 최종적 계시에서 나타나는 새로운 존재를 보여준다. 신율에서 인식적 이성은 권위적으로 강요하는 교리를 발전시키지도 않고 지식을 위한 지식을 추구하지도 않는다. 그것은 참된 모든 것에서 궁극적 관심이 되는 진리와, 존재 자체(being as being)의 진리, 그리고 최종적 계시에 나타나는 진리의 표현을 찾는다. 법률적 이성은 성스럽고 의심할 여지가 없는 법의 체계를 확립하지도 않으며 기술적이고 실용주의적인 용어로 법의 의미를 해석하지도 않는다. 반대로 그것은 사회의 기본법뿐 아니라 특별법을 "하나님 나라의 정의"와 최종적 계시에 현현한 존재의 로고스에 연결한다. 공동체적 이성은 성스러운 교회의 권위나 정치적 권위가 명령하는 공동체의 형식을 수용하지도 않고, 그것은 인간관계가 권력에의 의지나 리비도를 통해 성장하고 쇠퇴하도록 하지 않는다. 그것은 공동체의 형식과 인간관계를 궁극적이고 보편적인 공동체, 곧 사랑의 공동체와 연결하고 권력에의 의지와 리비도를 **아가페**로 변형시킨다. 아주 일반적인 말로 설명하자면, 이것이 신율의 의미다. 이런 원리들을 우리의 문화적 실존의 구체적 문제들에 적용하는 것이 구성적인 문화의 신학의 임무다. 조직신학은 원리를 진술하는 것에 임무가 제한되어야 한다.

낭만주의에는 신율에 대해 수많은 서술, 곧 이상화된 중세 시대의 양식에 따라서 신율을 재확립하려는 수많은 시도가 나온다. 로마 가톨릭교회 역시 새로운 신율을 요구했지만 그것이 실제로 원하는 것은 교회의 타율을 재확립하는 것이다. 개신교는 낭만주의나 로마 가톨릭교회의 용어로 표현된 중세의 양식을 수용할 수 없었다. 그것은 새로운 신율을 기대했다. 하지만 그것을 기대하기 위해서는 신율이 의미하는 바를 알아야만 하고, 중세 시대에서 그 의미를 찾을 수 있었다. 하지만 개신교는 낭만주의에 반대해서 자율적 이성이 의도적으로 새로운 신율을 창출할 수 없음을 알았다. 자율적 이성은 자율과 타율 사이에 벌어지는 갈등에서 어느 한쪽을 지지하며 이 갈등을 극복하지는 못한다. 따라서 신율에 대한 낭만주의 탐구는 최종적 계시를 통해서 그리고 교회와 하나가 되지 않고서는 성취될 수 없다. (특별히 19세기 중반에 두드러졌던) 낭만주의 예술과 철학 그리고 낭만주의 윤리학과 정치학의 붕괴는 새로운 신율이 의도와 선의지의 문제가 아니라 역사적 운명과 은혜의 문제임을 보여준다. 새로운 신율은 자율이 만들어낼 수 없으며 타율이 막을 수 없는 최종적 계시가 낳은 결과다.

2. 절대주의와 상대주의의 갈등을 극복하는 최종적 계시

최종적 계시는 이성을 파괴하지 않는다. 그것은 이성을 완성한다. 그것은 새로운 신율에 대한 근거를 제시함으로써 타율과 자율 사이에 벌어지는 갈등에서 이성을 자유롭게 한다. 그리고 그것은 구체적인 절대주의 형식으로 나타나면서 절대주의와 상대주의 사이에 일어나는 갈등에서 이성을 자유롭게 한다. 그리스도로서 예수 안에 현현한 새로운 존재 안에 있는 모든 가능한 형태의 구체적인 것 중 가장 구체적인 것, 즉 한 개인의 삶이 조건과 제약 없는 절대적인 것의 전달자가 되었다. 이 구체적인 개인의 삶은 비판철학이나 실용주의가 성취할 수 없는 것, 즉 실존적 이성의 대립하는 양극단을 통합하지 못하는 일을 성취했다. 비판철학은 그 자체의 원리가 갖는 단순한 형식적 특성을 강조하면서 자신에게는 절대주의적 요소가 없다고 자기 자신을 속여 왔는데, 이와 마찬가지로 실용주의는 모든 것에 완전히 개방되어 있음을 강조하면서 자신에게는 절대주의적 요소가 없다고 자기 자신을 속인다. 그것 중 어떤 것도 충분히 근본적으로 그 문제를 직시하지 않는다. 그것들은 모두 해결책을 제시하지 못하기 때문이다. 그 해결책은 이성의 구조가 아니라 이성의 깊이에서만 나올 수 있다. 달리 말해 그것은 최종적 계시에서만 나올 수 있다.

우리는 완벽하게 구체적인 것과 완벽하게 절대적인 것이 하나로 결합한 논리적 형식을 역설이라고 말한다. 최종적 계시에 관한 모든 성서적이고 교회적인 주장들은 역설적 특성을 가지고 있다. 그것들은 평범한 의견을 예비적으로 그리고 절대적으로 초월한다. 그것들은 이성의 구조의 관점에서 표현될 수 없고 이성의 깊이의 관점에서 표현되어야 한다. 그것들이 평범한 용어로 표현된다면, 논리적으로 모순되는 진술이 나타난다. 하지만 이러한 모순들은 역설이 아니다. 그 누구도 그것들을 모순으로 "감수하라"고 요구받지 않는다. 그러한 요구는 불가능할 뿐만 아니라 해롭다. 역설은 그 모순되는 형식이 제시하는 실재를 말한다. 그것은 존재의 신비가 시간과 공간 그리고 실존의 조건 아래서 완전한 역사적인 구체성을 가지고서 보편적으로 현현하는 것을 말하는 놀랍고 초자연적이며 황홀한 방식을 가리킨다. 최종적 계시는 논리적으로 무의미한 것을 가리키지 않는다. 그것은 합리적 차원에서 모순되는 용어로 표현되어야만 하는 구체적인 사건을 말한다.[16]

---

16 테르툴리아누스 이후 일부 신학자들이 모든 참된 그리스도인에게 지성을 스스로 파괴하는

최종적 계시의 구체적인 측면은 예수가 그리스도라는 묘사에 나타난다. 역설적인 기독교의 주장은 다음과 같은 것을 의미한다. 곧 그런 묘사는 무조건적이며 보편적인 타당성을 가지고 있고, 그것은 실증주의적이거나 냉소적인 상대주의의 공격을 받지 않으며, 그것은 전통적인 의미에서든지 혁명적인 의미에서든지 절대주의적이지 않고, 그것은 비판적인 절충이나 실용주의적인 절충에 의해서 성취될 수 없음을 의미한다. 그런 묘사는 고유하며 이런 모든 갈등의 요소들과 실존주의적 이성의 방식을 넘어선다. 이것은 무엇보다도 이런 묘사가 의미하는 특별한 특성이 절대적인 법으로 사용될 수 없음을 함의한다. 최종적 계시는 우리에게 절대적 윤리와 절대적 교리 혹은 개인과 공동체의 삶을 위한 절대적 이상을 제시하지 않는다. 그것은 절대적인 것을 보여주는 모범들을 제시할 뿐이다. 그러한 모범들 자체가 절대적인 것은 아니다. 비록 교회가 구체적 절대자에게 근거하고 있지만, 그 역설적 의미를 지속적으로 왜곡하고 그 역설을 인식적이고 도덕적인 특성의 절대주의로 변형시키려는 경향이 있는 것은 모든 삶의 비극적 특성과 관련이 있다. 이것은 상대주의적 반응을 필연적으로 불러일으킨다. 예수가 이론적이고 실천적인 절대 진리를 가르치는 신적 교사로 이해된다면, 그의 모습이 가진 역설적 본성은 오해를 받는다. 이런 오해와 반대로 그가 당대의 상황과 자신의 인격에 제약을 받은 종교의 창시자로 이해된다면, 그는 똑같이 오해를 받는다. 첫 번째 경우에는 구체성이 희생되고, 두 번째 경우에는 절대성이 희생된다. 두 가지 경우에는 모두 역설

행위로 무의미를 "하나님의 의미"로 수용하라고 요구하면서 단어들의 무의미한 조합에 몰두했던 것은 나쁜 신학일 뿐만 아니라 일종의 금욕주의적 교만이기도 하다. 십자가의 "미련함"(바울)은 선한 사역과는 아무런 관련이 없고 실제로는 이성을 희생시키는 악마의 "사역"과 관련이 있다.

이 사라진다. 그리스도로서 예수 안에 나타난 새로운 존재는 최종적 계시의 역설이다. 예수의 말과 사도들의 증언이 이 새로운 존재를 보여준다. 예수와 사도들은 이야기와 전설 및 상징, 역설적 묘사와 신학적 해석을 통해 그 존재를 보여준다. 하지만 최종적 계시의 경험에 관한 이런 표현 중 그 어느 것도 최종적이지 않으며 그 자체가 절대적이지도 않다. 그것들은 모두 제한적이고 상대적이며 수정될 수 있고 첨가될 수도 있다.

최종적 계시의 절대적 측면, 곧 무조건적이고 수정될 수 없는 측면은 최종적 계시를 보여주는 매개물의 완전한 투명성과 완전한 자기희생을 포함한다. 예수가 그리스도가 된 사건에 일어난 모든 구체성은 그런 특성들을 보여준다. 예수가 직면했던 상황과 그가 그 상황에서 보여준 그 어떤 행동도 반드시 따라야 하는 교리적 성품이나 도덕적 성품의 절대주의를 규정하지 않았다. 상황과 행위는 모두 투명했고 그 자체가 구속력을 갖고 있지 않다. 비록 그것들은 절대적인 것이 될 가능성이 있지만, 그것들이 발생한 순간에 희생된다. 한편 예수 그리스도를 사유와 행위의 절대적인 입법가로 만드는 사람과 다른 한편으로 그를 상대주의적인 입법가로 만드는 사람은 혁명적인 반역을 위한 수문을 열게 된다. 그 두 가지는 모두 정당화된다. 하지만 최종성의 기준을 견뎌낼 수 있는 절대적인 법이 있다. 그것은 자기희생의 행위를 부정하기보다는 성취하기 때문이다. 사랑의 법은 궁극적인 법이다. 그것은 법을 부정하기 때문이다. 사랑의 법은 절대적이다. 그것은 구체적인 모든 것에 관심을 기울이기 때문이다. 절대주의와 상대주의의 갈등을 극복하는 최종적 계시의 역설은 사랑이다. 예수 그리스도의 사랑은─하나님의 사랑의 현현이며 오직 이것만이─자신과 세계 안에 있는 구체적인 모든 것을 포용한다. 사랑은 언제나 사랑으로 존재한다. 달리 말해 그것은 정적이고 절대적인 측면을 보여준다. 하지만 사랑은 언제나 사랑받는 대상에 의존한다. 따라서 그것은 가정된 절대자의 이름으로 유한한 존재에게 유한한 요소를 강제할 수 없다. 사랑의 절대성이란 사랑이 구체적인 상황 안으로 들어가며 구체적인 곳에서 곤경을 발견하는 그 힘을 의미한다. 따라서 사랑은 절대자를 위한 싸움에서 결코 광신적인 것이 될 수 없으며 상대적인 것의 충격에 휩싸여 회의주의적인 것이 될 수도 없다. 이것은 합리적 창조성과 관련한 모든 영역을 말한다. 최종적 계시의 역설이 있는 곳에는 인식적인 절대자도, 미학적인 절대자도, 법적인 절대자도, 공동체적 절대자도 존재할 수 없다. 하지만 사랑은 인식적 회의주의나 미학적 무질서나 무법 상태나 소외를 낳지 않으면서도 그것들을 정복한다.

최종적 계시가 행동을 가능케 한다. 모든 행동에는 역설적인 측면이 있다. 행동은 항상 절대주의와 상대주의 간의 갈등에 직면한다. 그것은 결정에 따라 달라진다. 하지만 어떤 것을 참 또는 선으로 결정하는 것은 무수한 다른 가능성을 배제하는 것을 의미한다. 모든 결정은 어떤 점에서는 절대적이며 (판단도 하지 않고 행동도 하지 않는) **판단유보**(epochē)라는 회의주의적 유혹에 저항한다. 그것은 위험하고, 존재의 용기에 근거하며, 배제된 가능성에 위협을 당한다. 배제된 가능성들이 선택된 가능성들보다 훨씬 더 좋고 참될 수 있다. 이런 가능성들은 종종 매우 해로운 방식으로 복수한다. 그리고 아무런 행동을 취하지 않는 방식으로 도피하는 게 어떨까 하는 생각이 아주 강하게 유혹의 손길을 내민다. 최종적 계시는 모든 결정과 행동이 절대주의적 특성과 상대주의적 운명 사이에서 벌어지는 갈등을 정복한다. 그것은 바른 결정이 바른 결정이기 위해서는 자신의 주장을 희생해야만 한다는 사실을 보여준다. 바른 결정이란 없다. 그저 시도와 패배 그리고 성공만 존재할 뿐이다. 하지만 사랑에서 출발한 결정들이 **있다.** 이런 결정들은 절대성을 단념함으로써 상대성에 빠지지 않는다. 그것들은 배제된 가능성들이 복수해올까 노심초사하지 않는다. 그들에게 마음을 열고 있었고 여전히 마음을 열고 있기 때문이다. 어떤 결정도 폐기될 수 없다. 어떤 행위도 완성되지 않는다. 하지만 사랑은 실패로 입증된 결정과 행위에게조차도 의미를 부여한다. 사랑의 실패는 판단유보에 빠지지 않고 절대주의와 상대주의를 넘어서 새로운 결정으로 나아간다. 최종적 계시는 적극적 결정을 내릴 때 절대주의와 상대주의 사이에서 벌어지는 갈등을 극복한다. 사랑은 배제된 가능성들의 복수를 정복한다. 사랑은 사랑으로서는 절대적인 것이고 모든 사랑의 관계에서는 상대적인 것이다.

3. 형식주의와 감정주의의 갈등을 극복하는 최종적 계시

존재의 신비가 계시적 경험에서 나타날 때, 인간의 생명 전체가 참여한다. 이것은 이성이 구조적으로 그리고 감정적으로 나타나고, 그리고 이 두 가지 요소 사이에는 아무런 갈등이 일어나지 않음을 의미한다. 존재의 신비와 의미의 신비라는 것은 동시에 이성의 합리적 구조의 근거가 되며 우리의 감정이 그 구조에 참여하게 하는 힘이 된다. 이 말은 이성의 모든 기능에 적용된다. 여기서는 오직 인식 기능에만 그것을 적용할 것이다. 인식적 이성의 문제는 모든 인식 행위를 구성하는 통합의 요소와 분리의 요소 사이에 일어나는 갈등에서 발생한다. 기술 이성은 분리라는 측면을 대단히 강조한다. 분석적인 추론으로 파악할 수 없는 것은 감정으로 분류된다. 실존과 관련한 모든 문제는 지식의 영역에서 혼란스러운 감정의 영역으로 내던져진다. 생명의 의미와 이성의 깊이에 관한 주장들은 참과 거짓으로 판단할 수 있는 진리값이 없다고 주장된다. 신화와 제의뿐 아니라 미학적 직관과 공동체의 관계도 이성과 인식에서 배제된다. 그것들은 타당성과 기준을 갖고 있지 않은 감정의 산물로 간주된다. 개신교 신학자 중 어떤 이들은 이렇게 형식과 감정을 분리하는 것을 받아들인다. 그들은 슐라이어마허를 잘못 이해하여 종교를 단순히 감정의 영역과 관련 있는 것으로 생각했다. 하지만 그렇게 생각하면서, 그들은 형식과 감정의 분열, 인식적 분리와 인식적 통합의 분열을 극복할 수 있는 최종적 계시의 힘을 부정했다.

초기 고전 신학자들은 최종적 계시가 이런 분열을 극복하는 힘을 가졌다고 생각했다. 그들은 **"그노시스"**(*gnosis*)라는 개념을 사용했다. 이것은 신비적이고 성적인 연합뿐 아니라 인식적 연합을 의미한다. **그노시스는 에피스테메**(*episteme*), 곧 객관적인 학적 지식과 모순되지 않는다. 이 둘 사이에는 갈등이 없다. 철학자와 입법가들을 가르쳤던 동일한 로고스가 최종적 계시의 원천으로서 기독교 신학자들을 가르치기 때문이다. 알렉산드리아 학파가 내놓은 이런 해결책은 변형되거나 배척당하면서 기독교 사상의 역사에 반복적으로 등장한다. 그 같은 해결책이 다양하게 변이된 형태로라도 수용되었을 때 최종적 계시는 신학적 지식과 과학적 지식 사이의 갈등 및 함축적으로는 감정과 형식 사이의 갈등을 극복하는 것으로 간주되었다. 사람들이 알렉산드리아의 해결책을 거부할 때마다 그 두 가지 사이에 일어나는 갈등은 더욱더 악화되고 영구화된다. 이것은 둔스 스코투스(Duns Scotus)부터 오컴(Ockham)까지 이르는 중세 시대의 신학에서 일어났고, 그 이후에는 종교개혁 신학의 일부 주장들과, 파스칼과 키에르케고르와 신정통주의 신학에서 일어났으며, 그리고—이런 신학과 정반대 입장을 주장하는—자연주의와 경험주의에서 일어났다. 놀랄 만한 동맹을 체결한 신학자와 합리주의자들은 최종적 계시에서 형식과 감정이 다시 결합했음을 부정한다. 그들은 계시가 인식적 이성의 갈등을 치유하는 힘을 갖고 있음을 부인한다. 하지만 최종적 계시가 인식적 이성의 갈등을 치유하지 못한다면, 어떻게 그것이 다양한 기능을 하는 이성의 분열을 치료할 수 있단 말인가? 재결합한 "가슴"(heart)과 영원히 분열한 마음(mind)은 동시에 존재할 수 없다. 치료가 인식적 이성을 포괄하든지 아니면 그 어떤 것도 치료가 되지 않았든지 둘 중 하나다. 통합과 분리를 다시 결합하려고 노력한 것이 "실존주의" 철학의 장점 중 하나다. 여기서는 확실히 연합과 참여를 강조하지만 분리를 배제하지는 않는다. 그렇지 않다면 실존주의는 철학이 아니라 그저 일단의 감정의 외침을 모아놓은 모음집에 지나지 않을 것이다.

인식적 영역 안에 있는 감정은 주어진 구조를 일그러뜨리지 못한다. 물론 그것은 그 구조를 파헤칠 수는 있다. 하지만 우리는 감정이 진리를 끊임없이 왜곡한다는 사실을 인정해야 한다. 정념과 리비도, 권력에의 의지, 합리화 그리고 이념이 진리를 반대하는 가장 끈질긴 적들이다. 사람들이 감정 자체를 지식의 최대의 적으로 비난했다는 점은 이해할 만하다. 하지만 이것은 사람들이 지식 자체를 보호하기 위해서는 올바른 지식을 제거해야만 하는 결과를 낳는다. 궁극적으로 올바른 지식은 이런 지식과 관련한 양자택일의 선택을 넘어서 있다는 것, 곧 오직 "무한한 열정"(키에르케고르)만을 가지고 파악할 수 있는 것은 모든 합리적인 지식 행위에서 기준으로 나타나는 것과 동일하다는 것이 최종적 계시의 주장이다. 이런 주장을 할 수 없다면, 기독교는 소멸하거나 진리를 억압하는 도구로 전락할 것이다. 최종적 계시의 궁극적 관심은 철저하게 이성적인 만큼 철저하게 감정적이다. 이 두 가지 중 어느 하나가 없을 경우에는 해로운 결과가 도출된다.

우리는 갈등을 극복한 이성을 "구원받은 이성"이라고 말할 수 있다. 인간의 본성과 실재의 모든 측면이 전반적으로 구원받아야 하는 것처럼 실제 이성도 구원받아야 한다. 그리스도로서 예수 안에 나타난 새로운 존재는 이성을 배제하지 않고 치료한다. 절대주의와 상대주의 간에 벌어진 갈등과 형식주의와 감정주의 간에 벌어진 갈등을 넘어선 신율적 이성이 바로 계시 안에 있는 이성이다. 계시 안에 있는 이성은 갈등 상태에서는 확인되지도 않고 본질적 구조에서 부정되지도 않는다. 하지만 이성의 본질적 구조는 단편적이지만 실제적이고 힘 있게 실존의 조건 아래서 재확립된다. 따라서 종교와 신학은 세상이나 인간을 공격하지 않는 것처럼 이성 자체를 절대로 공격하지 않는다. 종교와 신학이 지혜롭지 못하게 세상과 인간 및 이성에 가하는 공격은 기독교를 마니교 진영으로 나아가게 하며, 이성에 아주 심한 비난을 가하는 신학은 기독교의 신학이 아니라 마니교의 신학이다.

우리는 계시와 구원 안에서 나타난 이런 이성에 대한 묘사에 기초해서 신학의 본성에 대해 최종적인 진술을 할 수 있다. 신학은 기독교 메시지를 설명하기 위해서 신율적 이성을 분명하게 사용해야 한다. 이것은 신율적 이성을 사용하는 신학적 작업이 이성의 수용적 기능과 형성적 기능 사이의 갈등을 극복했음을 내포한다. 프란체스코 학파가 이러한 사실을 가장 잘 이해했다. 그 학파의 가장 대표적인 사람으로는 헤일스의 알렉산더를 예로 들 수 있다. 프란체스코 학파는 신학을 "실천적" 지식이라고 말했다. 오늘날에는 그것을 좀 더 적절하게 "실존적" 지식이라고 표현한다. 일찍이 토마스 아퀴나스 시대 이후로 이러한 강조점은 (삶의 모든 영역에서 일반적으로 신율과 함께) 점점 더 상실되었다는 점과 종교개혁가들이 신학의 실존적 특성을 재발견하여 그것을 매우 잘못 정의한 이성과 연결하고 거부한 점은 불행이 아닐 수 없다. 사람들이 이성은 계시를 받아들이며 그것이 실재의 모든 다른 요소처럼 구원의 대상이라는 사실을 이해한다면, 신율적 이성을 사용하는 신학은 다시 가능해질 것이다.

D. 계시의 근거

1. 하나님과 계시의 신비

변증신학에서 사용된 방법은 계시의 신적 근거가 존재하는 "위"에서 접근하는 계시의 개념이 아니라 계시의 상황 안에 살아가는 인간이 존재하는 "아래"에서 접근하는 계시의 개념이라는 결과를 가져왔다. 하지만 이제 우리는 계시의 의미와 현실성을 논한 이후에 계시의 근거에 제기된 물음을 살펴보고자 한다.

계시의 근거는 사전에서 사용되는 "원인"을 의미하지 않는다. 그것은 실존에 현현한 "존재의 근거"를 의미한다. 존재의 근거와 그것의 계시적 현현 사이의 관계는 지고의 존재에서 발원하여 유한한 사건들의 과정에 변화를 일으키는 오직 유한한 행위에 비추어서 표현될 수 있다. 이것은 그럴 수밖에 없다. 마찬가지로 계시의 근거와 계시를 수용하는 이들의 관계도 사람이라는 범주와 관련된 의미에서만 이해될 수 있다. 비록 어떤 이의 궁극적 관심이 되는 것이 인간 존재일 수 있고 인간 존재보다 훨씬 더 상위의 존재여야 하지만, 그것보다 못한 것일 수는 없기 때문이다. 이러한 상황에 있는 신학자는 자기 계시라는 신적 행위를 묘사하는 데 사용되는 모든 개념이 가진 상징적 특성을 강조해야만 하고 범주적이지 않은 의미를 나타내는 용어를 사용해야만 한다. "근거"(ground)가 그러한 용어다. 그것은 원인과 실체를 떨쳐버리며 그 두 가지를 초월한다. 그것은 계시의 근거가 계시적 결과로부터 멀리 떨어져 있는 원인도 아니고, 결과에 자신을 발산하는 실체도 아니며, 계시에 나타나면서 그 나타남에서 신비로 남아 있는 신비를 말한다. 우리가 존재의 근거라고 명명하는 것을 종교에서는 하나님이라고 표현한다. 모든 조직신학의 주요한 어려움은 그것이 자신의 각각의 부분에서 모든 다른 부분을 전제한다는 사실이다. 계시의 근거로서 신론은 존재론을 전제하며, 이와 반대로 존재론과 신론은 계시론에 의존한다. 따라서 우리는 신론의 맥락에서만 충분히 설명될 수 있는 어떤 개념들을 예상할 필요가 있다.

만일 우리가 "신적 생명"(divine life)이라는 상징을 사용한다면—물론 우리는 그렇게 해야만 하는데—우리는 그 상징을 우리가 경험한 삶의 기본 구조와 삶의 원인이 되는 존재의 근거 사이에 어떤 유비를 내포하는 것으로 이해한다. 이 유비는 조직신학의 모든 부분에서 다른 방식으로 나타나고 최종적 계시에 대한 삼위일체적 해석의 기초가 되는 세 가지 요소의 인식으로 이어진다.

신적 생명은 심원함과 형식이 역동적으로 일치하는 것을 의미한다. 신비주의적인 언어로 말하자면, 신적 생명의 심원함, 곧 그것의 소진될 수 없고 형언할 수 없는 특성을 "심연"이라고 말한다. 철학적 언어로 표현하자면, 신적 생명의 형식, 곧 그것의 의미와 구조적 요소를 "로고스"라고 이야기한다. 종교적 언어로 표현하자면, 그 두 가지 요소의 역동적인 일치를 "영"이라고 한다. 신학자들은 계시의 근거를 제시하기 위해서 세 가지 용어를 모두 사용해야 한다. 계시를 신비롭게 만드는 것은 신적인 생명의 헤아릴 수 없는 특성이다. 반면에 신비의 계시를 가능케 하는 것은 신적 생명의 논리적 특성이다. 계시가 수용될 수 있는 기적과 황홀경의 상관관계를 일으키는 것은 신적 생명의 영적인 특징이다. 계시의 근거를 나타내는 이 세 가지 개념은 모두 사용되어야 한다. 신적 생명의 심연적 특성이 간과된다면, 합리주의적인 이신론은 계시를 정보로 변형시킬 것이다. 신적 생명의 논리적 특성이 간과된다면, 비합리주의적인 유신론이 계시를 타율적인 복종으로 변형시킬 것이다. 신적 생명의 영적인 특성이 간과된다면, 계시의 역사는 불가능해질 것이다. 계시론이 신적 생명의 삼위일체적 해석과 신적 생명의 자기 현현에 근거한다.

계시와 구원은 하나님이 인도하시는 창조성의 요소들이다. 하나님은 개인적·사회적·우주적 생명의 과정이 하나님 나라에서 완성되도록 이끄신다. 계시적 경험은 일반적 경험에 내재되어 있다. 물론 계시적 경험과 일반적 경험은 서로 구별되지만 분리되지는 않는다. 세계 역사는 계시 역사의 근거가 되며 세계의 역사는 계시의 역사에서 그 신비를 드러낸다.

2. 최종적 계시와 하나님의 말씀

계시론은 전통적으로 "하나님의 말씀"의 교리로 전개되었다. 말씀이 존재의 근거 안에 있는 로고스로 해석된다면, 이것은 가능하다. 고전적 로고스 교리는 이렇게 해석했다. 하지만 하나님의 말씀은—종종 반은 문자적이며 반은 상징적인—선포된 말씀으로 이해되며, "말씀의 신학"은 선포된 말씀의 신학으로 제시된다. 계시에 대한 이런 지성화는 로고스 기독론이 의도한 의미와는 상반된다. 로고스 기독론은 지성을 과도하게 중요하게 생각하지 않았다. 오히려 그것은 그러한 위험에 빠지지 못하도록 예방하는 수단이었다. 그리스도로서의 예수가 로고스로 불린다면, 로고스는 계시의 말이 아니라 계시의 실재를 가리킨다. 신중하게 고려해보면, 로고스 교리는 선포되거나 기록된 말에 관한 신학이 정교화하게 발전하는 것을 막는다. 이런 정교화는 개신교 신학의 큰(the) 함정이다.[17]

---

17   이런 진술은 고대 그리스 정신이 기독교를 수용한 것은 기독교를 지성화했음을 의미한다

"하나님의 말씀"이라는 용어에는 서로 다른 여섯 가지의 의미가 있다. 먼저 "말씀"은 존재 자체의 근거에서 나타나는 신적인 자기 현현의 원리를 의미한다. 그 근거는 모든 형태가 사라지는 심연을 의미하기도 하고 모든 형태가 출현하는 원천을 의미하기도 한다. 존재의 근거는 자기 현현이라는 특징을 가진다. 곧 그것은 **로고스**의 특성을 가진다. 이것은 신적 생명에 추가된 것이 아니라 신적 생명 그 자체다. 존재의 근거는 그 심연적 특성에도 불구하고 "논리적"이다. 즉 그것은 자신의 **로고스**를 포함한다.

두 번째, 말씀은 창조의 매개물, 곧 존재의 심연이라는 신비와 구체적이고 개체적이며 자기와 관련된 존재들의 충만함을 매개하는 역동적인 영적인 말을 의미한다. 말씀을 통한 창조는 신플라톤주의(Neoplatonsim)가 상세하게 설명한 유출의 과정과는 다르게 창조의 자유와 피조물의 자유를 모두 상징적으로 보여준다. 존재의 근거의 현현은 (스피노자가 설명하는 것처럼) 기계적이지 않고 정신적이다.

세 번째, 말씀은 계시의 역사에서 신적인 생명의 현현을 의미한다. 그것은 계시의 상관관계 안에 있는 모든 사람이 받은 말을 의미한다. 계시가 하나님의 말씀으로 이야기된다면, 이것은 모든 계시가 (그 매개물이 인간 이하의 범주에 속하는 것이라고 하더라도) 그 자신을 중심에 있는 자아에게 전달히며 그것을 받아들이기 위해서는 로고스의 특성을 가져야만 한다는 사실

고 주장한 리츨 학파의 이론을 완전히 반대한다. 고대 그리스 정신은 그 자체가 "지성주의적"인 것으로 불릴 수 없고 제한적이고 왜곡된 것으로 나타나는 경우에만 "지성주의적"이라고 이야기될 수 있다. 시종일관하게 지식은 "불변하는 것과의 일치" 곧 "참으로 실제적인" 것과의 일치를 의미한다. 형이상학적 지식은 실존적이다. 심지어 경험론자이자 논리학자인 아리스토텔레스마저도 지식에는 신비적 요소가 있다고 생각한다. 통제하기 위한 객관적인 관찰로 지식을 환원하는 것은 그리스적인 것이 아니라 근대적인 것이다. 고대 그리스 철학에 대한 이러한 이해는 Harnack로 대표되는 유형의 교리사 해석을 수정해야 한다고 말한다.

을 강조한다. 비록 계시의 황홀경이 인간의 이성에 의해서 만들어지지는 않지만, 그것은 비(非)로고스적이지(비합리적이지) 않다. 그것은 영감을 받은 것이며 영적인 것이다. 그것은 신비의 자기 현현에서 심연의 요소와 로고스의 요소를 결합한다.

네 번째, 말씀은 최종적 계시 안에 나타난 신적 생명의 현현을 의미한다. 말씀은 그리스도로서의 예수를 부르는 이름이다. 로고스, 곧 모든 신적인 현현의 원리가 실존의 조건 아래서 역사적 존재가 되었고 이런 형태로 존재의 근거와 우리와의 기본적이고 결정적인 관계를 드러내주며, 상징적으로 말해서는 "신적 생명의 중심"을 드러내주었다. 말씀은 예수가 말한 것들의 총합을 의미하지 않는다. 그것은 자신의 말과 행위를 통해 표현한 그리스도의 존재를 의미한다. 지금 말씀과 말을 동일시하는 것의 불가능성이 아주 분명해서 성육신의 교리를 받아들인 신학자들이 어떻게 이러한 혼란을 감내하는지를 이해하기 힘들다.

다섯 번째, 말씀이라는 용어는 최종적 계시의 문서와 그것을 특별하게 준비한 것, 곧 성서에만 적용된다. 하지만 성서가 하나님의 말씀이라고 불린다면, 신학적 혼동은 거의 피할 수 없다. 축자영감설, 성서 본문을 다룰 때의 부정직함, 성서 본문의 무오류성에 대한 "단성론적" 교의 등과 같은 결과들은 성서와 말씀을 동일시하는 것에서 나온다. 성서는 두 가지 의미에서 하나님의 말씀이다. 첫 번째 그것은 최종적 계시의 문헌을 의미한다. 두 번째 그것은 문헌이 보여주는 최종적 계시에 참여한다. 말씀과 성서를 동일시한 것보다도 성서적 말씀의 교리를 잘못 해석하는 데 더 많은 기여를 한 것은 없을 것이다.

여섯 번째, 설교와 가르침을 통해서 선포된 교회의 메시지가 하나님의 말씀이라고 이야기된다. 말씀이 교회에 전해지고 교회에 선포된 객관적인 메시지를 의미하는 한, 그것은 성서의 계시나 어떤 다른 계시가 하나님의 말씀을 의미하는 것과 동일한 의미에서 하나님의 말씀을 의미한다. 하지만 말씀이 교회에서 이루어진 현실의 설교를 의미하는 한, 그것은 그저 말에 불과하며 조금도 하나님의 말씀이 아니다. 달리 말해 그 설교는 신적인 현현이 없는 단순한 인간의 말에 불과하다. 말씀은 설교에서 선포된 말의 의미에 의존할 뿐 아니라 그 선포된 말이 가진 능력에도 의존한다. 따라서 그것은 듣는 이의 이해뿐만 아니라 그 내용을 받아들이는 실존에도 의존한다. 그리고 말씀은 설교자나 듣는 이에게만 의존하지 않고 양자의 상관관계에 의존한다. 이 네 가지 요인과 그것들의 상호의존이 인간의 말이 하나님의 말씀, 곧 신적 자기 현현이 될 수 있는 "자리"를 구성한다. 그것들이 하나님의 말씀이 될 수도 있고 되지 않을 수도 있다. 따라서 교회의 어떤 행위도 그것이 하나님의 말씀을 표현한다는 확실성을 가지고 이루어질 수 없다. 어떤 목회자도 설교할 때 하나님의 말씀을 이야기하려는 자신의 의도보다 더 많은 것을 주장하지 말아야 한다. 그는 결코 자신이 지금 그것을 말했거나 앞으로 그것을 말할 것이라고 주장하지 말아야 한다. 그는 계시가 자리를 차지하게 만드는 힘을 갖지 않았고, 하나님의 말씀을 설교할 능력을 갖고 있지 않기 때문이다. 그는 설교를 통해 신학적으로는 정확할 수 있는 것을 전달할 수 있지만, 그것은 그저 단순한 인간의 말에 지나지 않는다. 비록 그의 말이 신학적으로는 부정확할 수 있지만, 그는 하나님의 말씀을 하는 것일 수 있다. 결국 설교자나 종교 교사는 계시의 매개물이 전혀 아니며 단순히 우리가 만나는 사람, 그들의 말이 특수한 정황에서 우리에게 하나님의 말씀이 되는 사람이야 말로 계시의 매개라고 할 수 있다.

"말씀"이라는 용어의 서로 다른 의미들이 모두 한 가지 의미, 즉 "하나님의 현현"에서 결합된다. 하나님의 현현은 하나님 자신과 피조물, 계시의 역사, 최종적 계시, 성서와 교회 및 교회 구성원의 말에서 나타난다. 신적인 로고스를 통해 자신을 표현하는 신적 심연의 신비인 "하나님의 현현"이 "하나님의 말씀"이라는 상징이 의미하는 바다.

제2부

존재와 하나님

Ⅰ. 존재와 하나님에 관한 물음

서론: 존재 물음

신학의 기본적인 물음은 하나님에 관한 물음이다. 하나님이 존재에 함축된 물음에 대답이 되신다. 비록 우리가 이성과 계시의 문제를 먼저 다루었지만, 그 문제는 존재와 하나님의 문제보다는 부차적인 것이다. 이성 역시 모든 것처럼 존재를 가지고 존재에 참여하며 논리적으로 존재에 종속된다. 따라서 우리는 이성과 실존적 갈등에 함축되어 있는 물음에 관한 분석과 관련해서 존재 분석에서 나오는 개념을 예상할 수 있다. 이성과 계시의 상관관계에서 존재와 하나님의 상관관계로 나아갈 때, 우리는 더 근본적인 문제로 나아간다. 곧 전통적인 용어로 표현하자면, 우리는 인식론적 물음에서 존재론적 물음으로 나아간다. 존재론적 물음은 다음과 같다. 존재 자체는 무엇인가? 어떤 것이 **존재한다**고 이야기될 때, 특수한 존재도 아니고 일단의 존재들도 아니며 구체적인 것도 추상적인 것도 아니지만, 때로는 암시적으로 때로는 명시적으로 항상 사유되는 그것은 무엇인가? 철학은 존재로서의 존재에 관한 물음을 다룬다. 그것은 그것이 존재하는 한, 그 존재하는 모든 것의 특성을 탐구한다. 이것이 철학의 기본 임무이며 그것이 제공하는 대답이 존재와 관련한 모든 특별한 형태에 대한 분석을 결정한다. 그것이 "제일철학"(first philosophy) 또는 지금도 이 용어를 계속 사용할 수 있다면, "형이상학"(metaphysics)이다. "형이상학"이라는 용어에 함축된 의미로 인해 그 용어를 계속 사용하는 것이 위험해진 이후로 사람들은 "존재론"이라는 용어를 선호한다. 존재론적 물음, 곧 존재 자체에 관한 물음은 "형이상학적 충격", 곧 비존재가 될 수 있는 충격과 같은 것에서 발생한다. 이러한 충격은 종종 다음과 같은 물음으로 표현된다. "왜 어떤 것이 존재하는가? 그리고 왜 무는 존재하지 않는가?" 하지만 이런 형태의 물음은 무의미하다. 모든 가능한 대답이 이 동일한 물음에 무한히 연속적으로 주어질 수 있기 때문이다. 사유는 존재에서 시작해야만 한다. 다시 말해 그것은 존재보다 늦을 수 없다. 물음 자체가 보여주는 것처럼 말이다. 누군가 "왜 무란 **존재**하지 않는가"라고 질문한다면, 우리는 무라는 것에도 존재가 있다고 생각한다. 사유는 존재에 근거하며 그것은 이러한 근거를 벗어날 수 없다. 하지만 사유는 **존재**하는 모든 것의 부정을 상상할 수 있고, 비존재의 저항하는 힘이 되는 모든 것에 부여하는 존재의 본성과 구조를 묘사할 수 있다. 신화와 우주생성론 및 형이상학은 암묵적으로 그리고 명시적으로 존재에 대해 질문했고 그것에 대해 답하고자 노력했다. 비록 그것은 정식화된 물음이기보다는 기본적으로 존재의 상태에 대한 표현이지만, 그것은 궁극적 물음이다. 이러한 상태가 경험되고 이 물음이 질문될 때마다, 모든 것은 가능한 비존재의 심연에서 사라진다. 어떤 신조차도 사라질 수 있다. 그가 존재 자체가 아니라고 한다면 말이다. 하지만 특별하고 분명한 모든 것이 궁극적 물음과 관련해서 사라진다면, 우리는 어떻게 대답이 가능한지를 질문해야 한다. 이것은 존재론이란 "존재란 존재다"라는 공허한 동어반복으로 귀결되는 것을 의미하는 게 아닐까? "존재의 구조"라는 용어는 모든 구조 자체를 넘어서는 것이 구조를 가진다고 말하면서 용어상 모순을 범하는 게 아닐까?

존재론은 가능하다. 존재보다는 덜 보편적이지만 존재적(ontic) 개념보다는 더 보편적인 개념, 즉 존재들의 영역을 나타내는 어떤 개념보다 더 보편적인 개념들이 있기 때문이다. 그러한 개념들은 "원리들" 혹은 "범주들" 또는 "궁극적 개념들"이라고 이야기된다. 인간 정신은 수천 년 동안 그것들을 발견하고, 정교화하며, 체계화했다. 비록 어떤 개념들은 거의 모든 존재론에서 다시 등장하지만, 어떠한 일치에도 도달하지 못했다. 조직신학은 존재론적 논의에 참여할 수도 없고, 참여해서도 안 된다. 하지만 그것은 신학적 의미의 관점에서 이러한 중심 개념들을 고찰할 수 있으며 또 고찰해야만 한다. 신학적 체계의 모든 부분이 요구하는 그러한 고찰은 존재론적 분석에 간접적으로 영향을 준다. 비록 신학자가 존재론적 논의에 친숙해야 하지만, 존재론적 논의의 영역은 신학적 영역이 아니다.

존재론적 개념을 네 가지 수준, 곧 (1) 존재론적 물음의 함축적인 조건이 되는 기본적인 존재론적 구조, (2) 존재론적 구조를 구성하는 요소들, (3) 실존의 조건이 되는 존재의 특성들, (4) 존재와 앎의 범주들로 구별하는 것이 가능하다. 이러한 각각의 수준은 특별한 분석이 필요하다. 하지만 여기서는 일반적인 존재론적 특성과 관련하여 몇 가지 발언만 하고자 한다.

존재론적 물음은 질문하는 주체와 그 질문을 받는 대상을 전제한다. 그것은 존재의 주체와 대상이라는 구조를 전제한다. 이것은 다시 존재의 기본적인 편성(articulation)인 자아와 세상이라는 구조를 전제한다. 세상에 속해 있으면서 그것을 가지고 있는 자기—이것은 대단히 변증법적 구조를 취한다—는 논리적으로 그리고 경험적으로 모든 다른 구조에 선행한다. 자기의 분석이 모든 존재론적 임무에서 첫 번째 단계가 되어야 한다. 존재론적 분석의 두 번째 수준은 존재의 기본 구조를 구성하는 요소들을 다룬다. 그 요소들은 기본 구조의 양극적 특성을 공유하고, 그러한 양극적 특성은 그것들이 최고의 일반적인 개념들이 되지 못하게 함으로써 그것들을 원리로 만든다. 우리가 역사의 영역과 나란히 존재하거나 혹은 벗어나 있는 자연의 영역을 상상할 수 있지만, 형식 없는 역동성의 영역이나 보편성 없는 개체성의 영역은 존재하지 않는다. 이것의 반대도 사실이다. 각각의 극은 그것이 그 반대 극을 함의하는 한에서만 의미를 가진다. 두 가지 요소가 결합한 세 가지 부분, 곧 개체성과 보편성, 역동성과 형식, 자유와 운명이 기본적인 존재론적 구조를 구성한다. 이 세 가지 양극성 중 첫 번째 요소는 존재의 자기 관계성, 곧 자신이 어떤 것이 될 수 있는 힘을 표현하지만, 두 번째 요소는 존재의 소속됨, 곧 존재라는 우주의 일부분이 되는 특성을 표현한다.

존재론적 개념의 세 번째 수준은 실존하려는 존재의 힘과 본질적 존재와 실존적 존재의 차이를 표현한다. 존재는 경험과 분석에서 본질적 존재와 실존적 존재의 이원성을 드러낸다. 이러한 두 측면을 무시할 수 있는 존재론은 없다. 그 측면이 두 가지 영역으로 상정되든지(플라톤) 또는 잠재태와 현실태라는 양극적 관계로 결합되든지(아리스토텔레스), 아니면 서로 대조되든지(셸링과 키에르케고르 그리고 하이데거), 또는 본질에서 실존이 나오든지(스피노자와 헤겔) 아니면 실존에서 본질이 나오든지(듀이와 사르트르) 한다. 이 모든 존재론에는 본질적 존재와 실존적 존재의 이원성이 나타나며, 그 두 가지 사이의 관계와 그것들과 존재 자체의 관계에 대한 물음이 제기된다. 존재론적 분석의 두 번째 수준과 관련한 자유와 운명의 양극성이 그 물음에 대한 대답을 준비한다. 하지만 실존의 근거는 자유 자체가 아니라 유한성과 결합한 자유다. 따라서 그것은 세 번째 수준에서 이루어지는 존재론의 임무가 되는 자유와 운명, 존재와 비존재, 본질과 실존의 관계뿐만 아니라 무한성과 양극성을 이루는 유한성의 분석을 요구한다.

네 번째 수준은 전통적으로 범주들, 즉 사유와 존재의 기본 형태들이라고 불리는 개념들을 다룬다. 그것들은 유한성의 본성에 참여하고 유한한 존재와 사유의 구조라고 불릴 수 있다. 그것들의 수와 체계를 결정하는 것은 철학의 무한한 과제 중 하나다. 우리는 신학적 관점에서 네 가지 주요 범주, 곧 시간과 공간 및 인과율 그리고 실체를 분석해야만 한다.[1] 우리는 직접적인 신학적인 의의가 없는 양과 질 같은 범주들은 특별히 논하지 않는다. 그리고 우리는 운동과 정지 또는 하나와 많음 같은 "범주들"이라고 종종 불리는 다른 개념들을 두 번째 수준의 분석에서 함축적으로 다룰 것이며, 역동성 및 형식과 관련해서 운동과 정지를 다룰 것이며, 개체성 및 보편성과 관련해서 하나와 많음을 다룰 것이다. 이러한 개념들의 정반대되는 특성이 그것들을 범주의 차원이 아니라 기본적인 존재론적 구조의 요소의 차원에 놓는다. 마지막으로 우리는 스콜라 철학이 주장하던 두 가지 **초월자들**(*trancedentalia*), 곧 **진리**(*verum*)와 **선**(*bonum*)은 일반적으로 **존재**(*esse*) 및 **하나**(*unum*)와 연결되어 있지만 순수 존재론에 속하지 않는다고 말해야 한다. 그것들은 오직 판단하는 주체와 관련해서만 의미 있기 때문이다. 하지만 우리는 그것들의 존재론적 토대에 대해서는 본질과 실존이라는 이원성과 관련해서 논할 것이다.

신학 체계를 세우는 이번 장의 목표는 하나님에 관한 물음을 존재에

---

1   시간과 공간을 "범주"라고 부른다면, 이것은 시간과 공간을 직관의 형식이라고 명명했던 Kant의 용어에서 유래했다. 하지만 그 더 넓은 의미는 일반적으로 수용되었고, 심지어 후기 칸트 학파에서도 수용되었다.

함축되어 있는 물음으로 발전시키는 것이기 때문에, 유한성의 개념이 앞으로 이루어질 논의의 핵심이다. 존재의 유한성이 우리로 하여금 하나님에 관한 질문을 하도록 만들기 때문이다.

하지만 첫 번째로, 우리는 모든 존재론적 개념이 가진 인식론적 특성에 대해 몇 가지 언급할 필요가 있다. 존재론적 개념들은 그 단어의 엄격한 의미에서 선험적이다. 그것들이 경험의 본성을 결정한다. 그것들은 어떤 것이 경험될 때마다 존재한다. **선험**(*a priori*)이란 존재론적 개념들이 경험 이전에 알려졌음을 의미하지 않는다. 그것이 그런 의미로 사용된다면, 존재론적 개념들은 비판받아야 한다. 반대로 그것들은 경험을 비판적으로 분석하고 나온 산물이다. 선험은 존재론적 개념들이 발견되자마자 정적이고 불변하는 구조로 항상 타당한 것으로 남아 있을 구조를 이루고 있음을 의미하지 않는다. 경험의 구조는 과거에 변했고 미래에 변할 수 있다. 물론 그러한 가능성이 배제되지 않을 수 없지만, 우리가 경험의 구조를 존재론적 개념들의 선험적 특성에 반대하는 논증으로 사용할 이유는 없다.

그러한 개념들은 모든 실제 경험에 전제되는 선험적 개념이다. 그것들이 경험 자체의 분명한 구조를 이루기 때문이다. 경험의 조건들은 선험적이다. 이러한 조건들이―그리고 이것들과 함께 경험의 구조가―바뀐다면, 다른 일단의 조건들이 경험을 가능케 할 것이다. 경험을 이야기하는 것이 조금이라도 의미 있는 한, 이러한 상황은 지속될 것이다. 경험이라는 단어의 명확한 의미와 관련해서 어떤 분명한 경험이 있는 한, 경험의 구조 안에서 인식될 수 있고 비판적으로 상세하게 설명될 수 있는 경험의 구조가 있다. 과정 철학(process philosophy)이 정적으로 보이는 모든 것을 과정으로 해체하려는 시도는 정당화된다. 하지만 그것이 과정의 구조를 하나의 과정으로 해체하려고 시도한다면, 그것은 어리석은 일이 될 것이다. 이것은 우리가 과정으로 아는 것이 어떤 것, 즉 현재 알려지지 않은 것의 본성으로 대체되었음을 의미할 수 있다. 그동안의 모든 과정 철학은 선험적인 특성을 띤 명시적이거나 암묵적인 존재를 갖고 있다.

또한 이것은 존재론적이거나 신학적인 인간론의 가능성을 부정하는, 즉 인간의 본성은 역사적 과정을 통해서 변하기 때문에 우리는 인간 본성과 관련해서 그 어떤 것도 존재론적으로 분명하거나 신학적으로 적절한 것이라고 주장할 수 없고, 인간론(예를 들어, 인간의 자유와 유한성 및 실존적 곤경 그리고 역사적 창조성)은 존재론으로 들어가는 주요 입구이며 신학과 관련을 맺는 주요 지점이기 때문에 존재론이나 신학은 실제로는 불가능하다고 주장하는 역사적 상대주의에 대한 대답이다. 존재론적이고 신학적인 인간론이 인간 본성이라고 말하는 불변하는 구조를 다룬다고 주장한다면, 우리는 그러한 비판에 대답하지 못할 것이다. 비록 그런 주장이 종종 제기되었지만, 그런 주장은 필요하지 않다. 인간 본성은 역사의 흐름에 따라 변한다. 과정 철학은 이와 관련해서 바르게 주장했다. 하지만 우리가 강조해야 할 것은 인간 본성이 **역사** 속에서 변한다는 사실이다. **역사를 가진** 존재의 구조가 모든 역사적 변화의 근거가 된다. 이 구조가 존재론적이고 신학적인 인간론의 주제다. 역사적 인간은 역사를 갖지 않은 존재들의 후손이며, 아마 미래에는 역사를 갖지 않은 역사적 인간의 후손들이 되는 존재들이 있을 것이다. 이것은 단순하게 동물이나 초인(superman)이 인간론의 대상이 아니라는 것을 의미한다. 존재론과 신학은 현재의 경험과 역사적 기억에서 주어진 것처럼 역사적 인간을 다룬다. 이러한 한계를 초월한 인간론, 곧 경험적으로 과거를 지향하거나 사변적으로 미래를 지향하는 인간론은 우리가 다루려는 인간론이 아니다. 그것은 보편적 발전의 특별한 단계에서 역사적 인간이 과거에는 어떻게 존재했고 현재에는 어떤 존재로 있으며 미래에는 어떻게 존재할지를 설명하는 생물학의 예비 이론이거나 생물학적 연속성을 설명하는 이론이다. 모든 다른 경우처럼 이런 경우에 존재론과 신학은 자신들을 모두 파괴하려고 위협하는 상대주의와 절대주의라는 양자택일을 극복하면서 절대적이지 않은 상대적인 정적인 선험을 확립한다.

이것은 주의주의(voluntarism)와 유명론(nominalism)으로 대표되는 고전적 존재론과 신학에서 나타난 강력한 전통과 일치한다. 심지어 둔스 스코투스 이전에도 신학자들은 존재의 정적인 구조에 하나님을 고정하려는 "실재론적" 시도를 거부했다. 둔스 스코투스부터 시작해서 베르그송과 하이데거까지 이르는, 그에게 영향을 받은 모든 존재론과 신학에는 궁극적인 미결정성(ultimate indeterminacy)이라는 요소가 존재의 근거에 나타난다. 하나님의 **절대적인 권능**(*potestas absoluta*)은 어떤 주어진 사물의 구조에 영원한 위협이 된다. 그것은 어떤 절대적인 선험주의를 없애지만, 존재론 및 그것과 관련이 있는 상대적인 선험적 구조를 제거하지는 못한다.

A. 기본적인 존재론적 구조: 자기와 세계

1. 인간과 자기 및 세계

모든 존재는 존재의 구조에 참여하지만, 오직 인간만이 즉각적으로 이 구조를 깨닫는다. 인간이 자연으로부터 소외되어 있다는 것, 곧 그는 자신이 인간을 이해하는 방식으로 자연을 이해할 수 없다는 것이 실존의 특성이다. 그는 모든 존재의 행위를 묘사할 수 있지만, 그는 그런 행위들이 그 모든 존재에게 의미하는 바를 직접적으로 알지는 못한다. 이것이 행동주의자의 방법이 말하는 진리다(그것은 궁극적으로 비극적인 진리다). 그것은 모든 존재가 서로에게 소외되었음을 나타낸다. 우리는 유비의 관점에서만 그것들에 접근할 수 있으며, 따라서 오직 간접적으로 그리고 불확실하게 그것들을 안다. 신화와 시는 우리의 인식 기능의 이런 한계를 극복하고자 노력했다. 지식은 그 자신이 실패했음을 받아들이거나 세상을 앎의 주체를 제외한 인간의 몸을 포함해서 모든 살아 있는 존재들을 단순한 부분이 되는 거대한 기계로 변형시켰다(데카르트주의).

하지만 세 번째 가능성이 있다. 그 가능성은 이 모든 차원의 존재가 통합되고 접근될 수 있는 존재로서 인간의 앎에 근거한다. 의식적으로나 무의식적으로 모든 형태의 존재론은 이러한 가능성을 사용했다. 인간은 존재론에서 중요한 위치를 차지한다. 그는 다른 대상 중 하나의 중요한 대상이 아니라 존재론적 질문을 하고 자기 인식에서 존재론적 대답을 발견할 수 있는 존재이기 때문이다. 우주를 구성하는 원리를 인간 안에서 찾아야 한다고 생각했던 (신화와 신비주의, 시와 형이상학에 동일하게 표현되어 있는) 오랜 전통은 간접적으로 그리고 의도하지 않게 확증된다. 그것은 행동주의적 자기 제한에 의해서조차도 확증된다. "생명의 철학자"와 "실존주의자들"은 존재론이 의존하는 이 진리를 우리 시대에 우리에게 상기해준다. 이런 점의 특징은 하이데거가 『존재와 시간』에서 사용한 방법에서 잘 나타난다. 하이데거(Heidegger)는 "현존재"(Dasein, 거기에 있는 존재)를 존재의 구조가 드러나는 곳이라고 명명한다. 하지만 "현존재"는 자기 자신 안에 있는 인간에게 주어진다.[2] 인간은 그 스스로 존재론적 질문에 대답할 수 있다. 그

---

2   역주. Heidegger는 현존재를 "물음이라는 존재 가능성을 가지고 있는 그런 존재자"로 규정

는 직접적으로 그리고 즉각적으로 존재의 구조와 그것의 요소를 경험하기 때문이다.

하지만 이런 접근은 근본적인 오해로부터 보호되어야 한다. 그것은 인간을 비인간적인 대상들보다 물리학적으로나 심리학적으로 더 쉽게 접근할 수 있는 지식의 대상으로 가정하지 않는다. 그것은 그와 정반대로 주장한다. 인간은 인식 과정에서 만난 가장 어려운 대상이다. 핵심은 인간이 인식을 가능하도록 만든 구조를 안다는 점이다. 인간은 그러한 구조들 안에서 살고 그것들을 통해 행동한다. 그러한 구조들은 즉각적으로 그에게 나타난다. 그것들은 인간 자신이 된다. 우리가 이 점과 관련해서 혼란을 느낄때, 파괴적인 결과가 초래된다. 존재의 기본적 구조와 그것의 모든 요소 및 실존의 조건들이 여러 대상 중 하나의 대상으로 이해된다면, 그것들은 그것들의 의미와 진리를 상실한다. 인간의 자아가 여러 사물 중 하나의 사물로 간주된다면, 그것의 실존에는 의문의 여지가 생긴다. 자유가 여러 사물중 하나의 사물로 생각된다면, 그것의 실존에는 의문의 여지가 생긴다. 자유가 의지의 성질로 생각된다면, 그것은 필연에 자리를 내줘야 한다. 유한성이 계측가능한 것(measurement)의 관점으로 이해된다면, 그것은 무한성과 아무런 관련이 없다. 모든 존재론적 개념의 진리는 주체와 객체의 구조를 가능하게 만드는 것을 표현하는 힘을 말한다. 존재론적 개념들은 이런구조를 구축한다. 그것들은 그 구조에 의해 통제받지 않는다.

인간은 자신이 속한 세계를 가진 것으로 자신을 경험한다. 기본적인

한다. 그에 따르면 그 물음은 "존재에 대한 물음"이며, "존재 물음의 정리 작업이란, 한 존재자—묻고 있는 자—를 그 존재에서 투명하게 만드는 것"이다. "이러한 물음을 묻는 일은 한 존재자 자체의 존재 양태로서 그 존재자에게서 물어지고 있는 그것—즉 존재—에서부터 본질적으로 규정된다." Martin Heidegger, 『존재와 시간』, 이기상 옮김(서울: 까치, 2005), 22.

존재론적 구조는 이런 복잡한 변증법적 관계의 분석에서 나온다. 자기 관계성은 모든 경험에 함축되어 있다. "소유한" 것과 "소유된" 것이 있고, 이 두 가지는 하나다. 문제는 자기가 존재하는지다. 이 질문은 우리가 자기 관계성을 의식하는지를 묻는 것과 관련이 있다. 그리고 이러한 의식은 자기 관계성이 함축적으로 긍정된다는 진술에서만 부정될 수 있다. 자기 관계성은 긍정의 행위에서뿐만 아니라 부정의 행위에서도 경험되기 때문이다. 자기는 실존하는 것도 실존하지 않는 것도 아니다. 그것은 실존의 모든 질문에 논리적으로 선행하는 근본적인 현상이다. "자기"(self)라는 용어는 "자아"(ego)라는 용어보다 더 많은 것을 포함한다. 그것은 (데카르트적 의미의) 자기 의식(*cogitatio*)뿐 아니라 자기 의식적 자아의 하부의식적이고 무의식적인 "토대"를 포함한다. 따라서 자기성 또는 자기 중심성은 어느 정도 모든 살아 있는 존재들과 심지어 비유기적인 영역에 있는 모든 개체적인 게슈탈트에게조차도 유비적으로 부여되어야 한다. 우리는 자극에 대한 반응이 구조 전체와 관련이 있는 곳이라면 어디든지 동물뿐 아니라 원자와 관련해서도 자기 중심성을 이야기할 수 있다. 인간은 충분히 발달했고 완전히 중심화된 자기(self)다. 그는 자기 의식의 형태에서 자신을 "소유한다." 그는 자아-자기를 가진다.

자기가 된다는 것은 모든 것과 어떤 식으로든지 분리되는 것, 자기 자신과 반대되는 모든 것을 가지는 것, 그것을 바라보고 그것에 영향을 줄 수 있는 것을 의미한다. 하지만 동시에 이 자기는 자신이 바라보는 것에 자신이 소속되어 있음을 의식한다. 이 자기는 그 "안에" 존재한다. 모든 자기는 그것이 살아가는 환경을 가지고 있으며, 자아-자기는 그것이 살아가는 세계를 가진다. 모든 존재는 **그것들**이 살아가는 환경이 되는 환경을 가진다. 한 동물이 살아가는 공간에서 발견될 수 있는 모든 것은 그 동물의 환경과 관련이 있지 않다. 동물의 환경은 그 동물이 적극적인 상호관계를 맺는 그런 것들로 이루어진다. 같은 제한된 공간에서 살아가는 다른 존재들은 서로 다른 공간을 가진다. 각각의 존재는 하나의 환경을 **가진다**. 비록 그것이 동일한 환경**에** 속해 있을지 모르지만 말이다. 오직 환경에 비추어서 존재의 행위를 설명하는 모든 이론이 저지르는 실수는 그것들이 그러한 환경을 **가진** 존재의 특별한 특성에 비추어 환경에 대한 특별한 특성을 설명하지 못한다는 점이다. 자기와 환경이 서로를 결정한다.

인간은 모든 가능한 환경을 초월한다. 그는 자아-자기를 갖고 있기 때문이다. 인간은 세계를 가진다. 세계는 환경처럼 상관관계적 개념이다. 인간은 세계를 **가진다**. 비록 그가 동시에 그 **안에** 존재하지만 말이다. "세계"는 모든 존재의 총합, 즉 상상도 할 수 없는 개념이 아니다. 코스모스(*kosmos*)라는 그리스어나 우니베르숨(*universum*)이라는 라틴어가 말하는 것처럼 "세계"는 다양한 것의 질서 정연한 구조나 하나로 통일됨을 의미한다. 우리가 인간이 바라보고, 거기서 그 자신이 분리되며, 그리고 자신이 속하는 세계를 가진다고 말할 때, 우리는 구조화된 전체를 생각한다. 비록 우리가 다원주의적인 용어로 이 세계를 묘사할 수 있지만 말이다. 그 정반대 인간은 이런 점에서, 즉 그 사람이 관점에 따라서 우리와 관련이 있지만 그 자체로는 연속적이지 않다는 점에서 적어도 **한 명**이다. 모든 다원주의 철학자는 세계의 다원주의적인 특성을 이야기한다. 따라서 그는 함축적으로는 절대적인 다원주의를 반대한다. 세계는 모든 환경, 곧 충분히 발달하지 않은 자기를 결여한 존재들이 살아가는 환경뿐만 아니라 인간이 부분적으로 사는 환경도 포함하고 초월하는 구조 전체를 의미한다. 그가 인간인 한, 즉 그가 인간성에서 "떨어져" 나가지 않는 한(예를 들어 중독이나 광기에 빠지지 않는 이상), 인간은 환경에 결코 완전히 속박되지 않는다. 그는 보편적 규범과 관념에 따라서 환경을 이해하고 파악하면서 그것을 항상 초월한다. 심지어 가장 제한된 환경에서조차도 인간은 우주를 소유한다. 그는 세계를 **가진다**. 언어는 보편적 능력으로서 인간이 자신의 환경을 초월하는, 곧 세상을 가졌음을 표현할 수 있는 가장 기본적인 표현을 보여준다. 자아-자기는 어떤 주어진 상황의 경계를 침해했음을 말하고 말해줄 수 있는 자기를 의미한다.

인간이 자신의 세계를 바라보았을 때, 그는 자기 세계의 무한하게 작은 부분으로 자신을 바라본다. 비록 그가 바라보는 것의 중심이지만, 그는 자신이 중심이 되는 것의 먼지, 즉 우주의 먼지가 된다. 인간은 이 구조 때문에 그 자신을 만날 수 있다. 자기는 자신의 세상이 없다면 공허한 형식이 된다. 자기 의식은 내용을 갖지 못할 것이다. 물리적인 내용뿐 아니라 정신적인 내용도 우주 안에 있기 때문이다. 세계 의식이 없다면, 자기 의식도 없다. 물론 자기 의식도 없다면 세계 의식도 없다. 세계 의식은 오직 충분히 발전된 자기 의식의 토대에서만 가능하다. 인간이 자기 세계를 하나의 세계로 보기 위해서는 그것과 완전히 분리되어야만 한다. 그렇지 않다면 그는 단순한 환경의 굴레를 벗어나지 못할 것이다. 자아-자기와 세상의 상호의존성이 기본적인 존재론적 구조이며 모든 다른 것을 포함한다.

서로 반대되는 두 가지 측면 중 한쪽 측면이 상실된다면, 상반되는 두 가지 측면도 사라진다. 세상이 없는 자기는 공허하다. 반면에 자기 없는 세상은 죽은 것이다. 피히테(Fichte)와 같은 철학자의 주관적 관념론은 자아가 그 반대 부분, 곧 비자아로 비이성적인 도약을 하지 않는다면 내용을 가진 세계에 도달할 수 없다. 홉스와 같은 철학자의 객관적 실재론은 사물들의 운동에서 자아로 비이성적인 도약을 하지 않는다면 자기 관계성의 형태에 도달할 수 없다. 데카르트는 순수 자아의 공허한 **사유**(*cogitatio*)와 죽은 몸들의 기계적인 운동을 절망적으로 다시 결합하려고 노력했지만 실패했다. 자기와 세계의 상호관계성이 부정될 때마다, 어떠한 재결합도 불가능하다. 반대로 이런 구조가 어떻게 이성의 주체와 대상의 구조 때문에 **인식적** 관점에서 사라졌는지를 보여주는 것은 가능하다. 이성의 주체와 대상의 구조는 자기와 세상의 상호관계에 근거하며 그것에서 자라난다.

2. 논리적 대상과 존재론적 대상

자기와 세계라는 양극성은 이성이 취하는 주체와 대상의 구조의 토대가된다. 우리가 자기와 세계의 양극성을 논하기 전에 제1부에서 이 구조에 대해 예상하는 것 말고는 그것을 구체적으로 논하는 것은 가능하지 않았다. 우리는 지금 자기와 세계의 양극성 그리고 주체와 대상 구조의 관계를 설명해야 한다.

　　우리는 앞서 세계를 구조화된 전체로 묘사했고 그것의 구조를 "객관적 이성"이라고 명명했다. 우리는 자기를 중심성의 구조로 묘사했으며 이러한 구조를 "주관적 이성"이라고 명명했다. 그리고 우리는 이것들이 서로에게 상응하고 있다고 진술했지만, 그 상응성에 대해 어떤 특별한 해석을 제시하지는 않았다. 이성은 그 자기를 하나의 자기로, 즉 중심 구조로 만든다. 그리고 이성은 그 세계를 하나의 세계로, 즉 구조 전체로 만든다. 이성이 없다면, 존재의 로고스가 없다면, 존재는 무질서가 될 것이다. 즉 그것은 존재일 수 없고 오직 그것의 가능성(비존재[me on])이 될 것이다. 하지만 이성이 있는 곳에는 상호의존하는 자기와 세상이 있다. 자기는 이성적 구조를 실현하며, 그것은 마음, 곧 주관적 이성의 담지자가 되는 것의 기능도 한다. 마음으로 고찰할 때, 세상은 실재, 곧 객관적 이성의 담지자가 된다.

"주체"와 "대상"이라는 용어는 오랜 역사 동안에 그 의미가 실질적으로 많이 변했다. 원래 주관적이라는 것은 독립된 존재라는 것, 곧 그 자신의 실체(*hypostasis*)를 의미했다. 객관적이라는 것은 마음에 그 내용으로 있는 것을 의미했다. 오늘날 특히 영국 경험론자들의 영향을 받아서 실재적인 것은 객관적인 존재를 가지고 있다고 이야기되지만, 마음 속에 있는 것은 주관적인 존재를 가지고 있다고 이야기된다. 우리는 오늘날의 용법을 따라야 하지만 또 그것을 넘어서기도 해야 한다.

인식 영역에서 인식 행위가 향하는 모든 것은 하나의 대상으로 간주된다. 그것이 신이거나 돌이거나, 누군가의 자기이거나 수학적 정의이거나 상관없이 말이다. 논리적인 의미에서 술어가 되는 모든 것은 이 분명한 사실에 의해서 하나의 대상이 된다. 신학자는 하나님이라는 단어를 논리적 의미에서 하나의 대상으로 만드는 것을 피할 수 없다. 사랑하는 이가 사랑받는 이를 지식과 행위의 대상으로 만드는 것을 피할 수 없는 것처럼 말이다. 논리적 객관화의 위험은 그것이 결코 단순하게 논리적이지 않음을 의미한다. 그것은 존재론적 전제와 함의들을 전한다. 하나님이 존재의 주체와 대상의 구조에 들어오신다면, 그분은 존재의 근거가 되는 것을 그만두시고 다른 것 중 하나의 존재(우선, 하나의 대상으로 그분을 바라보는 주체 옆에 있는 존재)가 되신다. 그분은 진짜 하나님이 되시는 것을 그만두신다. 종교와 신학은 종교적 객관화의 위험을 잘 알고 있다. 그것들은 이러한 상황에 함축된 자신들이 의도하지 않은 신성모독을 피하려고 몇 가지 방법을 사용한다. 예언자적 종교는 사람들이 하나님을 "볼" 수 있음을 부정한다. 시각이 가장 객관화하는 감각이기 때문이다. 하나님의 지식이 있다면, 그것은 하나님이 인간을 통해 그분 자신을 아신다는 것을 의미한다. 비록 그분이 논리적 대상이 되시지만, 그분이 주체로 남으신다(참조. 고전 13:12).[3] 신비주의는 인간과 하나님의 황홀경적 연합에 의해서 객관화하는 도식을 극복하고자 한다. 이러한 연합은 사랑하는 이와 사랑받는 이의 차이가 사라지는 순간으로 나아가는 충동을 불러일으키는 성관계와 유사하다. 신학은 하나님을 이야기할 때 주체와 대상의 구조보다 선행하는 것을 대상으로 삼고 있다는 점을 항상 기억해야 한다. 따라서 그것은 하나님을 이야기할 때 하나님을 하나의 대상으로 만들 수 없음을 인정해야 한다.

하지만 객관화하는 도식이 사용되는 세 번째 의미가 있다. 어떤 것을 대상으로 만드는 것은 그것에서 주관적 요소를 박탈함과, 그것을 어떤 대상으로 만드는 것과, 그것은 단지 그 대상에 **지나지 않음**을 의미한다. 그러한 대상은 하나의 "사물"(Ding)이 되며, 완전히 "조건지어진 것"(bedingt)을 의미한다. "사물"이라는 단어가 필연적으로 이런 함의를 갖지는 않는다. 그것은 있는 모든 것을 나타낼 수 있다. 하지만 우리가 사람들을 "사물들"이라고 말하는 것은 우리의 언어 감각에 어울리지 않는다. 그들은 사물들보다 그 이상의 존재들이며 단순한 대상들보다도 훨씬 이상의 존재들이다. 그들은 자기 자신들이며 따라서 주체성을 담지한 이들이다. 자기들을 사물로 바꾸려는 사회 제도뿐만 아니라 형이상학적인 이론들은 진리와 정의를 반대한다. 그것들은 존재의 기본적인 존재론적 구조, 곧 모든 존재가 하나의 극단이나 다른 극단에 다양한 정도의 근사치로 참여하는 자기와 세계라는 양극성을 반대하기 때문이다. 충분히 발달한 인간의 인격성이 하나

---

3   역주. Tillich는 고전 13:8-12을 가지고 "사랑을 통한 인식"(Knowledge through Love)이라는 제목으로 설교했다. "온전한 인식은 온전한 사랑을 전제합니다. 하나님은 나를 아십니다. 그분은 나를 사랑하시기 때문입니다. 그리고 나도 유사한 연합을 통해서 얼굴과 얼굴을 맞대고 그분을 알게 될 것인데, 그 연합이 사랑인 동시에 인식입니다." Tillich, *The Shaking of the Foundation*, 114.

의 정반대 극을 나타내며, 기계적 도구가 그 정반대의 극을 나타낸다. "사물"이라는 용어는 사물에 가장 적절하게 적용된다. 그것은 거의 주관성을 갖고 있지 않다. 하지만 완전하게 없는 것은 아니다. 비유기적인 본성으로 취해진 구성적 요소들은 무시할 수 없는 어떤 독특한 구조를 가지며, 그 자체는 어떤 예술적 형태를 소유한다(소유해야 한다). 도구의 목적은 그러한 형태로 가시적으로 표현된다. 심지어 일상적 도구들도 단순하게 사물이라고 말할 수 없다. 모든 것은 단순한 것, 곧 주관성을 갖지 않은 대상으로 간주되거나 취급되는 운명을 거부한다. 이것이 존재론은 사물들과 함께 시작할 수 없고 실재의 구조를 그것들에서 가져오려고 노력하는 이유다. 완전히 조건지어진 것, 즉 자기성과 주관성을 갖지 않은 것은 자기와 주체를 설명할 수 없다. 이것을 하려고 애쓰는 이가 있다면, 그는 자신이 대상에서 가져오고자 원하는 바로 그 주관성을 객관성의 본성에 비밀리에 넣은 것이다.

파르메니데스에 따르면, 기본적인 존재론적 구조는 존재가 아니라 존재와 말의 일치, 곧 **로고스**에서 존재가 파악되는 것을 의미한다. 주관성은 부수 현상, 곧 파생된 현상이 아니다. 비록 그것이 오직 그리고 항상 객관성과 양극 관계를 맺고 있지만, 그것은 원래의 현상이다. 최근의 자연주의가 이전의 환원주의자의 방법들, 예를 들어 모든 것을 물리적 대상과 운동으로 환원하려던 방법들을 거부하는 방식은 객관성에서 주관성을 도출하는 게 불가능하다는 것의 통찰이 강해지고 있음을 제안한다. 실제적인 영역인 산업사회, 곧 첫 번째로는 자본주의 형태에서 그다음으로는 전체주의 형태의 사회에서 객관화하려는 성향을 반대하는 폭넓은 저항은 인간을 가장 유용한 수단으로 만들려는 비인간화, 곧 인간의 본질적인 주관성을 파괴하려는 현실이 있음을 반증한다. 과거와 현재의 다양한 실존주의는 하나가 되어서 주체를 대상으로, 곧 자기를 사물로 넘겨주려는 이론적이고 실제적인 형태에 맞서고 있다. 자기와 세상이라는 존재의 구조와 이성의 주체와 대상의 구조에서 시작하는 존재론은 주체를 대상에 넘겨주려는 위험으로부터 보호받고 있다.

또한 그것은 반대 위험으로부터 보호받고 있다. 그것은 주체에서 대상을 도출하는 것만큼 대상에서 주체를 도출하는 것도 불가능하다. 그 모든 형태의 관념론은 "절대 자아"에서 비자아로, 절대 의식에서 비의식으로, 절대 자기에서 세계로, 순수 주체에서 실재의 객관적 구조로 나아가는 방법이 없음을 발견했다. 각각의 경우에 파생된 것으로 간주되는 것은 그것이 파생되어온 것으로 몰래 빠져들어 갔다. 이러한 연역적 관념론의 속임수는 환원적 자연주의의 속임수와 완전히 반대되는 것이다.

서로 다른 형태의 동일성 철학의 이면에 있는 동기는 상황을 이해하려는 통찰이었다. 하지만 그 통찰은 충분히 멀리까지 나아가지 못했다. 주체와 대상의 관계는 주관성도 객관성도 파생될 수 없다는 동일성의 관계를 말하지 않는다. 그 관계는 양극성의 관계를 말한다. 기본적인 존재론적 구조는 파생될 수 없다. 우리는 그것을 받아들여야만 한다. "자기와 세상이라는 이원성, 곧 주체와 대상의 이원성보다 선행하는 것이 무엇인가?"라는 물음은 이성이—구분과 파생이 사라지는—그 자신의 심연을 바라보게 하는 물음이다. 오직 계시만이 이런 물음에 대답할 수 있다.

B. 존재론적 요소들

1. 개체화와 참여

플라톤에 따르면, 차이라는 관념은 "모든 것에 걸쳐 있다." 아리스토텔레스는 개체적 존재들을 현실화 과정의 **텔로스**(*telos*), 곧 내적 목적이라고 이야기할 것이다. 라이프니츠에 따르면, 절대적으로 동등한 것들은 존재할 수 없다. 엄밀하게 서로의 차별화가 그것들의 독립적 실존을 가능하게 만들기 때문이다. 성서에 나오는 창조 이야기에서 하나님은 보편자들이 아니라 개체적인 존재들을 창조하시며, 남성과 여성이라는 형상들이 아니라 아담과 하와를 창조하신다. 심지어 신플라톤주의도 자신의 존재론적 "실재론"에도 불구하고 종들의 형상(영원한 범형들)이 아니라 개체들의 형상들이 있다는 교리를 받아들였다. 개체화는 존재들과 관련한 특별한 영역의 특징을 나타내지 않는다. 그것은 존재론적 요소이며 따라서 모든 것의 **성질**(quality)을 나타낸다. 그것은 모든 자기 안에 함축되어 있고 모든 자기를 구성한다. 이것은 적어도 개체화가 모든 존재에 유비적인 방식으로 함축되어 있으며 모든 존재를 구성한다는 것을 의미한다. "개체적인"이라는 용어는 자기 관계성과 개체화의 상호의존성을 보여준다. 자기 중심적인 존재는 나뉠 수 없다. 하지만 그것은 파괴될 수 있고 또는 새로운 자기 중심적 존재가 출현하게 되는 (예를 들어 어떤 하등 동물에서 구조가 재생되는 것과 같은) 어떤 부분이 빼앗길 수 있다. 후자의 경우에 옛 자기는 실존하기를 그치고 새로운 자기로 대체되거나 옛 자기는 새로운 자기를 위해서 연장성과 힘이 감소된 채 남는다. 하지만 어떤 경우에도 자기 중심성 자체는 나뉘지 않는다. 이것은 수학에서 점을 분할할 수 없는 것과 마찬가지다. 자기성(selfhood)과 개체화는 개념적으로 다른 것이지만, 그것들은 현실적으로는 구별되지 않는다.

인간은 완전히 자기중심적일 뿐 아니라 완전히 개체적이기도 하다. 그리고 그는 자기중심적이다. 그가 개인적이기 때문이다. 모든 비인간적인 존재들 안에서는 종들이 지배적인 것이 되었으며, 심지어 가장 발달한 동물 중에서도 종들이 지배적인 것이 되었다. 본질적으로 개체가 하나의 모범이 되어서 종들이 가지고 있는 보편적인 특성을 개체적인 방식으로 나타내준다. 비록 하나의 식물이나 동물의 개체화가 그 중심화된 전체의 가장 작은 부분 안에서 표현되었지만, 그것은 개체적인 사람들이나 고유한 역사적 사건들과 일치했을 때만 의미가 있다. 비인간적인 존재의 개체성이 인간 삶의 과정으로 유입될 때 의미를 가진다. 하지만 오직 그때만 의미를 갖는다. 인간은 다르다. 집단적인 사회에서조차도 개인이 담지자로서 의미를 가지고 있으며, 최종적인 분석에서 드러난 것처럼 집단의 목표인 개인이 종보다 오히려 더 많은 의미를 가진다. 심지어 가장 전제주의적인 국가조차도 개인 주체들의 유익을 위해 존재한다고 주장한다. 법이란 그것의 본성상 고유하고, 교환불가능하며, 침해받을 수 없고, 따라서 보호받아야 하는 동시에 책임을 져야 하는 개인의 가치에 기초한다. 개인이란 법의 관점에서는 한 인격을 의미한다. "인격"(*persona, prosopon*)이란 단어는 원래 배우가 자신이 맡은 배역을 나타내주기 위해 쓴 가면을 가리킨다.

역사적으로 인격은 법체계에 의해 언제나 인정받지 못했다. 많은 문화에서 법은 모든 사람을 하나의 인격으로 인정하지 않았다. 오랫동안 사람들은 해부학적인 동등성을 모든 인간이 가진 하나의 인격으로서의 가치를 평가하는 충분한 근거로 간주하지 않았다. 노예와 어린이 그리고 여성들의 인격이 부정되었다. 대다수의 문화에서 그들은 사회에 충분히 참여할 수 없었기 때문에 충분히 개체화될 수 없었으며 뒤집어 말하자면 그들은 충분히 개체화될 수 없었기 때문에 사회에 충분히 참여하지 못했다. 스토아주의 철학자들이 모든 인간 존재는 보편적 로고스에 참여한다는 교리를 성공적으로 주장했을 때까지 어떤 해방의 과정도 시작되지 않았다. 기독교가 구원의 보편성과 모든 인간이 구원의 보편성에 참여한다는 잠재성을 인정할 때까지 모든 인간의 고유성이 확립되지 않았다.[4] 이러한 발전은 완벽한 개체화의 수준—이것은 동시에 완벽한 참여의 수준을 의미한다—에서 이루어지는 개체성과 참여의 엄격한 상호의존성을 예시해준다.

개체적 자기는 자신의 환경이나 완전한 개체화의 경우, 곧 자신의 세계에 참여한다. 한 개체적인 나뭇잎이 자기에게 영향을 주고 자기에게 영향을 받는 자연의 구조와 힘에 참여한다. 이것이 쿠자누스와 라이프니츠 같은 철학자가 전체 우주는 모든 개체 안에 나타난다고 주장한 이유다. 비록 전체 우주가 그 개체의 한계에 제약을 받지만 말이다. 모든 존재 안에는 소우주의 특성이 나타난다. 하지만 오직 인간만이 **소우주**(microcosmos)다. 세상은 그 안에서 간접적으로 그리고 무의식적으로 나타날 뿐만 아니라 직접적으로 의식적인 만남에서 나타난다. 인간은 마음의 합리적 구조와 실재를 통해서 우주에 참여한다. 환경적으로 생각할 때, 그는 실재의 아주 조그마한 부분에 참여한다. 이주하는 동물들이 어떤 점에서는 인간을 능가

---

4   역주. 스토아주의자들은 모든 사람이 보편적 로고스에 참여한다는 신념을 기반으로, 이전에는 열등한 존재로 여겨졌던 여성, 노예, 어린이에게도 로마 황제의 법률에 따른 동등한 권리를 부여했다. 기독교도 만인 평등을 주장했지만, 그것은 모두가 하나님의 자녀라는 사상에 기반한 것이었다. 하지만 "스토아주의와 기독교의 본질적인 차이점은 다음과 같다. 곧 스토아주의자도 인간의 어리석음에 대해서 분명히 알고 있었지만, 죄라는 것은 알지 못했다. 따라서 스토아주의자들은 지혜에 도달하는 것이 구원이라고 생각했다. 이와는 달리, 기독교는 구원을 신의 은총에 의해 주어진 선물로서 이해했다." Tillich, 『그리스도교 사상사』, 46.

한다. 우주적으로 생각할 때, 인간은 우주에 참여한다. 우주의 구조와 형태 그리고 법이 그에게 열려 있기 때문이다. 그리고 그것들과 함께 모든 것이 이해될 수 있고 그것들을 통해 형성되는 것이 인간에게 열려 있다. 잠재적 으로 인간이 초월할 수 없는 한계는 없다. 보편자는 인간을 보편적 존재로 만든다. 언어는 인간이 **소우주**임을 입증한다. 인간은 보편자들을 통해 가 장 멀리 있는 별들과 가장 먼 과거에도 참여한다. 이것이 지식은 연합이며 본질적으로 서로에게 속해 있는 요소들을 재연합하는 **에로스**에 근거한다 는 주장의 존재론적 토대가 된다.

개체화가 우리가 "인격"이라고 말하는 완벽한 형태에 도달할 때, 참여 는 우리가 "교제"라고 말하는 완벽한 형태에 도달한다. 인간은 모든 삶의 차원에 참여하지만, 그는 온전히 자기 자신이 되는 삶의 차원에만, 곧 그 가 다른 이들과 교제할 때만 완전하게 참여한다. 교제(communion)란 완전 하게 또 다른 중심이며 완전하게 개체적인 자아에 참여하는 것을 의미한 다. 이런 의미에서 교제는 개인이 가질 수 있거나 가질 수 없는 어떤 것이 아니다. 참여는 개인에게 우연적인 것이 아니라 본질적인 것이다. 개인은 참여 없이는 존재할 수 없으며 어떤 개인적 존재도 교제하지 않고는 존재 할 수 없다. 온전하게 발달한 개체적 자기로서 개인은 다른 온전하게 발달 한 자신들 없이는 존재하는 게 불가능하다. 그가 다른 자신들의 저항을 경 험하지 못했다면, 모든 자아는 그 자신을 절대적인 것으로 만들려고 할 것 이다. 하지만 다른 자신들의 저항은 무조건적으로 필요하다. 한 개인은 대 상 세계 전체를 정복하지만, 그는 다른 사람의 인격을 파괴하지 않고는 그 를 정복할 수 없다. 개인은 이런 저항을 통해 자신을 발견한다. 그가 다른 사람을 파괴하고 싶지 않다면, 그는 그와 교제를 나눠야만 한다. 그는 다른 사람의 저항을 경험하면서 태어난다. 따라서 다른 사람을 만나지 않고서는 인간은 존재하지 않는다. 인간은 오직 개인적인 만남의 교제 속에서만 성장할 수 있다. 개체화와 참여는 존재의 모든 차원에서 상호의존적이다.

참여의 개념은 많은 기능을 가진다. 상징은 그것이 상징하는 실재에 참여한다. 인식하는 이는 인식되는 것에 참여한다. 사랑하는 이는 사랑받는 이에게 참여한다. 실존하는 것은 실존의 조건 아래서 그것을 그것으로 존재하게 하는 바의 본질에 참여한다. 개체는 분리와 죄책의 운명에 참여한다. 그리스도인은 예수 그리스도 안에 현현한 것으로 새로운 존재에 참여한다. 개체화와 양극성을 이루는 참여는 기본적인 존재론적 요소로서 관계의 범주에 기초를 이룬다. 개체화가 없다면, 그 어떤 것도 관계를 맺으며 실존할 수 없을 것이다. 참여가 없다면, 관계의 범주도 실재 안에서 근거를 갖지 못할 것이다. 모든 관계는 일종의 참여를 포함한다. 이것은 심지어 무관심이나 적개심에게도 사실이다. 우리가 어떤 식으로든 참여하지 않고 배재된 것에 대해서 우리가 적대적일 수는 없다. 그리고 어떤 것도 자기와 어떤 차이가 없는 존재에게 무관심의 태도를 보이지 않을 것이다. 참여의 요소는 분열된 세계의 일치를 보장하며 관계들의 보편적 체계를 가능하게 한다.

개체화와 참여라는 양극성은 서구 문명을 뒤흔들고 거의 혼란에 빠트렸던 유명론과 실재론의 문제를 해결한다. 유명론에 따르면, 오직 개체만이 존재론적으로 실재하고, 보편자들은 개체적인 존재들 사이의 유사성을 나타내는 언어의 상징들을 나타낸다. 따라서 지식은 참여가 아니다. 그것은 사물들을 파악하고 통제하는 외적인 행동을 말한다. 통제하는 지식은 유명론적 존재론을 인식론적으로 표현한 것이다. 경험론과 실증주의는 유명론의 논리적인 결과물에 불과하다. 하지만 순수한 유명론은 지지될 수 없다. 심지어 경험론자도 지식으로 접근할 수 있는 모든 것이 "인식할 수 있는 존재"의 구조를 가져야만 한다는 것을 인정해야 한다. 그리고 이 구조는 정의상 인식하는 이와 인식되는 것의 상호 참여를 포함한다. 극단적인 유명론은 인식 과정을 이해시킬 수 없을 것이다.

"실재론"도 동일한 검증 과정을 거쳐야만 한다. 실재론이라는 용어는 보편자들, 곧 사물의 본질적 구조들이 실제로 사물들 안에 실재한다는 것을 의미한다.[5] "신비주의적 실재론"(mystical realism)은 개체화에 대한 참여, 곧 개체가 보편자에 참여하는 것과 인식하는 이가 인식되는 것에 참여하는 것을 강조한다. 이런 점에서 실재론은 옳은 것이며 지식을 이해 가능하게 만들어준다. 하지만 그것이 경험적 실재론의 이면에 두 번째 실재를 상정하고 참여의 구조를 개체성과 인격성이 사라지는 존재의 차원으로 만든다면 그것은 잘못된 것이다.

2. 역동성과 형식

존재는 존재의 논리, 곧 그것을 그것이게 하는 바와 이성에게 그것을 파악하고 형성하는 힘을 부여하는 구조와 분리될 수 없다. "무엇임"은 형식(form)이 있음을 의미한다. 개체화와 참여의 양극성으로 인해 특별한 형식과 일반적 형식이 존재하게 된다. 하지만 그 두 가지 형식은 현실적 존재에서는 분리되지 않는다. 모든 존재는 이것들의 결합을 통해서 분명한 존재가 된다. 형식을 잃어버린 것마다 자신의 존재를 상실한다. 형식이 내용과

---

5   오늘날 "실재론"이라는 용어는 중세 시대에 "유명론"이 의미하는 것을 의미하지만, 반면에 중세 시대의 "실재론"은 우리가 오늘날 "관념론"이라고 부르는 것과 거의 정확하게 같다. 우리가 고전적인 실재론에 관해 말하고자 할 때마다, 나는 그것을 "신비주의적 실재론"이라고 부를 것을 제안한다.

대립하면 안 된다. 어떤 것을 그것이게 하는 바의 형식은 그것의 내용, 곧 그것의 **본질**(*essentia*), 달리 말해 그것을 그것으로 존재하게 하는 분명한 존재의 힘이다. 어떤 나무의 형상은 그것을 그 나무이게 하는 바이며, 그것에 개체적인 나무의 특별하며 고유한 형상뿐만 아니라 나무의 일반적 특성도 부여하는 바를 의미한다.

형식과 내용이 분리된다면, 그것은 인간의 문화 활동에 문제를 불러일으킨다. 지금 물질들을 고려한다면, 자연적 형상을 가진 사물들 또는 사건들은 인간의 이성적 기능에 의해 변형되었다. 풍경은 자연적 형식을 가진 것인 동시에 그 내용도 갖고 있다. 예술가는 예술적 창조물을 위한 재료로 풍경의 자연적 형식을 사용한다. 예술적 창조물의 내용은 그 재료가 아니라 오히려 그 재료로 가지고 만들어진 것을 말한다. 우리는 (아리스토텔레스가 했던 것처럼) 형식과 재료를 구분할 수 있다. 하지만 문화의 영역에서조차도 형식과 내용의 구분이 이루어질 수 없다. 형식주의의 문제(제1부 I. B. 5. c를 보라)는 태도의 문제다. 우리는 지금 어떤 특정한 형식이 특정한 재료에 적절한지 적절하지 않은지를 문제 삼고 있지 않다. 오히려 우리는 문화적 창조물이 정신적 실체를 표현하는지 또는 그것은 단순하게 그러한 실체 없는 단순한 형식에 불과한지의 문제를 다루고 있다. 예술가는 모든 형태의 재료를 가지고 모든 형식을 구체화할 수 있다. 그 형식이 진짜인 한, 즉 그것이 예술가가 자신의 삶에서 마주한 기본적인 경험─자기 시대와의 갈등뿐 아니라 공감─을 즉각적으로 표현한 것인 한에서는 말이다. 예술가가 그러한 형식을 사용하지 못하고 대신에 표현력을 상실한 형식들을 사용한다면, 그는 형식주의자가 된다. 그 형식이 전통적인 것이든지 아니면 혁신적인 것이든지 상관없이 말이다. 혁신적인 형식은 보수적인 양식만큼이나 형식주의적인 양식일 수 있다. 기준은 어떤 특별한 양식이 아니라 어떤 형식의 표현력이다. 이러한 생각은 형식과 역동성의 양극성과 관련해서 또 다른 요소가 있음을 말해준다. 모든 형식은 어떤 것을 형성한다. 우리의 물음은 다음과 같다. 이 "어떤 것"은 무엇인가? 우리는 그것을 "역동성", 곧 풍성한 역사와 많은 함의 그리고 함축들을 가진 매우 복잡한 개념이라고 명명했다. 이런 개념과 그와 관련된 모든 개념은 개념화될 수 있는 모든 것이 존재를 가져야만 하며 형식이 없는 존재는 있을 수 없다는 사실에서 문제가 발생한다. 따라서 역동성은 존재하는 어떤 것으로 사유될 수 없다. 그뿐만 아니라 그것은 존재하지 않는 것으로 사유될 수도 없다. 그것은 **비존재**(*me on*), 곧 존재의 잠재성이다. 이것은 형식을 가진 것과 관련해서는 비존재이며, 순수 비존재와 관련해서는 존재의 능력을 가지고 있다. 이러한 대단히 변증법적 개념은 철학자들의 고안물이 아니다. 그것은 대부분 신화의 근간이 되며, 창조보다 선행하는 무질서와 혼돈과 공허(*tohu-va-bohu*), 암흑과 공허로 언급되었다. 그것은 형이상학적 사변 속에서는 (뵈메의) 근원, (쇼펜하우어의) 의지, (니체의) 권력에의 의지, (하르트만과 프로이트의) 무의식, (베르그송의) 생명의 약동, (셸러와 융의) 불화로 나타난다. 이런 개념 중 그 어느 것도 개념적으로 취해질 수 없다. 그것들 각각은 명명될 수 없는 것을 상징적으로 가리킨다. 그것이 적절하게 명명될 수 있다면, 그것은 순수한 형식의 요소와 양극적 대조를 이루는 존재론적 요소가 아니라 다른 존재들 곁에 있는 또 하나의 형식화된 존재일 것이다. 따라서 문자적 의미에 기초해서 이런 개념들을 비판하는 것은 정당하지 않다. 쇼펜하우어의 "의지"는 심리학에서 말하는 "의지"의 기능을 의미하지 않는다. 그리고 하르트만과 프로이트의 "무의식"은 예전에 사람들이 말하던 것처럼 의식의 태양이 빛나는 위 공간에 있는 것들로 채워진 저장실처럼 묘사될 수 있는 "공간"을 의미하지 않는다. 무의식은 단지 잠재성을 말하며 그것은 실재의 이미지로 묘사되지 말아야 한다. "아직 존재를 갖지 않은 것"에 대한 다른 묘사 역시 동일한 방식으로, 즉 유비적으로 해석되어야만 한다.

고대 그리스 철학에서, 비존재 혹은 물질은 궁극적 원리, 곧 형상에 저항하는 원리였다. 하지만 기독교 신학은 비존재의 독립성을 박탈하고 그것을 신적인 생명의 심원함에서 찾고자 노력했다. 신을 **순수 현실태**(*actus purus*)로 보려는 이론은 그 문제를 해결하려는 토마스주의자들을 가로막았지만, 둔스 스코투스와 루터의 동기를 활용한 개신교 신비주의는 역동적인 요소를 신적인 생명의 전망으로 도입하려고 시도했다. 생명의 철학 및 과정 철학뿐 아니라 후기 낭만주의 철학 역시 이런 방식을 따랐다. 비록 순수 현실태인 정적인 하나님을 살아 계신 하나님으로 변형시키려는 그들의 시도에는 언제나 하나님의 신성을 상실할 위험이 있었음에도 불구하고 말이다. 하지만 존재의 구조에 있는 역동적인 요소를 억압하는 모든 존재론은 생명 과정의 본성을 설명할 수 없다는 것과 신적인 생명을 의미 있게 말할 수도 없다는 것이 분명하다.

역동성과 형식이라는 양극성은 인간의 즉각적인 경험에서 생동성과 지향성이라는 양극성의 구조로 나타난다. 두 가지 용어는 정당화와 설명이 필요하다. **생동성**(vitality)이란 어떤 살아 있는 존재가 살아가고 성장하게 하는 힘을 말한다. **생명의 약동**(élan vital)이란 새로운 형상을 향해 나아가는, 살아 있는 모든 것 안에 있는 살아 있는 실체의 창조적 충동을 가리킨다. 하지만 생동성은 좁은 의미로 더 자주 사용된다. 일반적으로 사람들은 동물이나 식물의 생동성이 아니라 사람들의 생동성을 이야기한다. 생동성이란 단어의 의미는 그것의 양극적인 대조와 관련해서 특징을 갖는다. 생동성은 그 단어의 충분한 의미에서 인간과 관련이 있다. 인간은 지향성을 갖기 때문이다. 인간의 역동적인 요소는 모든 방향으로 열려 있다. 그것은 어떤 선험적인 제한적 구조에도 얽매이지 않는다. 인간은 주어진 세계를 넘어서는 세계를 창조할 수 있다. 그는 기술적인 영역과 정신적인 영역을 창조한다. 인간 이하의 생명이 가진 역동성은 자연이 만든 무한한 변화와 진화 과정에서 만들어진 새로운 형태들에도 불구하고 자연적인 필연이라는 한계 안에 머무른다. 역동성은 오직 인간을 통해서만 자연을 넘어서 뻗어나간다. 이것이 인간의 생동성이다. 따라서 오직 인간만이 그 단어의 충분한 의미에서 생동성을 가진다.

인간의 생동성은 그의 지향성과 대조를 이루고 그것에 의해 제약받는다. 인간의 차원에서 형식은 삶의 과정에서 현실화된 주관적 이성의 합리적 구조를 말한다. 우리는 이런 극단을 "합리성"이라고 말할 수 있다. 하지만 합리성은 이성의 현실화를 의미하지 않고 이성을 가진 것을 의미한다. 우리는 그것을 "정신성"(spirituality)이라고 말할 수 있다. 하지만 정신성은 인간의 도덕적이고 문화적인 행위들 안에서 역동성과 형식이 일치되는 것을 의미한다. 따라서 우리는 "지향성"이라는 용어를 사용할 것을 제안했다. 이것은 의미 있는 구조와 관계를 맺는 것과 보편자 안에서 살아가는 것, 그리고 실재를 파악하고 형성하는 것을 의미한다. 이런 맥락에서 "지향"은 어떤 목적을 위해 행동하려는 의지를 의미하지 않는다. 그것은 객관적으로 타당한 것과의 긴장 안에서 사는 (그리고 그것을 향해서 나아가는) 생명을 의미한다. 인간의 역동성, 곧 그의 창조적 생동성은 목적이 없고, 무질서하며, 자기충족적인 것이 아니다. 그것은 목적을 갖고 있으며 형성된다. 그것은 의미 있는 내용을 향해 그 자신을 초월한다. 생동성 자체나 지향성 자체와 같은 것은 존재하지 않는다. 그것들은 다른 양극적인 요소들처럼 상호의존적이다.

존재의 역동적 특성은 모든 것이 자신을 초월하고 새로운 형상을 창조하는 성향을 함축한다. 동시에 모든 것은 자기 초월의 토대로서 그 자신의 형상을 보존하려는 특성을 가진다. 그것은 동일성과 차별성, 정지와 운동, 보존과 변화를 결합하는 경향이 있다. 따라서 생성을 이야기하지 않고 존재를 이야기하는 것은 불가능하다. 생성은 생성 과정에서 변하지 않고 남아서 존재하는 것처럼 존재의 구조 안에서도 참된 것으로 존재한다. 그리고 그 반대의 경우도 마찬가지로 그 어떤 것도 변화의 척도처럼 생성 안에 보존되지 않는다면 생성은 불가능할 것이다. 변화 과정에 있는 것의 지속적인 동일성을 희생하는 과정 철학은 과정 자체와 그것의 연속성, 조건과 조건화된 것의 관계, 곧 어떤 과정을 하나의 전체로 만드는 내적 **목표**(*telos*)를 희생시킨다. 베르그송이 생명의 약동, 곧 자기 초월을 하려는 보편적 성향과 일시적인 변화 가운데서도 유지되는 지속과 자기 보존을 결합했을 때, 그는 옳았다.

개체의 성장은 자기 보존에 근거한 자기 초월성을 보여주는 가장 분명한 예다. 그것은 두 극단이 동시적으로 상호의존하는 관계를 아주 분명하게 보여준다. 성장을 억제했을 때, 존재는 성장하지 않으며 궁극적으로 파괴된다. 성장이 그릇된 방향으로 나아갔을 때, 그것은 자기를 파괴하며 자기를 보존하지 않고 그 자신을 초월한 것을 파괴한다. 더 넓은 영역의 예는 보다 하등하거나 덜 복잡한 형식의 생명의 형식에서 더 고등하거나 더 복잡한 형식으로 진화한 생물학적 진화를 들 수 있다. 그것이 어떤 다른 것보다도 과정 철학과 창조적 진화에 영감을 주었다.

인간은 자기 자신 안에서 자기 초월과 자기 보존을 즉각적으로 경험한다. 인간 이하의 수준에서 자기는 불완전하며 환경과 상관관계를 맺지만, 인간의 수준에서 자기는 완전하며 세상과 상관관계를 맺는 것처럼, 그렇게 인간 이하의 수준에서 자기 초월성은 조건들이 자리를 차지하는 것에 의해서 제약을 받지만, 인간의 수준에서 자기 초월성은 인간을 인간 되게 만드는 것의 구조, 곧 세상을 가진 완벽한 자기에 의해서만 제약을 받는다. 인간은 자기 보존(인간성의 보존)을 성취하려는 것에 근거해서 어떤 주어진 상황을 초월할 수 있다. 그는 이런 근거 때문에 모든 방향의 한계 없이도 그 자신을 초월할 수 있다. 인간의 창조성은 인간이 속해 있는 생물학적 영역을 돌파하며 비인간적인 수준에서는 절대 획득할 수 없는 새로운 영역을 확립한다. 인간은 기술적 도구들로 이루어진 새로운 세계와 문화적 형식들로 이루어진 세상을 창조할 수 있다. 그 두 가지 경우에 새로운 것은 인간이 파악하고 형성하는 활동을 통해 존재하게 된다. 인간은 자연이 제공하는 자원을 가지고 자연을 초월하는 기술적 형식들을 만들며, 타당성과 의미를 갖는 문화적 형식들을 창조한다. 그는 이런 형식들 안에서 살면서 그것들을 고안하지만 그것들을 초월한다. 그는 그것들을 창조하는 데 필요한 도구일 뿐만 아니라 동시에 그것들을 가지고 있는 담지자이자 그에게 변화하는 영향을 끼치는 결과이기도 하다. 이런 방향에서 그의 자기 초월성은 불분명하지만, 생물학적인 자기 초월성은 인간 안에서 그것의 한계를 분명하게 가진다. 지향성과 역사성을 가능하게 만드는 생물학적 구조를 넘어서는 모든 단계는 불분명한 문화를 초월하는 인간 능력의 퇴보와 거짓 성장 그리고 파괴를 가져올 것이다. "초-인"(super-man)은 생물학적 의미에서는 인간보다 열등한 존재를 가리킬 것이다. 인간은 자유를 가진 존재이며, 자유란 생물학적으로 침해당할 수 없는 것이기 때문이다.

3. 자유와 운명

세 번째 존재론적 양극성은 자유와 운명의 양극성이다. 기본적인 존재론적 구조와 그것의 요소에 대한 묘사는 그것의 완성과 전환점에 도달한다. 운명과 양극성을 이루는 자유는 실존을 가능하게 만드는 구조적 요소다. 그것은 존재의 본질적인 필연을 파괴하지 않고도 그것을 초월하기 때문이다. 자유의 문제가 신학의 역사에서 큰 역할을 했다는 점을 고려할 때, 우리는 현대의 신학자들이 자유의 의미와 본성에 관한 존재론적 탐구를 거의 하지 않았거나 이전에 이미 이루어진 탐구의 결과를 거의 활용하지 않았다는 점에 놀란다. 자유의 개념은 이성의 개념만큼이나 신학에서 중요하기 때문이다. 계시는 자유의 개념 없이 이해될 수 없다.

인간은 인간이다. 그는 자유를 가졌기 때문이다. 하지만 그는 운명과 양극적인 상호의존성 안에서만 자유를 가진다. "운명"이라는 용어는 지금의 맥락에서는 특별하다. 사람들은 일상적으로 자유와 필연을 이야기한다. 하지만 필연은 하나의 요소가 아니라 범주다. 그것의 반대는 자유가 아니라 가능성이다. 자유와 필연이 서로 대항할 때는 언제든지, 필연은 기계론적인 결정성과 관련해서 이해되고, 자유는 비결정론적인 우연성에 비추어 생각된다. 이런 해석 중 어느 것도 경험의 가능성을 가진 한 존재 안에서 즉각적으로 경험했던 것으로서의 존재의 구조를 파악하지 못한다. 경험의 가능성을 가진 그 존재는 자유, 즉 인간 안에 있는 자유를 가졌기 때문이다. 인간은 개체적 구조가 속한 더 큰 구조 안에 있는 자유의 담지자로서 개체의 구조를 경험한다. 운명은 인간이 자신을 발견하는 이런 상황과 동

시에 그가 속해 있는 세상에 직면하는 상황을 나타낸다.[6]

많은 존재론적 탐구와 관련한 방법론적 왜곡은 다른 어떤 지점보다도 자유에 관한 이론에서 훨씬 더 분명하게 나타난다. 결정론과 비결정론에 대한 전통적인 논의는 반드시 결론이 나지 않는다. 그것은 자유와 운명이라는 양극성이 놓여 있는 차원과 관련해서 이차적인 차원에서 논의되기 때문이다. 두 가지 대립하는 부분은 다른 여러 가지 중 "의지"(will)라고 불리는 **어떤 것**이 존재한다는 것을 전제한다. 의지는 자유의 특성을 갖고 있을 수도 있고 그렇지 않을 수도 있다. 하지만 정의상 완전하게 결정된 대상으로서의 사물은 자유를 갖고 있지 않다. 사물의 자유를 이야기하는 것은 용어상 모순이다. 따라서 결정론은 이런 논의에서 항상 옳다. 하지만 그것이 옳은 이유는 그것은 최종 분석에서 사물은 사물이다라는 동어반복을 표현하기 때문이다. 비결정론은 결정론적 명제를 반대하며 도덕적이고 인식적인 의식은 책임 있게 결정하는 힘을 전제한다는 사실을 언급한다. 하지만 그것이 결과를 도출하고 한 대상에 자유를 부여하거나 "의지"라고 부르는 기능을 부여할 때, 비결정론은 용어상 모순에 빠지고 비결정론적인 동어반복에 어쩔 수 없이 굴복한다. 비결정론적 자유는 결정론적 필연을 부정한다.

하지만 필연을 부정했다고 해서, 그것이 경험된 자유를 절대 보장하지는 않는다. 그것은 절대적으로 우연적인 것, 곧 동기 없는 결정, 달리 말해—비결정론이 나오게 된—도덕적이며 인식적인 의식을 정당하게 다룰 수 없는 우연을 주장한다. 결정론과 비결정론은 이론적으로 불가능하다. 그것들은 진리를 표현한다는 자신들의 주장을 함축적으로 부정하기 때문

---

6   더 자세한 설명은 아래의 내용을 보라.

이다. 진리는 거짓에 반대해서 진리를 선택하는 것을 전제한다. 결정론과 비결정론은 모두 그러한 결정을 이해할 수 없게 한다.

자유는 기능("의지")의 자유가 아니라 인간의 자유, 즉 사물이 아니라 완전하게 자기이며 합리적인 인격적 존재의 자유를 의미한다. 물론 "의지"를 인격의 중심으로 말하고 자기의 총체성을 그것으로 대체하는 것이 가능하다. 주의주의 심리학은 그러한 과정을 지지할 것이다. 하지만 자유에 관한 전통적인 논쟁이 교착상태에 빠진 것을 보여주는 것처럼 그것은 매우 오해의 소지가 있는 것으로 증명되었다. 우리는 인간을 인격적인 자기로 만드는 모든 부분과 모든 기능이 그의 자유에 참여하는 사실을 말하면서 인간의 자유를 이야기해야 한다. 이것은 심지어 그의 몸의 세포들까지도 포함한다. 그러한 세포들이 그의 인격의 중심을 구성하는 데 참여하는 한에서는 말이다. 중심이 아닌 것, 곧 자연적인 분리나 인위적인 분리(예를 들어 질병이나 실험 환경)에 의해 자기의 전체 과정에서 고립된 것은 자극과 반응의 기제나 무의식과 의식 관계의 동력에 의해 결정된다. 하지만 분리되지 않은 부분들을 포함한 전체의 결정성을 고립된 부분들의 결정성에서 도출하는 것은 불가능하다. 존재론적으로 전체는 부분들보다 선행하며 그것들에 이런 특별한 전체의 일부분에 속하는 특성을 부여한다. 전체의 자유에 비추어서 고립된 부분들의 결정성—즉 전체에서 부분적으로 분리된 것—을 이해하는 것은 가능하지만 그 반대로 이해하는 것은 가능하지 않다.

자유는 사려 깊음과 결정 그리고 책임으로 경험된다. 이 세 가지 용어들 각각의 어원은 다음과 같은 것을 보여준다. 사려 깊음(deliberation)은 논증과 동기를 **신중하게 고려하는**(librare) 행위를 의미한다. 신중하게 고려하는 사람은 동기를 뛰어넘는다. 그가 그러한 동기들을 고려하는 한, 그는 어떤 동기에도 부합하지 않고 그것들로부터 자유롭다. 훨씬 더 강한 동기가 항상 이긴다고 말하는 것은 공허한 동어반복에 지나지 않는다. 어떤 동기가 훨씬 더 강한 것임을 입증한 검증은 단순히 그 동기가 이겼음을 보여주기 때문이다. 자기중심적인 사람은 신중하게 고려하고 자신을 중심에 두고 동기들의 갈등에 대해 전체적으로 반응한다. 이런 반응을 "결정"이라고 이야기한다. "결정"(decision)이라는 단어는 "절개"(incision)라는 단어처럼 잘라내는 이미지를 가지고 있다. 어떤 결정은 가능성들을 잘라낸다. 이러한 것이 실재적 가능성들이다. 그렇지 않다면 어떤 절단도 필요하지 않았을 것이다.[7] "절단하는" 또는 "배제하는" 사람은 자신이 그만두거나 배제한 것을 넘어서야만 한다. 그의 인격의 중심은 가능성을 가지지만, 그것은 그것 중 어떤 것과도 동일하지 않다. "책임"이라는 단어는 어떤 이가 자신의 결정에 대해 질문을 받았을 때 그 질문에 대답하는 자유를 가진 사람의 의무를 가리킨다. 그는 다른 누군가에게 대답해달라고 요구할 수 없다. 오직 그 사람만 대답할 수 있다. 그의 행동은 자신의 외부에 있는 어떤 것이나 그의 어떤 일부분에 의해서 결정되지 않고 그의 존재의 중심적인 총체성에 의해 결정되기 때문이다. 우리 각자는 자기의 중심, 곧 자신의 자유의 근원이자 기관을 통해 일어난 일에 대해 책임이 있다.

우리는 자유에 대한 이런 분석에 비추어서 자유의 의미를 이해할 수 있다. 우리의 운명은 우리가 결정하는 것에서 나오는 것이다. 그것은 우리의 중심이 되는 자기성의 무한히 넓은 토대가 된다. 우리의 모든 결정을 **우리의** 결정으로 만드는 것은 우리 존재의 구체성이다. 내가 결정을 내릴 때,

---

7   결정(Ent-Scheidung)이라는 독일어는 "구별하다"(scheiden)라는 이미지를 내포하며, 모든 결정에서 몇몇 가능성을 배제한다(ausgeschieden)는 사실을 보여준다.

결정하는 나의 존재를 구성하는 것은 인식론적인 주체가 아니라 모든 것을 가진 구체적인 총체성이다. 이것은 몸의 구조와 심리적인 욕구와 정신적인 특성을 말한다. 그것은 내가 속해 있는 공동체와 내가 기억하고 기억하지 못하는 과거와 나를 형성한 환경 및 나에게 영향을 끼쳤던 세상을 포함한다. 그것은 모든 나의 이전 결정과 관련이 있다. 운명이란 나에게 일어날 일을 결정하는 이상한 힘을 의미하지 않는다. 그것은 자연과 역사 그리고 나 자신에 의해 형성된 나 자신을 말한다. 나의 운명은 나의 자유의 토대가 된다. 나의 자유는 나의 운명을 형성하는 데 참여한다.

자유를 가진 사람만이 운명을 가진다. 사물들은 운명을 가질 수 없다. 그것들은 자유를 갖지 않았기 때문이다. 하나님에게는 운명이 없다. 그분은 자유**이기** 때문이다. "운명"(destiny)이란 단어는 누군가에게 일어날 일을 의미한다. 그것은 종말론적 함의를 가진다. 이것은 운명이 자유와 양극성의 관계를 세우도록 자격을 부여한다. 그것은 자유의 반대를 의미하지 않고 오히려 그것의 조건과 한계들을 의미한다. 독일어로 "예견된 것"(Fatum)이나 "보내진 것"(Schicksal), 그리고 그러한 독일어에 상응하는 "숙명"(fate)이라는 영어 단어는 극단적인 상관관계보다는 그저 자유의 반대말을 나타낸다. 따라서 그것들은 논의에서 존재론적 양극성과 관련해서는 결코 사용될 수 없다. 하지만 이 단어의 결정론적 용례는 일반적으로 자유에 여지를 남겨둔다. 인간은 자신의 운명을 받아들이거나 그것을 거부할 수 있는 가능성을 갖고 있다. 엄격하게 말해서 이것은 이런 두 가지 중 하나를 선택할 수 있는 그 사람만이 운명을 가졌음을 의미한다. 이런 두 가지 중 어느 하나를 선택할 수 있다는 것은 자유가 있음을 의미한다.

자유와 운명은 존재론적 양극성을 구축하기 때문에 존재에 참여하는 모든 것은 이런 양극성에 참여해야만 한다. 하지만 완전한 자기와 세상을 가진 인간은 사려 깊음과 결정 그리고 책임이라는 의미에서 자유를 가진 유일한 존재다. 따라서 우리는 인간 이하의 자연에 자유와 운명을 유비의 방식으로만 적용할 수 있다. 이것은 기본 존재론적 구조와 다른 존재론적 양극성들과 관련해서도 상황이 유사하다.

우리는 자발성과 법의 양극성을 유비와 관련해서 이야기할 수 있다. 자유와 운명의 양극성이 그것에 대한 두드러진 예일 뿐 아니라 인식적인 입구이기도 하다. 행동하는 자기에서 나온 행위는 자발적이다. 자극에 대한 반응도 자발적이다. 그것이 중심이 되고 어떤 존재 전체와 관련된 자기에서 나온 것이라면 말이다. 이것은 살아 있는 존재들을 언급할 뿐 아니라 개체적인 구조에 따라서 반작용하는 비유기적인 게슈탈트와도 관련이 있다. 자발성과 법은 상호의존적이다. 법은 자발성을 가능하게 만들며 법은 반응을 결정한다는 바로 그 이유에서 법이 된다. "법"이라는 용어는 이런 점에서 매우 명백하다. 그것은 사회 영역에서 나왔으며 사회 집단에게 명령하고 통제하는 강력한 규칙을 나타낸다. 자연법들은 인간과 사회의 합리적 구조에 근거한다. 따라서 그것들은 무조건적으로 타당하다. 비록 사회 집단의 실정법이 그것들과 모순될 수는 있지만 말이다. 자연법의 개념이 자연에 보편적으로 적용된다면, 그것은 사물과 사건들의 구조적 결정성을 나타낸다. 자연은 사람들이 하는 방식으로 법에 복종하지 않는다(또는 불순종하지 않는다). 자연에 나타나는 자발성은 자유가 인간 안에 나타나는 운명과 결합하는 방식으로 법과 결합한다. 자연의 법칙은 자기중심적인 게슈탈트의 반응을 제거하지 않고 그것들이 침해할 수 없는 한계를 결정한다. 각각의 존재는 자기중심적인 구조의 법칙과 그것을 포함하는 더 큰 단위의 법칙에 따라서 행동하고 반응한다. 하지만 각각의 존재가 자신의 자기 관계성을 파괴하며 결과적으로 자발성도 파괴하는 그러한 방식으로 결정된 것은 아니다. 거시 물리학에서 사용되는 추상적인 방정식의 경우를 제외하고, 가능성은 결정론적인 기제들을 다루지 않고 우연을 다룬다. 검증의 가능성이 압도적으로 클 수 있지만, 절대적인 것은 아니다. 모든 존재 안에 있는 자유의 유비가 결정론을 불가능하게 한다. 자연의 법칙은 자발적인 반응을 하는 자기중심적인 구성 단위를 위한 법칙들이다. 자유와 운명의 양극성은 존재하는 모든 것에 유효하게 적용된다.

C. 존재와 유한성

1. 존재와 비존재

존재의 물음은 "비존재의 충격"[8]에 의해 제기된다. 인간만이 존재론적 질문을 할 수 있다. 오직 그만이 자신의 존재와 다른 모든 존재의 한계 너머를 볼 수 있기 때문이다. 가능성을 가진 비존재의 관점에서 볼 때, 존재는 신비가 된다. 인간은 그러한 비존재의 관점을 취할 수 있다. 그는 모든 주어진 실재를 자유롭게 초월할 수 있기 때문이다. 그는 "존재함"(beingness)에 얽매이지 않는다. 그는 무를 생각할 수 있다. 그는 존재론적 물음을 제기할 수 있다. 하지만 그는 그러한 질문을 하면서 존재의 신비를 창조해내는 것에 관한 질문을 제기해야만 한다. 두 가지 질문이 하나로 연결된다.

---

8   앞으로 사용되는 "비존재"(nonbeing)라는 용어는 비(*non*)라는 라틴어를 포함한다. 비는 현재 우리의 정서에서 사라진 "없다"(not)라는 영어의 의미를 갖고 있다. 비존재의 충격은 철저한 부정의 의미, 곧 "없는 존재"(being not)라는 의미에서 존재하지 않음(not being)의 충격을 의미한다.

두 가지 물음은 인간이 사유하기 시작했을 때부터 결합되어 있었고, 가장 처음에는 신화론적 용어로, 다음에는 우주발생론적 용어로, 마지막으로는 철학적 용어로 표현되었다. 초기 고대 그리스의 철학자들, 특히 파르메니데스가 비존재의 문제와 씨름했던 방식이 가장 인상적이다. 파르메니데스는 사람들이 비존재를 이야기할 때 그들이 그것에 존재를 부정하는 것으로서의 존재의 특성과 모순되는 특정한 종류의 존재를 부여한다는 사실을 깨달았다. 따라서 그는 비존재를 합리적인 사유에서 배제했다. 하지만 그는 그렇게 하면서 생성의 영역을 알 수 없는 것으로 만들었고 비존재와 허공을 동일시하여 그것에 일종의 존재를 부여하게 됨으로써 원자론의 해결책을 이끌어냈다. 우리는 어떤 종류의 존재를 비존재에 부여해야만 할까? 이 질문은 철학자들의 마음을 사로잡고 그들의 사유를 촉발시키는 것을 결코 멈추지 않았다.

비존재의 물음을 피하는 두 가지 가능한 방식이 있다. 첫 번째는 논리적인 방식이고 두 번째는 존재론적인 방식이다. 우리는 비존재가 논리적 판단, 곧 가능한 주장이나 실제 주장이 부정될 수 있는 것과 같은 판단의 내용에 지나지 않는 것인지 질문할 수 있다. 어떤 이는 비존재란 존재론적 의미가 없는 부정적 판단이라고 주장할 수 있다. 우리는 이에 대해 단순하게 가능한 관계들로 이루어진 놀이 이상을 의미하는 모든 논리적 구조는 존재론적 구조에 근거한다고 대답해야만 한다. 논리적으로 부정이 있다는 그 분명한 사실은 지금 우리가 경험할 것으로 기대했지만 경험하지 못해 실망하는 주어진 상황을 초월할 수 있는 어떤 유형의 존재가 있음을 전제한다. 예를 들어 우리가 기대했던 사건이 일어나지 않았다고 해보자. 이것은 그 상황에 대한 판단이 틀렸으며, 기대했던 사건이 발생하는 것의 필요한 조건들이 실존하지 않았음을 의미한다. 따라서 실망을 일으켰던 그 기대가 존재와 비존재의 구별을 만들어낸다. 하지만 어떻게 그러한 기대가 처음부터 가능했을까? 주어진 상황을 초월하여 오류에 빠질 수 있게 할 수 있는 이 존재의 구조란 무엇인가? 이 질문에 대한 대답은 그러한 존재로 있는 인간은 그로 하여금 어떤 것을 낯설고 질문할 수 있는 것으로 그것을 보게 하는 방식으로 자신의 존재와 분리되어야만 한다는 것이다. 따라서 그러한 분리는 현실적이다. 인간은 존재뿐 아니라 비존재에 참여하기 때문이다. 따라서 부정적 판단을 가능하게 만드는 분명한 구조가 비존재의 존재론적 특성을 입증한다. 인간이 비존재에 참여하지 않는다면, 어떤 부정적 판단도 가능하지 않다. 사실 어떤 종류의 판단도 불가능하다. 우리가 비존재의 신비를 논리적 판단의 형태로 바꾸더라도, 비존재의 신비는 해결될 수 없다. 비존재의 신비를 피하기 위한 존재론적 시도는 그것에서 변증법적 특성을 없애려는 시도의 전략을 따른다. 존재와 비존재가 절대적으로 대조된다면, 비존재는 모든 점과 관련해 존재에서 배제된다. 존재 자체를 제외한 모든 것이 배제된다(즉 전체 세계도 배제되는 것에 포함된다). 비존재가 존재에 변증법적으로 참여하지 않는다면 세상은 존재할 수 없다. 역사적으로 소크라테스 이전 철학이 철학자들로 하여금 존재론적 물음을 재발견하도록 안내했으며 체계적으로 비존재의 문제를 매우 강조했다는 사실은 우연이 아니다.[9]

비존재의 신비는 변증법적 접근을 요구한다. 고전 그리스어에 유창했던 천재가 비존재의 개념과 변증법적이지 않은 비존재의 개념을 구별할 수 있는 가능성을 제안했다. 그는 비존재를 그리스어로 **메 온**(*me on*[상대적

---

9   Heidegger와 파르메니데스의 관계 그리고 Heidegger의 철학과 그를 따랐던 실존주의 철학
     자들이 말하는 비존재의 역할을 보라.

비존재])이라고 말하고, 뒤의 것을 **우크 온**(*ouk on*[절대적 비존재])이라고 말했다. 우크 온은 존재와 조금도 관계를 맺지 않는 절대적 "무"를 의미한다. 반면에 메 온은 존재와 변증법적 관계를 맺는 상대적 "무"를 의미한다. 플라톤주의자들은 메 온이 아직 존재하지 않지만 존재할 수 있는 것, 곧 본질들이나 형상들과 결합할 때 존재할 수 있는 것과 동일시했다. 하지만 비존재의 신비는 제거되지 않았다. 비존재의 "무"는 형상들과 완벽하게 하나가 되는 것을 거부하는 힘을 가진 것으로 여겨졌기 때문이다. 플라톤주의의 **비존재적인**(*me ontic*) 물질은 모든 이방 종교의 기초가 되며 삶의 비극적 해석의 궁극적 토대가 되는 이원론적 요소를 나타낸다.[10]

기독교는 **무로부터의 창조**(*creatio ex nihilo*) 교리에 기초해서 비존재적인 물질 개념을 거부했다. 물질은 하나님에게 덧붙여진 두 번째 원리를 의미하지 않는다. 하나님께서 무로부터 창조하셨다고 말씀하셨을 때의 그 **무**(*nihil*)는 **우크 온**(절대적 비존재), 곧 존재의 비변증법적 부정을 의미한다. 하지만 기독교 신학자들은 몇 가지 점에서 비존재와 관련한 변증법적 문제에 직면했다. 아우구스티누스와 그를 따랐던 많은 신학자 및 신비가들이 죄를 "비존재"라고 말했을 때, 그들은 플라톤주의 전통의 유물을 영속시키고 있었다. 그들은 그 주장을 통해서 죄가 실재하지 않거나 죄는 완벽한 실현의 결여일 뿐이라고 말하고자 한 것이 아니다. 비판가들이 종종 그들의

---

10 역주. 사상사를 강의하던 Tillich는 신플라톤주의자인 플로티노스를 강의하면서, 우크 온과 메 온을 설명한다. "플로티노스도 비존재를 '메 온'(*me on*) 곧 존재가 될 가능성을 갖는 물질이라고 불렀을 때, 근본적으로는 그와 같은 것을 생각하고 있었다. '메 온'이란 절대적 비존재인 '우크 온'(*ouk on*)이 아니고 상대적인 비존재다. 그러나 '메 온'은 존재를 갖지 않고, 존재를 가지는 것에 저항한다. 그 때문에 플로티노스는 '메 온'을 도량이나 한계나 형식이 결여된 것, 비현실적인 것, 순수한 박탈, 절대적인 결핍이라고 부른다. 악이란 우리의 신체적인 실존에 이러한 비존재가 현존한다는 것이다. 악이란 선의 힘의 결여며, 존재의 힘의 부재다." Tillich,『그리스도교 사상사』, 112-13.

견해를 오해했던 것처럼 말이다. 아우구스티누스와 그의 추종자들은 죄에 아무런 긍정적인 존재론적 지위도 없음을 말하고자 했고 동시에 그들은 비존재를 존재에 대한 저항과 존재의 왜곡으로 해석했다. 인간의 피조성을 주장하는 이론은 비존재가 변증법적 특징을 갖고 있음을 보여주는 인간론에서 또 다른 중요성을 제시한다. 무에서 창조된 존재는 비존재로 돌아간다는 것을 의미한다. 모든 피조물에는 무에서 나왔다는 흔적이 새겨져 있다. 이것이 바로 기독교가 로고스를 피조물 중 최고의 존재라고 주장했던 아리우스의 로고스 교리를 거부해야만 했던 이유다. 로고스가 그와 같은 존재라면, 그는 영원한 생명을 가져올 수 없다. 그리고 바로 이것이 기독교가 자연이 불멸한다는 교리를 거부하는 대신에 존재 자체의 힘이신 하나님이 영원한 생명을 주신다는 교리를 주장해야만 했던 이유다.

신학자들이 비존재의 변증법적 문제에 직면했던 세 번째 영역은 신론이다. 지금 우리는 역사적으로 기독교 신학자들이 하나님과 비존재의 물음을 다루게 한 것은 부정의 방법(*via negativa*)을 사용한 부정신학이 아니라는 사실을 진술해야만 한다. 부정신학이 말하는 비존재는 "어떤 특별한 존재가 아님", 곧 모든 구체적인 술어를 넘어서 있는 존재를 의미한다. 이 비존재는 모든 것을 포괄한다. 그것은 모든 존재를 의미한다. 그것은 존재 자체다. 비존재에 대한 변증법적 물음은 언제나 긍정신학의 문제였다. 하나님이 살아 계신 하나님이라고 명명된다면, 그분이 창조적인 삶의 과정의 근거라면, 역사가 그분에게 의미 있는 것이라면, 하나님을 제외하고 악과 죄를 설명할 수 있는 부정적인 원리가 없다면, 어떻게 우리가 하나님 안에 변증법적 부정성을 상정하는 것을 피할 수 있을까? 이러한 물음이 제기되었을 때, 신학자들은 비존재를 변증법적으로 존재 자체와 연결하고 결과적으로 하나님과 연결했다. 뵈메의 무근거(Ungrund), 셸링의 "첫 번째 가능태",

헤겔의 "반정립", 최근의 유신론이 주장하는 하나님 안에 있는 "우연성"과 "주어진 것", 베르쟈예프(Berdyaev)가 주장한 "비존재의 자유"가 기독교의 신론에 영향을 끼친 변증법적 비존재의 문제와 관련된 예들이다.

최근의 실존주의는 중요하고 급진적인 방식으로 "무성에 직면"했다 (쿤[Kuhn]). 어쨌든 그것은 존재 자체를 비존재로 대체했으며 비존재라는 단어의 분명한 의미와 모순되는 확실성과 힘을 비존재에 부여했다. 하이데거의 "무화하는 무성"(annihilating nothingness)은 인간이 궁극적으로 피할 수 없는 방식으로 비존재로부터, 즉 죽음에 위협받는 상황을 묘사한다. 죽을 때 맞이할 무성에 관한 예견은 인간 실존에 실존적 특성을 부여한다. 사르트르(Sartre)는 비존재에 무성의 위협뿐만 아니라 무의미함의 위협(즉 존재의 구조의 파괴)도 포함시켰다. 실존주의에는 이런 위협을 정복할 수 있는 방법이 없다. 그것을 다루는 유일한 방식은 우리 자신이 그것을 받아들이는 용기다. 그렇다. 용기다! 이 연구가 보여주는 것처럼 비존재의 변증법적 문제는 벗어날 수 없다. 그것은 유한성의 문제다. 유한성은 변증법적 비존재와 존재를 결합한다. 인간의 유한성 혹은 피조성은 변증법적 비존재의 개념을 갖지 않고서는 이해될 수 없다.

2. 유한과 무한

비존재에 제한을 받는 존재는 유한하다. 비존재는 존재의 "아직 없음"과 존재의 "더 없음"으로 나타난다. 그것은 분명한 **종말**(*finis*)을 가진 것에 직면한다. 이것은 "사물"이 아닌 존재 자체를 제외한 모든 것과 관련해서 사실이다. 존재의 힘인 존재 자체는 시작도 없고 끝도 없다. 그렇지 않으면 그것은 아마도 비존재에서 생성되었을 것이다. 하지만 비존재는 존재와 관련된 것을 제외하고는 문자적으로 무를 의미한다. 존재는 "비존재"라는 단어 자체가 의미하는 것처럼 존재론적 타당성에 비추어볼 때 비존재보다 우선한다. 존재는 시작이 없는 시작을 의미하고, 끝은 끝이 없는 끝을 의미한다. 하지만 존재의 힘에 참여하는 모든 것은 비존재와 "혼합되어" 있다. 존재는 비존재로부터 와서 다시 비존재로 가는 과정 중에 있다. 그것은 유한하다.

근본적인 존재론적 구조와 존재론적 요소들은 유한성을 함축한다. 자기 됨과 개인 및 역동성 그리고 자유는 모두 다양성과 분명함 및 차별성 그리고 한계를 포함한다. 어떤 것이 되는 것은 다른 것이 되지 않는 것이다. 지금 여기서 생성의 과정에 있다는 것은 그때 다른 곳에서는 존재하지 않았음을 의미한다. 사유와 실재에 대한 모든 범주는 이러한 상황을 표현한다. 어떤 것임은 유한함을 의미한다.

유한성은 인간의 수준에서 경험된다. 비존재는 존재의 위협으로 경험된다. 종말이 예견된다. 자기를 초월하는 과정은 그 각각의 순간과 관련해서 이중의 의미를 포함한다. 그것은 한 번에 그리고 동시에 존재의 능력과 관련해서 증가와 감소를 경험한다. 인간은 자신의 유한성을 경험하기 위해서 잠재적 무한성의 관점에서 그 자신을 보아야만 한다. 그는 죽음을 향해 나아가고 있음을 의식하기 위해 전체로서 자신의 유한한 존재를 바라보아야 한다. 그는 어떤 방식으로 그것을 넘어서야만 한다. 그는 무한성을 상상할 수 있어야만 한다. 비록 그가 구체적인 용어가 아니라 추상적인 가능성으로만 그러한 상상을 할 수 있지만, 그는 무한성을 상상할 수 있다. 유한한 자기는 세계를 마주한다. 유한한 개인은 보편자에 참여할 수 있는 능력을 갖고 있다. 인간의 생동성은 본질적으로 제한이 없는 지향성과 결합해 있다. 유한한 자유로서 그는 포괄적인 운명과 관련을 맺고 있다. 유한성의 모든 구조는 유한한 존재로 하여금 자기 자신을 초월하고 단순히 이런 이유로 인해 유한한 것으로 자기 자신을 의식하도록 만든다.

이런 분석에 따르면, 무한성은 다른 양극성의 요소들이 서로 관계를 맺는 것과 다른 방식으로 유한성과 관련을 맺는다. 무한성이라는 단어가 가진 부정적 특성이 말하는 것처럼, 그것은 유한한 존재의 역동성과 자유로운 자기 초월성에 의해 정의된다. 무한성은 구축하는 개념이 아니라 안내하는 개념이다. 그것은 마음이 자기 자신의 한계가 없는 가능성을 경험하도록 안내한다. 하지만 그것은 무한한 존재의 실존을 확립하지는 않는다. 이것에 근거해서 세상의 유한성과 무한성의 특성과 관련된 이율배반을 이해하는 것이 가능해졌다. 공간의 유한성을 주장하는 물리학조차도 인간의 마음이 유한한 공간 이면에 무엇이 있는지를 질문하지 못하게 막을 수는 없었다. 이것은 자기 모순적인 물음이다. 하지만 그것은 불가피한 것이다. 반대로 세상은 무한하다고 말하는 것은 불가능하다. 무한성은 결코 하나의 대상으로 주어질 수 없기 때문이다. 무한성은 하나의 사물이 아니라 요구다. 이것이 칸트가 시간 및 공간과 관련해서 유한성과 무한성이라는 특성 사이에 있는 이율배반을 해결하기 위해 제시한 설득력 있는 해결책이었다. 시간도 공간도 사물이 아니라 사물들의 형식이기 때문에 예외 없이 모든 유한한 시간과 모든 유한한 공간을 초월하는 것이 가능하다. 하지만 이것은 무한한 시간과 공간에 모종의 무한한 것을 상정하지 않는다. 인간의 마음은 대우주적이거나 소우주적인 경향에서 유한한 실재들을 초월함으로써 끊임없이 활동할 수 있다. 하지만 마음 자체는 개체적인 담지자의 유한성에 속박된다. 무한성은 어떤 선험적인 한계 없이 그 자신을 초월하는 유한성을 의미한다.

무한한 자기 초월성의 힘은 인간이 비존재를 넘어서는 것, 즉 존재 자체에 속해 있음을 보여주는 표현을 의미한다. (제한이 없는 자기 초월성인) 무한성의 잠재적 현존은 유한성에 있는 부정적 요소를 부정하는 것이다. 달리 말해 그것은 비존재를 부정하는 것이다. 인간이 자신의 유한한 발전의 어떤 단계에 이르더라도 결코 만족하지 못한다는 사실, 곧 비록 유한성이 인간의 운명이지만, 그것은 결코 그를 붙잡아둘 수 없다는 사실은 존재 자체와 유한한 모든 것의 파괴할 수 없는 관계를 보여준다. 존재 자체가 무한성을 의미하지 않는다. 그것은 유한과 무한한 자기 초월성의 양극성을 넘어서 있음을 의미한다. 존재 자체는 유한성이 그 자신을 넘어서 무한한 것으로 나아가게 하면서 유한한 존재에게 그 자신을 드러낸다. 하지만 존재자체는 무한성, 즉 유한성의 부정과 동일시될 수 없다. 그것은 유한성보다 우선하며 유한성의 무한한 부정보다 우선한다.

유한성을 깨달을 때, 인간은 불안에 빠진다. 유한성처럼 불안도 존재론적 성질을 가진다. 따라서 그것은 추론될 수 없다. 그것은 그저 목격되고 묘사될 수 있다. 우리는 불안이 일어나는 상황들과 불안 자체를 구별해야만 한다. 불안은 존재론적 성질로서 무한성처럼 어디에나 존재한다. 불안은 그것을 야기하는 어떤 특별한 대상으로부터 독립해 있다. 그것은 유한성과 동일한 비존재의 위협에만 의존한다. 이런 의미에서 불안의 대상은 "무"이며 무는 하나의 "대상"이 아니라고 올바르게 진술되었다. 우리는 대상을 두려워한다. 우리는 어떤 위험이나 고통 또는 적을 두려워할 수 있지만, 두려움을 행동으로 정복할 수 있다. 우리는 불안을 정복할 수는 없다. 유한한 존재는 자신의 유한성을 정복할 수 없기 때문이다. 따라서 불안은 어떤 순간과 모든 순간에 그리고 심지어는 아무것도 두려워할 것이 없는

상황에조차도 나타날 수 있다.[11]

실존주의 철학과 심층 심리학 및 신경학 그리고 예술이 서로 협력하여 불안의 의미를 재발견한 것이 20세기의 성과 중 하나다. 명확한 사물과 관련을 맺는 데서 오는 두려움과 유한성의 깨달음에서 오는 불안은 근본적으로 서로 다른 두 가지 개념이라는 것이 분명해졌다. 불안은 존재론적 개념이지만, 두려움은 심리학적 개념이다.[12] 불안은 존재론적 개념이다. 그것은 "내부"에서 유래한 유한성을 표현하기 때문이다. 지금 우리는 "내부"에서 유래한 개념들보다 "외부"에서 가져온 개념들을 선호할 이유가 없다는 사실을 언급할 필요가 있다. 자기 세계의 구조에 따르면, 그 두 가지 형태가 똑같이 타당하다. 자신을 인식하는 자기와 (자신을 포함해서) 자신의 세상을 바라보는 자기는 존재론적 구조를 묘사하는 데 똑같이 중요하다. 불안이란 유한한 자기를 유한으로 인식하는 자기 인식을 의미한다. 불안이 강하게 감정적 특성을 가졌다는 사실이 그것의 계시적 힘을 제거하지는 못한다. 감정적 요소는 유한한 존재의 총체성이 유한성에 참여하고 무의 위협에 직면한다는 사실을 단순하게 말해준다. 따라서 어떤 특별한 형태의 유한성을 고려하든지 간에 그것에 상응하는 불안의 인식에 관한 특별한 형태를 알려주면서 내부와 외부에서 유래한 유한성을 묘사하는 것이 적절

---

11   심리치료는 존재론적 불안을 제거할 수 없다. 그것은 유한성의 구조를 바꿀 수 없기 때문이다. 하지만 그것은 불안의 강압적인 형태들을 제거할 수 있으며 두려움의 빈도와 강도를 감소시킬 수 있다. 또한 그것은 불안을 "적절한 자리에" 위치시킬 수 있다.

12   "불안"(anxiety)이라는 영어 단어는 지난 수십 년 동안만 불안(Angst)이라는 독일어 단어의 함의를 받아들였다. 불안을 나타내는 영어와 독일어는 앙구스티아이(*angustiae*)라는 라틴어 단어에서 유래했는데, 이 단어는 "해협"(narrows)을 의미한다. 불안은 무가 될 수 있다고 위협하는 해협에서 경험된다. 따라서 불안이 "공포"(dread)라는 단어로 대체되어 사용되면 안 된다. 공포는 위험에 대한 갑작스러운 반응을 의미하지만, 비존재를 직면하는 존재론적 상황을 의미하지는 않기 때문이다.

해 보인다.

3. 유한성과 범주들

범주들이란 마음이 실재를 파악하고 형성하는 형식을 의미한다. 어떤 것을 합리적으로 말하는 것은 범주의 형태들을 수단으로, 곧 존재의 형식이 되는 "말하는 방식"으로 그것에 대해 말하는 것이다. 범주들은 담론을 결정하지만, 그것들은 실재 자체와는 오직 간접적으로만 관련을 맺는 논리적인 형식들과 구분되어야 한다. 논리적인 형식들은 담론이 언급하는 내용에서 추상화된다는 점에서 형식적이다. 반면에 범주들은 내용을 결정하는 형식들이다. 그것들은 존재론적이다. 따라서 그것들은 존재하는 모든 것에 나타난다. 마음은 범주적 형태를 통하지 않고서는 실재를 경험할 수 없다. 이러한 형태들은 세속적인 담론에서뿐만 아니라 종교적인 담론에서도 사용된다. 그것들은 하나님과 세계, 인간과 자연과 관련한 모든 사유에서 암시적으로 또는 명시적으로 나타난다. 그것들은 정의상 그것들을 배제하는 영역에서조차도, 즉 "무조건적인 것"의 영역에서도 나타난다. 따라서 조직신학은 범주들의 발전된 체계의 관점이 아니라 하나님에 관한 물음, 곧 존재론적 분석 전체가 이어지는 물음과 관련해서 그것들의 중요성을 보여주는 방식으로 그것들을 사용해야 한다.

　범주들은 존재 및 비존재와 이중적 관계를 맺으면서 그것들의 존재론적 특성을 드러낸다. 그것들은 존재를 표현하는 동시에 존재하는 모든 것에 나타나는 비존재도 표현한다. 범주들은 유한성의 형식들이다. 그것들은 긍정적인 요소와 부정적인 요소를 결합한다. 신학적 물음, 곧 하나님에 관한 물음의 수단을 준비하는 존재론적 임무는 이런 이중성을 분석하는 것이다. 네 가지 주요 범주, 곧 시간과 공간 및 인과성 그리고 실체를 다룰 때, 우리는 각각의 경우와 관련해서 "외부의 관점에서", 즉 세상과 관련해서 긍정적인 요소와 부정적인 요소를 다룰 뿐만 아니라 "내부의 관점에서", 즉 자기와 관련해서도 그것들을 다루어야 한다. 각각의 범주는 존재와 비존재가 하나로 결합되었을 뿐만 아니라 불안과 용기가 하나로 결합되어 있음을 표현한다.

시간이 유한성을 나타내는 핵심 범주다. 모든 철학자는 시간이 가진 신비로운 특성에 매료되었고 당황스러워했다. 일부 철학자는 시간과 관련해서 부정적 요소를 강조하지만 다른 이들은 그것과 관련해서 긍정적인 요소를 강조한다. 전자는 시간적인 모든 것의 무상함과 결코 지속되지 않는 시간의 흐름 속에 있는 현재의 순간을 고정할 수 없다는 불가능성에 주목한다. 그들은 더 이상 존재하지 않는 과거에서 시작해 과거와 미래 사이의 유동적인 경계에 불과한 현재를 거쳐 아직 오지 않은 미래를 향하는 시간의 흐름에 주목한다. 존재하는 것은 현재 존재하는 것을 의미한다. 하지만 현재가 환상이라면, 존재는 비존재에 의해 정복된다.

시간의 긍정적 요소를 강조하는 철학자들은 시간 과정이 가진 창조적 특성, 시간의 직접성과 비가역성 그리고 시간에서 나오는 새로움에 주목했다. 하지만 양쪽 모두 자신들의 주장만을 강조할 수는 없었다. 현재를 실체가 없는 환영이라고 말하는 것은 불가능하다. 과거와 미래 그리고 과거에서 미래로의 움직임이 측정될 수 있는 것은 지금 우리가 경험하는 현재의 능력에서만 가능하기 때문이다. 반대로 시간이 창조한 것을 시간이 "삼키고", 새로운 것이 오래되어 사라지며, 그리고 창조적 진화가 모든 순간에 파괴적인 해체를 겪는다는 사실을 간과하는 것은 불가능하다. 존재론은 시간의 긍정적인 특성과 부정적인 특성 사이의 균형을 진술할 수 있다.

시간의 의미가 무엇인지를 결정하는 것은 시간을 분석하는 것에서 나올 수 없다.

우리가 즉각적인 자기 의식을 경험할 때, 시간은 덧없음이라는 불안과 자기를 긍정하는 현재의 용기를 결합한다. 모든 나라의 문학을 채우는 주제가 되는 비존재를 향해 나아가는 존재의 성향에 대한 슬픈 인식은 자기 자신의 죽음을 예견하는 것에서 가장 현실적으로 경험된다. 여기서 중요한 것은 죽음에 대한 두려움, 곧 죽는 순간이 아니다. 시간의 존재론적 특성을 드러내는 것은 **죽어야 한다**는 것에 대한 불안이다. 죽어야 한다는 것의 불안에 빠질 때, 우리는 "내부"에서 비존재를 경험한다. 이러한 불안은 모든 순간에 잠재적으로 나타난다. 그것은 인간 존재 전체에 스며들고, 인간의 영혼과 육체를 형성하며 정신적인 삶을 결정한다. 그것은 소외나 죄와 관련이 있지 않고 존재는 창조되었다는 특성과 관련이 있다. 불안은 "그리스도"(즉 인간의 새로운 실재)에게서도 나타날 뿐만 아니라 "아담"(즉 인간의 본질적 본성)에게서도 현실적으로 나타난다. 성서의 기록은 그리스도라고 불리는 자 안에도 죽어야 한다는 깊은 불안이 있었음을 전해준다.[13] 우리는 덧없음에 대한 불안, 곧 시간성의 부정적 측면에 넘겨지는 불안은 존재의 구조가 왜곡된 것이 아니라 존재의 구조에 근거하고 있음을 다시 반복해서 말한다.

인간이 시간적 실존과 관련해서 이러한 불안에 빠지는 것은 가능하다. 그것은 시간성을 긍정하는 용기에 의해 균형을 이루기 때문이다. 이러한 용기가 없다면, 인간은 무화하는 시간의 특성에 굴복하고 말았을 것이다. 곧 그는 현재에 존재하는 것을 거부했을 것이다. 하지만 인간은 현재라는

---

13   역주. 마 26:38-39; 히 5:7을 참조하라.

순간을 긍정한다. 비록 분석적으로는 현재라는 순간이 비현실적으로 보이지만 말이다. 그리고 그는 그 순간의 덧없음이 자신 안에서 만들어내는 불안에 맞서 그 순간을 옹호한다. 그는 시간의 변화 과정에서 생기는 불안을 참된 것으로 생각하는 것처럼 존재론적 용기를 통해 현재도 긍정한다. 이 용기는 모든 존재 안에서 효과적으로 작동하지만, 그것은 오직 인간 안에서만 본질적으로 의식적으로만 작동한다. 인간만이 자신의 종말을 예견할 수 있기 때문이다. 따라서 인간은 자신의 불안을 받아들이기 위해서 최고의 용기가 필요하다. 그는 모든 존재 중에서 가장 용감하다. 그는 가장 심원한 불안을 정복해야 하기 때문이다. 현재를 긍정하는 것이 인간에게 가장 어려운 것이다. 그는 자신에게 아직 오지 않은 미래를 상상하고 더 이상 자신의 것이 아닌 과거를 기억할 수 있기 때문이다. 인간은 무한한 과거와 무한한 미래의 전망에 맞서 자신의 현재를 옹호해야만 한다. 그는 자신의 존재론적 용기의 궁극적 토대가 무엇인지를 묻는 물음에서 벗어날 수 없다.

현재는 그 안에 존재하는 인간의 현존을 항상 포함하며, 현존은 자기 자신의 맞은편에 자기 자신에게 나타나는 어떤 것을 가지는 것(독일어로는 "지금의"[gegenwaertig])을 의미한다. 현재는 공간을 함축한다. 시간은 공간과 결합하면서 현재를 만들어낸다. 시간은 이런 결합을 통해 정지한다. 그러한 결합에는 시간이 서 있을 수 있는 어떤 것이 있기 때문이다. 공간도 시간처럼 비존재와 존재를 결합시키며 불안과 용기를 결합시킨다. 공간은 시간처럼 모순된 평가를 받는다. 그것은 유한성의 한 범주이기 때문이다. 존재한다는 것은 공간을 차지한다는 것을 의미한다. 모든 존재는 공간을 차지하고 그곳에서 자신을 보존하려고 애쓴다. 공간이라는 것은 무엇보다도 모든 물리적인 장소, 곧 몸과 조그마한 땅과 집, 도시와 나라 및 세계를 의미한다. 또한 그것은 사회적 "공간", 곧 직업과 영향력을 행사할 수 있는 영역, 역사적 시기 및 기억과 예측의 장소 그리고 가치와 의미의 구조를 가진 장소를 의미한다. 공간을 차지하지 않는 것은 존재하지 않는 것이다. 따라서 삶의 모든 영역에서 공간을 차지하려는 노력은 존재론적으로 꼭 필요한 것이다. 그것은 유한한 존재가 공간적 특성과 피조된 선의 성질을 가진 결과다. 그것은 죄책이 아니라 유한성을 보여준다.

하지만 공간을 차지한다는 것은 비존재에 지배를 받는다는 것을 의미한다. 유한한 존재는 분명하게 자신의 것이라고 할 수 있는 공간을 소유하고 있지 않다. 유한한 존재는 공간에 의존할 수 없다. 그것은 이 공간이나 저 공간을 상실하게 한다. 유한한 존재는 "지상의 나그네"이기 때문이다. 하지만 그것은 지금까지 갖고 있었거나 갖고 있었을 수도 있는 모든 공간을 궁극적으로 상실한다. 욥기와 시편의 저자들이 사용했던 강력한 상징이 다음과 같이 표현하는 것처럼 말이다. "그의 처소도 다시 그를 알지 못하리라."[14] 어떤 장소와 이 장소를 차지하고 있는 존재의 관계는 필연적이지 않다. 유한성은 분명한 공간을 차지하지 않음을 의미한다. 달리 말해 그것은 모든 공간을 최종적으로 상실한다는 것을 의미하며, 이와 관련해서 자기 자신도 잃어버린다는 것을 의미한다. 이러한 비존재의 위협은 공간 없이 시간으로 도피하는 수단에 의해서도 벗어날 수 없다. 공간이 없다면 거기에는 현재도 현존도 없기 때문이다. 그리고 반대로 공간의 상실은 시간적 현존의 상실과 현재의 상실 및 존재의 상실을 포함한다.

분명한 공간을 갖지 않았다는 것과 최종적 공간을 갖지 않았다는 것은 궁극적 불안정성을 의미한다. 유한하다는 것은 불안정하다는 것이다.

---

14   역주. 욥 7:10; 시 103:16을 참조하라.

이것은 인간이 내일을 불안해하면서 경험하는 것이다. 그것은 인간이 자신을 위해 물리적으로 그리고 사회적으로 안전한 공간을 가지려는 불안한 시도로 표현된다. 모든 삶의 과정은 이런 특성을 보인다. 안전에 대한 욕망은 특정한 시기와 특정한 사회적이고 심리학적인 상황에서 두드러지게 나타난다. 인간들은 자신들의 공간을 보호하기 위해서 안전망의 체계를 고안한다. 하지만 그들은 그저 자신들의 불안을 억누르기만을 할 수 있을 뿐이다. 그들은 그 불안을 떨어버릴 수 없다. 이러한 불안은 유한성에 함축되어 있는 최종적인 "공간 없음"을 예견하기 때문이다.

반대로 인간이 자신의 공간을 상실하는 것에 대한 불안은 그가 현재를 긍정한다는 용기와, 그리고 그와 함께 공간을 긍정하는 용기에 의해서 균형을 이룬다. 모든 것은 자신이 우주 안에 차지하는 공간을 긍정한다. 그것이 살아가는 한, 그것은 공간을 차지하지 않을 것이라는 불안에 성공적으로 저항한다. 그것은 공간을 차지하지 않을 때가 실제 위협이 되는 상황에 용기 있게 직면한다. 그것은 자신의 존재론적 불안전성을 받아들이며 이런 받아들임 속에서 어떤 안전에 도달한다. 하지만 그것은 어떻게 그러한 용기가 가능한지에 대한 물음을 피할 수는 없다. 어떻게 공간 없이 존재할 수 없는 존재가 잠정적으로나 최종적으로 공간 없음을 받아들일 수 있을까?

인과성도 종교적 상징주의 및 신학적 해석과 직접적인 관계를 맺는다. 그것은 시간과 공간처럼 모호하다. 그것은 존재와 비존재를 모두 표현한다. 그것은 어떤 사물이나 사건보다 선행하는 것을 자신의 원천으로 가리킴으로써 존재의 힘을 긍정한다. 어떤 것이 인과적으로 설명된다면, 그것의 실재는 긍정되며, 그것의 힘은 비존재에 맞서는 것으로 이해된다. 원인은 그것의 결과를 실재 안에서뿐 아니라 사고에서도 실재적인 것으로 만든다. 원인을 찾는 것은 어떤 사물 안에 있는 존재의 힘을 찾는 것을 의미한다.

하지만 인과성에 대한 이런 긍정적인 의미는 인과성의 부정적 의미의 반대편에 지나지 않는다. 어떤 사물이나 사건의 원인이 무엇인지를 묻는 물음은 그것이 존재하게 하는 힘을 갖고 있지 않다는 사실을 전제한다. 사물이나 사건들은 **자존성**(*aseity*)을 갖고 있지 않다. 자존성은 신만이 갖고 있는 유일한 특성이다. 유한한 것들은 자기 원인을 갖고 있지 않다. 그것들은 존재로 "던져졌다"(하이데거). "그것은 어디에서 왔는가?"라는 물음은 보편적인 물음이다. 철학자들뿐만 아니라 어린아이들도 그러한 물음을 제기한다. 하지만 그것은 대답될 수 없다. 어떤 것의 원인에 대한 모든 대답과 진술은 똑같이 무한후퇴하는 물음으로 이어지기 때문이다. 이러한 끊임없는 전체 과정에 관한 대답으로 상정되는 어떤 신조차도 그것을 멈추지 못한다. 이 신조차도 자신에게 "나는 어디에서 왔는가?"라고 자문해야 하기 때문이다(칸트). 최상의 존재조차도 자신의 원인이 무엇인지를 질문해야 하고, 그것에 의해 그것은 자신의 부분적인 비존재를 드러낸다. 인과성은 그 자신으로 머물 수 없는 것의 무능력을 함축적으로 표현한다. 모든 것은 그 자신을 넘어 자신이 나온 원인으로 나아가고, 그 원인은 그 자신을 넘어 그것의 원인으로 나아가며, 그렇게 무한 반복한다. 인과성은 모든 것 안에 있는 비존재의 심연을 강력하게 표현한다.

우리는 인과성의 도식과 결정론적 도식을 동일시하면 안 된다. 인과성은 원자들 내부에서 일어나는 과정의 비결정성에 의해서도, 생물학적이고 심리학적인 과정의 창조적인 특성에 의해서도 제거되지 않는다. 이런 영역에서는 그 어떤 것도 선행하는 상황이나 그것의 원인이 자리하는 것 없이는 일어나지 않는다. 그 어떤 것도 인관관계 없이는 그 자신에게 의존하는 능력을 갖고 있지 않다. 어떤 것도 "절대적"이지 않다. 심지어 유한한 창조성도 인과성에서 나타나는 비존재의 형태를 피할 수는 없다. 우리가 어떤 것을 찾아서 그것이 무엇인지를 질문한다면, 우리는 그것을 넘어서는 것을 찾아서 그것의 원인이 무엇인지를 질문해야 한다.

인과성이 경험하는 불안은 자기 자신 안에 있지 않고, 자기 자신이 갖고 있지 않으며, 그리고 자기 자신에 의해서 존재하지 않는 것, 즉 신학이 전통적으로 하나님에게 부여하는 "자존성"을 갖지 않음을 느끼는 것이다. 인간은 피조물이다. 그의 존재는 우연적이다. 그것은 그 자체로 필연성을 갖고 있지 않으며, 따라서 인간은 그가 비존재의 희생물이 될 것임을 깨닫는다. 인간을 실존으로 던져넣는 그 똑같은 우연성이 그를 실존 밖으로 몰아낼 수 있다. 이런 점에서 인과성과 우연적 존재는 똑같은 것이다. 인간이 인과적으로 결정된다는 사실은 그의 존재를 그 자신과 관련해서 우연적인 것으로 만든다. 그가 이런 상황을 의식하는 불안은 자기 존재의 필연성이 결여되었음을 아는 것을 의미한다. 그는 존재하지 않을 수 있다! 그렇다면 그는 왜 존재하는가? 그리고 그는 왜 계속 존재해야 하는가? 이 물음과 관련해서 합리적인 대답이 주어질 수 없다. 이것은 정확하게 인과성을 유한성의 범주로 의식하는 것에 함축되어 있는 불안이다.

용기는 파생됨(derivedness), 곧 우연성을 받아들인다. 이런 용기를 가진 사람은 자신에게 일어난 것을 넘어서 보지 않고 그 자신을 의지한다. 용기는 유한한 모든 것이 갖고 있는 인과적 의존성을 무시한다. 이런 용기가 없다면, 어떤 생명도 가능하지 않다. 하지만 어떻게 이 용기가 가능한지에 대한 물음은 남는다. 어떻게 인과관계와 그것의 의존성에 의존하는 존재가 이런 의존성을 받아들이는 동시에 이 의존성과 모순되는 필연성과 자기 의지를 자신에게 부여할 수 있을까?

유한한 모든 것에 있는 존재와 비존재의 통합을 묘사하는 네 번째 범주는 실체다. 실체는 인과성과 다르게 현상세계의 끊임없는 변화의 기체(基體)가 되는 것, 곧 상대적으로 정적이며 자기를 포함하는 것을 의미한다. 우연자가 없는 실체는 없다. 우연자들은 자신들의 존재론적 힘을 자신들이 속해 있는 실체에서 받는다. 하지만 실체는 그 자신을 표현하는 우연자들을 넘어서 존재하지는 않는다. 따라서 실체와 우연자들 안에 있는 긍정적인 요소는 부정적인 요소에 의해서 균형을 이룬다.

기능주의 철학자들이나 과정 철학자들도 실체의 문제로부터 벗어나지는 못한다. 기능을 **가진** 것이나 과정 중에 **있는** 것에 관한 물음은 묵살될 수 없기 때문이다. 정적인 개념을 역동적인 개념으로 대체한다고 해도, 우리는 (상대적으로) 변화 자체를 경험하지 않으면서 변화를 가능하게 만드는 것이 무엇인지에 관한 물음을 제거하지는 못한다. 하나의 범주로서 실체는 마음과 실재의 모든 만남에서 효과적으로 작동한다. 그것은 우리가 **무언가**에 대해 이야기할 때마다 나타난다.

따라서 유한한 모든 것은 자신의 실체를 상실할 것을 선천적으로 불안해한다. 이런 불안은 실체를 최종적으로 상실할 뿐만 아니라 끊임없는 변화와 관련이 있다. 모든 변화는 변화를 겪는 것의 상대적인 비존재를 드러낸다. 변화하는 실재는 실체성, 곧 비존재에 맞서서 저항하는 존재의 힘을 갖고 있지 않다. 고대 그리스 철학자들이 불변하는 것은 무엇인지를 집요하게 그리고 끊임없이 질문하게 만든 것이 바로 이런 불안이었다. 정적인 것은 역동적인 것보다 논리적으로 우선하지 않을 뿐 아니라 존재론적으로도 우선하지 않는다는 주장이 옳은 것이라 해도, 그것으로 불변하는 것에 관한 물음을 묵살하는 것은 정당하지 않다. 변화에 대한 불안은 변화에 함축되어 있는 비존재의 위협에 대한 불안이기 때문이다. 그것은 개인의 삶과 사회적 삶의 대단히 큰 변화 속에서 나타난다. 이것은 일종의 개인의 혼란이나 사회의 혼란, 곧 개인과 집단이 서 있는 근거가 사라지는 느낌, 자기 동일성과 집단의 동일성이 파괴되는 느낌을 낳는다. 이러한 불안은 최종적으로 실체를 상실할 것—그리고 우연자들도 상실할 것—이라고 예상하는 가장 급진적인 형태에 도달한다. 죽어야만 한다는 인간의 경험은 자기 자신과의 동일성을 완전히 상실하게 되는 것을 예견한다. 영혼이라는 불멸적 실체에 관한 물음은 이런 예견과 관련한 중요한 불안을 나타낸다.

존재 자체의 불변성에 대한 물음처럼 우리 존재의 불변성에 대한 물음은 실체와 동일성을 상실할 것에 대한 불안을 나타내는 것이다. 소위 영혼의 불멸성 논증들은 잘못되었으며, 그것들은 본질적으로 유한한 것의 끝없는 지속을 확립함으로써 실체성에 관한 물음의 심각성을 외면하려는 시도들이라고 올바르게 주장하는 것을 가지고 우리 존재가 변화할 수 없는가라는 물음을 무시하는 것은 정당화되지 않는다. 우리는 불변하는 실체에 관해서 질문하지 않고 침묵할 수 없다. 그것에 관한 질문은 실체, 곧 자기 자신과의 동일성과 자기 자신을 유지하는 힘을 상실할 것이라는 위협에 항상 함축되어 있는 불안을 나타낸다.

용기는 개체적인 실체와 일반적으로 존재의 실체를 상실할 것이라는 위협을 받아들인다. 인간은 궁극적으로 우연적인 것으로 입증된 것—창조적인 일과 사랑의 관계 및 구체적인 상황 그리고 자기 자신—에 실체성을 부여한다. 이것은 유한성이 자기를 고양시키는 것을 의미하지 않고 오히려 그것은 유한성을 긍정하는 용기, 곧 자기 자신에게 일어나는 불안을 받아들이는 용기를 말한다. 우리의 물음은 어떻게 그러한 용기가 가능한가다. 자신의 실체가 필연적으로 상실될 것임을 의식하는 유한한 존재가 어떻게 이런 상실을 받아들일 수 있을까?

네 가지 범주는 긍정적인 요소 및 부정적인 요소와 관련해서 유한성의 네 가지 측면을 보여준다. 그것들은 유한한 모든 것에 있는 존재와 비존재의 결합을 나타낸다. 그것들은 비존재의 불안을 받아들이는 용기를 명확하게 드러낸다. 하나님에 관한 물음은 이런 용기의 가능성에 관한 물음이 된다.

4. 유한성과 존재론적 요소들

유한성은 범주들에서뿐만 아니라 존재론적 요소들에서도 실제로 나타난다. 그것들의 양극적 특성은 그것들에게 비존재의 위협을 개방한다. 모든 양극성에서 각각의 극은 다른 반대 극에 의해서 유지될 뿐만 아니라 제한받는다. 그것들 사이의 완전한 균형은 균형 잡힌 전체를 전제한다. 하지만 그러한 전체는 주어지지 않는다. 유한성의 충격 아래서 양극성이 긴장하는 특별한 구조들이 있다. 긴장은 양극성이 서로에게서 멀어지고 반대 방향으로 움직이려는 통일성 안에 있는 요소들의 성향을 말한다. 헤라클레이토스에 따르면 만물은 당겨진 활시위처럼 내적 긴장 상태에 처해 있다. 만물에는 위로 상승하려는 성향(불)과 아래로 하강하려는 성향(흙)이 서로 균형을 이루고 있는 두 가지 성향이 존재한다. 그의 견해에 따르면, 그 어떤 것도 하나의 방향으로만 움직이는 과정에 의해 산출되지 않는다. 모든 것은 포용적이지만 두 가지 반대 과정은 일시적으로 통일성을 이룬다. 사물들은 실체화된 긴장들이다.

우리 자신의 존재론적 긴장은 양극성 중 하나의 극단이나 다른 하나의 극단을 상실하고 결과적으로 그것이 속해 있는 양극성을 상실하면서 우리의 존재론적 구조를 상실할 것이라는 불안을 의식한다. 이 불안은 범주와 관련해서 단순하며 직접적으로 언급된 것과 같은 불안, 즉 비존재의 불안과 같지 않다. 그것은 우리가 본질적으로 존재해야 하는 것으로 존재하지 않는 불안을 의미한다. 그것은 실존적 분열을 겪으면서 해체되고 비존재로 나아가는 것에 관한 불안이다. 그것은 존재론 긴장이 붕괴하며 결국 존재론적 구조가 파괴되는 것에 대한 불안이다.

우리는 이것을 양 극단의 요소들을 통해 알 수 있다. 유한한 개체화는 유한한 참여를 통해 역동적인 긴장을 만들어낸다. 양극단의 통일성은 파괴될 수 있다. 자기 관계성은 세계와 사귐이 상실하는 외로움이라는 위협을 낳는다. 반대로 세상에 존재하고 그곳에 참여하는 것은 완전한 집단화의 위협, 곧 개체화와 주체성의 상실을 낳는다. 그리고 그것에 의해서 자기는 자신의 자기 관계성을 상실하고 전체를 받아들이면서 그 전체의 단순한 일부분으로 변화한다. 유한한 인간은 이 두 가지 위협을 불안 가운데 깨닫는다. 그는 불안을 느끼면서 가능한 외로움에서 집단성으로 기울어지는 경향과 가능한 집단성에서 외로움으로 기울어지는 경향을 경험한다. 그는 개체화와 참여 사이에서 불안하게 망설이며, 두 극단 중 하나를 상실한다면 자신이 존재하지 않다는 사실을 알게 된다. 두 극단 중 하나의 상실은 결국 두 가지를 모두 상실하는 것을 의미하기 때문이다.

유한한 개체화와 유한한 참여 사이의 긴장은 심리학적이고 사회학적인 많은 문제의 근거가 되었으며 이런 이유로 그것은 심층 심리학과 심층 사회학의 연구에 매우 중요한 주제가 되었다. 철학은 본질적 고독에 관한 물음과 그리고 본질적 고독과 실존적 외로움, 자기 고립의 관계에 대한 물음을 종종 간과했다. 또한 그것은 본질적 귀속성과 집단을 위한 실존적 자기 포기의 관계에 관한 물음도 간과했다. 모든 피조물 안에 있는 실존적 사유의 공헌은 특히 파스칼 이후로는 그것이 외로움과 소속감 사이의 긴장이라는 존재론적 토대를 재발견했다는 점이다.

또한 유한성은 역동성과 형식의 양극성을 파괴될 가능성을 가진 위협과 그것의 결과로 일어나는 불안을 야기하는 긴장으로 변형시킨다. 역동성은 형식을 향해 나아간다. 이 형식 안에서 존재는 실제하고 비존재에 저항하는 힘을 가진다. 하지만 동시에 역동성은 위협받는다. 그것은 고정된 형상들 안에서 자신을 상실하기 때문이고, 역동성이 형식들을 돌파하려고 한다면, 그 결과는 무질서가 될 수 있기 때문이다. 이런 무질서는 역동성과 형식을 모두 상실한다. 인간의 생동성은 창조적 지향성을 통해서 문화적 창조성과 형식들 및 제도들 안에서 그 자신을 구현하려고 한다. 하지만 모든 체현물은 생동성에 현실적인 존재를 부여하면서 엄밀하게 그것을 위태롭게 한다. 인간은 자신의 생동성이 상실될 수 있는 최종적 형태의 위협에 대해서 불안해하고, 그는 생동성과 지향성이 상실될 수 있는 무질서한 무형식성의 위협에 대해서도 불안해한다.

고대 그리스 비극 문학부터 현대 문학에 이르기까지 문학 작품들은 이런 긴장을 풍성하게 증언하지만, "생명의 철학"을 제외한 철학이나 일부 개신교 신비가를 제외한 신학은 그러한 긴장에 충분히 주목하지 못했다. 철학은 사물들의 합리적 구조를 강조했지만, 사물과 사건들이 존재하게 되는 창조적 과정을 간과했다. 신학은 신의 "율법"을 강조했고 생동성과 지향성의 파괴적 분리가 마치 창조적 생동성인 것처럼 오해했다. 철학적 합리주의와 신학적 율법주의는 역동성과 형식의 긴장을 충분히 인식하지 못하도록 방해했다.

마지막으로 유한성은 자유와 운명의 양극성을 파괴될 가능성을 가진 위협과 그것의 결과로 일어나는 불안을 야기하는 긴장으로 변형시킨다. 인간은 자신의 운명에 함축된 필연성이 가져오는 자유를 상실할 수 있는 위협을 받으며, 그는 자신의 자유 안에 함축된 우연성이 가져오는 자기 운명을 상실할 위협을 똑같이 받는다. 그는 자신의 운명을 임의적으로 거부하면서 자신의 자유를 보존하려는 위험과 자신의 자유를 포기하면서 자신의 운명을 보호하려는 위험에 끊임없이 빠진다. 그는 자신의 자유에 포함된 결정들을 내려야 한다는 요구에 당황스러워한다. 그는 자신의 결정에 토대가 되는 자기 운명과 인식적이고 적극적인 일치를 완벽하게 이루지 못했음을 깨달았기 때문이다. 그리고 그는 자신의 운명을 무조건적으로 수용하는 것을 두려워한다. 그는 자신의 결정이 편파적일 수 있다는 것과 자기 운명의 일부분만을 수용하는 것일 수 있다는 것, 그리고 자신의 실제 운명과 일치하지 않는 특별한 결정을 내렸다는 것을 깨달았기 때문이다. 그래서 그는 임의적으로 자신의 자유를 보호하고자 애쓰며, 따라서 자신의 자유와 운명을 모두 상실하는 위험에 빠진다.

"의지의 자유"에 관한 결정론과 비결정론 사이에 이루어진 전통적인 논의는 자유와 운명의 존재론적 긴장의 "객관화된" 형태다. 이 논의에 참여한 당사자들은 존재를 이해하기 위해서 존재론적 요소를 옹호했다. 따라서 그들은 자신들이 주장한 것과 관련해서는 옳았지만, 자신들이 부정한 것과 관련해서는 틀렸다. 결정론자는 결정론을 참이라고 분명하게 주장하는 일이 참과 거짓 중 하나를 선택하는 결정의 자유를 전제한다는 점을 알지 못했고, 비결정론자는 결정을 내리는 분명한 가능성이 운명을 포함하는 인격성의 구조를 전제한다는 점을 알지 못했다. 실용주의적으로 말한다면, 사람들은 마치 그들이 서로를 자유로운 동시에 운명지어진 존재로 생각하는 것처럼 항상 행동한다. 그 누구도 인간을 단지 일련의 우연적인 행동이 일어나는 장소로, 혹은 계산 가능한 결과가 계산 가능한 원인에서 나오는 기계로 취급하지 않는다. 인간은—자신을 포함한—인간을 자유와 운명의 통일체라는 관점에서 생각한다. 유한한 인간이 양극성의 어느 한 극단을 상실할 수 있다는—양극성의 어느 한쪽 극단의 상실은 전체로서의 양극성을 파괴하기 때문에—위협을 받는 사실은 존재론적 구조의 본질적 특성을 확증한다.

자신의 운명을 상실하는 것은 자신의 존재 의미를 상실하는 것을 의미한다. 운명이란 무의미한 숙명을 의미하지 않는다. 그것은 의미와 결합한 필연성을 의미한다. 무의미함이 가능하다는 위협은 개인적인 현실일 뿐만 아니라 사회적인 현실이기도 하다. 개인의 삶뿐 아니라 사회의 삶에서도 이런 위협이 특별히 심해지는 시기가 있다. 우리의 현재 상황은 무의미함이 심하고 절망적인 느낌으로 특징지어진다. 개인과 집단은 운명에 대한 사랑뿐만 아니라 운명에 대해 가졌던 믿음을 잃어버렸다. "무엇 때문에?"라는 물음은 냉소적으로 무시된다. 자기 운명이 상실될 가능성에 대한 인간의 본질적인 불안은 운명 자체에 대한 본질적인 절망으로 바뀌었다. 따라서 자유는 운명과 분리된 절대적인 것으로 선언되었다(사르트르). 하지만 유한한 존재가 가진 절대적 자유는 임의적인 것이 되었으며 생물학적이고 심리학적인 필연성에 지배를 받는다. 의미 있는 운명의 상실은 자유의 상실도 포함한다.

유한성이란 자신의 존재론적 구조를 상실할 가능성 및 그것과 함께 자기 자신을 상실할 가능성을 의미한다. 하지만 그것은 필연성이 아니라 가능성이다. 유한하다는 것은 위협받는다는 것을 의미한다. 하지만 위협은 현실성이 아니라 가능성이다. 유한성의 불안은 자기파괴의 절망을 의미하지 않는다. 기독교는 그리스도로서의 예수의 모습에서 모든 형태의 불안이 나타나지만 모든 형태의 절망이 나타나지는 않는 인간의 삶을 본다. 우리는 이런 모습에 비추어서 "본질적" 유한성과 "실존적" 분열을 구별할 수

있다. 곧 우리는 존재론적 불안과 절망이라는 죄책의 불안을 구별할 수 있다.[15]

5. 본질적 존재와 실존적 존재

무한성과 상관관계를 맺고 있는 유한성은 그 기본 구조와 양극적 요소들과 동일한 의미에서 존재의 성질을 가진다. 그것은 그것의 본질적 본성에서 존재의 특징을 나타낸다. 존재는 본질적으로 비존재와 관련을 맺는다. 유한성의 범주들이 이것을 나타낸다. 그리고 존재는 분열과 자기파괴에 의해 본질적으로 위협받는다. 유한성의 조건 아래에 있는 존재론적 요소들의 긴장이 이것을 보여준다. 하지만 존재가 본질적으로 불안과 자기파괴의 상태에 놓여 있는 것은 아니다. 존재론적 요소들 사이의 긴장은 반드시 그 위협적인 파괴로 이어지지는 않는다. 존재론적으로 적합하지 않은 그 어떤 일도 자유와 운명의 통합에 의해 매개되지 않는 존재에게 일어나지 않는다. 존재의 존재론적 구조는 자유와 운명의 양극성을 포함하기 때문이다. 물론 존재론적 갈등의 파괴는 우연의 문제가 아니다. 그것은 보편적인 문제이며 운명에 의존한다. 하지만 반대로 그것은 구조적 필연성의 문제는 아니다. 그것은 자유에 의해 중재된다.

따라서 철학적 사유와 신학적 사유는 본질적 존재와 실존적 존재를 구별하지 않을 수 없다. 모든 철학에는 이런 구별에 대한 깨달음의 징후가

---

15   우리가 이번 장에서 논의한 소재는 결코 완전하지 않다. 시적·과학적·종교적 심리학 덕분에 유한성과 불안에 관련된 방대한 소재를 사용할 수 있게 되었다. 이 분석의 목적은 이 모든 사실의 기초가 되는 구조들에 대해서 존재론적으로 기술하는 것이며 그 분석에 관한 몇 가지 탁월한 확증들을 제시하는 것이다.

나타난다. 때때로 함축적으로 나타낼 때도 있지만 말이다. 그러한 이상이 실재를 반대하고, 진리가 오류를 반대하며, 선이 악을 반대할 때는 언제나, 본질적 존재의 왜곡이 전제되어 있고 그 왜곡은 본질적 존재에 의해 판단된다. 그러한 왜곡이 어떻게 출현하는지를 인과성에 비추어서 설명하는 것은 중요하지 않다. 그것이 왜곡으로 인정된다면—그리고 심지어 가장 급진적인 결정론자조차도 자신이 옹호하는 진리를 (무의식적으로) 왜곡했다고 자신의 반대자를 비난한다면—그러한 왜곡 가능성의 물음이 존재론적 용어로 제기된다. 어떻게 존재는 자기 자신 안에 현실성 전체를 포함하면서 자신의 왜곡을 포함할 수 있을까? 이 물음은 항상 제기되는 것은 아니지만 항상 존재한다. 하지만 그것이 제기된다면, 모든 대답은 본질과 실존이라는 고전적 구분을 공개적으로 또는 은밀하게 제시한다.

이 두 가지 용어는 모두 매우 모호하다. 본질(essence)은 어떤 것에 대해 그 어떤 가치 판단을 하지 않으면서도 그것에 대한 본질을 의미할 수 있고, 어떤 사물을 규정하는 보편자를 의미할 수 있으며, 존재하는 것들이 참여하는 형식들을 의미할 수 있고, 어떤 것을 판단해야 하는 규범을 의미할 수 있으며, 창조된 모든 것의 근원적 선함을 의미할 수 있고, 신적 지성 안에 있는 만물의 원형을 의미할 수 있다. 하지만 근본적 모호함은 경험적 의미와 가치 판단의 의미 사이의 혼동에서 발생한다. 어떤 것의 본성으로서의 본질 또는 어떤 것이 참여하는 특성으로서의 본질 혹은 보편자로서의 본질은 하나의 특성을 가진다. 존재가 "떨어져 나온" 것의 그 존재하는 바로서의 본질, 곧 참되며 왜곡되지 않은 것들의 본성은 또 다른 특성을 가진다. 이 두 번째 경우와 관련해서 본질은 가치 판단의 토대가 되지만, 첫 번째 경우와 관련해서 본질은 가치 판단의 추론이 없는 추상과 직관에 의해 도달되는 논리적 이상이 된다. 어떻게 그 똑같은 단어가 두 가지 의미를 포괄할 수 있을까? 플라톤 이후의 철학에서 왜 이런 모호함이 지속되었을까? 이 두 가지 물음에 대한 대답은 실존의 모호한 특성에 있다. 실존은 존재를 나타내면서 동시에 그것을 반대한다. 즉 어떤 것이 바로 그것으로 **존재하는 바**로서의 본질(*ousia*)은 순수하게 논리적 특성을 가진다. 어떤 것 안에 불완전하고 왜곡된 방식으로 나타나는 것으로서의 본질은 가치의 흔적을 지니고 있다. 본질은 존재하는 것에 힘을 부여**하고** 그것을 판단한다. 그것은 존재하는 것에게 존재의 힘을 부여하고 동시에 그것은 명령하는 법으로서 그것에 반대한다. 본질과 실존이 결합하는 곳에는 법도 판단도 없다. 하지만 실존은 본질과 결합하지 않는다. 따라서 법은 만물을 반대하고 판단은 자기파괴에서 실제로 나타난다.

또한 실존(existence)은 다른 의미로 사용된다. 그것은 존재 전체 안에서 어떤 것을 발견하는 가능성을 의미할 수 있고, 그것은 본질들의 영역에서 가능한 것의 현실성을 의미할 수 있으며, 그것은 "타락한 세계"를 의미할 수 있고, 그것은 자신의 실존적 조건을 의식하거나 본질을 완전하게 거부하는 사유의 형태를 의미할 수 있다. 다시 말하지만, 피할 수 없는 모호함은 이런 다른 의미를 가진 이 한 단어의 사용을 정당화한다. 실존하는 것, 즉 순전한 잠재성에서 "튀어나온" 것은 무엇이든지 간에 순전히 잠재성의 상태에 있는 것보다는 그 이상의 존재이며 본질적 본성의 힘 안에 있을 수 있는 것보다는 그 이하의 존재다. 일부 철학자들, 특히 플라톤에게는 실존에 대한 부정적 판단이 지배적이다. 선은 본질적인 것과 동일하며, 실존은 그 어떤 것도 덧붙이지 않는다. 다른 철학자들, 특히 오컴의 윌리엄에게는 실존에 대한 긍정적 판단이 지배적이다. 모든 실재는 존재하며, 본질적인 것은 인간이 자신의 마음에 실존을 반영한 것에 지나지 않는다. 선이란 최상의 존재―신―가 자신을 표현한 것이며 그것은 다른 존재들의 외부에서 그것들에게 부과되는 것을 의미한다. 세 번째 부류의 철학자들, 특히 아리스토텔레스에게는 매개적인 태도가 지배적이었다. 현실적인 것이 실재적인 것이지만, 본질적인 것이 존재의 힘을 제공하고 잠재성과 현실성은 최상의 본질에서 하나가 된다. 기독교 신학은 본질적인 존재와 실존적 존재를 항상 구분해왔고 플라톤이나 오컴보다는 아리스토텔레스에게 가까운 방식으로 구분했다. 이것은 놀라운 일이 아니다. 기독교는 데미우르고스에 의한 창조를 통해 실존을 설명하는 플라톤과 달리 하나님이 세상을 창조하셨다는 측면에서 실존을 강조한다. 실존은 창조의 완성을 의미한다. 실존은 긍정적 특성을 창조에 부여한다. 기독교는 오컴의 윌리엄에 반대해서 창조된 것들의 선과 그것들의 왜곡된 실존의 분열을 강조했다. 하지만 선은 전능한 존재가 다른 존재들에게 부과한 독단적인 명령으로 간주되지 않는다. 그것은 실재의 본질적인 구조다.

기독교는 존재의 문제를 다룰 때마다 중도를 선택해야 한다. 그리고 그것은 존재의 문제를 **다뤄야만** 한다. 비록 본질과 실존이 철학적 용어이지만, 그것들 이면에 있는 경험과 전망은 철학보다 우선하기 때문이다. 철학이 그것들을 합리적으로 다루기 오래 전에 그것들은 신화와 시에서 등장했다. 결과적으로 신학이 합리성 이전의 언어, 곧 상상의 언어를 사용했던 시대의 용어와 유사한 철학적 용어들을 사용할 때도 그것은 자신의 독립성을 포기하지 않는다.

앞의 고찰들은 예비적이고 명확하게 한정되었다. 그것들은 오직 함의에 의해서만 그 이상의 것이 된다. 본질과 실존의 관계에 대한 완전한 논의는 전체 신학 체계와 동일하다. 본질과 실존의 구분—이것을 종교적으로 말하자면, 창조 세계와 현실 세계의 구분인데—은 전체 신학적 사유의 핵심을 이룬다. 우리는 그러한 구분을 신학 체계의 모든 부분에서 정교하게 설명해야만 한다.

D. 인간의 유한성과 하나님에 관한 물음

1. 하나님에 관한 물음의 가능성과 소위 존재론적 논증

수 세기 동안 중요한 신학자와 철학자들이 신의 실존 논증을 공격한 이들과 옹호한 이들로 거의 똑같이 나뉜다는 것은 주목할 만한 사실이다. 양편 모두 상대방을 결정적으로 압도하지는 못했다. 이러한 상황은 단 하나의 설명만을 허용한다. 각각 상대방이 옹호하고자 하는 핵심 내용을 공격하지 못했다는 것이다. 그들은 같은 문제에 대한 갈등으로 나뉜 것이 아니다. 그들은 똑같은 용어로 표현했지만 다른 문제 때문에 다투었다. 신의 실존 논증을 공격했던 이들은 논증의 형식을 비판했다. 반면에 신의 실존 논증을 옹호했던 이들은 논증의 함축적인 의미를 수용했다.

신의 실존 논증들이 논증이라고 주장하는 한 그것들이 실패했다는 점에서는 의심의 여지가 거의 없다. 실존의 개념과 어떤 결론을 주장하는 방법은 하나님이라는 개념에는 적절하지 않다. 하지만 "하나님의 실존"(existence of God)은 본질과 실존의 창조적 근거라는 개념과 모순된다고 정의된다. 존재의 근거는 존재들의 전체성 안에서 발견될 수 없을 뿐 아니라 본질과 실존의 근거는 본질에서 실존으로 전환하는 것의 특징이 되는 긴장과 분열에 참여할 수도 없다. 스콜라주의자들이 하나님에게는 본질과 실존의 차이가 없다고 주장했을 때 그들은 옳았다. 하지만 이러한 주장에도 불구하고 그들이 하나님의 실존을 이야기하고 그것에 찬성한다고 주장했을 때 그들은 자신들의 통찰을 왜곡했다. 사실 그들은 "실존"을 말하고자 한 것이 아니었다. 그들은 존재하거나 존재하지 않는 **사물**이나 **인간**의 함의를 수반하지 않는 관념이 가진 실재, 타당성, 하나님이라는 개념의 진리를 사용했다. 하지만 이것이 오늘날 "신의 실존"에 대한 대중적인 논의뿐 아니라 학문적인 논의에서 사람들이 신이라는 생각을 이해하는 방식이다. "신"과 "실존"이라는 단어가 존재의 조건, 즉 기독론적 역설에서 나타나는 하나님의 역설을 제외하고는 매우 분명하게 분리된다면, 그것은 기독교 변증가들에게는 큰 승리가 될 것이다. 신은 실존하지 않으신다. 그분은 본질과 실존을 넘어서 계시는 존재 자체시다. 따라서 신이 실존한다고 주장하는 것은 그분을 부정하는 것이다.

결론을 가지고 논증하는 방식 역시 신의 생각을 반대한다. 모든 논증은 탐구되는 것과 관련해서 주어진 것으로부터 결론을 도출한다. 신의 실존 논증에서 세계는 주어졌고 신은 탐구된다. 세계의 어떤 특성들은 "신"이라는 결론을 필요한 것으로 만든다. 신이 세계에서 도출된다. 이것은 신이 세상에 의존해 있음을 의미하지 않는다. 토마스 아퀴나스가 그러한 해석을 거부하고 첫 번째로 그 자체로 존재하는 것이 우리의 지식의 마지막이 될 것이라고 주장했을 때 그는 옳았다. 하지만 우리가 세계에서 신을 도출한다면, 그는 세상을 무한하게 초월할 수 없다. 그는 "잃어버린 고리"이며, 정확한 결론에 의해서 발견된다. 그는 **사유하는 것**(res cogitans)과 **연장된 것**(res extensa)을 결합하는 힘이거나 "어디에서 유래했는가?"라는 물음이 무한후퇴하는 것의 끝이거나(토마스 아퀴나스)—비록 그가 의미 있는 과정과 똑같지 않을지라도—실재의 의미 있는 과정을 인도하는 목적론적 지성이다(화이트헤드). 이와 같은 각각의 경우와 관련해서 신은 "세계"이며, 그는 결론의 관점에서 도출되었던 그 잃어버린 고리의 일부분이다. 이것은 실존의 개념을 반대하는 만큼 철저하게 신이라는 개념을 반대한다. 신 존재 논증들은 논증이 아닐 뿐 아니라, 신의 실존을 증명하는 것도 아니다. 그것들은 인간의 유한성에 함축된 신에 관한 **물음**을 표현한다. 이 물음은 신의 실존 논증에 관한 진리를 보여준다. 곧 그것들이 제시하는 모든 대답은 참이 아니다. 이것은 신학이 자연 신학의 견고한 몸통을 이루는 그러한 논증들을 다뤄야만 한다는 것을 의미한다. 신학은 그것들에서 논증적인 특성을 박탈해야 하고, "실존"과 "신"이라는 단어가 결합한 것을 제거해야만 한다. 신학이 그것을 성취한다면, 자연 신학은 신에 관한 정교한 물음이 될 것이다. 달리 말해 그것은 신에 관한 물음에 대답을 그만둔다. 다음과 같은 해석은 이런 의미로 이해되어야 한다. 신의 실존 논증은 신에 관한 물음이 가능하고 필요해 보이는 방식으로 인간의 상황을 분석한다.

신에 관한 물음은 가능하다. 신에 대한 인식은 신에 관한 물음에서 나타나기 때문이다. 이러한 인식은 신에 관한 물음에 선행한다. 그것은 논증의 결과가 아니라 논증의 전제다. 이것은 그 "논증"이 조금도 논증이 아니라는 것을 확실하게 의미한다. 소위 존재론적 논증은 유한성의 존재론적 구조를 나타낸다. 그것은 유한성에 대한 인식이 유한성에 대한 인간의 인식에 포함되어 있음을 보여준다. 인간은 그 자신이 유한하다는 사실과 그럼에도 그가 속해 있는 무한성에서 배제되었다는 사실을 안다. 그는 자신의 실제적 유한성을 알고 있지만 자신의 잠재석 무한성을 알고 있다. 그가 자신이 본질적으로 어떤 존재인지를 안다면, 그의 가능성이 자신의 현실성과 동일하다면, 무한성의 물음은 제기되지 않을 것이다. 신화적으로 말해서, 타락 이전의 아담은 신과 본질적인 일치를 이루고 있었다. 비록 그것이 검증되거나 결정된 것은 아니지만 말이다. 하지만 이것은 인간의 상황이 아니고, 그것은 존재하는 어떤 것의 상황도 아니다. 인간은 자신이 소외된 무한성에 대해 질문해야 한다. 비록 무한성이 자신에게 속해 있지만 말이다. 그는 자신이 느끼는 불안을 짊어질 수 있는 용기를 무엇이 제공하는지를 질문해야 한다. 그리고 그는 이런 이중적인 질문을 던질 수 있다. 자신의 가능적인 무한성에 대한 인식이 그의 유한성의 인식에 포함되어 있기 때문이다.

다양한 형태의 존재론적 논증은 잠재적 무한성이 현실적 유한성에 나타나는 방식에 대해 묘사한다. 그런 묘사가 계속되는 한, 즉 그것이 논증이 아니라 분석인 한에서 그것은 타당하다. 우리는 유한성을 초월하는 어떤 요소가 유한성 안에 나타나는 것을 이론적으로 그리고 실천적으로 경험한다. 아우구스티누스가 그것을 이론적으로 정교하게 설명했으며, 칸트는 실천적 측면에서 그것을 정교하게 설명했다. 물론 그 두 사람의 이면에는 플라톤이 있다. 아우구스티누스와 칸트는 모두 신이 실재한다는 것을 보여주기 위해 논증을 구성하지는 않았지만, 그 두 사람의 정교한 설명은 인간의 자기와 세계 안에는 무조건적인 어떤 것이 현존한다는 것을 보여주었다. 그러한 요소가 현존하지 않는다면, 신에 관한 물음은 결코 제기될 수 없을 뿐 아니라 대답도 받아들여질 수 없다. 심지어 계시적 대답조차도 받아들여질 수 없다.

무조건적인 요소는 이성의 이론적인(수용적인) 기능에서 *verum ipsum*, 즉 진리에 근접한 모든 결과의 규범으로서 **진리 자체**로 나타난다. 그것은 이성의 실천적(형성하는) 기능에서 *bonum impsum*, 곧 선에 근접한 모든 결과의 규범으로서 **선 자체**에서 나타난다. 그 두 가지는 *esse ipsum*, 곧 존재하는 모든 것의 토대와 심연으로서 **존재 자체**가 현현한 것이다.

아우구스티누스가 회의주의를 반박했을 때, 그는 회의주의자가 참된 판단의 가능성을 부정하면서 진리 안에 절대적 요소를 인정하고 강조한다는 사실을 보여주었다. 그는 엄격한 회의주의자였다. 그는 자신이 배제한 절대성을 얻고자 열망했기 때문이다. 그 누구도 회의주의자였던 아우구스티누스보다 **진리 자체**를 더 열정적으로 인정하고 찾았던 사람은 없었다. 칸트는 윤리적 내용과 관련한 상대주의가 윤리적 형식과 정언명령 그리고 윤리적 명령의 무조건적인 타당성에 대한 인정과 관련해서 절대적 측면을 전제한다는 사실을 비슷한 방식으로 보여주었다. **선 자체**는 **선**(*bona*)에 대한 그 어떤 판단으로부터 독립해 있다. 지금까지 아우구스티누스와 칸트는 반박될 수 없다. 그들은 논증하지 않았기 때문이다. 그들은 실재와의 모든 만남에서 볼 수 있는 무조건적인 요소를 제시한다. 하지만 그들은 이런 안전한 분석을 넘어서 나아간다. 그들은 존재 자체와 진리 자체 그리고 선 그 자체 이상을 의미하는, 곧 실재의 구조에 있는 분석적 차원을 넘어서는 하나님의 개념에서 그 요소를 도출한다. 아우구스티누스는 진리 자체를 교회의 하나님과 단순하게 동일시했으며, 칸트는 윤리적 명령의 무조건적 특성에서 도덕과 행복이 일치한다는 것을 공표한 입법자와 보증인을 이끌어내려고 애썼다. 그 두 사람의 경우와 관련해서 출발점은 옳았지만, 결론은 잘못되었다. 인간이 실재를 만나면서 무조건적인 요소를 경험했을 때, 그 경험은 실재 안에 무조건적인 존재(이것은 용어상 모순이다)를 확립하는 데 사용되었다.

신은 필연적 사유이며, 따라서 이러한 관념은 주관적인 실재뿐만 아니라 객관적인 실재를 가지고 있어야만 한다는 안셀무스의 진술은 그 진술의 본성에 의해서 주관성과 객관성을 초월하는 무조건적인 요소, 즉 진리의 생각을 가능하게 만드는 동일성의 관점을 포함하는 한 타당하다. 하지만 이 무조건적인 요소가 신이라고 명명되는 최고의 존재로 이해된다면, 그 진술은 타당하지 않다. 그러한 최고의 존재가 실존한다는 것은 진리 개넘에 포함되어 있지 않다.

우리는 많은 형태의 도덕적 논증에 대해서도 이와 동일한 것을 이야기해야 한다. 도덕적 논증들이 (논증이 아니라) 도덕으로 위장한 존재론적 분석들, 즉 도덕 명령에 있는 무조건적 요소에 대한 존재론적 분석들이라면, 그것들은 타당하다. 이와 관련해서 종종 사용된 도덕적 세계 질서라는 개념은 그것과 모순되어 보이는 자연과 역사의 과정들에서 도덕적 명령의 무조건적 특성을 표현하고자 한다. 그것은 존재의 토대, 곧 존재 자체에 있는 도덕 원리들의 토대를 나타낸다. 하지만 우리는 그 어떤 "신적인 중재자"도 이런 방식으로 도출할 수 없다. 우리는 최고의 존재를 확증하기 위해서 도덕적 원리들의 존재론적 토대와 그것들의 무조건적인 특성을 사용할 수 없다. **선 자체**는 최고의 존재가 실존한다는 사실을 포함하지 않는다.

존재론적 논증의 한계는 분명하다. 하지만 철학과 신학에서 그 논증이 포함한 진리, 곧 이성과 실재의 구조에 있는 무조건적 요소를 인정하는 것보다 더 중요한 것은 없다. 신율적 문화라는 개념과 종교철학의 가능성은 이런 통찰에 의존한다. 무조건적인 것에서 시작하지 않는 종교철학은 결코 하나님에게 도달하지 못한다. 현대의 세속주의는 우리가 이성과 실재의 구조에 있는 무조건적 요소를 더 이상 볼 수 없으며, 따라서 하나님이라는 개념은 인간의 마음에 "낯선 부분"으로 부과되었다는 사실에 대체로 뿌리를 내리고 있다. 이것은 가장 먼저 타율적 복종을 야기하며 그다음으로는 자율적 거부를 야기한다. 존재론적 논증을 파괴하는 것은 위험하지 않다. 위험한 것은 하나님에 관한 물음의 가능성을 정교하게 하는 접근법을 파괴하는 것이다. 이런 접근법이 존재론적 논증에 의미와 진리를 부여한다.

2. 하나님에 관한 물음의 필연성과 소위 우주론적 논증

우리는 하나님에 관해 질문**할 수** 있다. 무언가에 대해 질문을 제기하는 모든 행위에는 무조건적인 요소가 있기 때문이다. 우리는 하나님에 관해 반드시 질문**해야만** 한다. 인간이 불안으로 경험하는 비존재의 위협은 인간으로 하여금 비존재를 정복하는 존재와 불안을 정복하는 용기에 관해 질문하도록 하기 때문이다. 이러한 물음이 우주론적 신의 실존 논증이다.

소위 우주론적(cosmological) 신의 실존 논증과 목적론적(teleological) 신의 실존 논증은 이런 물음의 전통적인 형식이면서 부적절한 형식이다. 이러한 실존 증명의 모든 변형된 형태들은 세계가 가진 특별한 특성들에 대한 설명에서 최고의 존재가 실존한다는 주장으로 논의를 진행한다. 그것들이 하나님에 대한 우주론적 물음은 피할 수 없는 것임을 보여주는 실재의 분석을 제시하는 한 그것들은 타당하다. 반면에 그것들이 최고의 존재가 실존한다는 것이 그것들의 논리적 분석의 결과임을 주장하는 한 그것들은 타당하지 않다. 우리는 논리적 분석을 통해 최고의 존재가 실존한다는 것을 알 수 없다. 우리가 불안에서 용기를 실존적으로 추론할 수 없는 것처럼 말이다.

신의 실존 논증의 우주론적 방법은 두 가지 중요한 방식을 선택했다. 첫 번째 방식은 유한한 존재에서 무한한 존재로 나아가며(좁은 의미의 우주론적 논증), 두 번째 방식은 유한한 의미에서 무한한 의미의 담지자로 나아간다(전통적인 의미에서 목적론적 논증). 이 두 가지 경우에 우주론적 물음은 존재와 의미에 있는 비존재의 요소에서 제기된다. (의미와 관련해서) 비존재의 논리적이고 정신적인(noological) 위협이 없다면, 하나님에 관한 물음은 제기되지 않을 것이다. 그런 위협이 없다면 존재는 안전할 것이기 때문이다. 종교적으로 말한다면, 하나님이 존재에 현존하시기 때문이다.

우주론적 논증의 첫 번째 형태는 유한성의 범주적 구조에 의해 결정된다. 그것은 원인과 결과라는 끊임없는 연쇄 과정에서 제일원인이 있다는 결론에 도달하며, 모든 실체의 우연성에서는 필연적 실체가 존재한다는 결론에 도달한다. 하지만 원인과 실체는 유한성의 범주들이다. "제일원인"은 인과적 연쇄 과정을 최초로 시작하는 존재에 관한 진술이 아니라 실체화된 물음이다. 그러한 존재는 그 자신이 인과적 연쇄의 일부분이 되고 원인의 물음을 다시 제기한다. 똑같은 방식으로 "제일실체"는 모든 실체에 실체성을 부여하는 존재에 관한 진술이 아니라 실체화된 물음이다. 그러한 존재는 우연자들과 함께하는 실체로 존재하며 실체성 자체에 대해 물음을 할 것이다. 원인과 실체라는 두 가지 범주가 "논증들"을 위한 자료로 사용될 때, 그것들은 범주적 특성을 상실한다. 제일원인과 필연적 실체는 유한한 존재에 포함되어 있는 물음, 곧 유한성과 범주들을 초월하는 것에 대한 물음, 비존재를 포함하고 정복하는 존재 자체에 관한 물음, 즉 하나님에 관한 물음을 표현하는 상징들이다.

하나님에 관한 우주론적 물음은 궁극적으로 용기를 가능하게 만드는 것이 무엇인지를 묻는 것이다. 그 궁극적인 용기란 범주적 유한성이 불러오는 불안을 받아들이고 극복하는 것을 의미한다. 우리는 시간과 공간 및 인과성 그리고 실체와 관련해서 불안과 용기 사이에 있는 불안정한 균형을 분석했다. 각각의 경우에 우리는 "이런 범주들에 포함된 비존재의 위협에 맞서는 용기가 어떻게 가능한가"라는 물음을 마침내 마주하게 되었다. 유한한 존재는 용기를 포함하지만, 그것은 비존재의 궁극적 위협에 맞서는 용기를 유지할 수는 없다. 그것은 궁극적 용기를 위한 근거가 필요하다. 유한한 존재는 불명확한 점이다. 그것은 시간성과 공간성을 동시에 수용하고 극복하는 "영원한 현재"에 관해 질문한다. 그것은 인과성과 실체를 동시에 긍정하고 부정하는 "존재의 근거"에 대해 질문한다. 우주론적 접근은 이런 문제에 대답할 수 없지만 그것은 유한성의 구조에서 그것들의 근원들을 분석할 수 있고 분석해야만 한다.

소위 목적론적 신의 실존 논증에 대한 근거는 존재의 유한한 구조에 맞서는, 즉 존재의 양극적 요소의 통일성에 맞서는 위협이다. 목적론적 논증이라는 명칭의 기원이 되는 텔로스(*telos*)는 "내적 목표", 즉 실재의 의미 있고 이해할 수 있는 구조를 의미한다. 이 구조는 목적론의 무한한 원인, 즉 유한한 목적들(*teloi*)이 의미와 관련해서 무한하고 위협을 받지 않는 원인을 함의한다는 결론으로 나아가는 도약대로 사용된다. 논리적 논증에 비추어볼 때, 이러한 결론은 다른 우주론적 "논증들"만큼이나 타당하지 않다. 그것은 어떤 물음에 대한 진술로서 타당할 뿐만 아니라 불가피하고, 역사가 보여주는 것처럼 가장 인상적이다. 무의미에 대한 불안은 인간적인 형태의 존재론적 불안의 특징을 잘 보여준다. 그것은 하나로 결합된 자유와 운명을 본성적으로 가질 수 있는 존재만이 가질 수 있는 불안의 형태다. 자유와 운명의 결합이 상실될 수 있다는 위협은 인간으로 하여금 무한성, 곧 의미가 위협받지 않는 근원에 관한 물음을 하도록 만든다. 달리 말해 그것은 인간으로 하여금 하나님에 관한 물음을 제기하게 만든다. 목적론적 논증은 의미의 근원에 관한 물음을 명확하게 서술한다. 우주론적 논증이 존재의 근원에 관한 물음을 명확하게 서술하는 것처럼 말이다. 하지만 존재론적 논증과는 달리 우주론적 논증과 목적론적 논증은 넓은 의미에서는 우주론적 논증의 형태를 띠며 존재론적 논증을 반대한다.

전통적인 신의 실존 논증들을 다룰 때, 신학에 주어진 임무는 크게 두 가지, 곧 그 증명들이 표현하는 하나님에 관한 물음을 발전시키는 것이고 그 "논증들"의 무능함, 곧 하나님에 관한 물음에 대답할 수 없음을 보여주는 것이다. 이러한 논증들은 하나님에 관한 물음이 존재의 유한한 구조에 포함된 것임을 보여줌으로써 존재론적 분석을 결론짓는다. 이런 기능을 수행하면서, 그것들은 전통적인 자연 신학을 부분적으로 받아들이고 부분적으로는 그것을 거부하며, 그것들은 이성이 계시를 요청하도록 만든다.

Ⅱ. 하나님의 실재

A. "신"의 의미

1. 현상학적 묘사

a) 신과 인간의 궁극적 관심

"신"은 인간의 유한성에 함의된 물음에 대한 대답을 의미한다. 그는 인간이 궁극적으로 관심을 기울이는 것을 명명하는 이름이다. 이것은 먼저 신이라 명명되는 존재가 존재하며, 그다음에 "인간이 그에게 궁극적으로 관심을 기울인다"는 요구가 있음을 의미하지 않는다. 그것은 인간으로 하여금 궁극적으로 관심을 기울이게 하는 것은 무엇이든지 그에게 신이 된다는 것을 의미하며, 반대로 인간은 자신에게 신이 되는 것에만 궁극적으로 관심을 기울일 수 있음을 의미한다. "궁극적으로 관심을 기울이다"라는 표현은 인간의 경험에 있는 긴장을 보여준다. 한편 우리가 구체적으로 만날 수 없는 것에 관심을 기울이는 것은 불가능하다. 구체적으로 만날 수 없는 것이 실재의 영역이나 상상력의 영역에 있다고 하더라도 말이다. 보편자들은 구체적인 경험을 나타내는 힘을 통해서만 궁극적 관심의 문제들이 될 수 있다. 어떤 것이 더욱더 구체적인 것이 될 때 사람들은 그것에 대해 더욱더 많은 관심을 기울일 수 있다. 완벽하게 구체적인 존재, 곧 개체적인 인간은 가장 근본적인 관심—곧 사랑의 관심—의 대상이 된다. 반대로 궁극적 관심은 모든 필연적인 유한성과 구체적인 관심을 초월해야만 한다. 그것은 유한성에 내포된 물음에 대답하기 위해서 유한성의 전체 영역을 초월해야만 한다. 하지만 유한성을 초월할 때, 종교적 관심은 존재가 존재와 관계를 맺을 때 갖는 구체성을 상실한다. 그것은 구체적인 요소를 반대하는 반응을 일으키면서 절대적인 것이 되는 경향이 있을 뿐 아니라 추상적인 것이 되는 경향도 있다. 이것이 하나님이라는 개념에 있는 불가피한 내적 긴장이다. 종교적 관심의 구체성과 궁극성 사이에 벌어지는 갈등은 사람들이 소박하게 드리는 기도에서부터 가장 정교하게 체계화한 신학적 체계에 이르기까지 하나님을 경험하고 그 경험을 표현할 때는 언제든지 실제로 일어난다. 그것은 종교의 역사에서 일어나는 역동성을 이해하는 열쇠이며, 종교의 역사에서 나타난 가장 초기의 제사장들이 보여준 지혜부터 삼위일체 교리에 관한 가장 정교한 논의까지 이르는 하나님에 관한 모든 교리의 기본적 문제가 된다.

기독교를 포함해서 모든 종교에서 나타나는 "신"에 관한 의미를 현상학적으로 묘사한 것은 "신"이라는 용어의 의미에 관해 다음과 같은 정의를 제공한다. 신들은 힘과 의미에서 일상적 경험의 영역을 초월한 존재들이다. 인간과 신들은 강도와 중요성에서 일상적 관계를 초월하는 관계를 맺는다. 이러한 기본적인 묘사가 가진 각각의 요소에 대한 논의는 "신"이라는 의미에 대해 충분한 현상학적 설명을 제시하며, 이것은 자연과 "종교들"이라고 명명되는 현상의 발전을 해석하는 도구가 된다.

신들은 "존재들"이다. 그들은 사람들이 존재론적인 요소들과 유한한 범주들을 철저하게 사용하여 구체적인 직관적(anschaulich) 용어로 경험되고 명명되며 그리고 정의된다. 신들은 실체들이고, 원인으로 상정되고 원인을 일으키며, 능동적이며 수동적이고, 기억하고 예상하며, 시간과 공간에서 나타나고 사라진다. 비록 그들이 "최고의 존재들"이라고 명명되지만, 그들은 힘과 중요성에서 제한받는다. 그들은 다른 신들이나 다른 존재나 원리들, 예를 들어 질료와 운명의 저항에 제한을 받는다. 그들이 나타내는 가치들이 각각의 신들에게 한계를 설정하며 때로는 서로를 없앤다. 신들은 오류와 격정 및 분노와 적의 그리고 불안에 영향을 받는다. 그들은 인간의 본성이나 초인의 영역으로까지 높아진 인간의 불완전한 힘들을 보여주는 이미지들이다. 신학자들이 그러한 이미지가 가진 모든 함의에서 직면해야 하는 이러한 사실은 사람들이 유한성의 요소들, 곧 자연적이고 인간적인 요소들을 단순하게 투사한 이미지들이 신들이라고 말하는 모든 "투사" 이론의 근거가 된다. 이러한 투사 이론은 투사가 어떤 것—예를 들어 벽이나 화면 및 또 다른 존재 그리고 또 다른 영역—**위에** 투사한 것임을 간과한다. 분명하게 어떤 것 위에 이루어지는 투사가 투사 그 자체로 실현된다고 생각하는 것은 불합리하다. 화면은 투사되지 않는다. 그것은 투사를 받아들인다. 신적인 이미지들의 투사가 이루어지는 영역은 투사 그 자체를 의미하지 않는다. 그것은 존재와 의미를 궁극적인 것으로 경험한 것이다. 그것은 궁극적 관심의 영역을 의미한다.

따라서 신들의 이미지들은 유한성의 모든 특성—이것이 그들의 이미지를 만들며 그들에게 구체성을 부여한다—을 가지고 있을 뿐만 아니라 범주적 유한성을 근본적으로 초월하는 특성들도 갖고 있다. 유한한 실체로서의 그것들의 정체성은 그것들의 이름들의 동등성에도 불구하고 모든 종류의 실질적인 변형과 확장에 의해서 부정된다. 신들이 가진 시간적인 한계들은 극복된다. 신들은 그들의 출현과 사라짐이 전제된다는 사실에도 불구하고 "불멸의 존재들"이라고 불린다. 신들이 다중의 장소에서 혹은 모든 장소에서 활동할 때 그들의 공간적 한계성은 부정되지만, 그들은 친밀하게 활동하는 특별한 공간에서 거주한다. 그들이 원인과 결과라는 연쇄 과정에 종속되어 있다는 것은 부정된다. 그들이 다른 신적인 힘들과 유한한 존재들이 그들에게 끼치는 영향력에 의존함에도 불구하고 압도적인 또는 절대적인 힘이 그들에게 부여되기 때문이다. 구체적인 경우와 관련해서 그들은 신들 사이에서 벌어지는 갈등과 배신에도 불구하고 전지성과 완전성을 보여준다. 그들은 존재의 힘과 의미의 구현과 관련해서 자신들의 유한성을 초월한다. 궁극성을 향해 나아가려는 성향은 구체성을 향해 나아가는 성향에 맞서 끊임없이 싸운다.

종교의 역사에는 인간들이 신적인 힘에 참여하고 인간의 목적을 위해서 그것을 사용하려는 시도들이 가득하다. 바로 이것이 마술적인 세계관이 종교적 행위에 들어오고 신적인 힘을 효과적으로 사용하기 위한 기술적인 도구를 제공하는 지점이다. 마술 자체는 유한한 존재들이 서로 관계를 맺는 것을 보여주는 이론이며 실천이다. 그것은 "심리적인"(psychic) 수준, 곧 생동적인 것과 무의식적인 것과 감정적인 것으로 이루어진 수준에 있는 존재들 사이에는 물리적으로 비매개적인 공감과 영향들을 직접적으로 주고받는다는 것을 가정한다. 신들이 존재들인 한, 마술적 관계는 두 가지 방향에서, 곧 인간에게서 시작해 신들에게로 가는 방향과 신들에게서 시작해 인간에게로 오는 양방향에서 가능하며, 그것들은 인간이 신적인 힘에 참여하는 토대가 된다.

비마술적인 세계관, 곧 인격적인 세계관은 인간과 인간의 관계를 신적인 힘으로 나아가게 하며, 이것은 기도를 통해, 즉 개인이 신적인 존재의 중심에 나아가는 호소를 통해 이루어진다. 하나님은 그러한 호소에 대해 자유로운 결정을 내리면서 대답하신다. 그분은 사람이 기도를 통해 호소한 것을 성취하기 위해 자신의 힘을 사용하시거나 사용하지 않으실 수도 있다. 어떤 경우에도, 그는 자유로운 존재로 남아 있으며, 어떤 특별한 방식으로 행동하도록 그에게 강제하는 시도들은 마술로 간주된다. 이런 맥락에서 볼 때, 모든 간구의 기도는 하나님이라는 관념에 포함된 구체적인 요소와 궁극적 요소 사이에서 생기는 긴장을 설명한다. 신학자들은 마술적 함의를 피하기 위해서는 이런 형태의 기도를 감사의 선물로 대체해야 한다고 제안했다(리츨). 하지만 현실적인 종교적 삶은 그러한 요구에 강하게 반발한다. 사람들은 신에게 호의를 베풀어달라고 요구하면서 자신들이 섬기는 신의 능력을 지속적으로 사용한다. 그들은 구체적인 신, 곧 인간이 조작할 수 있는 신을 요구한다.

신의 힘을 사용하는 세 번째 방식은 마술적이지도 않고 인격적이지도 않은 신비에 참여하는 방법이다. 이 방법이 가진 중요한 특징은 궁극적인 힘, 곧 존재 자체의 심연에 맞서는 신적인 존재들과 그들의 능력을 평가절하하는 것이다. 어떤 현인이 철저한 금욕생활을 실천할 때 신들이 두려움에 떤다고 가르치는 힌두교의 교리는, 비록 제약이 있지만 더 높은 힘을 가진 존재들과 그들이 표현하는 동시에 숨기는 궁극적 힘 사이에서 벌어지는 긴장을 보여주는 또 다른 설명이다. 브라흐마의 힘과 인간과 구체적인 관계를 맺는 대상으로서의 브라흐마 신 사이에 벌어지는 갈등은 앞서 언급했던 인간의 궁극적 관심의 구조 안에 있는 것과 똑같은 긴장을 보여준다.

신들은 힘에서뿐만 아니라 의미에서도 우월하다. 그들은 진리와 선을 구현한다. 그들은 구체적인 가치들을 구현하며, 그들은 신들로서 그것들의 절대성을 주장한다. 이러한 상황에서 일어나는 신들의 제국주의는 다른 모든 제국주의의 토대가 된다. 제국주의는 결코 권력에의 의지를 표현하는 것이 아니다. 그것은 언제나 어떤 특정한 신이나 신들의 위계 구조가 대변하는 특별한 가치나 가치들의 체계를 확립하기 위한 절대적 승리를 쟁취하려는 투쟁을 의미한다. 종교적 관심의 궁극성은 가치와 의미의 보편성을 향해 나아간다. 종교적 의미의 구체성은 특별한 의미와 가치들을 향해 나아간다. 그 둘 사이의 긴장은 해소될 수 없다. 모든 구체적인 가치의 동등성은 종교적 관심의 궁극성을 제거한다. 그 신들 중 어떤 하나에 구체적 가치들을 종속시키는 것은 다른 신들이 가진 가치에 대해서는 반제국주의 반란을 일으킨다. 모든 구체적인 가치가 의미와 가치의 심연 속으로 침잠하면, 그것은 인간의 궁극적 관심에 있는 구체적인 요소가 신비주의를 반대하는 반응을 불러일으킨다. 이런 요소들 사이에 벌어지는 갈등은 신조를 고백하는 모든 행위와 모든 선교적인 임무 그리고 최종적 계시를 소유한다는 모든 주장에 나타난다. 이런 갈등을 일으키는 것은 신들의 본성이며, 인간의 궁극적 관심에는 신들의 본성이 반영되어 있다.

우리는 인간과 신의 관계에 기초해서 "신"의 의미를 논했고, 신들의 본성을 현상학적으로 묘사하면서 이 관계를 설명했다. 이것은 신들이 우주라는 상황에 있는 대상들이 아니라는 사실을 강조한다. 신들은 주관성과 객관성 사이의 분열을 초월한 궁극적 관심의 표현이다. 궁극적 관심은 "주관적"이지 않다는 것을 강조해야 한다. 궁극성은 단순한 주관성에서 파생될 수 있는 모든 것을 반대하며, 무조건적인 것은 상호 간에 조건이 되는 유한한 대상들의 전체 목록 안에서 발견될 수도 없다.

"실존적"이라는 단어가 주관성과 객관성을 모두 초월하는 참여를 가리킨다면, 우리는 인간과 신의 관계를 "실존적" 관계라고 올바르게 이야기할 수 있다. 인간은 거리를 두고 객관적인 태도로 신들에 대해 말할 수 없다. 그렇게 하는 순간 그는 신을 잃어버리고 객관적인 사물들로 형성된 세계 안에 하나의 사물을 더 갖추게 된다. 인간은 신들과 관계를 맺는 것에 기초해서 그들에 대해 말할 수 있다. 이런 관계는 인간이 신들을 자신의 목적을 이루기 위한 대상과 도구들로 생각하는 호혜적인 태도의 구체성과 인간이 자신을 완전히 포기하고 신에게 복종하는 절대성 사이에서 오락가락한다. 인간의 궁극적 관심이라는 절대적 요소는 종교적 관계에서 절대적 강렬함, 곧 (키에르케고르가 말한) 무한한 열정을 요구한다. 구체적 요소는 인간이 궁극적 관심을 구체화하고 실현하는 제의 안에서 그리고 그것 밖에서 제한 없는 양의 상대적인 행동과 감정을 추구하게 한다. 상대적인 것들에 대한 로마 가톨릭교회의 체계는 구체적인 요소를 가장 분명하게 나타내지만, 개신교의 급진주의는 절대적인 요소를 주로 나타낸다. 신들의 본성에 있는 긴장, 곧 인간의 궁극적 관심의 구조 안에 있는 긴장(그리고 결국 인간의 상황 안에 있는 긴장)이 모든 중요한 측면과 관련해서 인류의 모든 종교를 결정한다.

b) 신과 거룩함의 관념

신들의 영역은 거룩함의 영역이다. 신들이 나타나는 곳은 어디든지 거룩한 영역으로 규정된다. 신성한 영역으로 들어가는 것은 무엇이든지 신성한 것이 된다. 신은 거룩한 존재다.

거룩함은 경험되는 현상이다. 그것은 현상학적으로 묘사될 수 있다. 따라서 거룩함은 종교의 본질에 대한 이해에 도달하는 가장 중요한 인식적 "수단"이 된다. 그것은 우리가 신을 이해하기 위해 갖고 있는 가장 적합한 토대가 되기 때문이다. 거룩과 신은 상관관계적으로 해석되어야만 한다. 거룩함의 범주를 포함하지 않는 신론은 거룩하지 않을 뿐만 아니라 참이 아니기도 하다. 그러한 이론은 신들을 세속적인 대상들로 변형시킨다. 자연주의는 그러한 대상들이 존재한다는 것을 올바르게 부정했다. 반대로 거룩함을 신의 영역으로 해석하지 않는 거룩함의 이론은 거룩함을 미학적이고 감정적인 것으로 변형시킨다. 이것이 슐라이어마허와 루돌프 오토 (Rudolf Otto) 같은 신학자들의 신학에 있는 위험이었다. 궁극적 관심의 의미를 분석하고 그 궁극적 관심의 의미에서 하나님의 의미와 거룩함의 의미를 도출하는 신론은 그 두 사람의 실수를 피할 수 있다.

거룩함이란 인간의 궁극적 관심을 불러일으키는 것이 가진 **성질**을 의미한다. 오직 거룩한 것만이 인간에게 궁극적 관심을 제공하며, 인간에게 궁극적 관심을 불러일으키는 것만이 거룩함의 성질을 갖고 있다.

이제는 고전이 된 루돌프의 오토의 『성스러움의 의미』(Idea of the Holy)에서 펼쳐지는 거룩함에 대한 현상학적 묘사는 거룩함의 의미와 신적인 존재의 의미 사이에 이루어지는 상호의존성을 보여주고, 그것들이 궁극적 관심의 본성에 공통적으로 의존하고 있음을 보여준다.[1] 오토가 거룩함의 경험을 "누멘적인 것"(nominous)이라고 말했을 때, 그는 거룩함을 신적인 존재의 현존으로 해석한다. 그가 거룩함의 신비적인 특성을 말했을 때,

---

1   역주. Otto는 다음과 같이 말한다. "누멘적인 것의 내용(그것의 형식은 신비성임)은 한편으로는 우리가 상설한 바 있는 위압적이고 압도적인 두려움의 요소다. 그러나 그것은 동시에 다른 한편으로는 분명히 독특한 힘으로 끌어당기고, 매료하며, 매혹하는 어떤 것으로서 이제 위압적인 두려움의 요소와 더불어 하나의 묘한 대조적 조화를 이루게 된다.⋯대조적 조화라는 누멘적인 것의 이와 같은 양면성은 전인류의 종교사가 증언하고 있는 것이다.⋯이 대조적 조화는 종교사 일반에 있어서 가장 묘한 그리고 가장 주의를 요하는 현상이다." 『성스러움의 의미』, 79.

그는 거룩함이 실재가 취하는 주관과 객관의 구조를 초월한다는 점을 지적한 것이다. 거룩함의 신비를 **두려움**(*tremendum*)과 **매혹**(*fascinosum*)으로 묘사했을 때, 그는 "궁극적인 것"의 경험을 심연인 것과 인간 존재의 근거가 되는 것의 이중적인 의미로 표현했다. 오토는 자신의 현상학적인 분석에서 이것을 직접적으로 주장하지 않는다. 부연 설명하자면, 우리는 그의 분석을 "심리학적인" 분석이라고 말하면 안 된다. 하지만 그러한 심리학적인 분석이 그의 분석에 함축되어 있으며 우리는 오토 자신의 의도를 넘어서서 그것을 분명한 것으로 드러내야 한다.

그러한 거룩함의 개념은 모든 종교의 차원에서 거룩함의 개념이 가진 모호성을 설명함으로써 신학적 이해에 종교 역사의 많은 부분을 알려준다. 거룩함은 거룩한 "대상들"을 통해서만 현실화될 수 있다. 하지만 거룩한 대상들은 그것들 자체로 거룩하지 않을 뿐 아니라 그것들 스스로 거룩해지는 것도 아니다. 그것들은 그것들이 매개하는 신적인 것을 드러내고 자신들을 부정함으로써만 거룩하게 된다. 그것들이 스스로 거룩한 것으로 규정한다면, 그것들은 마성적인 것이 된다. 그것들은 여전히 "거룩하"지만, 그것들의 거룩함은 신을 반대하는 것이다. 모든 것은 인간의 궁극적 관심의 수단이 될 수 있다는 점에서 자신을 거룩한 것으로 자처하는 나라는 옳다. 하지만 자신을 본질적으로 거룩하다고 생각하는 점에서 그 나라는 틀렸다. 셀 수 없이 많은 것들이, 즉 어떤 면에서는 만물이 매개적인 방법으로 거룩하게 되는 능력을 갖고 있다. 그것들은 자신들 너머에 있는 것을 나타낼 수 있다. 하지만 그것들의 거룩함이 본질적인 것으로 간주된다면, 그것은 사탄이 된다. 이것은 대부분의 종교와 관련한 실제 삶에서 지속해서 일어난다. 인간의 궁극적 관심—거룩한 대상들—에 관한 주장들은 그의 궁극적 관심이 되는 경향이 있다. 그것은 우상으로 변형된다. 거룩함은 우상숭배를 불러일으킨다.

정의는 우상숭배적 거룩함을 판단하는 기준을 말한다. 예언자들은 거룩함과 관련하여 마성적 형태들을 정의의 이름으로 공격했다. 고대 그리스 철학자들은 마성적으로 왜곡된 소종파를 정의의 여신인 디케(Dikē)의 이름으로 비판했다. 종교개혁가들은 그 자신의 거룩함을 주장했던 성스러운 것들과 행위의 체계를 하나님이 주신 정의의 이름으로 파괴했다. 현대 혁명 운동은 사회 정의의 이름으로 사회 정의를 보호하는 성스러운 제도들에 도전했다. 이 모든 경우와 관련해서 공격을 받는 것은 거룩함 자체가 아니라 마성적 거룩함이다.

하지만 우리는 이런 각각의 경우와 관련해서 마성적인 것을 반대하는 투쟁이 역사적으로 성공한 정도만큼 거룩함의 의미가 바뀌었다는 사실을 말해야 한다. 거룩한 사람은 일반적으로 금욕적인 함의를 가진 의로운 사람, 곧 도덕적으로 선한 사람이 되었다. 사람들은 하나님처럼 거룩한 사람이 되라는 하나님의 명령을 그분이 사람들에게 도덕적으로 완벽함을 요구하신 것으로 해석한다.[2] 실제 거룩함의 개념은 종교적 영역의 안팎에서 사라진다. 도덕적 완벽함은 실재가 아니라 이상이기 때문이다. 개신교 영역에서 고전적 의미의 "성자들"이 없다는 사실은 현대 세계에서 이런 발전이 이루어졌음을 뒷받침했다. 현재 우리의 상황 중 하나는 거룩함의 의미가 신학 이론에서뿐만 아니라 예전적 실천에서도 재발견되고 있다는 점이다. 비록 거룩함이 대중적인 언어에서는 여전히 도덕적 완벽함과 동일시되고 있지만 말이다.

거룩함의 개념은 두 가지 다른 개념, 곧 부정한 것 및 세속적인 것과

---

2   역주. 레 11:44-45; 19:2; 벧전 1:15-16을 참조하라.

대조를 이룬다. 이사야 6장에서 예언자는 거룩한 이가 현현했을 때 그것을 견딜 수 있기 위해서 불이 붙은 숯을 자신의 입술에 대고 정결해져야만 했다. 거룩함과 부정함은 상호 배타적인 것처럼 보인다. 하지만 그러한 대조는 분명하지 않다. 부정함이 비도덕적인 의미를 받아들이기 전에, 그것은 마성적인 것, 곧 금기와 누멘적 경외감을 낳는 것을 가리켰다. 신적인 거룩함과 마성적 거룩함의 대조가 예언자적 비판의 충격을 받아서 배타적으로 이루어질 때까지, 그것들은 구분되지 않았다. 하지만 거룩한 것이 정결한 것과 완벽하게 동일시된다면, 그리고 마성적 요소가 완벽하게 거절된다면, 거룩한 것은 세속적인 것에 근접한다. 도덕법은 거룩함이 가진 **두려움**과 **놀람**을 대체한다. 거룩한 것은 그것의 심원함과 신비 그리고 누멘적인 특성을 잃어버린다.

이것은 루터와 그를 따르는 많은 추종자와 관련이 없었다. 루터가 주장한 신론에 있는 마성적 요소들, 곧 그가 때때로 하나님의 진노와 사탄을 동일시했던 것과, 그가 자연과 역사에서 활동하시는 하나님에게 부여했던 반은 신적이고 반은 마성적인 묘사는 모두 거룩한 것에 관한 루터의 이해의 위대함과 위험함을 나타낸다. 그가 확실하게 묘사한 경험은 누멘적이고 두려우며 그리고 매혹적이지만, 그것은 마성적 왜곡과 거룩한 것 안에 있는 부정한 것의 반복(resurrence)으로부터 보호되지 못한다.

칼뱅과 그를 따르던 추종자들에게는 루터의 모습에 반대되는 경향이 우세했다. 마성적인 것에 대한 두려움이 칼뱅의 신적 거룩함의 교리에 가득하다. 부정한 것에 대한 거의 신경증적인 불안이 후기 칼뱅주의에서 발전한다. "청교도"(puritan)라는 단어는 이런 경향을 가장 잘 보여준다. 거룩한 것은 정결한 것을 의미한다. 다시 말해 정결함은 거룩함이 된다. 이것은 거룩한 것이 누멘적인 특성을 더 이상 갖지 않음을 의미한다. **두려움**은 율법과 심판을 두려워하는 공포를 말하고, **매혹**은 자기를 통제하고 억압하는 것에 대한 자랑을 의미한다. 많은 신학적 문제와 많은 정신병리학적 현상은 거룩한 것과 부정한 것을 대조하는 것의 모호함에 근거한다.

두 번째로 거룩한 것과 대조되는 것은 세속적인 것이다. "세속적"이라는 단어는 "문 앞에서"―곧 경건한 것 앞에서―를 의미하는 "불경한"(profane)이라는 단어보다는 그 의미를 덜 표현한다. "불경한"은 "부정한"의 함의를 나타내지만, "세속적"이라는 용어는 중립적인 의미를 나타낸다. 성소의 문 앞에 서 있는 것은 그 자체로는 부정함의 상태를 함축하지 않는다. 불경함은 부정한 영들에 의해 침략당한 것을 의미할 **수 있지만**, 반드시 그런 것을 의미하지는 않는다. 불경한(profan)이라는 독일어 단어는 이런 중립성의 개념을 유지한다. 세속적인 것은 최초의 관심의 영역을 보여준다. 그것은 궁극적 관심을 결여한다. 달리 말해 그것에는 거룩함이 없다. 모든 유한한 관계는 그것들 자체가 세속적이다. 그것들은 거룩하지 않다. 거룩한 것과 세속적인 것은 서로를 배제하는 것처럼 보인다. 다시 말하지만, 그러한 대조는 모호하다. 거룩한 것은 그 자체와 세속적인 것을 포괄한다. 신적인 것이 그 자신을 포괄하고 마성적인 것을 엄밀하게 포괄하는 것처럼 말이다. 세속적인 모든 것은 거룩한 것과 함축적으로 관련이 있다. 그것은 거룩한 것의 담지자가 될 수 있다. 신적인 것은 그 담지자 안에서 나타난다. 그 어떤 것도 본질적으로 그리고 필연적으로 세속적이지 않다. 모든 것은 심원함의 차원을 갖고 있으며 이 세 번째 차원이 실현되는 순간에 거룩함이 나타난다. 세속적인 모든 것은 잠정적으로 성스러우며 신성한 것이 될 수 있다.

더욱이 거룩한 것은 세속적인 것을 통해서 표현될 필요가 있으며 오직 그것을 통해서만 표현될 수 있다. 무한한 것은 오직 유한한 것을 통해서만 그 자신을 표현할 수 있기 때문이다. 거룩함은 거룩한 "대상들"을 통해서 현실화될 수 있다. 거룩한 것은 다른 관점에서 볼 때는 세속적인 것을 통하지 않고서는 나타날 수 없다. 거룩한 것은 그것의 본질적인 본성과 관련해서 세속적인 것에 추가되어서 특별한 영역을 구성하지 않는다. 그것은 실존의 조건 아래서 그 자신을 특별한 영역으로 만든다는 사실이 실존적 분열을 가장 두드러지게 표현한다. 고전적 기독교가 "죄"라고 명명하는 것의 핵심에는 궁극적 관심과 초기 관심 사이, 유한한 것과 유한성을 초월한 것 사이, 그리고 세속적인 것과 거룩한 것 사이의 화해할 수 없는 이원성이 자리한다. 죄란 거룩한 것과 세속인 것이 서로 분리된 것들의 상태, 곧 그것들이 서로 갈등하며 정복하려는 상태를 의미한다. 그것은 하나님이 "만유의 주로서 만유 안에" 계시지 않는 상태, 곧 하나님이 다른 모든 것에 "덧붙여진" 상태다. 종교와 문화의 역사는 거룩함의 의미 및 부정한 것과 거룩함의 관계 그리고 세속적인 것과 거룩함의 관계에 관한 이런 분석을 지속적으로 확증해준다.

2. 유형론적 고찰

a) 유형론과 종교사

궁극적인 것은 오직 구체적인 것, 곧 예비적이고 덧없는 것을 통해서만 현실화될 수 있다. 이것이 신이라는 관념이 역사를 가진 이유이고, 이런 역사가 동시에 종교의 역사를 결정하고 그것에 의해 결정되면서 종교의 역사에서 기본적인 요소가 되는 이유다. 신학자가 신이라는 관념을 이해하기 위해서는 그것의 역사를 살펴봐야만 한다. 비록 그가 최종적 계시라고 간주하는 것에서 자신의 신론을 도출한다고 하더라도 말이다. 최종적 계시는 그 계시를 받아들인 이들이 "신"이라는 의미에 대해 어떤 통찰을 전제하기 때문이다. 신학자는 최종적 계시의 관점에서 이런 의미를 명확하게 설명하고 해석해야 한다. 동시에 그는—기독교 역시 종교인 한에서 기독교를 포함한—종교의 역사와—인간 문화의 역사가 종교의 실체를 가지고 있는 한—인간 문화의 역사에서 얻은 자료에 기초해서 그것을 해석해야 한다.

조직신학은 종교의 역사를 조사하는 임무를 수행할 수 없다. 또한 그 것은 인류의 역사에서 나타난 종교의 진보에 관한 일반적인 과정에 대해서도 서술할 수 없다. 그와 같은 일반적인 과정은 없다. 문화의 역사처럼 종교의 역사에서도 우리가 어떤 관점을 가지고 종교를 서술할 때, 그것은 다른 관점을 취하지 못하고 역사를 서술하는 것이다. 최종적 계시를 이야기할 때, 신학자는 계시를 예비하는 것보다 계시의 출현을 실제 진보로 생각한다. 하지만 그는 개인적으로 받아들인 계시를 최종적 계시보다 진보한 것으로 이야기하지 않는다(또는 이야기하지 **말아야 한다**). 최종적 계시는 역사에서 준비되고 역사에서 수용된 사건이지만 역사에서 나온 것은 아니기 때문이다. 최종적 계시는 퇴보뿐 아니라 진보도 엄격하게 판단하면서 그 두 가지를 모두 감시한다. 따라서 신학자가 종교의 역사에서 진보의 요소를 이야기할 때 그는 신이라는 관념에 있는 궁극적 요소와 구체적 요소의 대조가 단편적으로 극복되는 발전들을 언급해야만 한다. 그러한 발전들은 언제 어디서나 일어나며 하나님의 의미를 이해하고 해석하는 다양한 형태의 표현을 고안해낸다. 그것들은 단편적이기 때문에 진퇴와 퇴보는 그러한 발전들 안에서 모호하게 혼재되어 있으며 종교의 역사에 관한 진보주의 해석은 그것들로부터 나올 수 없다.

조직신학은 종교의 역사와 관련해서 유형론적 과정과 구조에 대해서만 묘사할 수 있다. 유형들은 구체적인 것들이나 사건들이 결코 도달하지는 못하지만 근접한 이상적인 구조들을 의미한다. 역사적인 것은 어떤 특별한 유형을 완벽하게 나타내지는 못하지만, 모든 역사적인 것은 어떤 특정한 유형에 좀 더 가까이 도달했거나 좀 더 멀리 떨어져 있다. 우리는 모든 특수한 사건이 속한 유형에 의해서 그것을 이해한다. 역사적 이해는 특수한 것에 대한 직관과 유형적인 것의 분석 사이에서 왔다 갔다 한다. 우리는 유형을 언급하지 않고서는 특수한 것을 묘사할 수 없다. 유형이 나타나는 특수한 사건이 없다면, 그것은 실재하지 않는 것이 된다. 유형론은 역사 기술로 대체될 수 없다. 역사 기술은 유형론의 도움을 받지 않고서는 그 어떤 것도 묘사할 수 없다.

신의 의미에 대한 발전은 두 가지 상호의존적인 원인, 곧 신이라는 관념 안에 들어 있는 긴장과 역사의 움직임을 결정하는 일반적인 요인들(예를 들어 경제적·정치적·문화적 요인)을 가진다. 그것은 보편적 역사와 관련을 맺지 않은 궁극적 관심의 함축들에서 나오는 변증법적 실마리가 아니다. 반대로 신 관념의 출현과 발전은 그것의 역사적 표현과 모든 개별적인 개념보다 논리적으로 선행하는 "궁극적 관심"의 기존 구조와 무관한 사회적이고 문화적인 요인들에 비추어서 설명될 수 없다. 역사적인 힘들은 하나님 개념의 본질이 아니라 실존을 규정한다. 달리 말해서 그것들은 하나님의 개념의 변함없는 본성이 아니라 변화하기 쉬운 표현을 규정한다. 어떤 시기의 사회적 상황은 신의 관념의 조건이 되지만, 그것을 만들어내지는 못한다. 예를 들어 봉건 사회의 질서는 신에 대한 경험과 숭배 및 신론을 조성하는 위계적 조건이 된다. 하지만 신에 관한 관념은 봉건 시대 이전과 이후의 역사에서 나타난다. 그것은 본질에서 모든 시대를 초월하고 그것의 실존에서는 그것들에 의해 규정되면서 모든 시대에 걸쳐 나타난다. 기독교 신학자도 이런 규칙을 따르지 않을 수 없다. 그는 자신의 시대를 필사적으로 초월하고자 애쓰지만, 하지만 그의 신 관념은 그가 살았던 시대에서 비롯된다. 하지만 그가 신 관념에 사로잡혀 있다는 사실은 어느 특정한 시기에서 비롯되는 게 아니다. 이 사실이 모든 시대를 초월한다.

우리가 하나님의 관념에 관한 역사와 유형론을 논하기 위한 범위를 정하기 위해서는 신에 대한 개념이 필요하다. 이 개념이 너무 좁다면, 어떤 이들은 "신이 없는 종교가 있을 수 있지 않을까?"라는 물음을 제기할 수 있다. 예를 들어 원시 불교는 이 물음에 대해 어렵지 않게 긍정적으로 대답할 것이다. 신의 개념이 너무 넓다면, 어떤 이들은 "신에게 초점을 맞추지 않는 종교가 있을 수 있을까?"라는 물음을 제기할 수 있다. 신에 관한 어떤 특정한 도덕적 개념 또는 논리적 개념의 관점은 이 물음에 어렵지 않게 긍정적으로 대답할 것이다. 하지만 그 두 가지 경우에 그 전제하는 신에 대한 개념은 부적절한 것이다. 신이 인간에게 궁극적인 관심을 불러일으키는 것으로 이해된다면, 초기 불교는 힌두교의 베단타 학파처럼 확실하게 신에 대한 관념을 가진다.[3] 그렇지 않다면, 그것들은 철학적 가능성을 의미하는 것이지 종교의 신을 의미하는 것은 아니다.

종교의 역사에 관한 신학적 해석들은 모든 종교가 제시하는 고유한 모습—곧 최종적 계시에 비추어서 쉽게 비판받을 수 있는 모습—에 의해서 종종 잘못 해석된다. 우리가 기독교가 아닌 역사적 종교의 독특한 형태

---

3   역주. 힌두교의 베단타 학파는 힌두교가 정통으로 인정하는 여섯 개 학파 중 하나다. 베단타는 "베다의 종결"을 의미한다. 그것은 『우파니샤드』의 핵심 사상, 곧 브라흐만과 아트만의 일치를 강조한다. 브라흐만은 모든 것이 발원하는 기원, 곧 본질적인 자아와 동일하다. 불교의 창시자인 석가모니는 아트만의 부재(무아)를 강조하면서 "세계의 유한과 무한", "시간의 시작의 유무" 같은 물음에 거의 대답하지 않았다. 하지만 초기 불교도 세계 전체의 본질인 "다르마"(*darma*, 法)를 강조하는 형이상학을 가지고 있었다. 베단타 힌두교에 관해서는 Hans Joachim Störig, 『세계철학사』, 박민수 옮김(서울: 이룸, 2008), 111-112을, 초기 불교에 관해서는 Störig, 『세계철학사』, 77-79를 참조하라.

안에 있는 유형적인 구조들과 역사적 종교로서 기독교 안에 나타나는 유형적 구조들을 비교한다면, 비판은 훨씬 더 어렵고 훨씬 더 심각해진다. 이것은 종교의 역사를 체계적으로 다루는 유일하게 공정하고 방법론적으로 적합한 방식이다. 이런 방법을 사용해서 종교의 역사를 다룬 이후에, 우리는 최종적 단계로 나아갈 수 있다. 우리는 기독교와 기독교 외의 종교들에 최종적 계시라는 기준을 적용할 수 있고 반드시 적용해야만 한다. 기독교의 변증가들이 기독교와 기독교 외의 종교들 사이의 유형론적 유비를 이해하려고 노력하지 않으며, 기독교 외의 종교들 안에 들어 있는 보편적 계시를 준비하는 요소를 이해하지 않으면서 역사적 종교들을 비판한다면, 그것은 유감스럽고 전혀 설득력이 없다.[4]

종교의 역사를 유형론적으로 분석해서 나오는 대략적인 개요는 하나님이라는 관념에 있는 요소들 사이의 긴장에서 도출된다. 인간은 궁극적 관심에 관한 구체성 때문에 다신론적 구조들을 지향한다. 그는 이런 다신론적 구조들을 반대하는 절대적 요소의 반작용 때문에 일신론적 구조들을 지향한다. 그는 구체성과 절대성 사이의 균형이 필요해서 삼위일체 구조를 지향한다. 하지만 하나님 개념의 유형론적 구조들을 규정하는 또 다른 요인, 즉 거룩한 것과 세속적인 것의 차이점이 있다. 우리는 세속적인 모든 것이 거룩한 것의 영역에 들어오며 거룩한 것은 세속화될 수 있음을 안다. 한편 이것은 세속적인 것들과 사건들 및 영역들이 궁극적 관심사들

---

4   예를 들어 Brunner가 『계시와 이성』(*Revelation and Reason*[Philadelphia: Westminster Press, 1946])에서 종교의 역사를 다룬 방식과 이것을 비교해보자. 물론 그는 자신이 제2이사야와 Calvin의 입장을 따른다고 주장할 수 있다. 하지만 제2이사야와 Calvin은 사람들에게 보편적 계시와 종교의 역사에 대해 신학적으로 이해를 시키는 일과 관련해서 의심스러운 안내자들이 되었다. 그들이 처한 극단적인 논쟁적 상황 때문이다. 바울과 초기 교회가 보편적 계시와 종교의 역사를 신학적으로 이해시키는 훨씬 더 좋은 안내자들이다.

이 될 수 있음과, 그것들이 신적인 힘들이 될 수 있음을 의미한다. 다른 한 편, 이것은 신적인 힘들이 종교적 특성을 상실하고 세속적인 대상들로 변형될 수 있음을 의미한다. 우리는 이 두 가지 형태의 변화를 종교와 문화의 역사 전체에서 관찰할 수 있다. 그것은 거룩한 것과 세속적인 것이 실존적으로 분리되어 있음에도 불구하고 본질적으로 하나로 결합되어 있음을 말해준다. 이것은 세속적 궁극성(존재론적 개념)과 성스러운 궁극성(하나님의 개념)이 상호의존적임을 의미한다. 비록 모든 존재론적 개념은 지금 분명한 개념으로 변형되었지만, 그것은 그 배경에서 인간의 궁극적 관심을 유형론적으로 나타낸다. 그리고 신에 관한 모든 개념은 그것이 사용하는 범주론적 요소 안에서 특수한 존재론적 가정들을 드러낸다. 따라서 조직신학자들은 기본적인 존재론 개념들이 가진 종교적 실체와 신이라는 관념의 다양한 유형이 가진 세속적 함의들을 분석해야만 한다. 우리는 신이라는 관념의 세속적 변형과 함의들을 분석하면서 종교적 유형론을 추구해야 한다.

b) 다신론의 유형들

다신론(polytheism)은 양적인 개념이 아니라 질적인 개념이다. 그것은 신들의 다원성을 믿는 믿음이 아니라 오히려 다원성의 특성을 결정하는 것, 곧 결합하고 초월하는 궁극성의 결여를 믿는 믿음이다. 다신론이 말하는 각각의 신적 힘들은 자신들이 나타나는 구체적인 상황에서는 궁극성을 주장한다. 각각의 힘은 다른 상황에서 나타나는 다른 신적인 힘들이 주장하는 비슷한 주장을 무시한다. 이것은 상반된 주장으로 이어지고 자기와 세계의 통일성을 방해할 것이라고 위협한다. 다신론의 마성적 요소가 나타나는 이유는 각각의 신적 힘들에게 궁극성을 주장할 만한 보편적 기초가 없음에도 불구하고 그 힘들이 궁극적이라고 주장하기 때문이다. 비록 그 힘들은 그러한 주장을 하는 보편적 근거를 소유하지 않았지만 말이다. 절대적 다신론은 불가능하다. 궁극성의 원리는 구체적 원리를 항상 반대한다. 다신론은 일원론적 요소들의 제한하는 힘에 기생해서 "살아간다."

이러한 사실은 다신론의 주요 형태들—보편주의적 유형과 신화론적 유형 및 이원론적 유형—안에서 각기 명백하게 나타난다. 보편주의 유형에서, 장소와 영역의 신들과 사물과 사람 안에 있는 누멘적인 힘들처럼 특정한 신적인 존재들은 보편적이고 모든 것 안에 깃들어 있는 성스러운 힘(마나[mana])이 구현된 것이다. 이 힘은 만물에 숨어 있는 동시에 그것들을 통해 나타난다. 자기와 세계의 실재적인 통일성은 완전한 다신론의 등장을 막는다. 하지만 이러한 통일성은 참된 통일성이 아니다. 그것은 분열된 다양성을 초월하지 못하며 수많은 모습으로 출현하는 것을 통제하지 못한다. 그것은 이렇게 출현한 것들 안에 분산되어 나타나고 그것들 안에서 모순된다. 범성례주의(pan-sacramentalism)와 낭만주의 및 범신론의 형태들은 다신론의 보편주의 유형의 후손들이다. 보편주의 유형은 구체적인 것과 궁극적인 것의 긴장을 강조하지만 완전한 구체성에도 도달하지 못할 뿐만 아니라 완전한 궁극성에도 이르지 못한다.

다신론의 신화론적 유형에서 말하는 신적인 힘은 존재와 가치의 넓은 영역들을 대표하는, 상대적으로 고정된 특성을 가진 개별 신들 안에 집중되어 있다. 신화론적 신들은 자기와 관련을 맺고 있으며, 그들은 자신들이 통제하는 영역을 초월하며, 친족과 적대감 및 사랑 그리고 갈등과 관련해서 똑같은 특성을 가진 다른 신들과 관계를 맺는다. 이 유형만으로도 적절한 전제들을 제공하는 위대한 신화들은 이런 유형의 다신론이 가진 특징을 보여준다. 보편주의적 유형은 신화 이야기에서 주인공으로 만들어줄 만큼 신적인 존재들을 충분히 고정해주고 개체화하지 않았지만, 이원론적 유형은 신화를 역사의 극적인 해석으로 변형시킨다. 모든 유일신론적 유형은 하나님의 관념에 있는 궁극적 요소를 철저하게 강조함으로써 신화를 파괴한다. 파괴된 신화가 여전히 신화인 것은 사실이지만, 신화적인 용어를 사용하지 않고서는 신에 대해 이야기할 수 없다는 것도 사실이다. 하지만 종교적 직관의 범주로서 신화적인 것과 신 관념의 특별한 유형인 파괴되지 않는 신화는 서로 다르다.

신 관념 안에 있는 긴장은 신화적 "상상력"에 반영되어 있으며 특히 신화론적 유형을 포함하는 이들의 상상력 안에 등장하는 신들의 본성에서 나타난다. 구체적인 관심사는 신적인 힘들을 의인화하도록 종교적 상상력을 자극한다. 인간은 자신과 대등한 조건에서 만날 수 있는 것에 대해서만 근본적으로 관심을 기울이기 때문이다. 따라서 하나님과 인간 사이에 이루어지는 인격 대 인격의 관계는 종교적 경험을 위해 꼭 필요한 구성 요소다. 인간은 자신보다 열등한 것, 곧 비인격적인 것에 대해 궁극적으로 관심을 기울일 수 없다. 이것은 모든 신적인 힘들—돌과 별들, 식물과 동물들, 영들과 천사들 그리고 탁월한 신화들에 나오는 각각의 신들—은 인격적 특징을 소유하고 있음을 설명해준다. 달리 말해서 그것은 실제로 모든 종교에는 인격적인 신을 옹호하는 투쟁, 곧 모든 철학의 공격에 대항하는 투쟁이 있었다는 사실을 설명해준다.

인격적인 하나님. 이것은 인간의 궁극적인 관심의 구체성을 보여준다. 하지만 그의 궁극적 관심은 구체적일 뿐만 아니라 궁극적이며, 그리고 이것은 신화론적 상상력에 또 다른 요소를 가져온다. 신들은 인간보다 열등하면서 동시에 인간보다 우월하다. 동물의 신들은 신격화된 짐승들을 의미하지 않는다. 그들은 다양한 형태의 동물의 생동성으로 상징화된 인간의 궁극적 관심을 표현하는 것들이다. 이런 동물의 생동성은 인간을 초월한,

곧 신적·마성적 생동성을 상징한다. 신들로서 별들은 신격화된 천체들을 의미하지 않는다. 그것들은 별들의 질서와 그것들의 창조적이며 파괴적인 힘으로 상징화된 인간의 궁극적 관심의 표현들을 의미한다. 신화에서 말하는, 인간보다 못하면서 인간을 뛰어넘는 신들의 특성은 신들의 힘을 인간의 범위로 축소하는 것을 반대하는 항의를 의미한다. 이런 저항이 그것의 효능을 상실하는 순간이 찾아왔을 때, 신들은 신들이 되기보다는 오히려 숭배받는 인간이 된다. 그들은 신적인 궁극성을 소유하지 못한 개체적인 인간이 된다. 이러한 발전은 현대 인문주의 유신론뿐만 아니라 호메로스의 종교에서 연구될 수 있다. 완전히 인간화된 신들은 실재적이지 않다. 그들은 이상화된 인간들을 나타낸다. 그들은 누멘적인 힘을 갖고 있지 않다. **매혹**과 **두려움**은 사라졌다. 따라서 종교는 모든 점과 관련해서 신들의 개체적인 형상을 파괴하고 초월하는 특성을 가진 신적인 존재들을 상상한다. 신적인 존재들은 인간 이해의 존재들이거나 인간을 초월하는 존재들, 곧 인간의 궁극적 관심과 신이라는 관념의 모든 형태에 있는 구체성과 궁극성 사이의 긴장을 반영하는 단어들의 역설적 결합을 나타낸다.

예언자와 철학자들은 많은 신화의 불멸성을 공격했다. 이러한 공격은 오직 부분적으로만 정당하다. 신화에 나오는 신들이 맺는 관계들은 도덕을 초월한다. 그것들은 존재론적이다. 그것들은 존재의 구조와 가치의 대립을 말해준다. 신들 사이에 발생하는 갈등들은 각각의 신들이 제기하는 무조건적 주장에서 일어난다. 그것들은 악한 존재들이지만 비도덕적인 존재들은 아니다.

다신론의 신화론적 유형은 일신론적 제한들 없이는 존재할 수 없다. 이런 제한 중 하나는 구체적인 상황에서 다루어지는 신이 궁극성의 모든 특성을 받아들인다는 사실에서 나타난다. 인간이 기도할 때, 그가 자신의 기도를 들어주길 간구하는 신은 궁극자, 곧 하늘과 땅의 주인이다. 그가 그 이후의 기도에서 자신의 내용을 다른 신에게 아뢸 때, 다른 신이 똑같은 역할을 맡는다는 사실에도 불구하고, 그것은 사실이다. 이러한 종류의 배타성을 경험할 가능성은 인간이 신들의 다양성과 차이성에도 불구하고 신의 동일성을 느낀다는 것을 표현해준다. 신화에 나오는 신들의 갈등을 극복하는 다른 방식은 사제들이 종교적·정치적 이익 또는 국가적·정치적 이익을 얻고자 종종 신의 영역을 위계적으로 체계화하는 것이다. 이것은 부적합한 방법이지만, 군주제 유형의 일신론을 제시하는 길을 예비한다. 마지막으로 우리는 고대 그리스의 다신론처럼 발달된 형태에서 신들은 더 높은 원리, 즉 그들이 중재하지만 맞설 수 없는 운명에 종속되어 있다는 사실을 지적해야 한다. 이런 방식으로 신들의 개별적인 본성의 임의성은 제한을 받으며 동시에 추상적인 유형의 유일신으로 나아가는 길이 준비된다.

다신론의 세 번째 유형은 거룩함의 개념에 있는 모호성과, 신적인 거룩함과 마성적인 거룩함 사이에서 일어나는 갈등에 근거한 이원론이다. 보편적 유형에서 거룩함에 접근하는 데 수반되는 위험은 신적인 것의 본성에 있는 파괴성의 요소에 대한 인식을 드러낸다. 하지만 **매혹**뿐만 아니라 **두려움** 역시 파괴성만이 아니라 창조성도 나타낼 수 있다. 신적인 "불"은 재뿐만 아니라 생명도 낳는다. 종교적 의식이 선한 영과 악한 영들을 구별할 때, 그것은 신성한 존재들의 모호성을 극복하기 위해 거룩한 것의 영역에 이원론을 도입한다. 하지만 신적인 힘의 전달자인 악한 영들은 단순하게 악한 존재들이 아니며, 신성을 주장하는 개체로서 선한 영들은 단순하게 선한 존재들이 아니다. 다신론의 보편적 유형은 거룩한 것의 영역에 있는 모호성을 알아차리지만, 그것을 극복하지는 않는다.

이것은 신화론적 유형과 관련해서도 사실이다. 지배하는 신들은 다른 신적인 존재들을 내쫓는다. 내쫓긴 신들은 자신들이 가진 과거의 마성적인 힘들을 사용하지 못하고 억제된다. 하지만 승리한 신들은 예전부터 있던 신이나 새로운 신들에게 위협을 받는다. 그들은 절대적인 존재들이 아니며, 따라서 부분적으로 악한 존재들이다. 거룩한 것의 영역에 있는 모호성은 우수한 신화들에 의해서 극복되지 않는다.

신적인 것과 마성적인 것을 분리하려는 가장 극단적인 시도를 한 것이 종교적 이원론이다. 종교적 이원론의 고전적 표현이 조로아스터교(Zoroastrianism)이고, 그것에서 파생되었으며 합리화된 형태가 마니교이지만, 이원론적 구조들은 기독교를 포함해 많은 다른 종교들에서 나타난다. 종교적 이원론은 한쪽 영역에는 신적인 거룩함을 놓고 다른 쪽 영역에는 마성적 거룩함을 놓는다. 그 두 신은 창조적이며, 실재의 다른 부분들은 한쪽 영역이나 다른 쪽 영역에 속한다. 어떤 것들은 본질적인 본성에서 악하다. 그것들은 악한 신에 의해 창조되었기 때문이거나 혹은 궁극적인 악한 원리에 의존해 있기 때문이다. 거룩함의 영역에 있는 모호성은 근본적으로 두 가지로 분리된다.

하지만 이런 유형의 다신론은 일신론적 요소들 없이는 다른 유형들보다 존재할 가능성이 훨씬 낮다. 한 신이 "선한" 신으로 불린다는 그 분명한 사실이 악한 신이 가진 특성보다 그 신에게 훨씬 우월한 신의 특성을 부여한다. 인간의 궁극적 관심의 표현으로서의 신은 힘에서뿐만 아니라 가치에서도 최고이기 때문이다. 악한 신은 신성의 본성과 관련해서 절반만 신이며 이 절반조차도 제한받는다. 이원론은 신적인 거룩함이 마성적 거룩함을 궁극적으로 물리치고 승리할 것으로 예상한다. 이것은 신적인 거룩함이 본질적으로 우월하다는 사실이나 이후에 조로아스터교의 한 갈래인 파시교(Parsiism)가 가르쳤던 것처럼 갈등하는 영역들 위에 궁극적 원리가 있다는 사실, 곧 그 자신뿐 아니라 자신을 반대하는 것도 포함하는 선을 전제한다. 이원론적 일신론은 이런 형태로 역사의 하나님, 배타적이며 삼위일체적인 일신론의 하나님을 예시했다.

c) 일신론의 유형들

다신론이 일신론적인 요소를 포함하지 않았다면, 그것은 존재할 수 없었다. 하지만 모든 유형의 다신론에서 신이라는 관념에 있는 구체성의 요소가 궁극성 요소를 능가한다. 일신론에서는 그 반대의 현상이 일어난다. 다신론의 신적 힘들은 최고의 신적 힘에 지배를 받는다. 하지만 절대적인 다신론이 없는 것처럼, 그렇게 절대적인 일신론도 없다. 신이라는 관념 안에 들어 있는 구체적인 요소는 파괴될 수 없다.

군주적 일신론(monarchic monotheism)은 다신론과 일신론의 경계에 있다. 신들의 군주가 되는 신은 열등한 신들 및 신과 같은 존재들의 위계 구조를 통치한다. 그는 그 위계 구조의 힘과 가치를 대표한다. 그의 종말은 그에게 지배를 받던 모든 존재의 종말이 될 것이다. 군주가 되는 신은 자신의 힘을 사용해서 신들 사이에 일어나는 갈등을 줄인다. 그는 가치의 질서를 결정한다. 따라서 그는 존재와 가치의 궁극자와 쉽게 동일시된다. 예를 들어 스토아주의자들이 제우스와 존재론적 궁극자를 동일시했을 때, 그들이 했던 것이 바로 그것이다. 다른 한편 신들의 군주가 되는 신은 다른 신적인 힘들의 공격으로부터 안전하지 않다. 모든 군주처럼, 그 역시 반란이나 외부 공격으로부터 위협을 받는다. 군주적 일신론은 다신론과 매우 깊은 관계를 맺고 있어서 그것으로부터 자유로울 수 없다. 그럼에도 많은 비기독교 종교뿐 아니라 기독교 자체에도 군주적 일신론의 요소들이 들어 있다. 구약성서와 기독교 예전에서 자주 표현되는 "만군의 주"(Lord of hosts)는 천상의 존재와 천사들 및 영들을 지배하는 군주를 의미한다. 이런 만군을 형성하는 몇몇 구성원이 기독교 역사에서 몇 차례 최고의 하나님의 절대주권에 위협을 가했다.[5]

일신론의 두 번째 유형은 신비주의다. 신비주의적 일신론(mystical monotheism)은 존재와 가치의 모든 영역 그리고 자신들이 나오고 사라지는 신적인 근원과 심연을 지지하는 신적인 대표자들을 초월한다. 신들 사이에 벌어지며, 신적인 것과 마성적인 것 사이에서 발생하며, 신들과 사물들 사이에서 일어나는 모든 갈등은 그러한 모든 것을 초월하는 궁극자에 의해서 극복된다. 궁극성의 요소가 구체성의 요소를 삼킨다. 모든 형태의 다신론에서 언급되는 신들에게 적용되는 양극성을 가진 존재론적 구조는 초월적인 일자, 곧 신비주의적인 일신론의 원리에는 적용되지 않는다. 신화에 나오는 신들의 제국주의는 몰락한다. 어떤 유한한 것도 마성적인 주장을 할 수 없기 때문이다. 완전함을 가진 존재의 힘과 의미와 가치의 전체 합계는 존재와 의미의 근거에서, 곧 모든 가치의 원천에서 차이와 대립이 없는 것으로 간주된다.

하지만 이렇게 신이라는 관념에 있는 구체적 요소를 가장 철저하게 부정하는 것조차도 구체성에 대한 탐구를 억압할 수는 없다. 신비주의적 일신론은 궁극자가 그 자신을 시간 속에서 구체화하는 신적인 힘들을 배제하지 않는다. 그리고 일단 인정받으면, 신들은 자신들이 상실한 의미를 재획득할 수 있다. 특히 구체적인 모든 것에서 순수성과 추상성에서 궁극자를 이해할 수 없었던 이들이 그들을 이해할 때, 그들은 그 의미를 재획득한다. 인도와 유럽에서 나타난 신비주의적 일신론의 역사는 그것이 다신론

---

5   신약성서에 나오는 천사 숭배에 관한 경고를 참조하라. 역주. 골 2:18, 히 1-2장 참조.

에 "완전히 열려" 있다는 점과 군중들이 그것에 쉽게 감동한다는 점을 보여주었다.

일신론은 오직 배타적인 일신론의 형태로만 다신론에 근본적으로 저항할 수 있다. 그것은 어떤 구체적인 신의 구체성을 상실하지 않고 마성적인 주장을 하지 않으면서도 그를 궁극성과 보편성으로 고양함으로써 만들어진다. 그러한 가능성은 종교의 역사에서 도출될 수 있는 모든 기대와 모순된다. 배타적 일신론은 이스라엘에서, 특히 이스라엘 종교의 예언자 계열에서 이루어진 객관적 요인과 주관적 요인의 놀라운 배치로 인한 결과다. 신학적으로 말해서 배타적 일신론은 최종적 계시에 속한다. 그것은 최종적 계시를 직접적으로 준비하는 것이기 때문이다.

이스라엘의 하나님은 자신의 백성을 이집트에서 구원하신 구체적인 하나님, 곧 "아브라함과 이삭과 야곱의" 하나님이시다. 동시에 그분은 스스로를 가리켜 민족들이 믿는 신들을 심판하시는 하나님이라고 소개하시며, 세상 민족들은 자신 앞에서 "두레박에서 떨어지는 한 방울의 물과 같다"[6]고 주장하신다. 구체적인 동시에 절대적인 이 하나님은 "질투하는 하나님"이시다. 그분은 자기 자신 이외의 그 누구도 신이라고 주장하는 것을 용납하지 않으신다. 물론 우리는 그러한 주장은 "마성적" 주장, 곧 조건적인 것이 자신을 무조건적인 것으로 주장하는 것이라고 이야기했다. 하지만 이것은 이스라엘에서는 사실일 수 없다. 야웨는 개체적 성질의 이름으로 혹은 자신의 민족과 그 민족의 개체적 성질들의 이름으로 보편성을 주장하지 못한다. 야웨의 주장은 제국주의적 특징을 나타내지 않는다. 그것은 궁극성과 보편성을 내포하는 원리—곧 정의의 원리—의 이름으로 제시

---

6   역주. 사 40:15.

되었기 때문이다. 이스라엘의 하나님과 그분이 선택한 나라의 관계는 언약에 근거한다. 언약은 정의, 즉 계명들을 준수하는 것을 요구하며, 그것들을 거부하고 파괴함으로써 정의를 위반한다고 위협한다. 이것은 하나님이 자기 민족과 자신의 개체적 본성에서 독립되어 있음을 의미한다. 그분의 나라가 언약을 어긴다고 하더라도, 그분은 자신의 힘을 상실하지 않고 그대로 갖고 계신다. 그분은 모든 민족에게 타당한 원리들—곧 정의의 원리—의 이름으로 자신의 민족을 멸함으로써 자신의 보편성을 입증하신다. 이것은 다신론의 토대를 없앤다. 그것은 하나님의 이름으로 악용되는 마성적인 함의들을 파괴하며, 거룩한 것의 담지자들이 절대성을 주장하는 유혹에 맞서 거룩한 것을 보호하는 비판적 수호자가 된다. 개신교적 원리란 자기를 절대화하는 것에 맞서고 결과적으로 마성으로 왜곡된 교회에 맞서는 공격으로 예언자적 원리를 재진술하는 것을 말한다. 예언자와 종교개혁가들은 배타적 일신론의 급진적 함의를 선포했다.

신비주의적 일신론의 신처럼, 배타적 일신론(exclusive monotheism)의 신은 신이라는 관념에 있는 구체적 요소를 상실하는 위험에 처한다. 그의 궁극성과 보편성은 살아 있는 신이라는 자신의 특성을 삼키는 경향을 가진다. 그의 모습에서 나타나는 인격적인 특색들은 그의 궁극성과 모순되는 신인동형론으로 이야기되어 제거되며, 그의 성품의 역사적 특색들은 그의 보편성과 모순되는 우연적 요인들이라고 주장되며 잊힌다. 배타적 일신론의 신은 신비주의적 일신론의 신이나 철학자들이 이 신을 변형시켜 이야기하는 절대자와 혼합될 수 있다. 하지만 그것이 다신론으로 다시 회귀하는 일은 결코 일어날 수 없다. 신비주의적 일신론과 그것의 철학적 변형들은 유한한 모든 것을 포괄한다. 그것들은 유한한 것을 넘어서 고양되어 나아가기 때문이다. 하지만 배타적인 일신론은 유한한 존재가 그 자신을 무한한 존재라고 주장하는 마성적인 주장에 맞서서 그것을 배제한다. 그럼에도 그것은 인간의 궁극적 관심에 있는 구체적 요소가 표현되는 것을 필요로 한다. 이것이 삼위일체 문제를 제기한다.

삼위일체 일신론은 3이라는 숫자와 관련된 문제를 의미하지 않는다. 그것은 신에 관한 양적 특성이 아니라 질적인 특성과 관련이 있다. 그것은 궁극성과 구체성이 결합해 있는 살아 있는 신을 이야기하고자 시도한다. 비록 3이라는 숫자가 삶의 과정들에 관한 묘사에 가장 근접해 있지만, 그것은 그 자체로 특정한 의미를 지니고 있지 않다. 삼위일체 교리에 관한 기독교 역사에서조차도 신학자들은 삼위일체와 이위일체 사이의 강조(성령의 지위에 관한 논의)와 삼위일체와 사위일체 사이의 강조(세 위격이 가진 공통된 신적 실체와 성부의 관계에 관한 물음) 사이에서 오락가락했다. 삼위일체 문제는 어떻게 하나가 셋이면서 동시에 셋이 하나일 수 있는지와 같은 헷갈리는 물음과는 아무런 관련이 없다. 이 물음에 대한 대답은 모든 생명의 과정에서 주어진다. 삼위일체 문제는 살아 계신 신 안에 있는 궁극성과 구체성이 하나로 통일되는 것과 관련된 문제다. 삼위일체 일신론은 구체적 일신론, 곧 살아 있는 신을 긍정한다.

삼위일체 문제는 종교의 역사에서 끊임없이 반복되는 특징을 보여준다. 각각의 형태의 일신론은 삼위일체 문제를 인식하고 있으며 그것에 대해 함축적인 대답이나 명시적인 대답을 내놓는다. 군주적 일신론에서 최고의 신은 다양한 모습으로 현현하고 열등한 신들을 보내며 반신(half-god)을 출산함으로써 그 자신을 구체적으로 드러낸다. 이 모든 것은 역설적이지 않다. 군주적 일신론이 말하는 최고의 신들은 궁극적이지 않기 때문이다. 어떤 경우에 군주적 일신론은 삼위일체 신조들과 유사한 것에 도달한다. 아버지의 신성과 어머니의 신성 그리고 자녀의 신성이 똑같은 신화와 똑같은 제의에서 하나가 된다. 참된 삼위일체의 사고를 준비하는 것과 관련해서 훨씬 더 중요한 것은 어떤 신이 자신이 행사하는 힘과 이 힘을 가지고 죄책과 죽음을 정복하는 궁극자임에도 불구하고 그가 인간의 운명, 곧 고통과 죽음에 참여한다는 점이다. 이것은 고대 후기 신비 종파들의 신들에게 나아가는 길을 열어준다. 이러한 종파들에서 궁극자로 인정받는 신은 그 종파의 지지자에게는 완전히 구체적인 존재가 된다. 이러한 종파들은 제의 형식들뿐 아니라 삼위일체 문제의 윤곽을 제공함으로써 초기 교회에 영향을 끼쳤다. 그리고 삼위일체의 문제는 배타적 일신론의 매개를 통해서 교회에 전해졌다.

신비주의적 일신론은 브라흐마 신과 브라흐만의 원리를 구별하면서 삼위일체 일신론으로 나아가는 추세를 표현할 수 있는 고전적 표현을 제공한다. 브라흐만의 원리는 가장 급진적인 방식으로 궁극성의 요소를 가리킨다. 반면에 브라흐마 신은 시바(Shiva)와 비슈누(Vishnu)와 함께 힌두교에서 중요한 세 신으로 결합한 구체적 신을 의미한다. 여기서도 3이라는 숫자는 중요하지 않다. 그것은 브라흐만과 아트만, 곧 절대자와 힌두 신앙에서 중요한 구체적인 신들과의 관계를 나타낸다. 브라흐마와 존재 자체의 원리인 브라흐만과 관계를 맺는 다른 존재들의 존재론적 지위에 관한 물음은 오리게네스가 신적 본성의 심연과 관련하여 로고스와 영의 존재론적 지위에 대해 질문했던 물음과 유사한 참된 삼위일체적 물음이다. 그럼에도 그 두 가지 물음에는 서로 간에 결정적인 차이점, 곧 기독교에는 배타적인 일신론이 존재한다는 차이점이 있다.

배타적인 일신론은 신적인 존재의 추상적인 초월성을 발전시킨다. 그 초월성은 신비주의적 일신론이 주장했던 것처럼 구체적인 모든 것이 사라지는 무한한 심연의 초월성을 의미하지 않는다. 오히려 그것은 신적인 것의 모든 구체적인 현현을 비우는 절대적 명령의 초월성을 의미한다. 하지만 세 가지 특성을 가진 중재하는 힘들이 나타나고 삼위일체 문제를 제기한다. 구체적 요소가 자신의 권리를 요구하기 때문이다. 이러한 매개자 중 첫 번째 무리는 지혜와 말씀 그리고 영광과 같은 실체화된 신적인 특성들로 구성되어 있다. 두 번째 무리는 천사들, 즉 특별한 신적 기능을 상징하는 신적인 전달자들이다. 세 번째는 신이 그를 통해 역사를 완성하려는 신이면서 인간인 메시아다. 이 모든 경우에 절대적으로 초월적이며 접근 불가능한 신이 지금은 시간과 공간에서 구체적으로 현존한다. 이런 중재자들의 중요성은 신과 인간 사이의 거리만큼 증가하고, 중재자들이 더욱더 중요하게 되는 정도로 삼위일체 문제는 훨씬 더 심각해지고 훨씬 더 시급해진다. 초기 기독교가 나사렛 예수를 메시아라고 부르고 그와 신적 로고스를 동일시했을 때, 삼위일체 문제는 종교적 실존의 중심 문제가 되었다. 삼위일체 일신론의 근본 동기와 다른 형태들은 기독교의 삼위일체 교리가 형성되는 데 영향을 끼쳤다. 하지만 기독교의 해결책은 하나님과 인간을 중재하는 메시아가 나사렛 예수라는 이름을 가진 한 개인적인 인간과 동일하다는 역설에 기초한다. 이런 주장으로 삼위일체 문제는 기독론 문제의 일부가 된다.

d) 철학적 변형들

우리는 신학과 철학의 관계에 대해 기본적으로 진술한 것에서[7] 종교적 태도와 철학적 태도의 차이를 다음과 같이 구별했다. 종교는 존재의 의미를 실존적으로 다루고, 철학은 존재의 구조를 이론적으로 다룬다. 종교는 철

---

7   서론, B. 4-5를 참조하라.

학이 다루는 존재론적 요소와 범주들을 통해서만 그 자신을 표현할 수 있는 반면, 철학은 존재 자체가 실존적 경험에서 나타나는 정도로만 존재의 구조를 발견할 수 있다. 이것은 근본적으로 신이라는 관념과 연관된다. 존재의 본성에 관한 특정한 근본적인 주장들은 인간의 궁극적 관심을 상징으로 나타낸 다른 유형들에 함축되어 있으며, 철학적 분석들은 이런 주장들을 명확하게 설명할 수도 있고 명확하게 설명하지 못할 수도 있다. 철학이 그러한 주장들을 명확하게 설명한다면, 그 주장들은 그것들이 포함하는 신이라는 관념의 특정한 유형들과 분명한 유사성을 가진다. 따라서 그것들은 인간에게 궁극적으로 관심을 불러일으키는 것에 대한 실존적 전망을 이론적으로 변형한 것들로 간주될 수 있다. 이것이 사실이라면, 신학은 이중적인 방식으로 이러한 주장들을 다룰 수 있다. 첫 번째로 그것은 단순하게 철학적 근거들 위에서 그러한 주장들이 가진 철학적 진리를 논할 수 있으며, 두 번째로 신학은 종교적 근거들 위에서 궁극적 관심의 표현들로서 그 주장들과 씨름할 수 있다. 첫 번째 경우에는 철학적 논증들만이 타당하다. 반면에 두 번째 경우에는 실존적 증언만이 적합하다. 우리는 이후의 분석들에서 이런 구분을 발전시킨다. 이 구분은 변증과 관련해서 근본적으로 중요하다.

우리가 신학의 형식적 기준에 관한 부분에서 살펴보았던 것처럼,[8] 궁극성에 대한 경험은 인간에게 무조건적으로 관심을 불러일으키는 존재와 의미의 궁극성을 함축한다. 그것은 인간의 존재 자체와 의미를 결정하기 때문이다. 철학적 접근에서 이 궁극자는 사유가 그것을 넘어서 더 이상 갈 수 없는 **존재 자체**(*esse ipsum*), 곧 모든 것이 참여하는 존재의 힘을 의미한

---

8   서론, B. 3을 참조하라.

다. 존재 자체는 모든 철학에 필요하며 심지어 그것을 거부하는 이들에게 조차도 필요한 필연적 개념이다. 그들은 존재한다는 것의 의미에 대한 명확한 이해에서 취한 논증을 가지고 존재 자체를 거부하기 때문이다. 유명론은 보편자를 해소함으로써 보편적 존재의 힘이라는 개념이나 존재 자체의 개념을 반대한다. 하지만 그것은 유명론적 인식론이 존재와 앎의 본성을 가장 잘 인식한다는 함축적 주장을 피할 수는 없다. 존재가 근본적으로 개체화된다면, 그것이 구조와 본질들을 포괄하지 못한다면, 이것이 존재의 특성, 곧 존재하는 모든 것에 타당한 것이 된다. 그렇다면 문제는 우리가 존재 자체를 말할 수 없는지가 아니라 존재 자체의 본성은 무엇이며 우리는 그것에 어떻게 인식적으로 접근할 수 있는지가 된다.

그 똑같은 논증은 다음과 같은 시도들, 곧 일부 논리 실증주의자들이 철학이 고유하게 다루던 존재의 물음을 포기하고 감정과 시적인 표현이 그 문제를 다루어주길 바라면서 그것들에서 존재의 물음을 찾으려고 시도한 것과 관련해서도 타당하다. 논리 실증주의는 철학에 반대한 금지 규정과 몇몇 이전 철학자를 제외한 거의 모든 철학자에 대한 거부가 임의적 선호들에 근거한 것이 아니라 **실재적인 근거**(*fundamentum in re*)에 기초한 것임을 전제한다. 그 숨겨진 가정은 우리는 과학적 분석과 검증의 원리를 사용해서만 존재 자체의 현현에 접근할 수 있을 뿐이고 인식적으로는 접근할 수 없다는 것이다. 우리는 마음의 비인식적 기능들을 통해서 다른 모든 것에 접근할 수 있다. 하지만 이러한 기능들은 지식을 제공할 수는 없다. 따라서 존재는 논리 실증주의를 인식적 접근의 최고의 방법 또는 유일한 방법으로 만드는 특성을 가진다. 논리 실증주의자들이 자신들이 고전 철학자들의 "공공연한" 존재론을 살펴본 것처럼 자신들의 숨겨진 존재론적 가정들을 세심하게 살펴본다면, 그들은 존재 자체에 관한 물음을 더 이상 거부하지 못할 것이다.

신이라는 관념에서 일어나는 긴장은 "존재 자체가 어떻게 절대적인 의미에서 실재의 상대성을 설명할 수 있을까?"라는 근본적인 철학적 물음으로 바뀐다. 존재의 힘은 그것에 참여하는 모든 존재를 초월해야만 한다. 이것이 바로 철학적 사유로 하여금 절대자, 곧 어떤 내용을 부정하는 것이자, 숫자를 초월한 일자이며, 순수 동일성으로 있는 존재를 생각하게 만든 동기다. 반대로 존재의 힘이란 그것이 존재하는 한, 존재하는 모든 것의 힘을 의미한다. 이것이 철학적 사유로 하여금 다원적인 원리들, 곧 존재에 대한 관계적 묘사나 과정적 묘사들, 차이에 대한 관념을 생각하도록 만든 동기다. 상대적인 것에서 절대적인 것으로 그리고 절대적인 것에서 상대적인 것으로 나아가는 철학적 사유의 이중적인 운동과 그 두 가지 운동 사이에 균형을 찾으려는 많은 시도가 철학의 역사 전체에서 등장하는 많은 철학적 사고를 명확하게 보여준다. 그것들은 신이라는 관념 안에서 일어나는 긴장 및 인간의 궁극적 관심 안에서 일어나는 긴장과 관련한 이론적 변형을 드러낸다. 그리고 이 긴장은 결국 인간의 기본적 상황을 나타내주는 표현이다. 곧 인간은 유한하지만 동시에 그는 자신의 유한성을 초월한다.

보편주의적 유형의 다신론은 철학적 변형에서는 일원론적 자연주의(monistic naturalism)로 나타난다. **신 또는 자연**(*deus sive natura*)은 신적인 것이 만물에 구석구석 퍼져서 현존해 있음을 보편주의적 감정으로 표현한 것을 의미한다. 하지만 그것은 신이라는 관념의 초월적 특성을 자연에 대한 일원론적 관념의 세속주의적 특성으로 대체해서 표현한 것이다. 그럼에도 "신"과 "자연"이라는 단어가 상호교환적으로 사용될 수 있다는 분명한 사실은 일원론적 자연주의의 종교적 배경을 보여준다.

신화론적 유형의 다신론은 철학적 변형에서는 다원주의적 자연주의

(pluralistic naturalism)로 나타난다. 생명의 철학이나 실용주의 혹은 과정 철학의 형태이든지 간에 이 철학이 투쟁하는 궁극적 원리들의 다원주의는 보편주의적 다신론과 일원론적 자연주의가 가지고 있는 일원론적 성향을 거부한다. 그것은 신화론적 유형의 신들이 근본적으로 자연을 초월하지 못한다는 사실과 유사한 자연주의다. 하지만 그것은 그에 상응하는 유형의 신들이 비합리적으로 행동하고 끝없이 거듭해서 새로운 신적인 존재들을 만들어내는 것처럼 우연성과 새로움에 노출된 자연주의다. 그러나 우리가 그 어떤 절대적 다신론도 가능하지 않다는 것을 살펴본 것처럼, 그렇게 그 어떠한 절대적 다원주의도 가능하지 않다. 존재 자체의 단일성과 신적인 것의 단일성은 그것들이 일원론적이고 일신론적 궁극자를 지향하도록 종교적 의식을 강요하는 것처럼 철학적 의식을 강요한다. 다원주의적이라고 생각되는 세계는 적어도 이런 점에서, 즉 그 세계가 다원주의적 특성들을 가지고 있지만 그것이 하나의 세계, 곧 질서정연한 단일체로 인식될 수 있다는 점에서는 하나다.

이원론적 유형의 다신론은 철학적 변형에서는 형이상학적 이원론(metaphysical dualism)으로 나타난다. 형상을 거부한다는 물질(비존재[me one])에 관한 고대 그리스 철학의 이론은 두 가지 존재론적 궁극자를 상정한다. 비록 두 번째 궁극자가 궁극적인 존재론적 지위를 갖지 못하는 것처럼 묘사되지만 말이다. 존재의 구조들에 저항하는 것은 존재론적 힘을 갖지 않을 수 없다. 고대 그리스 철학에서 나타난 종교적 이원론의 변형은 고대 그리스인들이 예술과 시에서 실존을 비극적으로 해석한 것과 일치한다. 현대 철학은 의식적으로 또는 무의식적으로 기독교의 창조 교리에 의존한다. 기독교의 창조 교리는 종교적 이원론을 철저하게 거부한다. 하지만 이원론적 유형의 다신론은 심지어 기독교 시대에서조차도 철학에서 변형되어 등장한다. 그것은 형상과 질료 사이의 이원성이 아니라 자연과 자유 사이(칸트주의)나 비이성적 의지와 이성적 관념 사이(뵈메와 셸링 그리고 쇼펜하우어) 또는 "주어진 것"과 개인적인 것 사이(철학적 유신론) 혹은 기계적인 것과 창조적인 것 사이(니체와 베르그송 그리고 베르쟈예프)의 이원성이다. 이런 이원성들 이면에 있는 동기는 악의 문제, 곧 이런 형이상학적 형태의 이원론 이면에는 거룩한 것 안에서와 종교적 이원론 안에서 불화가 있음을 분명하게 언급한다.

군주적 일신론은 철학적 변형에서 등급주의적인 형이상학(gradualistic metaphysics)으로 나타난다. 종교적 위계 구조는 존재의 힘들이 차지하는 위계 구조(존재의 대사슬[the Great Chain of Being])로 변형된다. 플라톤이 『향연』(Symposium)을, 아리스토텔레스가 『형이상학』(Metaphysics)을 저술한 이후로 이런 유형의 사유는 많은 방식으로 서구 세계에 영향을 끼쳤다. 절대자는 상대적인 존재의 등급에서 가장 높은 위치를 차지한다(플로티노스와 위-디오니시우스 그리고 스콜라주의자들). 실재하는 어떤 것이나 실재의 영역이 절대자에게 가까울수록 존재는 그 안에서 더욱더 많은 것을 구현한다. 신이 최상의 존재다. "존재의 등급"과 "더 높은 존재" 그리고 "더 낮은 존재"라는 용어는 존재가 실존적 판단을 하는 술어가 아니라 "존재의 힘"을 나타내는 것을 의미할 때만 그 의미를 가진다. 라이프니츠의 모나드론은 근대 철학에서 위계적 사유를 보여주는 가장 모범적인 예다. 의식적 지각의 등급이 가장 낮은 존재의 형태에서 핵심 모나드인 신에 이르기까지 각각의 모나드의 존재론적 지위를 결정한다. 낭만주의 자연철학은 위계적 원리를 자연 세계와 정신 세계라는 서로 다른 차원에 적용한다. 헤겔 시대 이후의 진화론적 철학자들이 이전에 사용되던 존재의 등급을 자신들이 주장하는 역동적 발전의 도식에서 발전의 기준으로 사용했다는 것은 위계적 사고의 승리를 의미한다.

　신비주의적 일신론은 철학적 변형에서는 관념론적 일원론(idealistic monism)으로 나타난다. 보편주의적 다신론과 신비주의적 일원론의 관련성은 자연주의적 일원론과 관념론적 일원론의 관계성에서 반복된다. 관념론적 일원론에서 존재의 단일성은 존재의 근거에서, 즉 모든 다양성이 사라지는 근본적인 동일성에서 발견되지만, 자연주의적 일원론에서 다양한 모든 것을 포함하는 과정 자체가 궁극적 통일성으로 간주된다는 점에서 그 두 가지 일원론은 서로 차이점을 보인다. 우리는 다음과 같이 말할 수 있다. 자연주의적 일원론은 실제로 절대자에게 도달할 수 없다. 자연에서는 절대자를 발견할 수 없기 때문이다. 반면에 관념론적 일원론은 실제로 다양성에 도달할 수 없다. 다양성은 자연 외부에 있는 어떤 것에서도 도출될 수 없기 때문이다. 종교철학의 관점에서 볼 때, 두 가지 형태의 일원론은 "범신론"(pantheism)이라고 명명된다. 범신론자에게는 최악의 종류의 "이단 꼬리표"가 붙는다. 우리는 범신론이라는 용어를 나쁘게 사용하기 전에 먼저 그것을 정의해야 한다. 범신론은 존재하는 모든 것이 신이라는 것을 의미하지 않았고, 결코 의미하지 않으며, 앞으로도 의미하지 않을 것이다. 신이 자연과 동일시된다면(신 또는 자연[deus sive natura]) 신이라 불리는 것은 자연적 대상들의 전체성이 아니라 자연의 창조적 힘과의 일치, 모든 것에 현존해 있는 절대적 실체다. 그리고 신이 관념론적 일원론의 절대자와 동일시된다면, 그것은 존재의 본질적 구조, 즉 모든 본질 중 최고의 본질, 달리 말해 신이라고 불리는 것을 의미한다. 범신론은 "신이 만물을 하나로 합친 전체다"라는 무의미한 주장이 아니라 "신이 만물의 실체 혹은 본질이다"라는 이론을 주장한다. "신은 **존재 자체**(esse ipsum)다"라는 고전적 교리에 있는 범신론적 요소는 신의 현존이라는 신비주의적 요소뿐 아니라 기독교의 신론에도 반드시 필요한 것이다. 신비주의 요소나 범신론 요소와 관련된 이러한 위험은 배타적인 일신론 및 철학적으로 유사한 형태에 의해서 극복된다.

배타적 일신론은 철학적 변형에서는 형이상학적 실재론(metaphysical realism)으로 나타난다. 실재론은 관념론이 철학과 신학에서 불명예를 상징하는 정도에 비례하여 명예를 상징한다. 하지만 실재론자들은 실재론의 정념(pathos)이 실재하는 것과 신적인 것의 "혼합"에서 신적인 것을 떼어내어 실재가 그 자체로 고려될 수 있도록 그것을 해방시킨 예언자적 비애감에 궁극적으로 근거한다는 사실을 거의 알지 못한다. 실재론적 철학이 자신의 종교적 배경을 알지 못하는 이유는 배타적 일신론이 철학적 변형에서는 유신론이기를 그만둔다는 데 있다. 배타적 일신론의 신이 철학적 실재론이 다루는 실재에서 분리되었기 때문이다. 이것은 신이 부정된다는 것을 의미하지 않는다. 그는 이신론이 주장하는 것과 유사하게 하나의 경계 개념처럼 실재의 가장자리로 단순하게 밀려난다. 그는 인간이 다루어야만 하는 실재에서 제거된다. 이것이 실재를 부정하는 가장 효과적인 형태를 보여준다. 실재론은 관념론이 태동한 본질들의 영역을 부정하지는 않지만, 그것은 본질들을 사유와 행위에 있는 실재를 실재론적으로 다루기 위한 단순한 도구로 간주한다. 그것은 본질들에게 존재의 어떤 힘도 부여하지 않으며 결과적으로 그것은 그것들이 실재를 판단하는 힘을 가졌음을 부정한다. 실재론이 변증법적 실재론, 곧 삼위일체적 일신론의 철학적 유사물로 바뀌지 않는다면 그것은 필연적으로 실증주의와 실용주의가 된다.

삼위일체적 일신론(trinitarian monotheism)은 철학적 변형에서는 우리가 방금 이야기했던 것처럼 변증법적 실재론(dialectical realism)으로 나타난다. 어떤 점에서는 모든 사유가 변증법적이다. 그것은 "긍정"과 "부정" 그리고 다시 "긍정"을 하면서 나아간다. 그것은 다른 주제들 사이에서 진행되든지 아니면 하나의 주제에서 진행되든지 간에 항상 대화로 이루어진다. 하지만 변증법적 방법은 대화를 넘어선다. 그것은 실재 자체가 "예"와 "아니오"를 통해서, 즉 긍정과 부정 그리고 다시 긍정을 통해서 진행된다는 사실을 전제한다. 변증법적 방법은 실재의 운동을 반영하려고 시도한다. 그것은 생명의 철학을 논리적으로 표현한 것이다. 생명이란 자신에게서 나가서 다시 그 자신에게 되돌아오는 자기긍정을 통해 진행되기 때문이다. 헤겔의 초기 저작들, 곧 『청년 헤겔의 신학론집』(*Early Theological Writings*)부터 『정신현상학』에서 논의되는 "생명"에 관한 분석에서 변증법의 뿌리를 발견하지 못하는 그 누구도 헤겔의 변증법적 방법을 이해할 수 없다. 변증법적 실재론은 절대자 안에서 만물의 구조적 통일성과 실재의 결정되지 않은 것과 완성되지 않은 다양성을 결합하려고 시도한다. 그것은 구체적인 것이 궁극적인 것의 심원함에 나타난다는 것을 보여주고자 한다.

우리는 인간의 궁극적 관심 안에 들어 있는 긴장과 신이라는 개념을 표현하는 다양한 형태가 철학적 절대자를 구상하는 방법과 관련해서 영구적인 (보이는 혹은 가려진) 배경이 된다는 사실을 입증하기 위해 지금까지 간략하게 설명했다. "변형"은 종교적 상징들을 철학적 개념들로 변경하는 의식적 행위를 의미하지 않는다. 그것은 근본적인 종교적 경험에서 주어지는 존재 자체의 개방성이 존재의 구조에 대한 철학적 이해를 위한 토대가 된다는 것을 의미한다. 궁극자의 기원을 드러내는 철학적 개념들은 그것들이 신에 관한 종교적 관념들을 지지하고 그것들과 갈등하며, 신학적 개념화뿐 아니라 종교적 경험에 영향을 여전히 끼치면서 종교적 관념들의 발전에 엄청난 영향력을 끼쳤으며 지금도 여전히 끼치고 있다는 사실을 설명해준다. 그것들은 종교의 역사에서 한 가지 요소를 형성한다. 그것들 자체의 근거가 종교이기 때문이다. 신학은 두 가지 점에서 철학적 절대자들을 다뤄야만 한다. 그것은 그것들의 이론적 타당성을 확인해야 하고(이것은 철학적 물음이다) 그것들의 실존적 의미를 찾아야만 한다(이것은 종교적 물음이다).

B. 하나님의 현실성

1. 존재로서의 하나님

a) 존재로서의 하나님과 유한한 존재

하나님의 존재는 존재 자체다. 우리는 하나님의 존재를 다른 존재들과 함께 또는 다른 존재들 위에 있는 어떤 존재가 실존하는 것으로 이해할 수 없다. 하나님이 **어떤** 존재에 불과하다면, 그분은 유한성의 범주들에, 특히 공간과 실체에 의해 지배를 받는다. 비록 그분이 "가장 완벽한" 존재와 "가장 강력한" 존재라는 의미에서 "최고의 존재"로 이야기된다고 할지라도, 이러한 상황은 바뀌지 않는다. 최상급들이 하나님에게 적용될 때, 그것들은 가장 작은 것을 나타내는 지소사(diminutive)가 될 뿐이다. 그것들은 다른 모든 존재보다 그분을 훨씬 높이지만 그러한 존재들의 수준에 그분을 놓는다. "최고의 존재"라는 용어를 사용했던 많은 신학자가 이것을 훨씬 더 잘 알았다. 실제로 그들은 최상위자를 절대자, 곧 어떤 존재—심지어 최고의 존재—가 거주하는 차원과는 질적으로 다른 차원에 있는 절대자로 묘사했다. 무한하거나 절대적인 힘과 의미가 최고의 존재에게 부여될 때마다 그것은 **어떤** 존재가 되는 것을 그만두고 존재 자체가 되었다. 우리가 하나님을 가장 먼저 존재 자체나 존재의 근거로 이해한다면, 우리는 신론에서 나타나는 많은 혼동과 많은 변증학의 약점들을 피할 수 있다. 존재의 힘은 한 정하는 어구를 사용해 그 동일한 것을 표현하는 또 다른 방식이다. 플라톤 시대 이후로 존재로서의 존재 혹은 존재 자체라는 개념은 만물에 내재되어 있는 본질적인 힘, 곧 비존재에 저항하는 힘을 가리키는 것으로 알려졌다. 비록 사람들이, 특히 유명론자들과 현대에 이들을 따르는 이들이 그것을 종종 무시했지만 말이다. 따라서 우리가 하나님은 무엇보다도 존재 자체라고 말하기보다는 그분은 모든 것 안에 있는 그리고 모든 것을 넘어서는 존재의 힘, 즉 존재의 무한한 힘이라고 말하는 것도 가능하다. 신론을 시작하는 첫걸음으로 하나님과 존재의 힘을 과감하게 동일시하지 못하는 신학은 군주적 일신론으로 되돌아간다. 하나님이 존재 자체가 아니시라면, 그분은 존재 자체에 종속되시기 때문이다. 고대 그리스 종교에서 제우스가 운명에 종속되는 것처럼 말이다. 존재 자체의 구조가 그분의 운명이다. 그것이 모든 다른 존재들의 운명인 것처럼 말이다. 하지만 하나님은 자신의 운명이 되신다. 그분은 "스스로" 존재하시기 때문이다. 달리 말해서 그분은 "자존성"을 갖고 계신다. 하나님이 존재의 힘일 때만, 곧 그분이 존재 자체일 때만, 우리는 하나님에 관해서 그렇게 말할 수 있다.

하나님은 존재 자체로서 본질적 존재와 실존적 존재라는 대립을 넘어서 계신 분이다. 우리는 존재가 실존으로 전환되는 것에 대해 이야기한 적이 있는데, 그것은 존재가 그 자신과 모순되어 자신을 상실할 가능성을 포함한다. 이러한 전환은 (기독론적 역설을 제외하고) 존재 자체를 배제한다. 존재 자체는 비존재에 참여하지 않기 때문이다. 이런 점에서 그것은 모든 존재와 대조를 이룬다. 고전 신학이 강조했던 것처럼, 하나님은 본질과 실존을 넘어서 계신다. 논리적으로 존재 자체는 유한한 존재의 특징을 이루는 분열 "이전에", 곧 그것"보다 우선하여" 존재한다.

이러한 이유로 하나님을 실존으로 말하는 것이 잘못된 것만큼이나 그분을 본질로 말하는 것은 잘못된 것이다. 하나님이 보편적 본질로, 곧 모든 형상의 형상으로 이해되신다면, 그분은 무한한 가능성들의 통일성 및 전체성과 동일시되신다. 하지만 그분은 그러한 모든 것의 근거가 되는 힘이 되시는 것을 중단하시고 따라서 그것들을 초월하는 것도 그만두신다. 그분은 형상들을 질서정연하게 체계화하는 일에 자신의 모든 창조적 능력을 쏟아부으시고 그러한 형상들과 하나로 결합하여 계신다. 이것이 바로 범신론의 의미다.

다른 한편 하나님을 실존으로 이야기하려는 시도에는 크나큰 어려움이 뒤따른다. 토마스 아퀴나스는 하나님이 본질과 실존을 넘어서 계시지만 동시에 그분은 실존하신다는 진리를 주장하기 위해서 두 가지 종류의 신적 실존, 곧 본질과 동일한 실존과 본질과 동일하지 않은 실존을 구별할 수밖에 없었다. 하지만 하나님의 본질과 결합하지 않은 하나님의 실존이라는 말은 용어상 모순이다. 그것은 하나님을 어떤 존재, 곧 자신의 실존이 그의 본질적 가능성을 실현하지 못하는 존재로 만든다. 존재와 아직 존재하지 않음이 그분 안에서 "혼합되어" 있다. 그것들이 유한한 모든 것에 혼합된 것처럼 말이다. 하나님은 하나님이시기를 중단하신다. 달리 말해 존재와 의미의 근거이시기를 그만두신다. 실제로 아퀴나스는 두 가지 다른 전통을 결합했다. 곧 그는 하나님의 실존이 그분의 본질에 포함되어 있다고 주장하는 아우구스티누스 전통과 세계의 실존에서 하나님의 실존을 도출하고 그 이후의 두 번째 단계에서 그분의 실존은 그분의 본질과 동일하다고 주장하는 아리스토텔레스 전통을 결합했다. 따라서 하나님의 실존에 관한 물음은 제기될 수 없었을 뿐 아니라 대답이 이루어질 수도 없었다. 만일 물음이 제기되었다면, 그것은 본성상 실존을 넘어설 수 있는 존재가 무엇인지에 관해 질문하는 물음이 되고, 따라서 그에 대한 대답은—긍정적이든 부정적이든지 간에—하나님의 본성을 은연중에 부정한다. 하나님의 실존을 긍정하는 것만큼이나 그분의 실존을 부정하는 것도 무신론적이다. 하나님은 어떤 존재가 아니라 존재 자체시기 때문이다. 우리는 이것에 기초해서 보통 하나님의 내재성과 초월성으로 논의되는 문제를 해결하기 위한 첫 번째 단계를 시작할 수 있다. 하나님은 존재의 힘으로서 모든 존재뿐 아니라 존재들의 총체, 곧 세계도 초월하신다. 존재 자체는 유한성과 무한성을 넘어선다. 그렇지 않다면 그것은 그 자신이 아닌 다른 어떤 것에 의해 규정될 것이며, 존재의 참된 힘이 존재 자체와 그것을 규정하는 것을 모두 넘어설 것이다. 존재 자체는 모든 유한한 존재를 무한히 초월한다. 유한한 것과 무한한 것 사이에는 어떤 비례나 등급도 없다. 거기에는 절대적인 간극, 곧 무한한 "도약"만 있다.

반면에 유한한 모든 것은 존재 자체와 그것의 무한성에 참여한다. 그렇지 않다면, 그것은 존재의 힘을 가질 수 없을 것이다. 그것은 비존재에 의해 삼켜졌을 것이고 비존재에서 결코 나올 수 없었을 것이다. 모든 존재와 존재 자체가 맺는 이런 이중적 관계가 존재 자체에게 이중적 특성을 부여한다. 존재 자체를 창조적이라고 말할 때, 우리는 모든 것이 존재의 무한한 힘에 참여한다는 사실을 말한다. 존재 자체를 심연적이라고 말할 때, 우리는 모든 것이 유한한 방식으로 존재의 능력에 참여한다는 사실, 곧 모든 존재가 그것들의 창조적 근거에 의해 무한히 초월된다는 사실을 말한다.

인간은 유한성의 범주들에 속박되어 있다. 그는 존재 자체와 유한한 존재들의 관계를 표현하기 위해서 인과성과 실체라는 두 가지 범주의 관계를 사용한다. "근거"는 두 가지 방식, 곧 유한한 존재들의 원인과 그것들의 실체로 해석될 수 있다. 토마스주의 전통의 노선을 따르는 라이프니츠가 전자를 정교하게 설명했고, 신비주의 전통의 노선을 따르는 스피노자가 후자를 정교하게 설명했다. 하지만 두 가지 방식은 모두 불가능한 방식이 었다. 스피노자는 자연주의적 범신론을 확립했다. 이것은 신과 존재의 보편적 본질을 동일시하는 이상주의적 형태와 대조를 이루는 것으로써 유한한 자유를 부정하고, 그렇게 함으로써 신의 자유를 부정한다. 신은 유한한 존재들과 필연적으로 하나가 되고, 그들의 존재가 그분의 존재가 된다. 여기서 다시 한번 강조하지만, 범신론은 모든 것이 신이라고 말하지 않는다. 그것은 신이 모든 것의 실체이며 유한한 것에는 어떤 실체적 독립과 자유가 없다고 말한다.

따라서 기독교는 인간에게는 유한한 자유가 있고 비인간적 영역에는 자발성이 있다고 주장하며, 존재들이 존재의 힘에 참여하는 것을 표현하기 위해서 인과성의 범주를 지지하여 실체의 범주를 거부한다. 인과성은 세계가 신에게 의존하도록 만들며 동시에 원인과 결과를 분리하는 방식처럼 신과 세계를 분리시키는 것처럼 보인다. 하지만 인과성이라는 범주가 "모든 조건을 다 만족시킬" 수는 없다. 원인과 결과가 분리되지 않기 때문이다. 그것들은 서로를 포함하고 양쪽 방향에서 끊임없는 연쇄를 형성한다. 이 연쇄 과정의 어떤 지점에서 원인이 되는 것은 또 다른 지점에서는 결과가 되며 그리고 그 반대가 될 수도 있다. 신은 원인으로서 이런 연쇄 과정 안으로 들어온다. 이것은 그로 하여금 심지어 자기 자신을 넘어서 나아가도록 만든다. 원인과 결과들의 연쇄로부터 신적인 원인을 분리시키기 위해서, 신은 제일원인, 곧 절대적 시작이라고 명명되었다. 이것은 지금 인과성을 범주로 사용하지만, 그것을 부정한다는 것을 의미한다. 다른 말로 하자면, 인과성은 하나의 범주가 아니라 하나의 상징으로 사용되고 있다. 그리고 우리가 이것을 이해하고 실행하고 있다면, 실체와 인과성의 차이가 사라진다. 신이 원인들과 결과들의 전체 연쇄의 원인이라면, 그는 생성의 전체 과정에 기체가 되는 실체이기 때문이다. 하지만 이 "기체"(基體)는 모든 우연자의 근거가 되며 그것들에 의해서 완전하게 표현되는 실체의 특성을 갖고 있지 않다. 그것은 실체와 우연자들이 그것들의 자유를 보존하는 기체다. 다른 말로 하자면, 그것은 범주로서의 실체가 아니라 상징으로서의 실체다. 그리고 상징적으로 설명하자면, **제일원인**(*prima causa*)과 **궁극적 실체**(*ultima substantia*) 사이에는 아무런 차이점이 없다. 그 두 가지는 모두 더 직접적인 상징적 용어로 말할 수 있는 것, 즉 "존재의 창조적이고 심연적인 근거"를 의미한다. 실체의 범주에 근거한 자연주의적 범신론과 인과성의 범주에 기초한 합리주의적 유신론은 모두 이 용어를 통해서 극복된다. 하나님은 존재의 근거이기 때문에, 그분은 존재의 구조의 근거가 되신다. 그분은 이런 구조에 지배를 받지 않으신다. 오히려 그분이 그 구조의 근거를 이루신다. 하나님이 이 구조를 **이루고 계시며** 그리고 이 구조에 비추어 이야기하지 않고서는 그분에 대해 이야기하는 것이 불가능하다. 하나님은 존재 자체의 구조적 요소들을 통해서 인식적으로 접근될 수 있으시다. 이러한 요소들은 그분을 살아 계신 하나님, 곧 인간에게 구체적인 관심을 불러일으키는 하나님이 되게 한다. 그것들은 우리로 하여금 실재의 근거를 확실하게 나타낼 수 있는 상징들을 사용할 수 있게 해준다.

b) 존재로서의 하나님과 하나님에 관한 지식

"하나님은 존재 자체시다"라는 진술은 상징적이지 않은 진술이다. 그것은 그 자신을 넘어서는 것을 나타내지 않는다. 그것은 그것이 직접적으로 말하는 것과 적합하게 말하는 것만을 의미한다. 우리가 하나님의 현실성을 이야기한다면, 우선 우리는 그분이 존재 자체가 아니시라면 그분은 하나님이 아니시다라고 주장해야 한다. 하나님에 관한 다른 주장들은 이것에 근거해서만 신학적으로 진술될 수 있다. 물론 종교적 주장들은 하나님에 관해 이야기할 때 그러한 근거를 요구하지 않는다. 근거는 하나님에 관해서 이야기하는 모든 종교적 사유 안에 내포되어 있다. 신학자들은 종교적 사유와 표현에 내포되어 있는 것을 분명하게 드러내야만 한다. 그리고 그들은 이것을 하기 위해서 가능한 한 가장 추상적이고 완전하게 상징적이지 않은 진술, 곧 하나님은 존재 자체이시거나 절대자라는 진술에서 시작해야만 한다.

하지만 신학자들이 가장 추상적이고 상징적이지 않은 것을 진술한 이후에는 상징적이지 않은 하나님으로서의 하나님에 관해 이야기할 것이 아무것도 없다. 우리가 이미 살펴보았던 것처럼 존재 자체로서의 하나님은 이런 구조에 지배를 받지 않으시고도 존재의 존재론적 구조의 근거가 되신다. 그분이 구조가 **되신다.** 즉 그분은 존재하는 모든 것의 구조를 결정하는 힘을 갖고 계신다. 따라서 이러한 단순한 주장을 넘어서는 것이 하나님에 관해 이야기하는 것이라면, 그것은 더 이상 직접적이고 적합한 진술이 아니다. 달리 말해 그것은 더 이상이 개념이 아니다. 그것은 간접적이며, 그리고 그것은 그 자신을 넘어서는 것을 가리킨다. 한마디로 그것은 상징적이다.

우리는 지금까지 상징의 일반적인 특성에 대해 묘사했다. 우리는 상징과 기호가 다르다는 통찰을 특히 강조하고자 한다. 즉 기호는 그것이 가리키는 것과 필연적인 관계를 맺지 않지만, 상징은 그것이 나타내는 것의 실재에 참여한다. 기호는 편의상 필요에 따라 임의로 변경될 수 있지만, 상징은 상징화된 것과 그것을 상징으로 받아들이는 사람 간의 상관관계에 따라서 성장하고 소멸한다. 따라서 종교적 상징, 곧 신적인 것을 나타내는 상징은 그것이 나타내는 신적인 힘에 참여할 때만 참된 상징이 될 수 있다.

하나님에 관한 어떤 구체적인 주장도 상징적이어야만 한다는 것은 의심의 여지가 없다. 구체적인 주장은 그분에 관한 것을 이야기하기 위해서는 유한한 경험의 한 부분을 사용하는 것이기 때문이다. 비록 그것이 경험의 부분을 포함하지만, 그것은 그 부분이 전해주는 내용을 초월한다. 하나님에 관한 구체적인 주장의 매개물이 되는 유한한 실재의 부분은 긍정되는 동시에 부정된다. 그것은 상징이 된다. 상징적인 표현이란 그것이 가리키는 것에 의해서 그것의 적절한 의미가 부정되는 표현을 의미하기 때문이다. 하지만 그것은 그 상징적 표현에 의해 긍정되며, 이러한 긍정은 그 상징적인 표현에 자기 자신을 넘어서 나타낼 적합한 근거를 제공한다.

우리는 이제 중요한 물음을 마주해야 한다. 유한한 실재의 부분은 무한한 것에 관한 주장의 근거가 될 수 있을까? 물론 우리는 그 부분은 근거가 될 수 있다고 대답할 수 있다. 무한한 것은 존재 자체이며 모든 것은 존재 자체에 참여하기 때문이다. **존재의 유비**(*analogia entis*)는 유한성에서 무한성에 관한 결론을 도출함으로써 하나님에 관한 지식을 얻으려고 시도하는 의심스러운 자연 신학의 속성을 가진 것을 의미하지 않는다. **존재의 유비**는 우리가 하나님에 대해 조금이라도 이야기할 수 있는 정당성을 우리에게 제공한다. 그것은 하나님이 존재 자체로 이해되어야만 한다는 사실에 근거한다.

종교적 상징의 진리는 물리적·심리적·역사적인 주장들을 아우르는 경험적 주장들의 진리와 아무런 관련이 없다. 종교적 상징이 어떤 사람과 그가 참여하는 계시 간의 상관관계를 적절하게 표현한다면 그것은 어떤 진리를 소유한다. 어떤 종교적 상징이 어떤 사람과 최종적 계시 간의 상관관계를 적절하게 표현한다면, 그것은 진리**다**. 그것이 적절하게 표현하는 상관관계가 소멸한다면, 종교적 상징도 소멸할 수 있다. 이것은 계시의 상황이 바뀌고 이전의 상징이 고루해졌을 때마다 일어난다. 우리 자신의 시대까지 이르는 종교의 역사는 과학이 미신이라고 가정하고 비판해서가 아니라 종교가 종교를 비판하면서 소멸시킨 죽은 상징들로 가득하다. "종교적 상징이 진리**이다**"라는 판단은 "그것이 적절하게 표현하는 계시가 진리이다"라는 판단과 동일하다. 우리는 상징적 진리가 가진 이중적 의미를 반드시 염두에 두어야 한다. 상징은 진리를 **갖고 있다**. 그것은 그것이 표현하는 진리에 적합하다. 상징이 진리**다**. 그것이 참된 계시를 표현한다.

신학 자체는 종교적 상징들을 긍정하거나 부정할 의무나 권한이 없다. 신학의 임무는 신학적 원리와 방법에 따라서 그것들을 해석하는 것이다. 하지만 두 가지 일이 해석 과정에서 일어난다. 신학은 신학적 영역 안에서 사용되는 상징들 사이의 모순을 발견할 수 있으며 그것은 신학으로서뿐만 아니라 종교로서 이야기할 수 있다. 첫 번째 경우에 신학은 특정한 상징들을 사용할 때 일어나는 신학적 위험과 오류들을 지적할 수 있다. 두 번째 경우에 신학은 예언이 될 수 있으며, 이러한 역할을 수행하면서 계시적 상황에서 발생하는 변화에 기여할 수 있다.

종교적 상징들은 양날의 검과 같다. 종교적 상징들은 그것들이 상징하는 무한을 향해 나아가고 그것들이 무한을 상징하기 위해서 사용하는 유한을 향해 나아간다. 종교적 상징들은 무한을 억지로 유한으로 끌어내리고 유한을 억지로 무한으로 끌어올린다. 종교적 상징들은 신적인 것을 인간에게 보여주고, 인간적인 것을 신에게 보여준다. 예를 들어 하나님이 "아버지"로 상징된다면, 그분은 아버지와 자녀라는 인간관계로 내려오신다. 하지만 동시에 이런 인간관계는 신과 인간의 관계 유형으로 신성하게 된다. "아버지"가 하나님을 상징하는 것으로 사용된다면, 아버지 됨(fatherhood)

은 신율적 심원함, 곧 성례전적인 심원함에서 볼 수 있다.

우리는 세속적인 실재의 한 부분에서 어떤 종교적 상징을 임의로 "만들어낼" 수 없다. 심지어 집단무의식, 곧 위대한 상징을 만들어내는 원천조차도 이러한 일을 할 수 없다. 실재의 한 부분이 하나님을 나타내는 상징으로 사용된다면, 그 부분을 가져온 실재의 영역은 말하자면 거룩한 것의 영역으로 격상된다. 그것은 더 이상 세속적이지 않다. 그것은 신율적이다. 우리가 하나님을 "왕"으로 부른다면, 우리는 하나님에 대해서뿐만 아니라 왕권의 거룩한 특성에 대해서도 무언가를 말한다. 우리가 하나님의 사역을 "온전하게 하기" 또는 "치유"라고 말한다면, 이것은 하나님에 대해 뭔가를 말할 뿐 아니라 모든 치유의 신율적 특성도 강조한다. 우리가 하나님의 자기 현현을 "말씀"이라고 부른다면, 이것은 하나님과 인간의 관계를 상징화할 뿐 아니라 모든 말의 거룩함을 정신의 표현으로도 강조한다. 우리는 이와 같은 목록을 계속 열거할 수 있다. 따라서 하나님에 대한 상징들과 그 상징들을 취한 자료들의 신율적 성격이 모두 세속 문화에서 사라진다는 것은 전혀 놀라운 일이 아니다.

우리는 많은 이들이 "상징적"이라는 단어를 비실재적인 것을 의미하는 것으로 생각한다는 사실과 관련하여 경고의 말을 마지막으로 하고자 한다. 이것은 사람들이 기호와 상징을 부분적으로 혼동해서 생긴 결과이며 그들이 실재를 경험적 실재, 곧 객관적인 일들 및 사건들 전체와 동일시해서 일어난 결과다. 우리는 앞서 이 두 가지 이유를 명시적으로 그리고 함축적으로 비판했다. 하지만 우리는 아직 한 가지, 즉 개신교 헤겔주의와 로마 가톨릭교회의 현대주의와 같은 일부 신학적 운동들이 종교 언어의 실재론적 의미를 없애기 위해서, 그리고 그것이 가진 진지함과 힘과 영적인 충격을 약화시키기 위해서 종교 언어를 상징적으로 해석했다는 사실을 다루지 않았다. 그와 같은 것은 "신의 이름들"(divine names)에 관한 고전적인 논문들의 목적과 다를 뿐 아니라 그것들이 의도했던 결과와도 반대된다. 이 논문들은 하나님에 관해 긍정하는 모든 긍정적 주장들이 가진 상징적 특성을 아주 강하게 강조했으며 종교적인 용어로 설명했다. 그것들은 하나님 및 그분과 인간의 관계를 상징적으로 해석하고 따라서 쉽게 미신적으로 해석하는 이해를 반대하여 더 실재적이고 영향력 있는 해석을 사람들에게 제공하려는 의도로 쓰였다. 이런 의미에서 상징적인 해석은 적절한 해석일 뿐만 아니라 꼭 필요하다. 그것은 종교 언어의 실재성과 힘을 서서히 감소시키기보다는 오히려 조금씩 증대시키고, 그렇게 증대시킴으로써 중요한 기능을 수행한다.

2. 생명으로서의 하나님

a) 존재로서의 하나님과 생명으로서의 하나님

생명은 잠재적 존재가 현실적 존재가 되는 과정을 의미한다. 그것은 존재의 구조적 요소들이 통일성과 긴장을 겪으면서 현실화되는 것을 말한다. 이러한 요소들은 모든 생명의 과정에서 나눠지고 모이기를 반복한다. 그것들은 분리되었다가 동시에 다시 하나가 된다. 생명은 결합하지 않고 분리되거나 분리되지 않고 결합하는 순간에 중단된다. 완전한 동일시와 완전한 분리는 모두 생명을 부정한다. 우리가 하나님을 "살아 계신 하나님"이라고 말한다면, 우리는 그분이 존재로서의 존재, 곧 순수하게 동일한 분이라는 사실을 부정한다. 그리고 우리는 그분 안에서 존재와 존재의 분명한 분리가 있다는 사실도 부인한다. 우리는 하나님이 영원한 과정이시며 이러한 과정에는 분리가 상정되고 그것은 재결합을 통해 극복된다고 주장한다. 하나님은 이런 의미에서 살아 계신다. 하나님과 관련한 것 중 성서, 특히 구약성서에서 "하나님은 살아 계신 하나님이시다"라는 진리보다 더 강조되는 것은 없다. 성서에서 하나님의 모습과 관련해서 소위 신인동형론은 대부분 그분의 특성을 살아 계신 분으로 표현한 것을 의미한다. 하나님의 행위들과 그분의 감정, 그분의 기억과 기대들, 그분의 고통과 기쁨, 그분이 맺는 인격적 관계와 그분의 계획들은 모두 그분을 살아 계신 하나님으로 만들고 그분을 순수 절대자, 곧 존재 자체와 구별해준다.

생명은 존재의 현실성을 의미하거나 혹은 더 정확하게 표현하자면 잠재적 존재가 현실적 존재가 되는 과정을 의미한다. 하지만 하나님으로서 하나님 안에는 잠재성과 현실성이 구분되어 있지 않다. 따라서 우리는 하나님을 "생명"이라는 단어의 부정확한 의미나 상징적이지 않은 의미를 사용해서 살아 계신 분으로 말할 수 없다. 우리는 하나님을 상징적인 용어로서 살아 계신 분으로 이야기해야만 한다. 하지만 모든 참된 상징은 그것이 상징하는 실재에 참여한다. 하나님은 그분이 생명의 근거인 한에서 살아 계신다.[9] 신인동형론적 상징들은 하나님을 종교적으로 말하는 데 적합하다. 하나님은 오직 이런 방식으로만 인간에게 살아 계신 하나님이 될 수 있다. 하지만 신적인 것을 경험하는 가장 원시적인 직관에서조차도, 어떤 느낌은 나타나야 하고, 일반적으로 나타나는데, 그러한 느낌에는 신적인 이름들을 부정확하고 자기 초월적이며 상징적인 것으로 만드는 신비가 포함되어 있다. 종교 교육은 신적인 이름들에서 그것들의 실재성과 힘을 박탈하지 않으면서 이러한 느낌을 더욱더 강화시켜야 한다. 구약성서에서 예언자들이 말한 것 중 가장 놀라운 특성 중 하나는 한편으로 그들이 구체적이

---

9   "눈을 빚으신 분이 볼 수 없겠느냐?"(시 94:9)

고 신인동형론적인 말들을 항상 했다는 점과 다른 한편으로 그들이 했던 말이 신적인 근거의 신비를 보존하고 있다는 점이다. 그들은 존재를 존재로 혹은 절대자를 절대자로 결코 말하지 않는다. 그럼에도 그들은 하나님을 다른 존재들과 함께 있는 어떤 존재로 만들지 않으며, 달리 말해 그들은 그분을 이미 조건화된 어떤 것에 의해 조건화된 것으로 결코 만들지 않는다. 성서에 나오는 구체적인 상징들을 덜 구체적이고 덜 강력한 상징들로 번역하려는 시도보다 더 부적합하고 역겨운 것은 없다. 신학은 구체적인 상징들을 약화시키면 안 되지만, 신학은 구체적인 상징들을 분석하고 그것들을 추상적인 존재론적 용어들로 해석해야만 한다. 실존적 직관이나 인식적 분석을 정당하게 다루지 않는 어중간한 추상적 용어와 어중간한 구체적 용어로 신학적 작업을 제한하는 시도보다 더 부적합하고 혼란스러운 것은 아무것도 없다.

존재의 존재론 구조는 신적 생명을 나타내는 상징들로 사용할 수 있는 소재를 공급한다. 하지만 이것은 신론이 존재론적 체계에서 연원할 수 있음을 의미하지 않는다. 신적 생명의 특성은 계시에서 드러난다. 신학은 존재론적 요소와 범주들의 상징적 의미를 해석하면서 계시의 실존적 지식을 이론적인 용어들로 설명하고 체계화할 수 있다. 범주적인 것들이 가진 상징적 힘은 하나님과 피조물의 관계에서 나타나지만, 그 요소들이 신적인 생명 자체의 본성에 상징적 표현을 제공한다. 존재론적 요소들의 양극적인 특징은 신적인 생명에 뿌리를 내리고 있지만 신적인 생명은 이런 양극성에 지배를 받지 않는다. 신적인 생명 안에 있는 모든 존재론적 요소는 긴장과 해체의 위협이 없이 그것의 양극적 요소를 완벽하게 포함한다. 하나님은 존재 자체이시기 때문이다. 하지만 각각의 극성에 있는 첫 번째 요소와 두 번째 요소 사이에는 신적인 생명을 상징화하는 그것들의 힘과 관련해서 차이점이 있다. 개체화와 역동성 그리고 자유라는 요소들은 그것들이 속한 양극성 안에 있는 근본적인 존재론적 구조의 주관적 측면이나 자기를 나타낸다. 반면에 참여와 형식 그리고 운명이라는 요소들은 그것들이 속한 양극성 안에 있는 근본적인 존재론적 구조의 객관적 측면이나 세계를 나타낸다.

주관적 측면과 객관적 측면은 모두 신적 생명에 뿌리를 내리고 있다. 하지만 주관적 측면은 하나님과 인간이 맺는 실존적 관계를 결정한다. 이 관계가 모든 상징의 원천이 된다. 인간은 세계를 가진 자기다. 그는 자기로서 보편적으로 참여하는 개체적인 인격이고, 그는 특수한 형식과 일반적인 형식 안에서 역동적으로 자기를 초월하는 행위자이며, 그는 특수한 운명을 가질 뿐만 아니라 보편적 운명에도 참여하는 자유로운 존재다. 따라서 인간은 자기 자신의 존재에서 취한 것의 관점에서 자신의 궁극적 관심이 되는 것을 상징화한다. 그는 양극성의 주관적 측면에서는 자신이 신적 생명을 상징화하는 소재를 취한다(또는 더 정확하게 말하자면 받아들인다). 그는 신적인 생명을 인간적이고 역동적이며 자유로운 것으로 이해한다. 그는 그것을 어떤 다른 방식으로 생각할 수 없다. 하나님은 인간의 궁극적 관심을 불러일으키는 분이시고, 따라서 그분은 인간 자신이 존재하는 것과 유사한 방식을 취하고 계시기 때문이다. 하지만 종교적 마음—신학적으로 말하자면, 계시와 상관관계를 맺고 있는 인간—은 자신이 상징적 소재로 사용하는 측면에서 양극성의 다른 측면이 완벽하게 나타난다는 사실을 명확하게는 아니지만 함축적으로 항상 깨닫는다. 하나님은 하나의 인격이라고 불리시지만, 그분은 유한하게 분리된 인격이 아니라 모든 것에 절대적으로 그리고 무조건적으로 참여하는 인격이시다. 하나님은 역동적인 분으로 불리시지만, 그분은 형식과 긴장 관계를 형성하지 않고 형상과 절대적이고 무조건적인 일치를 형성하는 역동적인 분이시다. 그 결과 그분의 자기 초월성은 자신의 자기 보존과 결코 긴장 관계에 있지 않고, 따라서 그분은 항상 하나님으로 계신다. 하나님은 "자유로운" 분이라고 불리시지만, 그분은 제멋대로 자유로운 분이 아니라 자신의 운명과 관련해서 절대적이며 무조건적인 동일성을 유지하면서 자유로운 분이시다. 그 결과 그분 자신이 자신의 운명이 되시고, 따라서 존재의 본질적 구조는 그분의 자유에 어울리지 않는 것이 아니라 그분의 자유의 현실성을 나타내주는 것이다. 이런 방식으로 신적 생명에 사용된 상징들은 인간과 하나님이 맺는 관계의 구체적인 상황에서 가져온 것이지만, 그것들은 하나님의 궁극성, 곧 존재의 양극성들이 존재의 근거에서, 곧 존재 자체에서 사라지는 궁극성을 함축한다.

자기와 세계라는 존재론적 근본 구조는 상징적 소재를 제공하지 않으면서 신적 생명 안에서 초월된다. 하나님은 자기라고 불릴 수 없다. "자기"라는 개념은 자기가 아닌 모든 것으로부터의 분리와 대조를 함축한다. 그분은 함축적인 의미에 의해서조차도 세계라고 불릴 수 없다. 자기와 세계는 신적인 생명에 뿌리를 내리고 있지만, 그것들은 그것을 나타내는 상징이 될 수 없다. 하지만 존재론적 근본 구조를 나타내는 요소들은 상징들이 될 수 있다. 그것들은 존재의 종류(자기와 세계)가 아니라 존재의 속성들을 이야기하기 때문이다. 존재의 속성들이 모든 존재에 적용될 때 그것들은 적절한 의미에서 타당하고, 그것들이 존재 자체에 적용될 때 그것들은 상징적 의미에서 타당하다.

b) 신적 생명과 존재론적 요소들

존재론적 요소들이 제공하는 상징들은 신론에 많은 문제를 제기한다. 우리는 모든 특별한 경우와 관련해서 개념들의 문자적 의미와 그것들의 상징적 의미를 구별할 필요가 있다. 또한 우리는 존재론적 양극성의 양쪽 측면이 가진 상징적 힘을 감소시키지 않으면서도 한쪽 측면과 다른 쪽 측면의 균형을 유지할 필요가 있다. 신학적 사유의 역사는 이런 상황의 어려움과 창조성 그리고 위험을 지속적으로 보여주는 하나의 증거가 된다. 우리가 개체화와 참여의 양극성이 가진 상징적 힘을 고려한다면, 우리는 이에 대해 분명하게 알 수 있다. "인격적 하나님"이라는 상징은 절대적으로 근본적인 상징을 의미한다. 실존적 관계는 인격 대 인격이 맺는 관계를 의미하기 때문이다. 인간은 인간 이하보다 못한 것에 궁극적으로 관심을 기울일 수 없지만, **인격성**(*persona, prosopon*)이 개체성을 포함하기 때문에 그는 하나님이 어떤 의미에서 하나의 개체로 불릴 수 있는지 질문할 수 있다. 곧 우리가 그분을 "절대적 개체"라고 부르는 것은 의미가 있을까? 우리는 이에 대해 그분이 "절대적 참여자"라고 불릴 수 있다는 의미에서만 "절대적 개체"가 의미를 가진다고 대답해야 한다. 우리는 두 가지 용어 중 어느 하나의 용어를 사용하지 않고서는 다른 용어를 적용할 수 없다. 이것은 개체화와 참여가 신적 생명의 근거에 뿌리를 내리고 있다는 점과 하나님은 그 두 가지를 초월하시지만 그것들 각각에 똑같이 "가까이" 계신다는 점을 의미한다.

"인격적인 하나님"이라는 표현에 있는 어려움을 해결하는 방법은 다음과 같다. "인격적 하나님"이란 표현은 하나님이 **어떤 하나**의 인격적 존재라는 것을 의미하지 않는다. 그것은 하나님이 인격적인 모든 것의 근거라는 사실과 그분이 인격성의 존재론적 힘을 자신 안에 갖고 있다는 사실을 의미한다. 하나님은 어떤 하나의 인격적 존재가 아니라 인격적인 존재보다 그 이상의 존재시다. 우리는 고전 신학이 하나님 자신이 아니라 삼위일체의 위격들을 설명하기 위해 **인격**(*persona*)이란 용어를 사용했다는 사실을 잊지 말아야 한다. 칸트가 도덕법칙에 지배를 받는 인격성과 물리법칙에 지배를 받는 자연을 분리했는데, 이것이 이후에 영향을 주었고 19세기가 되어서야 하나님은 "어떤 하나의 인격적 존재"가 되셨다. 평범한 유신론은 하나님을 세계와 인류 위 높은 곳에 거주하는 천상적인, 곧 완벽하게 완전한 인격적 존재로 생각했다. 무신론은 그러한 최고의 인격적 존재에 대해 거세게 반발하며 저항했는데, 무신론자들의 저항은 타당한 것이다. 지금까지 그러한 최고의 인격이 실존한다는 증거는 발견되지 않았다. 그뿐 아니라 그는 우리에게 궁극적 관심의 문제를 불러일으키는 존재도 아니다. 보편적 참여를 하지 않는 하나님은 하나님일 수 없다. "인격적 하나님"이라는 표현은 우리에게 아주 큰 혼란을 초래하는 상징일 뿐이다.

하나님은 개체화의 원리일 뿐만 아니라 참여의 원리이시기도 하다. 신적 생명은 생명의 근거와 목적으로서 모든 생명 안에 참여한다. 확실히 그와 같은 진술들은 대단히 상징적이다. 그것들은 하나님과 나란히 있는 어떤 것이 존재하며 그분은 외부에서 그것에 참여한다는 것을 의미하는 불행한 논리적 의미를 내포할 수 있다. 하지만 신적인 참여는 그것이 참여하는 것을 창조한다. 플라톤은 본질이 시간적 창조에 현존하는 것을 표현하기 위해 **파루시아**(*parousia*)라는 단어를 사용한다. 이 단어는 이후에 초월적인 그리스도가 교회와 세계에 현존하는 예비적인 현존과 최종적 현존을 나타내는 명칭이 된다. **파라-우시아**(*par-ousia*)는 "옆에 있음"과 "함께 있음"을 의미하지만, 그것은 "부재해 있음"과 "분리되어 있음"에 기초해서 그 두 가지 의미를 내포한다. 하나님의 참여도 마찬가지로 공간적 현존이나 시간적 현존을 의미하지 않는다. 그것은 범주적 참여가 아니라 상징적 참여를 의미한다. 그것은 파루시아, 곧 여기에 없을 뿐 아니라 저기에도 없는 존재와 "함께 있음"을 의미한다. 참여와 교제(community)가 하나님에게 적용된다면, 그것들은 개체화와 인격이라는 상징에 못지않은 상징들이다. 하나님과 인간 사이에 이루어지는 적극적인 종교적 소통은 인격적 하나님이라는 상징에 의존하지만, 보편적 참여라는 상징은 신적인 편재에 기초해서 신적인 파루시아를 수동적으로 경험한 것을 표현한다.

역동성과 형식의 양극성은 현대의 어떤 신론에 핵심이 되는 일단의 상징들에 필요한 기초적인 소재를 제공한다. "역동성"이라는 용어는 가능성과 생동성 그리고 자기 초월성을 나타내지만, "형식"이라는 용어는 현실성과 지향성 그리고 자기 보존을 포함한다.

잠재성과 현실성은 하나님이 **"순수 현실태**(*actus purus*), 곧 모든 가능성이 그분 안에서 현실화되는 순수 형상이시며, 달리 말해 순수 형상은 신적인 **충만함**(*pleroma*)을 영원히 관조하는 자기 직관을 의미한다"라는 고전 신학의 유명한 표현에서 나타난다. 이 표현에 나오는 역동성과 형식의 양극성에서 형식의 측면이 역동성의 측면을 삼킨다. 순수 현실성, 즉 잠재성의 어떤 요소로부터도 제약을 받지 않는 자유로운 현실성은 확정된 결과를 의미한다. 달리 말해 그것은 살아 있는 게 아니다. 생명은 잠재성과 현실성의 분리를 포함한다. 생명의 본성이란 현실성이 아니라 현실화(actualization)를 의미한다. 순수 현실태이신 하나님은 살아 계신 하나님이 아니다. 순수 현실태라는 개념을 사용했던 신학자들조차도 보통은 구약성서와 기독교 경험의 역동적인 상징들을 사용해서 하나님을 이야기하는 것이 흥미롭다. 이러한 상황은 일부 사상가들로 하여금―부분적으로는 역동적인 하나님이라는 루터의 개념에 영향을 받아서, 그리고 부분적으로는 악의 문제에 충격을 받아서―하나님의 역동성을 강조하고 순수 현실태에 있는 역동성의 안정화를 평가절하하도록 만들었다. 그들은 하나님 안에 있는 두 가지 요소를 구별하고자 했으며, 하나님이 살아 계신 하나님이신 한 이 두 가지 요소가 긴장 관계를 유지해야만 한다고 주장했다. 그들이 첫 번째 요소를 무근거(Ungrund)나 "신 안에 있는 본성"(뵈메)이라고 말했거나 제일잠재성(the first potency, 셸링) 또는 의지(쇼펜하우어) 혹은 신 안에 "주어진 것"(브라이트만) 또는 비존재의 자유(me-ontic freedom, 베르쟈예프) 혹은 우발적인 것(하트숀)이라고 부르든지 간에 그 모든 것은 우리가 "역동성"이라고 부르는 것을 표현한 것이며, 하나님 안에 있는 역동성을 순수 현실태로 바꾸지 못하도록 하려는 시도들이다.

그러한 개념들이 적합한 의미로 취해진다면, 이러한 시도들을 신학적으로 비판하는 일은 쉬워진다. 그것은 하나님을 유한한 분, 곧 자기 스스로 존재하시는 분이 아니라 운명이나 우연자에 의존하는 분으로 만들기 때문이다. 유한한 하나님이 문자적으로 이해된다면, 그분은 유한한 신, 곧 다신론에서 말하는 여러 신 중 하나의 신이 될 것이다. 하지만 그것은 우리가 해석할 때 이러한 개념들을 해석하는 방식을 말하지 않는다. 그러한 개념들은 존재론적 구조에서 역동성으로 나타나는 것과 유사한 신적인 생명의 특성을 상징적으로 말해준다. 신적인 창조성, 곧 하나님이 역사에 참여하시는 것, 달리 말해 그분의 외향적 특성은 이러한 역동적 요소에 기초한다. 하지만 그것은 신적인 생명에서 "이미"와 항상 조화를 이루는 "아직"을 포함한다. 그것은 신적·마성적 힘이 되는 절대적인 "아직"이 아닐 뿐만 아니라 "이미" 역시 절대적인 이미가 아니다. 또한 그것은 존재 자체의 과정에서 부정으로 극복되는 존재의 근거에 있는 부정적 요소로 표현될 수 있다. 이와 같이 그것은 피조물 안에서는 극복되지 않지만 위협과 잠재적 분열로 작용하는 부정적 요소의 근거가 된다.

이런 주장들은 비상징적인, 곧 생성으로서의 존재론적 신론에 대한 거부를 포함한다. 우리가 존재란 생명으로서의 현실을 의미한다고 말한다면,

자기 초월성의 요소는 명백하고 강력하게 포함된다. 하지만 그것은 형식과 균형을 이루는 상징적 요소를 포함한다. 존재는 생성과 균형을 이루지 못한다. 존재는 생성과 정지, 곧 역동성을 함축하고 있는 것으로서의 생성과 형식을 함축한 것으로서의 정지를 포함한다. 우리가 하나님은 존재 자체시다라고 말한다면, 이것은 정지와 생성 두 가지, 곧 정적인 요소와 역동적인 요소를 모두 포함한다. 하지만 하나님을 "생성"이라고 말하는 것은 역동성과 형식 사이의 균형을 방해하며 하나님을 운명의 특성을 가진 과정이나 미래가 완벽하게 열려 있고 절대적인 우연적 특성을 가진 과정에 종속시킨다. 그 두 가지 과정에서 하나님의 신성은 약화된다. 이런 이론들은 형이상학적인 구성적 특성에서 근본적인 오류를 범한다. 그것들은 존재론적 요소들을 비상징적인 방식으로 하나님께 적용하며 종교적으로 불쾌하며 신학적으로 옹호할 수 없는 결과로 이어진다.

역동성과 형식의 양극성에 있는 형식의 요소가 신적인 생명에 상징적으로 적용된다면, 그것은 신적인 생명의 잠재성이 현실화된 것을 표현한다. 신적인 생명은 가능성을 완성에 필연적으로 결합한다. 어느 요소도 다른 요소를 위태롭게 하지 않을 뿐 아니라 그 둘 사이에는 분열의 위협도 없다. 우리는 자기 보존에 비추어서 하나님은 하나님이신 것을 멈출 수 없다고 말할 수 있다. 그분의 외향적 특성은 자신의 신성을 감소하고 파괴하지 않는다. 그것은 영원히 "자기 자신 안에 머무름"과 결합되어 있다.

우리는 신적인 형상을 인간의 차원에서 "지향성"이라고 말하는 것과 유사하게 이해해야 한다. 신적인 형상은 인간의 차원에서 역동적인 측면이라고 말하는 생동성과 균형을 이룬다. 이러한 표현이 말하는 양극성은 고전 신학에서는 하나님의 의지와 지성의 양극성으로 나타난다. 토마스 아퀴나스가 아리스토텔레스의 **순수 현실태**를 하나님의 근본 특성으로 받아들였을 때, 그가 하나님의 의지를 지성에 종속시켰던 것은 일관된 행동이었다. 그리고 우리는 하나님 안에 있는 역동적 요소를 보존하려고 시도하는 신학적 사유가 실제로는 하나님의 지성보다 의지를 더 우위의 것으로 여겼던 둔스 스코투스에게서 시작한다는 사실을 기억해야 한다. 물론 토마스 아퀴나스와 둔스 스코투스가 하나님께 적용한 의지와 지성은 인간의 경험에서 볼 수 있는 의지와 이성의 정신적 활동 이상의 것을 무한히 표현한다. 그것들은 나머지 결과물에 나타나는 역동성과 존재 자체의 의미론적 구조로서의 형식을 상징한다. 따라서 그것은 아퀴나스나 둔스 스코투스가 옳은지를 묻는 형이상학적 영혼론에 관한 물음이 아니다. 그것은 영혼론적 개념들이 신적 생명을 나타내는 상징으로 사용될 수 있는지를 묻는 방법에 관한 물음이다. 그리고 이런 물음과 관련해서 1세기 이상 동안 역동적인 요소를 옹호하는 결정이 내려졌다는 것은 분명하다. 생명의 철학과 실존주의 철학 그리고 과정 철학은 이러한 점에 동의한다. 개신교는 이런 결정이 이루어질 수 있는 강력한 동기를 제공했지만, 신학은 신적인 생명의 형식적 특성을 강조하던 과거의 전통(주로 대부분은 로마 가톨릭교회의 강조)과 새로운 강조 사이에서 균형을 이뤄야만 한다.

우리가 자유와 운명의 양극성을 그것의 상징적 가치 안에서 살펴본다면, 우리는 성서에서 하나님의 자유를 직접적으로나 간접적으로 언급하지 않는 단어가 좀처럼 없음을 발견할 수 있다. 하나님은 자유롭게 창조하시고, 세계와 인간을 자유롭게 다루시며, 자유롭게 구원하시고 완성하신다. 그분의 자유는 그분보다 앞서거나 그분과 견줄 수 있는 어떤 것도 없는 자유를 의미한다. 무질서는 하나님이 어둠에서 빛이 있으라고 말씀하시는 것을 막을 수 없었다. 인간들의 악한 행위들도 하나님이 자신의 계획들을 수행하시는 것을 막을 수 없다. 인간의 선한 행위들도 인간들에게 보상하도록 하나님을 강요할 수 없다. 존재의 구조는 그분이 자신을 계시하시는 것을 막을 수 없다. 하나님보다 우선하는 근거, 하나님의 자유의 조건이 되는 근거는 없다. 고전 신학은 하나님의 자존성, 곧 그분 스스로 존재하심, 달리 말해 자기 근원성(selfderived)이라는 추상적인 용어를 사용했다. 무질서나 비존재는 그분을 제약하거나 제한하는 힘을 갖고 있지 않다. 하지만 자존성은 하나님의 자유에 의해 긍정되지 않는 것이 하나님께 주어질 수 없다는 것을 의미한다. 우리가 이것을 상징적이지 않은 것으로 이해한다면, 이것은 "하나님이 자유의 구조와 관련해서는 자유를 갖고 있지 않으셔서—그것이 그분의 자유를 구성하기 때문이다—자유의 구조가 그분에게 주어진 어떤 것이 아닌가"라는 대답될 수 없는 물음으로 자연스럽게 이어진다. 우리는 이 물음에 대해 다른 존재론적 개념들처럼 자유를 상징적으로 그리고 인간과 하나님의 실존적 상관관계에 비추어서 이해해야만 하는 자유라고만 대답할 수 있다. 우리가 이런 방식으로 자유를 이해한다면, 자유란 인간의 궁극적 관심이 인간이나 어떤 유한한 존재 혹은 어떤 유한한 관심에 어떤 점과 관련해서도 의존하지 않음을 의미한다. 무조건적인 것만이 무조건적인 존재를 표현할 수 있다. 조건적인 하나님은 하나님이실 수 없다.

우리는 "운명"이라는 용어를 신적 용어에 상징적으로 적용할 수 있을까? 다신론의 신들은 운명—더 정확하게 말하자면 숙명—을 가진다. 그들은 궁극적인 존재들이 아니기 때문이다. 하지만 우리는 무조건적이며 절대적인 그분은 자신이 자유를 갖는 동일한 방식으로 운명을 갖는다고 말할 수 있을까? 우리는 존재 자체에 운명을 부여할 수 있을까? 우리가 하나님 위에 어떤 운명을 결정하는 힘이 존재한다는 함축적인 의미를 피하면서 하나님은 그분 자신의 운명이시며 그분 안에는 자유와 운명이 하나로 있다는 의미를 추가한다면, 우리는 그분이 자유를 갖는 동일한 방식으로 운명을 갖는다고 말할 수 있다. 물론 운명이 필연성, 곧 기계적인 필연성이 아니라 구조적 필연성에 의해 대체된다면 혹은 하나님이 자기 자신을 법칙이라고 말씀하신다면 우리는 이 진리를 훨씬 더 적절하게 표현한 것이라고 주장할 수 있다. 그러한 표현들은 해석으로서 중요하지만, "운명"이라는 단어에 나타나는 두 가지 의미 요소를 결여하고 있다. 그것들은 어떤 구조나 법칙보다 앞서 있는 것의 신비, 곧 존재 자체를 결여했다. 그리고 그것들은 "운명"이라는 용어에 포함되어 있는 역사와의 관계를 갖고 있지 않다. 우리가 하나님이 그분 자신의 운명이라고 말한다면, 우리는 존재의 무한한 신비와 하나님이 생성과 역사에 참여하시는 것 두 가지를 언급한다.

c) 정신으로서의 하나님과 삼위일체 원리들

정신은 존재론적 요소들의 일치이며 생명의 텔로스를 의미한다. 생명으로서 실현된 존재 자체는 정신으로 완성된다. **텔로스**(*telos*)라는 용어가 "목표"나 "목적"보다 생명과 정신의 관계를 훨씬 더 분명하게 나타낸다. 그것은 생명이 그 자신을 정신으로 완성하고자 정신을 향해 나아가는 내적 정향성, 곧 생명이 정신이 되려는 충동을 표현한다. 텔로스란 내적이고 본질적이며 필연적인 목표를 의미한다. 어떤 존재가 이 목표에서 자기 자신의 본성을 성취하기 때문이다. 살아 계신 하나님은 자신 안에서 완성된 하나님이시고 그래서 정신**이시다**. 그것이 신적인 생명을 나타내는 가장 포괄적이고 직접적이며 제한받지 않는 상징이다. 그것은 어떤 다른 상징과 균형을 이룰 필요가 없다. 그것은 모든 존재론적 요소들을 포함하기 때문이다.

정신에 관한 교리는 조직신학의 한 부분에서 별도로 다루어야 할 주제이지만, 우리는 여기서 정신에 관해 몇 가지 선행적인 언급을 하고자 한다. "(소문자를 가진) 정신"(spirit)이라는 단어는 독일어(Geist)와 프랑스어(esprit) 그리고 이탈리아어(spirito)에서는 중요한 철학적 용어의 의미가 보존된 것과는 달리 영어에서는 그 의미가 거의 사라졌다. 아마도 이것은 영국 경험론에서 전형적으로 나타났던 감정과 의지에서 지성이라는 인식적 기능을 완전히 분리한 결과일 것이다. 아무튼 "정신"이라는 단어는 주로 종교적 맥락에서 나타나며 여기서 그것은 (대문자를 가진) 정신(Spirit)으로 명명된다. 하지만 우리가 정신(spirit)의 의미를 이해지 못한다면 정신(Spirit)에 대해서도 이해할 수 없다. 후자는 정신을 신적 생명에 상징적으로 적용한 것이기 때문이다.

정신의 의미는 존재론적 요소들과 그것들의 결합을 통해서 확립된다. 우리는 세 가지 양극성의 두 가지 측면에 비추어서 정신은 힘과 의미가 결합한 것이라고 말할 수 있다. 힘의 측면에서 볼 때, 그것은 인격성과 자기를 초월하는 생동성 및 자기를 결정하는 자유를 포함한다. 의미의 측면에서 볼 때, 그것은 보편적 참여와 형식 및 실재의 구조들 그리고 제한하고 안내하는 운명을 포함한다. 정신을 성취한 생명은 진리만큼 정념을 포함하고, 복종만큼 리비도를 포함하며, 정의만큼 힘에의 의지를 포함한다. 힘의 측면과 의미의 측면 중 하나가 그것의 상관관계를 맺는 것에 의해서 흡수된다면, 추상적인 법칙이나 무질서한 운동만이 남는다. 정신은 몸을 반대하지 않는다. 정신으로서의 생명은 몸과 마음이라는 이원성을 초월한다. 또한 그것은 몸과 영혼과 마음이라는 삼원성을 초월한다. 이 삼원성에서 영혼은 실제 생동성을 의미하고 마음과 몸은 영혼의 기능들을 의미한다. 정신으로서의 생명은 영혼의 생명을 의미하고, 이것은 마음과 몸을 포함하지만, 영혼과 함께 실재들로서 존재하는 것은 아니다. 정신은 어떤 "부분"이 아니며 그것은 특별한 기능도 갖고 있지 않다. 그것은 모든 것을 포괄하는 기능을 의미한다. 존재의 구조를 이루는 모든 요소가 이 기능에 참여한다. 정신으로서의 생명은 인간에 의해서 인간 안에서만 발견될 수 있다. 존재의 구조는 오직 그 안에서만 실현되기 때문이다.

하나님이 영(Spirit)이라는 진술은 정신(spirit)으로서의 생명이 신적 생명을 나타내는 포괄적인 상징임을 의미한다. 그것은 모든 존재론적 요소를 포함한다. 하나님은 그분이 존재의 다른 부분에 계신 것보다 존재의 한 "부분"이나 존재의 특별한 기능에 더 가까이 계시는 것이 아니다. 영으로서 그분은 인식적 이성의 비판적 빛에 가까운 것만큼 무의식의 창조적 어둠에 가까이 계신다. 정신은 의미가 살아가도록 하는 힘이고, 그것은 힘에 방향을 제시하는 의미다. 영으로서의 하나님은 힘과 의미라는 두 가지가 궁극적으로 결합한 것을 의미한다. 우리는 하나님이 영이시고 신은 죽었다는 두 가지 주장을 동일시한 니체를 반대해서 하나님은 살아 계신 하나님이라고 말해야만 한다. 그분은 영이시기 때문이다.

우리는 **기독교**의 삼위일체 교리에 관한 논의를 "예수가 그리스도시다"라는 기독론적인 주장에서 시작해야만 한다. 기독교의 삼위일체 교리는 기독론적인 교의를 확증한 것이다. 우리가 기독교의 교리가 아니라 하나님이라는 관념과 관련이 있는 이 교리들의 전제들에 대해 질문한다면, 상황은 달라진다. 상황이 달라지면 우리는 삼위일체 원리에 대해 말해야 하고, 로고스보다는 영과 함께 시작해야만 한다. 하나님은 영이시다. 그리고 모든 삼위일체 진술은 이 기본적인 주장에서 연원해야 한다.

하나님의 생명은 영으로서의 생명이고, 삼위일체 원리들은 신적 생명의 과정 안에 있는 순간들이다. 신적인 것에 대한 인간적인 직관은 항상 신적인 것의 심연(힘의 요소)과 내용의 충만함(의미의 요소), 곧 신적인 깊이와 신적인 **로고스**를 구별했다. 첫 번째 원리는 신성(Godhead)의 토대, 곧 하나님을 하나님으로 만드는 것이 된다. 그것은 그분의 존엄성의 근거와 그분의 존재에 접근불가능한 강렬함, 그리고 모든 존재의 기원이 되는 소진되지 않는 존재의 근원을 의미한다. 그것은 비존재에 무한히 저항하는 존재의 힘, 곧 존재하는 모든 것에 존재의 능력을 부여하는 힘을 말한다. 지난 수 세기 동안 신학적·철학적 합리주의는 이런 첫 번째 원리에서 하나님이라는 관념을 박탈했으며 그렇게 함으로써 하나님에게서 그분의 신성을 강탈했다. 하나님은 실체화된 도덕적 이상이나 실재의 구조적 통일성을 일컫는 또 다른 이름이 되었다. 신성의 능력은 사라졌다.

로고스라는 고전적 용어는 두 번째 원리, 곧 의미와 구조의 원리를 일컫는 데 가장 적합한 것이다. 그것은 의미 있는 구조와 창조성을 결합한다. 기독교 시대보다 훨씬 이전―이미 헤라클레이토스의 설명―부터 로고스는 존재로서 존재의 의미뿐 아니라 궁극성의 의미도 포함했다. 파르메니데스에 따르면, 존재와 존재의 로고스는 분리될 수 없다. 로고스는 신적 근거와 무한성 및 어둠을 개방하고, 그것은 신적 근거의 충만함을 구별할 수 있게 해주며, 그것을 분명하고 유한하게 만든다. 로고스는 신적인 깊이를 반영하는 것, 곧 하나님의 자기 객관화의 원리라고 명명되었다. 하나님은 로고스 안에서 자신의 "말씀"을 자신과 자신 너머에 대해 말씀하신다. 두 번째 원리가 없다면, 첫 번째 원리는 무질서, 곧 소멸시키는 불일 것이지만, 그것은 창조적 근거가 되지는 못할 것이다. 두 번째 원리가 없다면, 하나님은 마성적인 것이 되실 것이고, 절대적인 은둔에 의해 특징지어지며, "벌거벗은 절대자"가 되신다(루터).

다른 두 원리가 실현된 것처럼, 정신은 세 번째 원리다. 능력과 의미가 정신에 포함되어 있으며 그것에 결합되어 있다. 정신은 능력과 의미를 창조적으로 만든다. 세 번째 원리는 어떤 의미에서는 전체이며(하나님은 영이시다), 그리고 어떤 의미에서 그것은 특별한 원리다(하나님은 그분이 로고스를 가진 것처럼 영을 가지신다). 그것은 하나님이 영을 통해 "외부로 나가신" 것을 의미하며, 영은 신적인 근거에서 나온다(발출한다). 그는 신적인 근거 안에서 잠재적인 것으로 존재하는 것과 신적인 로고스로 "분명하게 이야기된" 것에 현실성을 부여한다. 신적인 충만함은 영을 통해서 신적인 생명 안에 명확한 어떤 것으로 상정되며, 동시에 그것은 신적인 근거와 재결합한다. 유한한 것은 신적인 생명의 과정 안에서 유한한 것으로 상정되지만, 그것은 그 동일한 과정에서 무한한 것과 재결합한다. 그것은 무한한 것과 구별되지만, 그것과 분리되지는 않는다. 신적인 생명은 무한한 신비이지만, 그것은 무한한 공허는 아니다. 그것은 모든 풍성함의 근거이자 풍성함 자체다.

지금 우리가 삼위일체 원리들에 관해 숙고하는 것은 기독교의 삼위일체 교리를 살펴보는 것이 아니다. 그것은 삼위일체 교리를 준비하는 것을 의미하고 그 이상을 의미하지는 않는다. 우리는 기독론적 교의를 정교하게 논의한 이후에만 삼위일체 교의를 논할 수 있다. 하지만 삼위일체 원리들은 우리가 살아 계신 하나님을 의미 있게 이야기할 때면 언제든지 나타난다.

신적인 생명은 무한하지만, 그것은 유한성이 그것 안에 잠재성과 현실성을 초월하는 방식으로 상정되는 방식으로 무한하다. 따라서 하나님과 무한성을 동일시하는 것은 정확하지 않다. 이것은 어떤 분석의 차원에서 이루어질 수 있다. 인간과 그가 사는 세계가 유한한 것으로 묘사된다면, 하나님은 그것들과 다르게 무한하시다. 하지만 분석은 이러한 차원을 넘어서 두 가지 방향으로 나아가야 한다. 인간은 자신의 유한성을 의식한다. 그는 그것을 초월하는 힘과 그것을 받아들이는 힘을 갖고 있기 때문이다. 이러한 의식이 없다면, 그는 자신을 사멸해야 할 자라고 말할 수 없기 때문이다. 반대로 무한한 것이 유한한 것에 제약을 받는다면, 그것은 무한한 것일 수 없다. 하나님은 무한하시다. 그분은 무한성과 결합한 자신 안에 유한성(과 유한성에 속해 있는 비존재의 요소)을 갖고 계시기 때문이다. "신적인 생명"이라는 상징의 기능 중 하나는 이러한 상황을 나타내는 것이다.

3. 창조로서의 하나님

서론: 창조와 유한성

신적 생명은 창조적이며 소진될 수 없는 풍부함으로 자신을 현실화한다. 신적 생명과 신적 창조성은 다르지 않다. 하나님은 창조적이시다. 그분은 하나님이시기 때문이다. 따라서 창조가 하나님의 필연적 행위인지 아니면 우연적 행위인지를 질문하는 것은 무의미하다. 하나님이 자신보다 상위에 있는 어떤 필연성에 의존한다는 의미에서 그 어떤 것도 하나님에게는 필연적이지 않다. 그분의 자존성은 그분의 존재 전체가 그분을 통해 존재한다는 것을 의미한다. 그분은 영원히 "그분 자신을 창조하신다." 이 표현은 역설적으로 하나님의 자유를 진술한다. 창조는 우연적이지 않다. 그것은 하나님에게 "일어난" 일이 아니다. 그것은 그분의 생명과 동일하기 때문이다. 창조는 하나님의 자유일 뿐만 아니라 그분의 운명이기도 하다. 하지만 그것은 숙명이 아니다. 그것은 그분을 결정하는 필연성도 아니고 우연성도 아니기 때문이다.

창조론은 "옛날 옛적에" 일어난 어떤 사건에 관한 이야기가 아니다. 그것은 하나님과 세상의 관계를 기본적으로 묘사해준다. 그것은 인간의 유한성에 대한 분석과 상관관계를 맺는다. 그것은 인간의 유한성과 유한성에 일반적으로 내포된 물음에 대답한다. 그것은 이러한 대답을 제시하면서 유한성의 의미가 피조성이라는 사실을 발견한다. 창조론은 피조물로서 피조물에 함의된 물음에 대답하는 것을 의미한다. 이러한 물음은 끊임없이 제기되며 인간의 본질적 본성에서 항상 대답된다. 만물이 신적인 생명의 과정 안에 있기 때문에 물음과 대답은 잠재성과 현실성을 넘어선다. 하지만 실제로 물음은 제기되지만, 인간의 실존적 상황에서는 대답이 이루어질 수 **없다**. 실존의 특징은 인간이 대답을 받아들이지 않고 자신의 유한성에 관해 물음을 제기한다는 것이다. 비록 자연 신학과 같은 것이 있지만, 그것은 하나님의 창조성과 인간의 피조성이라는 진리에 도달하지 못한다. 창조론은 어떤 사건을 묘사하지 않는다. 그것은 피조성의 상황 및 그것과 상관관계를 맺는 신적 창조성의 상황을 언급한다.

우리는 시간을 상징화화는 데 시간의 세 가지 방식을 사용해야 한다. 신적인 생명은 본질적으로 창조적이기 때문이다. 하나님은 세상을 창조**하셨고**, 그분은 현재에도 창조하고 **계시며**, 그분은 자신의 **텔로스**를 창조적으로 완성**하실 것이다**. 따라서 우리는 발생시키는 창조와, 지속시키는 창조, 그리고 인도하는 창조에 대해 말해야 한다. 이것은 세상의 보존뿐 아니라 섭리도 신적인 창조론에 포함되어야 함을 의미한다.

a) 하나님의 발생시키시는 창조성

(1) 창조와 비존재 고전적인 기독교 창조론은 **무로부터의 창조**(*creatio ex nihilo*)라는 표현을 사용한다. 신학의 첫 번째 임무는 이 표현을 해석하는 것이다. 그 표현의 명확한 의미는 비판적 부정이다. 하나님은 자신의 창조에 영향을 주거나 자신의 창조적 텔로스에 저항하는 것으로 자신에게 "주어진" 어떤 것도 발견하지 못하신다. 무로부터의 창조 교리란 기독교가 온갖 형태

의 궁극적인 이원론에 맞서서 자신을 보호하는 교리다. 인간의 궁극적 관심을 불러일으키는 것은 그가 궁극적으로 의존하는 것일 수밖에 없다. 두 개의 궁극자는 관심의 궁극성을 파괴한다. 무로부터의 창조의 이런 부정적 의미는 모든 기독교의 경험과 주장에서 분명하고 명확하게 나타난다. 그것은 (가장 정교한 형태의) 이교 사상과 (가장 원시적인 형태의) 기독교를 구분하는 표지다.

하지만 어떤 이들은 무로부터의 창조라는 표현이 이원론을 거부하는 것보다 그 이상의 것을 의미하지는 않는지를 질문한다. **~로부터**(*ex*)라는 표현은 피조성의 기원을 언급하는 것처럼 보인다. "무"는 그것이 유래한 것(또는 유래한 곳)을 의미한다. 지금 "무"는 두 가지를 의미할 수 있다. 그것은 존재의 **절대적 부정**(*ouk on*)을 의미하거나 존재의 **상대적 부정**(*me on*)을 의미할 수 있다. 무로부터의 창조가 후자를 의미한다면, 그것은 그것이 반대했던 고대 그리스의 질료형상론을 재진술하는 것일 것이다. 무로부터의 창조가 존재의 절대적 부정을 의미한다면, 그것은 피조물의 기원을 설명하는 것일 수 없다. 그럼에도 무로부터의 창조라는 말은 피조물에 관해 근본적으로 중요한 것을 의미한다. 즉 그것은 "비존재의 유산"이라고 말할 수 있는 것을 포함한다. 피조성은 비존재를 함의하지만, 그것은 비존재 그 이상을 의미한다. 그것은 그 자신 안에 존재의 힘을 지니고 있으며, 이 존재의 힘은 존재 자체 안에, 곧 존재의 창조적 근거에 참여함을 의미한다. 하나의 피조물로 존재하는 것은 비존재의 유산(불안)과 존재의 유산(용기)을 모두 포함한다. 그것은 존재 자체의 힘과 대립하는 반신적인(half-divine) 힘에서 기원하는 낯선 유산을 포함하지 않는다.

무로부터의 창조 교리는 두 가지 근본적인 진리를 표현한다. 첫 번째는 실존의 비극적 특성이 존재의 창조적 근거에 뿌리를 내리고 있지 않다는 점이다. 결과적으로 그것은 사물들의 본질적 본성에 속하지 않는다. 유한성 자체는 비극적이지 않다. 즉 그것은 자신의 분명한 위대함에 의해 자기파괴에 반드시 이르지 않는다. 따라서 비극은 아무리 유한성을 피한다고 해도 정복되지 않는다. 즉 그것은 존재론적 금욕주의에 의해 정복되지 않는다. 비극은 존재 자체가 유한성 안에 현존함으로써 정복된다.[10] 이 교리에 표현된 두 번째 진리는 피조성에는 비존재의 요소가 있다는 점이다. 이것은 죽음의 자연적 필연성에 대한 통찰을 제공하며 비극적인 것의 필연성이 아니라 잠재성에 통찰을 제공한다.

신학의 두 가지 중심 교리, 즉 성육신론과 종말론은 창조론에 근거한다. 유한성 자체가 하나님과 대립하지 않는다면, 하나님은 유한성 안에서 나타나실 수 있다. 그리고 역사는 구원이 유한성을 넘어서는 상승을 전제하지 않을 때만 종말(*eschaton*)에 완성될 수 있다. 무로부터의 창조라는 표현은 어떤 이야기의 제목을 의미하지 않는다. 그것은 하나님과 세계의 관계를 표현하는 고전적 표현이다.

(2) 창조와 본질 및 실존 니케아 신조는 하나님이 "가시적이고 비가시적인 모든 것"의 창조자시라고 말한다. 방금 논했던 표현처럼, 이러한 표현 역시 무엇보다도 보호하는 기능을 수행한다. 그것은 제작자-신이 영원한 본질이나 형상들, 곧 어떤 것을 바로 그것인 바로 만드는 존재의 힘들에 의존한다는 플라톤의 이론을 반대한다. 이러한 존재의 영원한 힘들은 오직 하나님께만 마땅히 드려야 할 경배를 반대하거나 적어도 그것과 구별될 때에 일종의 신적인 존중을 받을 수 있다. 그것들은 중동 국가가 전통적

---

10   기독교 금욕주의는 존재론적이기보다는 기능적이다. 그것은 자기 절제와 자기 포기에 도움을 준다. 그리고 그것은 유한성에서 도피하려고 하지 않는다.

으로 받아들였던 천사들(이들은 종종 추방당한 신들이다)과 동일시될 수 있었으며 숭배의 대상들이 되었다. 이것은 신약성서가 증언하는 것처럼 기독교에서도 발생했다. 신플라톤주의와 이것에 많은 영향을 받은 기독교 신학은 본질이란 신적인 지성 안에 들어 있는 형상들이라고 가르쳤다. 형상들은 하나님이 세상을 창조하셨을 때 그것들에 따라 세상을 만들 수 있게 해준 범형들이다. 그것들은 하나님의 내적인 창조성에 의존한다. 그것들은 그분의 창조적 활동의 모델들로서 그분으로부터 독립해 있는 어떤 천상의 틈새에서 존재하지 않는다. 존재의 본질적 힘들은 그것들이 뿌리를 내리고 있는 신적 생명에 속하며, "자신을 통해서" 모든 것으로 존재하시는 하나님에 의해 창조된다.

신적 생명에서 잠재성과 현실성 사이의 차이점은 없다. 이것은 본질들의 존재론과 관련된 가장 어려운 문제 중 하나, 즉 어떻게 본질들이 한편으로 보편자들과 관계를 맺으며 다른 한편으로는 개체들과 관계를 맺느냐는 문제를 해결한다. 본질들의 개념이 더욱더 개체화될수록 그것들은 실재의 모방품들을 더욱더 만들어낸다. 이것은 후기 플라톤주의자들이 신적인 지성 안에는 모든 개체적인 것들에 대한 형상이 들어 있다고 가르쳤던 견해를 통해 근본적으로 전해진다. 여기서 형상들은 그것들이 원래 개념에서 의미하던 기능, 곧 그것들은 실재의 끊임없는 변화 가운데서도 영원한 진리를 나타내준다는 기능을 상실한다. 유명론이 이런 모방 세계를 없앴고 개체적인 것들에게만 오직 존재를 부여했다는 사실은 이해할 만하지만, 유명론은 모든 개체적인 예들에서 다시 나타나고 그것의 본성과 성장을 결정하는 보편자들의 힘을 부정할 수는 없었다. 그리고 개체적인 것, 특히 개체적인 인간 안에조차도 자신의 생명 과정의 다양한 계기를 초월하는 내적 **텔로스**가 존재한다.

신적인 생명의 창조적 과정은 본질과 실존의 차별화에 선행한다. 하나님의 창조적 전망에서 개체는 그분의 본질적 존재와 내적인 텔로스 안에서, 그리고 동시에 그분의 생명 과정의 특별한 순간들의 무한성 안에서 전체로서 나타난다. 물론 이것은 상징적으로 이야기된다. 우리는 신적 생명에 속한 것을 지각할 수 없거나 심지어 상상할 수 없기 때문이다. 본질과 실존을 넘어서는 존재의 신비는 신적 생명의 창조성이라는 신비 안에 은폐되어 있다.

하지만 인간의 존재는 신적 생명의 창조적 근거 안에 은폐되어 있을 뿐만 아니라 그 자신과 실재 전체 안에 존재하는 다른 생명에게도 그 자신을 드러낸다. 인간은 실존하며, 그의 실존은 그의 본질과 다르다. 인간과 실재의 나머지는 신적 생명 과정의 "내부"일 뿐만 아니라 "외부"이기도 하다. 인간은 그 안에서 근거하지만, 그 근거 안에서 갇혀 있지는 않다. 인간은 자기 스스로 "자립하기" 위해서, 곧 그가 본질적으로 존재하는 바를 실현하기 위해서, 달리 말해 **유한한 자유**가 되기 위해서 그 근거를 떠났다. 이것이 바로 창조론과 타락론이 결합되는 지점이다. 이 지점이 창조론에서 가장 어렵고 가장 변증법적인 특징을 지닌 부분이다. 그리고 인간의 상황에 대한 모든 실존적 분석이 보여주는 것처럼 그것이 인간의 경험에서 가장 신비로운 지점이다. 완전하게 발전한 피조성은 타락한 피조성이다. 피조성은 그것이 신적 생명의 창조적 근거 외부에 있는 한, 자유를 실현했다. 이것이 신적 생명의 외면에 있는 것과 내면에 있는 것 사이의 차이점이다. "외부"와 "내부"는 공간적 상징들이지만, 그것들이 말하는 것은 공간적이지 않다. 그것들은 양적인 것이기보다는 질적인 것을 언급한다. 신적인 생명 외부에 존재하는 것은 현실화된 자유 안에, 즉 더 이상 본질과 결합하지 않은 실존 안에 거하는 것을 의미한다. 한쪽 측면에서 보았을 때, 이것은 창조의 끝을 의미한다. 다른 쪽 측면에서 보았을 때, 그것은 타락의 시작이다. 자유와 운명은 상관관계를 이룬다. 창조와 타락이 일치하는 점은 자유의 문제인 만큼 운명의 문제다. 그것이 보편적 상황이라는 사실은 그것이 개별적인 우발성의 문제, "아담"이나 다른 누군가에게서 일어나는 문제가 아니라는 점을 의미한다. 본질과 실존이 결합해 있을 때, 실존이 본질에서 분리된다는 사실은 그것이 구조적 필연성의 문제가 아님을 말해준다. 그것은 존재론적 운명과 결합한 존재론적 자유가 실현된 것이다.

그 어떤 것도 하나님에게는 우연적으로 일어날 수 없고 실존의 상태는 타락한 상태라는 두 가지 진리에 직면할 수 있는 충분한 용기를 가진 모든 신학자는 창조의 종말과 타락의 시작이 일치한다는 점을 수용해야만 한다. 성서에 나오는 창조 이야기와 타락 이야기를 실제로 일어난 두 가지 사건으로 해석하고 싶지 않은 신학자들은 이러한 결과를 도출해야 하고 그것이 속한 곳, 즉 존재의 근거에 있는 자유와 운명이 하나로 결합한 신비를 상정해야 한다. 아담이 하나님의 작정에 의해서 타락했다는 타락전 선택설을 주장하는 칼뱅주의자들은 이러한 상황에 직면할 용기를 가진 이들이었다. 하지만 그들은 언뜻 보기에 이런 작정이 가진 마성적 특성을 피하는 방식으로 자신들의 통찰을 표현할 수 있는 지혜를 갖고 있지 않았다.

요약하자면, 피조물로 존재한다는 것은 신적 생명의 창조적 근거에 뿌리를 내리고 있으며 자유를 통해 자기 자신을 실현하는 것을 의미한다. 창조는 자유와 운명을 동시에 이루는 창조적 자기실현에서 완성된다. 하지만 그것은 실존과 본질의 단절을 통해 창조적 근거에서 분리되면서 완성된다. 창조적 자유는 창조와 타락이 일치하는 점을 가리킨다.

이것은 "인간의 창조성"이라고 명명하는 것의 배경이 된다. 창조성이 "새로운 것을 만들어내는 것"을 의미한다면, 인간은 사방팔방에서—곧 존재와 관련해서 그리고 의미와 관련해서—창조적이라는 것을 의미한다. 하지만 창조성이 "존재하지 않는 것을 만들어내는 것"을 의미한다면, 신적 창조성과 인간의 창조성은 매우 다르다. 인간은 주어진 소재에서 새로운 종합을 창조한다. 이러한 창조는 실제로 변형을 말한다. 반면에 하나님은 새로운 종합이 발전될 수 있도록 소재를 창조하신다. 그분은 인간을 창조하신다. 그분은 인간에게 자기 자신과 세계를 변형시킬 수 있는 힘을 부여하신다. 인간은 자신에게 주어진 것만을 변형시킬 수 있다. 하나님은 일차적으로 그리고 본질적으로 창조적인 분이시다. 인간은 이차적으로 그리고 실존적으로 창조적인 존재다. 그리고 이 외에도 인간의 모든 창조적 행위에는 창조적 근거에서 분리되려는 요소가 작동한다. 인간의 창조성은 모호하다.[11]

(3) **창조와 범주들** 사람들은 창조와 범주들에 관한 물음을 일반적으로 창조와 시간의 관계에 관한 물음으로 논의해왔다는 사실에서 유한성의 한 범주로서 시간의 우선성을 표현했다. 창조가 과거의 사건으로 상징된다면, 우리는 자연스럽게 이 사건 이전에 어떤 일이 일어났는지를 질문할 수 있다. 확실하게 그러한 물음은 불합리하다. 그것은 종교적 근거들에서뿐만 아니라 철학적 근거들에서도, 곧 "거룩한 진노"(루터)뿐만 아니라 논증들을 통해서도 거부되었다. 하지만 그 불합리는 물음 자체에 있지 않고 그 전제, 곧 "창조는 과거의 사건이다"라는 전제에 있다. 이러한 전제는 창조를 시간에 종속시키며, 시간은 "전"과 "이후"를 필연적으로 함축한다. 아우구스티누스가 "시간은 창조와 함께 창조되었다"고 주장한 이후에 그것은 전통적인 신학적 표현이 되었으며 시간은 세계와 관련해서 기본적인 범주가

---

11   제4부 I을 볼 것.

되었다. 하지만 때때로 신학자들은 이러한 표현이 영원한 창조를 함축한다는 사실, 곧 비록 창조가 시간적이지만, 그것이 하나님과 함께 영원하다는 사실을 의심했다. 그들은 창조 이전에 시간이 있었다는 것을 거부하지만 하나님이 시간 **안에서** 창조하셨음을 주장한다. 현대에 이러한 주장을 한 대표적인 사례로는 칼 바르트가 있다. 그러나 이러한 견해는 아우구스티누스의 견해와 실질적으로 다르지 않고 사용한 용어에서만 서로 다른 것처럼 보인다.

창조와 시간의 관계에 관한 물음에 대한 대답은 신적 생명의 창조적 특성에서 파생되어야만 한다. 유한성이 신적인 생명 과정에서 상정되었다면, 유한성의 형상들(범주들)도 그 안에 나타난다. 신적인 생명은 시간성을 포함하지만, 그것에 지배를 받지 않는다. 신적인 영원성은 시간을 포함하며 그것을 초월한다. 신적인 생명의 시간은 피조물의 시간의 부정적 요소가 아니라 현재에 의해서 결정된다. 달리 말해 그것은 우리 시대에 "더 이상"과 "아직"에 의해서 결정되지 않는다. 그리고 우리의 시간, 곧 비존재에 의해서 결정되는 시간은 실존의 시간이다. 그것은 본질과 실존의 분리와 신적 생명에 본질적으로 결합해 있는 시간적 계기들의 실존적 분열을 전제한다.

그렇다면 시간은 창조와 관련해서 이중적 특성을 가진다. 그것은 타락과 일치하는 창조의 관점뿐 아니라 신적 생명의 창조적 과정에 속한다. 시간은 본질과 실존을 넘어선 신적 근거에 뿌리를 내리고 피조물의 자유와 피조물의 운명을 통해 신적인 근거에서 분리된 모든 것의 운명에 참여한다. 따라서 사람들이 창조 이전의 시간에 대해 말한다면, 이것은 어떤 시간적 실존의 의미에서 "이전"을 의미하지 않고 오직 신적인 시간만을 의미할 수 있다. 그리고 사람들이 시간 **안에서의** 창조를 이야기한다면, 이것은 신적인 생명에 속한 시간이 피조물의 실존에 속한 시간으로 바뀌는 것만을 의미할 수 있다. 시간과 **함께** 이루어진 창조를 이야기하는 것이 훨씬 더 적합하다. 시간은 피조물의 실존뿐 아니라 신적 생명의 창조적 근거에 있는 유한성의 형식이기 때문이다.

우리는 다른 범주들과 관련해서 유사한 진술을 할 수 있다. 그러한 범주들은 모두 우리가 상징적으로 언급해야만 하는 방식으로 신적 생명의 창조적 근거 안에 나타난다. 그것들은 모두 우리가 현실화된 자유의 실존 속에서, 곧 피조물의 완성과 자기소외 속에서 그것들을 경험하는 방식으로 나타난다.

(4) 피조물 창조의 완성이란 유한한 자유의 현실화라고 주장하면서, 우리는 인간이 창조의 텔로스라고 함축적으로 주장한다. 알려진 다른 어떤 존재도 유한한 자유가 자신 안에서 실현되었다고 말할 수 없다. 다른 존재들 안에는 게슈탈트와 자발성과 같은 미리 형성된 자유가 있지만, 사려 깊음과 결정에 따른 자극과 반응의 연쇄를 초월하는 힘은 없다. 다른 어떤 존재도 완전한 자기와 완전한 세계를 갖고 있지 않다. 다른 어떤 존재도 잠재적 무한성에 대한 깨달음에 기초해서 유한성을 깨닫지는 못한다. 우리가 생물학적 차별성에도 불구하고 이러한 특성들을 가진 다른 존재들을 발견한다면, 그것은 아마 인간일 것이다. 인간들 사이에서 어떤 존재가 비슷한 생물학적 본성을 가졌지만 이전에 언급된 속성들이 없는 것으로 발견된다면, 그 존재는 "인간"이라고 불릴 수 없을 것이다. 하지만 그 두 가지 경우는 모두 상상에 의한 것이다. 생물학적 구조와 존재론적 구조는 분리될 수 없기 때문이다.

피조물로서 인간은 "하나님의 형상"이라고 불린다. 성서에 나오는 이 표현은 기독교의 인간론만큼 다르게 해석된다. 성서는 인간이라는 관념과 관련해서 두 가지 용어를 사용한다는 사실에 의해 우리의 논의는 복잡해진다. 그 관념은 **형상**(*imago*)과 **모양**(*similitudo*)으로 번역된다. 신학자들은 그 단어의 의미를 서로 구별했다(이레나이우스). 형상은 인간의 자연적 자질을 나타내고, 모양은 하나님의 특별한 선물, 곧 **부과된 은사**(*donum superadditum*)를 의미한다. 이것은 하나님이 자신에게 있는 능력을 아담에게 부여하셨음을 의미한다. 개신교는 자연과 초자연의 존재론적 이원론을 부정하면서 부과된 은사를 거부했을 뿐만 아니라 형상과 모양의 구분도 거부했다. 인간은 자신의 순수한 본성에서 하나님의 형상일 뿐만 아니라 하나님과 교제하는 힘도 갖고 있고 따라서 다른 피조물과 자신을 향해 의로움을 보이는 힘(근원적 의로움[*justitia originalis*])도 갖고 있다. 인간은 타락과 함께 이 힘을 상실했다. 인간은 하나님으로부터 멀어졌으며 그는 그분에게 다시 돌아갈 자유를 갖고 있지 않다. 로마 가톨릭교회의 교리에 따르면 인간이 하나님과 맺는 교제의 힘은 그저 약해졌을 뿐이고, 그들이 하나님을 향해 되돌아갈 일말의 자유는 남아 있다. 이와 관련해서 개신교와 로마 가톨릭교회의 차이점은 각 집단의 결정들, 곧 기본적으로 은혜를 어떻게 해석하느냐와 관련이 있다. 은혜가 초자연적 실체라면, 로마 가톨릭교회의 견해는 일리가 있다. 그것이 한 개인의 중심에서 받아들인 용서를 의미한다면, 개신교의 견해가 마땅히 수용되어야 할 견해다. 우리가 앞의 장들에서 존재론적 초자연주의에 대해 비판했던 것은 로마 가톨릭교회의 교리를 거부하는 것을 내포한다.

하지만 우리는 개신교 진영에서 이루어진 많은 논의에도 불구하고 두 가지 문제, 즉 "하나님의 형상"과 선하게 창조되었다는 인간의 본성과 관련한 의미가 정확하게 무엇인지를 살펴봐야 한다. 우리가 첫 번째 문제를 알맞게 해결하기 위해서는 하나님의 형상과 우리가 하나님과 맺는 관계를 혼동하지 말아야 한다. 확실히 인간은 하나님과 교제할 수 있다. 오직 그만이 하나님의 형상으로 창조되었기 때문이다. 하지만 이것은 인간의 형상이 하나님과 교제하는 것으로 정의되는 것을 의미하지 않는다. 인간은 그가 다른 모든 피조물과 다르다는 점에서, 곧 이성적인 구조를 가졌다는 점에서 하나님의 형상이다. 물론 "이성적"이라는 용어는 사람들에게 많은 오해를 불러일으킨다. 이성적인 것은 논증하고 계산하는 의미에서 기술적 이성으로 정의될 수 있다. 그렇게 정의될 수 있다면, 인간을 **이성적 동물**로 정의한 아리스토텔레스의 정의는 인간의 이성적 본성에 비추어 그를 하나님의 형상으로 묘사한 것만큼이나 잘못된 것이다. 하지만 이성은 자유의 구조이며 그것은 잠재적 무한성을 내포한다. 인간은 하나님의 형상이다. 존재론적 요소들이 완전하고 창조적 근거로서 하나님 안에서 통일을 이루고 있는 것처럼 그것들은 인간 안에서 완전하고 피조물의 근거에서 통일을 이루고 있기 때문이다. 인간은 하나님의 형상이다. 그분의 로고스는 신적인 로고스와 유사하기 때문이다. 그 결과 신적인 로고스는 인간이 가진 인간성을 파괴하지 않으면서 인간으로 나타날 수 있다.

개신교 신학에서 자주 논의되면서도 다양한 대답이 제시되는 두 번째 물음은 선하게 창조되었다는 인간의 본성에 관한 것이다. 초기 신학자들은 인간의 본질적 본성을 대표하는 아담에게 모든 완전함을 부여했는데, 그렇지 않았다면 그들은 그 완전함을 그리스도를 위해 보류했거나 종말론적 완성 상태의 인간에게 부여했을 것이다. 그런 묘사는 타락을 완전히 이해할 수 없는 것으로 만들었다. 하지만 다행스럽게도 최근의 신학은 아담에게 일종의 몽환적 순결(dreaming innocence), 즉 갈등과 결정을 내리기 이전의 유아기 단계를 부여한다. 인간의 "근원적 상태"를 이렇게 해석한 것은 타락을 이해 가능한 것으로, 그리고 타락의 발생을 실존적으로 불가피한 것으로 만든다. 그것은 타락 이전의 "아담에 대한 칭송"보다 훨씬 더 많은 상징적 진리를 가지고 있다. 선하게 창조된 인간의 본성이란 자기실현과 소외가 불가피하게 연결되어 있다고 하더라도 인간은 자기실현을 통해서 그 자신을 실현하고 독립할 가능성과 필연성을 부여받았다는 것을 의미한다. 따라서 아담이 타락하기 이전에 그의 실제 상태가 어떠했는지를 질문하는 것은 적합하지 않다. 예를 들어 우리는 그가 필멸의 존재였는지 아니면 불멸의 존재였는지, 그가 하나님과 연합해 있었는지 아니면 연합해 있지 않았는지, 그가 의로움의 상태에 있었는지 아니면 의로움의 상태에 있지 않았는지를 질문하는 것은 적합하지 않다. "있었다"(was)라는 동사는 시간 안에서 이루어진 현실화를 전제한다. 하지만 그것은 잠재성과 현실성을 초월하는 상태에 대해서는 정확하게 주장할 수 없는 것이다. 비록 우리가 심리학적 상징을 사용하여 몽환적 순결의 상태를 말하거나 우리가 신학적 상징을 사용하여 신적 생명의 근거에 숨겨져 있는 존재의 상태를 말한다고 해도 그것은 사실이다. 우리는 하나님이 자유와 운명을 통해 아담이 자기를 실현할 수 있도록 명령하신 그 순간 이후에만 (이상적 순결의 상태에) "있었다"라고 말할 수 있다.

인간은 존재론적 요소들이 완전한 피조물이다. 다른 모든 피조물은 존재론적 요소들이 불완전하다. (이런 이유로) 그것들은 "인간 이하의"(subhuman) 존재라고 불린다. 인간 이하라는 말은 인간의 경우보다 덜 완벽하다는 것을 함의하지 않는다. 반대로 본질적으로 위협당하는 피조물로서의 인간은 인간 이하의 피조물들의 자연적 완벽함과는 비교할 수도 없다. 인간 이하라는 말은 완벽함의 다른 정도를 가리키지 않고 다른 존재론적 차원을 가리킨다. 우리는 존재론적 의미에서 초인간적인 존재들이 존재하는지를 질문할 수 있다. 종교적 상상력과 철학적 사상(신플라톤주의와 라이프니츠)의 관점에서 우리는 긍정적으로 대답할 수 있다. 이런 접근에서 우주는 영들과 천사들 그리고 더 상위에 있는 모나드들로 채워진 것으로 묘사되었다. 그러한 존재들이 존재한다면, 그들이 "초인간"으로 불릴수 있는지는 자유와 역사의 궁극적 의미에 관한 판단에 달려 있다. 바울에 따르면, 천사들이 구원의 신비를 알고자 열망할지라도, 그들은 구원을 통해서 이 신비를 경험하는 자들보다 더 높은 위치에 있지 않다. 토마스 아퀴나스가 천사들은 개체성과 보편성의 양극단을 초월한다고 선언했을 때, 그가 이 물음에 가장 적절한 해결책을 제시한다. 우리의 용어를 사용해서, 우리는 천사들이 존재의 구조나 힘들을 나타내는 구체적이고 시적인 상징들이라고 말할 수 있다. 그들은 존재들이 아니라 존재하는 모든 것에 참여한다. 그들의 "현현"(epiphany)은 종교와 문화의 역사를 결정하는 계시적 경험이다. 천사들은 기독교 시대 이전과 기독교 시대에 중요한 문화적 상징체계뿐만 아니라 주요한 신화들에 나오는 신들의 모습의 밑바탕도 되었다. 그들은 그리스도께 복종한다. 비록 그들이 그분에게 반역할 수 있지만, 그들은 그분을 섬겨야 한다. 그들은 처음 나타났을 때만큼이나 지금도 영향을 끼친다. 그들은 계속해서 다른 모습으로 나타나지만 동일한 내용과 힘을 가지고 나타난다.[12]

마지막 물음이 남았다. 곧 인간은 어떻게 인간 이하의 피조물에게 참여하며 인간 이하의 피조물은 어떻게 인간에게 참여할까? 이 물음에 대한 고전적인 대답은 "인간은 소우주다"라는 것이다. 실재의 모든 차원이 그 안에서 나타나기 때문이다. "최초의 인간"과 "위에서 내려온 인간" 그리고

---

12 심리학이 천사들을 집단 무의식의 원형으로 재발견하고 신학과 문학이 그들을 악마로 새롭게 해석한 것은 그러한 존재들의 힘들을 존재가 아니라 구조로 이해하는 데 공헌했다.

"참된 인간"(참조. 특히 페르시아 전통과 고전 15장)에서, 그리고 유사한 철학적 관념들(참조. 파라켈수스와 뵈메 및 셸링)에서, 인간과 자연의 상호 참여는 상징적으로 표현되었다. 자연에 저주가 내려지고 자연이 구원에 잠재적으로 참여한다고 이야기해주는 신화는 같은 방향을 주목한다. 유명론과 개체들이 형성한 문화는 이 모든 것을 이해하기가 어렵다. 하지만 그것은 서구인의 마음이 이제 막 되찾으려는 유산과 관련된 것이다. 기독교 신학이 세계의 타락과 구원을 다룰 때 그 문제는 가장 시급해진다. "세계"는 인류만을 가리키는가? 그리고 만약 그렇다면, 인류는 다른 존재들과 분리될 수 있을까? 일반적으로 발전한 생물학은 그 경계선을 어디에 긋고 있으며, 발전한 개인들은 그 경계선을 어디에 긋는가? 인간이 자신의 몸을 가지고 소유한 자연과 보편적 자유를 분리하는 것은 가능한가? 인간의 인격성의 한 부분을 차지하는 무의식의 영역은 자연에 속하는가 아니면 인간에게 속하는가? 집단 무의식은 개인이 다른 개인들과 살아 있는 실체 전체로부터 분리되는 것을 허용하는가? 이러한 물음들은 개체화와 참여의 양극성에 있는 참여의 요소가 자연과 인간의 상호 참여와 관련하여 훨씬 더 진지하게 고려되어야만 한다는 것을 보여준다. 지금 신학은 현대 자연주의로부터 배워야 한다. 현대 자연주의는 이 지점에서 반쯤 잊힌 신학적 진리를 소개하면서 도움을 줄 수 있다. 소우주에서 일어난 일은 상호 참여에 의해서 대우주에서도 일어난다. 존재 자체는 하나이기 때문이다.

b) 하나님의 지속하시는 창조성

인간은 실재 전체와 일치를 이루며 자신의 유한한 자유를 실현한다. 이러한 현실화는 구조적 독립과 자기 스스로 자립하는 힘 그리고 존재의 근거로 되돌아가려는 것을 거부하는 가능성을 포함한다. 동시에 실현된 자유는 그것의 창조적 근거에 끊임없이 의존한다. 피조물은 존재 자체의 힘 안에서만 비존재에 저항할 수 있다. 피조물의 실존은 이중적 저항, 즉 피조물이 뿌리를 내리고 있고 의존하는 존재의 근거에 맞서는 저항뿐만 아니라 비존재에 맞서는 저항도 포함한다. 현실화된 자유에서 피조물과 하나님의 관계는 전통적으로 세계의 보존이라고 이야기된다. 보존이라는 상징은 보존된 것의 독립적 실존뿐 아니라 파괴의 위협을 막아주는 보호의 필요성도 포함한다.

세상을 보호한다는 보존 교리는 이신론적 개념들이 신학 체계 안으로 쉽게 잠입해 들어올 수 있는 문이다. 사람들은 세계를 그 자신의 법칙에 따라서 움직이는 독립된 구조로 이해한다. 하나님은 "태초에" 세상을 확실하게 창조하셨고 그것에 자연 법칙을 부여하셨다. 하지만 세상이 시작한 이후로 그분은 세상에 조금도 개입하지 않으시거나(일관적 이신론) 때때로 기적과 계시를 통해 개입하시거나(유신론적 이신론) 아니면 그분은 지속적인 상호관계를 맺으시면서 행동하신다(일관적 유신론). 우리가 이 세 가지 경우를 가지고 지속하는 창조를 이야기하는 것은 적절하지 않을 것이다.

아우구스티누스 시대 이후로 신학자들은 세상의 보존과 관련해서 다른 해석을 제시했다. 보존은 하나님이 영원 안에서 사물과 시간을 함께 창조하셨다는 점에서 계속적인 창조를 의미한다. 이것이 바로 보존에 대한 가장 적절한 이해다. 종교개혁가들이 그러한 이해를 받아들였다. 루터가 그것을 아주 강력하게 주장했고 칼뱅은 자신이 예상했던 이신론적 위험에 대한 경고를 추가하면서 그러한 이해를 철저하게 설명했다. 우리는 이러한 식의 사고를 따라야만 하고 세상과 함께 존재하는 것으로 하나님을 이해하는 오늘날의 반(half)이신론적이고 반(half)유신론적인 방식에 맞서는 방어선으로 삼아야 한다. 하나님은 본질적으로 창조적인 분이시며 따라서 신적 생명의 창조적 근거로부터 존재를 가진 모든 것에 존재의 힘을 부여하시면서 시간적으로 실존하는 모든 순간에 창조를 하신다. 하지만 발생시키는 창조성과 지속하시는 창조성 사이에는 결정적인 차이점이 있다. 후자는 실재에 주어진 구조와 변화 가운데서도 지속되는 것과 사물 안에 있는 규칙적이고 계산 가능한 것을 가리킨다. 정적인 요소가 없다면, 유한한 존재는 자기 자신을 그 자신으로 동일시하거나 어떤 것을 어떤 것으로 동일시할 수 없을 것이다. 정적인 요소가 없다면, 그는 미래에 대한 기대나 행동도 그리고 서 있을 수 있는 장소도 가능하지 않을 것이다. 따라서 존재가 가능하지 않을 것이다. 하나님의 지속하시는 창조성을 믿는 신앙은 존재와 행위의 근거로서 실재의 구조가 계속된다는 것을 믿는 신앙이다.

현대 세계관의 주류는 하나님의 지속하시는 창조성에 대한 인식을 완전히 배제했다. 그것은 자연을 시작도 끝도 없고 그것들 자체로 존재하는 측정 가능하고 계산 가능한 법칙들의 체계로 생각했다. "기초가 튼튼한 대지"(well founded earth)[13]는 안전한 우주 안에 있는 안전한 장소였다. 비록 그 누구도 모든 특별한 것이 비존재에 의해 위협받는다는 사실을 부정하지는 않지만, 전체 구조는 그러한 위협을 넘어선 것처럼 보였다. 결국 우리는 **신 또는 자연**(*deus sive natura*)이라고 말할 수 있다. 이러한 표현은 "하나님"이라는 이름이 "자연"이라는 이름에 이미 포함되었다는 것에 어떤 것도 덧붙이지 못하는 것을 말한다. 우리는 그러한 생각을 "범신론적"인 생각이라고 말할 수 있다. 하지만 우리가 그렇게 말한다면, 우리는 그러한 생각이 하나

---

13 역주. 이것은 Tillich가 『호메로스 찬가』(*Homeric Hymns*)에 나오는 30번째 "가이아 찬가"에서 인용한 구절이다. 이 찬가의 첫 문장은 다음과 같다. "나는 모든 존재 중 맏이이자, 모든 것의 어머니인 기초가 튼튼한 대지를 찬양하리." ⟨http://www.bookrags.com/ebooks/348/142.html#gsc.tab=0⟩.

님을 실재의 가장자리에 놓고 자연주의적 범신론이 주장하는 세계의 독립성과 똑같은 독립성을 세계에 부여하는 이신론과 크게 다르지 않다는 사실을 깨달아야만 한다. 하나님의 지속하시는 창조성이라는 상징은 그 두 가지 경우에서 모두 사라졌다. 오늘날 현대 세계관의 주류는 역전되었다. 자기 충족적인 우주의 토대들이 흔들렸다. 우주의 시작과 끝에 대한 물음은 이론적으로 중요해졌으며 우주 전체에 있는 비존재의 요소를 나타낸다. 동시에 궁극적으로 안전한 세계에 산다는 느낌은 20세기에 일어난 재앙들 및 그에 상응하여 등장한 실존주의 철학과 문학을 통해 파괴되었다. 하나님의 지속하시는 창조성이라는 상징은 새로운 의미와 힘을 얻었다.

하나님과 세계의 관계가 내재 혹은 초월에 비추어 표현될 수 있는가라는 물음은 대개 "내재뿐 아니라 초월에 의해서도"라고 대답될 수 있다. 그러한 대답은 비록 정확하지만 문제를 해결하지는 못한다. 내재와 초월은 공간적 상징이다. 하나님은 세계 **안**에 계시거나, 세계 **위**에 계시거나, 아니면 그 두 가지를 모두 하실 수 있다. 문제는 "이것이 비공간적 용어로 무엇을 의미하는가?" 하는 것이다. 확실히 하나님은 세상과 같은 동일한 공간에도 계시지 않고 다른 곳에도 계시지 않는다. 그분은 세계의 공간적 구조를 창조하신 창조적 근거가 되시지만, 그분은 그 구조에 긍정적으로나 부정적으로 지배를 받지 않으신다. 공간적 상징은 질적인 관계를 의미한다. 하나님은 세계의 영원한 창조적 근거로서 세상 안에 내재하시며 자유를 통해 세상을 초월하신다. 무한한 신성과 유한한 인간의 자유는 세계가 신을 초월하고 신이 세계를 초월하도록 만든다. 신적 초월성에 대한 종교적 관심은 우리가 무한성이 유한성을 넘어서는 무한성의 무한한 초월을 올바로 주장하는 것에도 만족하지 못한다. 이러한 초월은 유한성과 무한성의 모순이 아니라 그것들의 일치를 확증해준다. 무한성은 모든 유한성에, 곧 천재적인 사람뿐만 아니라 돌 안에도 나타난다. 종교적 경험이 요구하는 초월성은 모든 개인적인 만남에서 실제로 이루어지는 자유 대 자유의 관계를 의미한다. 확실하게 거룩한 존재는 "전적 타자"(quite other)다. 하지만 타자성이 미학적·인식적 영역에 남고 신적인 "존재"의 자유가 나의 자유와 갈등할 수 있는 타자성으로 경험되지 않는다면, 그것은 실제로 타자성으로 이해되지 않는다. 신적인 초월성을 상징하는 공간적 상징들은 무한한 자유와 유한한 자유가 서로 갈등할 수 있는 가능성과 화해할 수 있는 가능성을 의미한다.

c) 하나님의 인도하시는 창조성

(1) 창조와 목적 "창조의 목적"이란 개념은 너무나 모호한 개념이어서 피해야만 한다. 창조는 그 자신을 넘어서는 목적이 없다. 피조물의 관점에서 창조의 목적은 피조물 자체와 그것의 잠재성들을 현실화하는 것이다. 창조자의 관점에서 창조의 목적은 자기 자신을 넘어서 그 어떤 목적도 갖고 있지 않은 자신의 창조성을 행사하는 것이다. 신적인 생명은 본질적으로 창조적이기 때문이다. 우리가 칼뱅주의 신학자들처럼 "하나님의 영광"을 창조의 목적이라고 말한다면, 우리는 무엇보다도 그러한 진술이 가진 매우 상징적인 특성을 이해할 필요가 있다. 어떤 칼뱅주의 신학자도 하나님이 무언가가 부족해서서 자신이 창조한 피조물에게 그것을 얻어야만 한다는 점을 인정하지 않을 것이다. 그들은 그러한 생각을 이교도적인 생각으로 거부했다. 세계를 창조하실 때, 하나님은 자신이 창조한 피조물에게 얻고 싶은 영광의 유일한 원인이시다. 하지만 그분이 자신의 영광의 유일한 원인이시라면, 그분은 그 영광을 얻기 위해 세계가 필요하지 않으셨다. 그분은 그 영광을 자신 안에 영원히 소유하신다. 루터파 신학에 따르면 하나님의 목적

은 그분의 피조물과 사랑의 교제를 나누는 것이다. 하나님은 세상을 창조하신다. 신적 사랑은 자기 자신 외에 사랑의 대상을 원하기 때문이다. 여기서 다시 한번 이것은 하나님이 창조를 하지 않으시고는 그분이 가질 수 없는 것을 필요로 함을 함의한다. 상호적 사랑은 상호의존적 사랑을 의미한다. 그러나 루터파 신학에 따르면 창조된 세상이 하나님에게 제공할 수 있는 것은 아무것도 없다. 그분이 제공하는 유일한 분이시기 때문이다.

우리는 "창조의 목적"이라는 개념을—신적 생명 안에 있는 잠재성과 현실성을 넘어서는 것을 현실적으로 완성한다는 내적 목표를 의미하는—"창조성의 텔로스"라는 개념으로 바꿔야 한다. 신적 창조성의 한 가지 기능은 그러한 완성으로 나아가도록 모든 피조물을 추동하는 것이다. 따라서 인도하는 창조성은 발생시키는 창조와 지속시키시는 창조에 추가되어야 한다. 그것은 미래와 관련이 있는 신적인 창조성의 측면을 보여준다. 인도시키는 창조성을 의미하는 전통적인 용어는 "섭리"다.

(2) 숙명과 섭리 섭리는 역설적 개념이다. 섭리를 믿는 믿음은 "~에도 불구하고"—예를 들어 숙명의 어둠과 실존의 무의미함에도 불구하고—를 고백하는 믿음이다. **섭리**(*pronoia*)라는 그리스어 단어는 철학의 맥락에서는 플라톤의 저술들에서 등장한다. 그것은 존재와 앎의 궁극적 힘으로서 좋음의 이데아라는 수단을 활용해서 초인간적이고 초신적인(transdivine) 숙명의 어둠을 극복했다. 역사적 섭리를 믿는 믿음은—절대 끝나지 않을 것 같은 무의미함을 경험함에도 불구하고 역사적 실존에 의미를 부여하는—역사에 대한 예언자적 해석의 승리를 의미한다. 고대 후기 세계에서 숙명이 섭리를 정복했고 대중들을 공포 통치로 통치했다. 하지만 기독교는 숙명의 세력과 공포의 세력들이 그리스도를 십자가에 못 박고 그를 죽였다고 생각했던 바로 그 순간에 그리스도가 승리하셨다고 강조했다. 여기서 섭리를

믿는 믿음이 분명하게 확립되었다.

하지만 기독교 시대에 섭리는 역설적 특성을 희생하여 이성적 원리로 변형되어 발전되었다. 비록 사람들이 하나님께서 섭리로 활동하시는 이유를 알지 못했지만, 신학자들은 하나님이 섭리로 활동하시는 이유가 **있으며**, 그분이 그 이유를 알고 계신다는 점과 인간은 이 지식에 적어도 단편적으로 참여할 수 있다는 점을 강조했다. 근대 철학에서 섭리는 이러한 점을 넘어서 발전되었다. 근대 철학은 하나님의 자리를 찬탈하여 하나님이 섭리를 통해 활동하시는 이유를 명확하게 묘사하려고 애썼다. 사람들은 이것을 세 가지 형식, 곧 목적론적 형식과 조화론적 형식 그리고 변증법적 형식으로 묘사했다.

첫 번째 목적론적 방식(telelogical way)은 만물이 질서 정연하게 구성되어 있어서 그것들은 하나님의 행위 목적, 곧 인간을 행복하게 하는 데 도움을 준다는 점을 설명하려는 시도다. 자연과 인간과 관련한 모든 것을 목적론적으로 설명하는 주의 깊은 분석은 하나님의 섭리에 수많은 논증을 불러일으켰다. 하지만 자연에서 일어나는 사건 중 인간의 행복에 반대되는 것으로 보이는 모든 사건은 이런 목적론적 낙관주의에 치명적인 영향을 끼쳤다. 인간의 행복이 궁극적 기준이기 때문이다.

사람들이 이성적 용어를 사용해서 섭리를 설명하는 두 번째 방식은 조화론적 방식(harmonistic way)이다. 계몽주의 철학자들은 대부분 이 방법을 함축적으로 또는 명시적으로 사용했다. 그들의 사상에서 조화란 모든 것이 "아름답고 우아한 것"을 의미하지 않는다. 그것은 조화의 법칙이 사람들과 그들의 이기적인 의도 "배후에서" 작동한다는 것을 의미한다. 고전 경제학에서 발전된 시장 법칙들이 세속적 섭리를 설명하는 이러한 형태의 모델이었다.[14] 하지만 그 원리는 삶의 모든 영역에서 작동하고 있었다. 자유주의(liberalism), 곧 개인의 자유를 설명하는 이론은 섭리를 이성적으로 체계화한 것이다. 조화의 법칙은 인간의 개입 없이도 수많은 대립하는 경향과 목적 그리고 모든 개인의 활동을 규제한다. 개신교조차도 조화의 원리를 사용한다. 그 원리가 모든 그리스도인으로 하여금 성서를 펼쳐서 자기 스스로 해석하게 하고, 교회의 당국자들이 개인은 성서를 해석할 수 없다며 자신들의 권리를 내세워 개입하는 것을 부정할 때 말이다. **"성서가 자신을 해석한다"**(*scriptura suae ipsium interpres*)라는 개신교 교리 이면에는 조화의 원리를 믿는 초기 자유주의 믿음이 있었다. 그 믿음 자체는 섭리에 대한 믿음을 이성적으로 형성한 것이다. 19세기 진보주의적 낙관주의는 조화의 원리를 일반적으로 수용한 직접적인 결과였다.

섭리에 대한 합리적 이해의 세 번째 형태는 더 심오하고 더 비관적인 역사적 변증법(historical dialectics)이다. 그것은 존재와 실존에 있는 부정성의 깊이를 알고 있다. 이것은 역사적 변증법의 이상주의적 표현 방식이나 실재론적 표현 방식에 모두 해당한다. 헤겔은 신적인 자기실현의 과정에 비존재와의 대립을 도입한다. 마르크스는 자율적 조화를 믿는 자유주의의 믿음을 반박할 때 역사적 실존의 비인간화와 자기소외를 주장한다. 숙명은 합리화된 섭리의 어두운 배경과 영구적인 위협으로 다시 나타나기 시작한다. 그럼에도 변증법은 논리적으로 동시에 현실적으로 종합으로 이어진다.

---

14 역주. "(역사 안에서 이루어지는 신의 섭리라는) 생각은 계몽주의 철학에 의해서 삶의 모든 영역에 적용되었다. 세속적 영역에서 섭리의 가장 뚜렷한 표현은 경제학의 분야에서 엿볼 수 있다. 맨체스터 경제학파의 Adam Smith(1723-1790)가 그의 조화의 사상에서 섭리를 표현하고 있다. 모든 사람이 이익에의 관심이 동기가 되어 움직이고 사람마다 자기 자신의 이익을 추구함에도 불구하고 결국에는 생산과 소비의 전체적 목표가 어떤 숨은 법칙에 따라서 달성된다는 사상이 그것이다." Tillich, 『19-20세기 프로테스탄트 사상사』, 60.

헤겔과 마르크스 모두에게서 섭리가 여전히 승리한다. 헤겔이 볼 때, 섭리는 자신의 시대에서 승리한다. 마르크스가 볼 때 그것은 언제일지 모르는 미래(indefinite future)에 승리한다. 하지만 그 두 사람이 말하는 섭리는 개인에게 위로를 제공하지 않는다. 마르크스는 개인은 집단 내에서 자신의 숙명을 성취할 수 있고 개별적으로는 그것을 성취할 수 없다고 생각했지만, 헤겔은 역사를 개인이 과거와 현재 그리고 미래에 자신의 행복을 실현하는 장소로 여기지 않았다.

20세기에 일어난 끔찍한 재앙들은 사람들이 합리적 섭리를 제한적으로나마 믿는 이런 믿음조차도 산산조각 냈다. 숙명이 2,000년 전에 고대 세계를 무색하게 했던 것처럼 오늘날의 기독교 세계를 무색하게 한다. 개인은 그가 역사에서 실존할 때 부정성이 있음을 앎에도 불구하고 자신을 실현할 수 있다는 믿음이 가능하다는 사실을 허용해주기를 열정적으로 요청한다. 그리고 역사적 실존의 물음은 다시 숙명이 가져오는 어둠과 벌이는 투쟁의 이야기가 되었다. 그러한 투쟁은 원래 기독교가 싸워서 승리했던 투쟁과 같은 것이다.

(3) 섭리의 의미 섭리(providence)란 미리-정한 것을 미리-보는 것(pro-videre)을 의미한다("그것을 주시함"). 이러한 의미의 모호성은 섭리에 대해 느끼는 모호한 감정을 말해주고, 그것은 사람들이 그 개념에 대해 달리 해석하게 하는 계기가 되었다. 미리-봄이라는 요소가 강조된다면, 하나님은 앞으로 어떤 일이 일어날지를 아시지만, 자신의 피조물의 자유에는 개입할 수 없는 전지적 관찰자가 되신다. "미리 정함"이라는 요소가 강조된다면, 하나님은 "세계의 기초를 세우기 전에" 앞으로 일어날 모든 일을 정하신 입안자가 되신다. 모든 자연적 과정과 역사적인 과정은 이러한 시간을 초월해서 정해진 신적인 계획이 성취되는 것에 불과하다. 앞의 첫 번째 해석

에서 피조물들은 자신들의 세계를 만들고 하나님은 관찰자로 남으신다. 두 번째 해석에서 피조물들은 우주라는 기계에서 각각 하나의 톱니가 되고, 하나님은 그 톱니들이 잘 맞물려서 기계가 잘 돌아가도록 적극적으로 운영하는 주체가 되신다. 우리는 섭리에 대한 이 두 가지 해석을 거부해야 한다. 섭리는 하나님의 영원한 행위를 의미한다. 하나님은 결코 관찰자에 머무르지 않으신다. 그분은 모든 일이 성취되도록 모든 것을 항상 인도하신다. 하지만 하나님의 인도하시는 창조성은 인간의 자유와 모든 피조물의 자발성과 구조 전체를 통해서 항상 창조하는 것을 의미한다. 섭리는 존재의 양극적 요소들을 통해 작동한다. 그것은 개인적·사회적·우주적 실존의 조건들을 통해서, 유한성과 비존재와 불안을 통해서, 그리고 모든 유한한 것들의 상호관계를 통해서, 그러한 유한한 존재들이 신적 행위의 저항하는 것을 통해서, 그리고 이러한 저항의 파괴적인 결과를 통해서 작동한다. 모든 실존적 조건들은 하나님의 인도하시는 창조성 안에 포함되어 있다. 그것들은 그것들의 힘에서 증가하지도 감소하지도 않을 뿐만 아니라 소멸되지도 않는다. 섭리는 개입을 의미하지 않고 창조를 의미한다. 그것은 모든 것이 완성에 이르도록 창조적으로 인도하는 일에 모든 요인, 곧 자유가 제공하는 요인과 운명이 제공하는 요인들을 사용한다. 섭리는 모든 조건이 알맞게 자리를 잡게 해주는 하나의 성질, 곧 완성으로 나아가도록 "추동하거나" "유인하는" 성질이다. 그것은 유한한 조건들의 모든 조합 안에 나타나고 유한한 조건들의 모든 전체성 안에 나타나는 "신적 조건"을 가리킨다. 그것은 부가적 요인, 곧 초자연주의의 관점에서 말하는 기적적인 물리적 개입이나 정신적 개입을 의미하지 않는다. 그것은 모든 상황에 나타나는 내적 정향성(directedness)이라는 성질을 의미한다. 섭리를 믿는 사람은 어떤 특별한 신적인 행동이 유한성과 소외의 조건들을 바꿀 것이라고 믿지 않는다. 그는 어떤 상황도 자신의 궁극적 운명이 성취되는 것을 좌절시킬 수 없다는 것과 그 어떤 것도 자신을 그리스도 예수 안에 있는 하나님의 사랑에서 떼어낼 수 없다(롬 8장)[15]는 것을 믿고서 믿음의 용기를 가지고 그것들을 주장한다.

개인에게 타당한 것은 역사 전체에도 타당하다. 역사적 섭리 신앙은 다음과 같은 확신, 곧 역사는 진보의 시대와 재앙의 시대를 아우르는 모든 순간들을 통해 피조물의 실존이 궁극적 완성에 이르도록 기여한다는 확신을 의미한다. 물론 그러한 완성이 궁극적으로 미래의 시간과 공간에서 이루어지는 것은 아니지만 말이다.

하나님의 인도하시는 창조성은 기도, 특히 탄원 기도와 중보 기도가 어떤 의미를 갖는지에 관한 물음에 대답한다. 어떤 형태의 기도도 하나님이 사람들의 기도에 응답하셔서 실존의 조건들에 개입하시어 그들의 요구를 들어주신다는 것을 의미하지 않는다. 물론 탄원 기도와 중보 기도는 사람들이 지금 자신들의 처한 상황을 완성으로 이끌어주시길 하나님께 요청하는 것을 의미한다. 기도가 참된 기도라면, 그것은 이러한 상황에 있는 하나의 요소, 곧 가장 강력한 요소가 된다. 기도는 이러한 상황 속에서는 하나님의 인도하시는 창조성을 이끌어내는 조건이 되지만, 이러한 창조성의 형태는 기도의 분명한 내용을 완전히 거부하는 것으로 나타날 수 있다. 그

15   역주. "나는 확신합니다. 죽음도, 삶도, 천사들도, 권세자들도, 현재 일도, 장래 일도, 능력도, 높음도, 깊음도, 그 밖에 어떤 피조물도, 우리를 우리 주 예수 그리스도 안에 있는 하나님의 사랑에서 끊을 수 없습니다"(롬 8:38-39). Tillich는 롬 8:38-39를 본문으로 한 "권세자들과 힘들"(Principalities and Powers)이라는 설교에서 섭리에 관해 다음과 같이 말한다. "섭리 신앙은 모든 것을 통해서 고백하는 신앙입니다. 그것은 숙명의 추진력에도 불구하고, 일상적 실존의 불안정함에도 불구하고, 실존의 재앙과 의미의 붕괴에도 불구하고 자신의 생명과 생명 일반을 긍정하는 용기를 말합니다." Tillich, *The New Being* (New York: Charles Scribner's Sons, 1995), 53.

럼에도 기도는 기도하는 이의 숨겨진 의도에 따라서 하나님에게 전달될 수 있을 것이다. 그 의도는 실존의 파편이 하나님께 복종하는 것을 의미한다. 그 숨겨진 의도가 항상 중요하다.[16] 하나님의 인도하시는 창조성은 지금의 상황에 있는 요소, 곧 기도를 사용한다. 모든 진지한 기도는 그 기도에서 표현된 욕망의 강렬함 때문이 아니라 기도하는 이가 하나님의 인도하시는 행위를 믿는 믿음, 곧 하나님께서 실존적 상황을 바꾸실 것이라는 믿음 때문에 능력을 갖고 있다.

(4) 개인적 섭리와 역사적 섭리 섭리는 역사뿐만 아니라 개인과도 연관되어 있다. **특별 섭리**(*providentia specialis*)는 어떤 환경에서나 어떤 조건에서도 신적 "요인"이 작동하고, 따라서 개인이 궁극적 완성으로 향하는 길이 가로막히지 않고 열려 있다는 확신을 준다. 고대 후기 세계에서는 특별 섭리가 섭리의 실제적인 의미로 사용되었다. 개인에게 역사란 **행운**(*tyche*)과 **운명**(*haimarmene*), 곧 그가 뭔가를 해도 바꿀 수 없고 아무것도 기여할 수 없는 자신 위에 있는 힘을 의미하던 시대에, 특별 섭리에 대한 믿음은 대부분의 철학 학파에서 조금씩 성장하여 이러한 힘으로부터 사람들을 자유롭게 해주는 신학을 의미했다. 인간이 할 수 있는 유일한 것은 자신의 상황을 받아들이고 그러한 받아들임으로써 그 상황을 초월하는 것이었다. 사람들은 스토아주의적 용기를 가지거나 회의주의적 포기 혹은 신비주의적 고양 등

---

16   역주. Tillich는 기도자의 명백한 내용과 기도의 숨겨진 내용의 관계에 대해 롬 8:26-27을 본문으로 한 설교, 곧 "기도의 역설"(The Paradox of Prayer)에서 다음과 같이 말한다. "우리의 의식 생활이 창조해서 사용하고 있는 말은 기도의 본질이 아닙니다. 기도의 본질이란 우리 안에서 사역하면서 우리 존재 전체를 하나님 자신에게로 올리는 하나님의 행위를 말합니다. 바울은 이런 일이 일어날 수 있는 방법을 "탄식"이라고 말했습니다. 탄식은 우리의 피조물적 실존의 약함에 관한 표현입니다. 우리는 오직 말할 수 없는 탄식으로만 하나님께서 접근할 수 있고, 우리 안에서 일어나는 하나님의 사역은 바로 이러한 탄식입니다." Tillich, *The New Being*, 138.

을 통해서 그러한 상황을 초월했다. 기독교에서 섭리는 하나님과 인간 사이에 이루어지는 인격 대 인격의 관계가 맺는 요소를 가리킨다. 그것은 사람들에게 자비로운 보호와 인격적인 지도를 통해 신앙의 온기를 전했다. 그것은 개인이 자연과 역사의 필연성 한가운데서 초월적 안정감을 느끼게 해주었다. 그것은 모든 유한한 조건들 안에서도 "신적인 조건"을 확신하게 해준다. 이것이 바로 섭리의 위대한 점이었지만 그것은 위험한 점이기도 했다. 신적인 안내에 대한 신뢰는 하나님이 자신의 조건을 효과적으로 만들기 위해서 상황의 조건들을 바꾸셔야만 한다는 확신이 될 수 있다. 이러한 일이 일어나지 않는다면, 신뢰와 신앙은 허물어진다. 하지만 어떤 상황의 조건들이 신자를 파괴하고 있을 바로 그때, 파괴를 초월하는 확신을 신자에게 주는 것이 섭리를 믿는 믿음의 역설이다.

기독교는 특별 섭리의 의미를 바꾸는 것 이상의 일을 했다. 그것은 유대교에 이어서 특별 섭리에 역사적 섭리를 믿는 믿음을 덧붙였다. 고대 세계에서 역사적 섭리를 믿는 것이 불가능했지만, 유대교의 예언자 운동에서는 그것을 실제로 믿었으며, 기독교에서는 그것이 꼭 필요했다. 하나님은 역사를 통해서 자신의 나라를 세우시기 때문이다. 유대인과 그리스도인들은 거대한 제국들의 파멸적인 힘을 경험했지만, 그들은 하나님이 역사에서 섭리를 행하고 계신다는 자신들의 확신을 끝까지 고수했다. 제국들은 세계 역사의 과정에 나타나는 하나의 단계들이며 이러한 과정은 이스라엘의 하나님이나 그리스도가 온 나라를 통치하시는 것에서 완성된다. 물론 이러한 믿음은 개인이 자신의 삶에서 하나님의 인도하시는 창조성을 믿는 믿음 못지않게 역설적이다. 그리고 역사적 섭리의 역설적 특성이 잊힐 때마다, 역사적 섭리가 특별한 사건이나 특별한 기대들과 결부될 때마다, 그러한 실망은 그것이 종교적인 용어로 표현되든지 세속적인 용어로 표현되든지 간에 역사에서도 뒤따른다. 개인이 삶에서 실망을 느끼는 것처럼 말이다. 사람들이 역사적 섭리를 역사 자체 안에서 역사가 완성되는 것으로 오해했던 것이 바로 유토피아다. 하지만 역사를 완성시키는 것은 역사를 초월한다. 마치 개인의 삶을 완성시키는 것이 그를 초월한 것처럼 말이다. 섭리를 믿는 믿음은 역설적이다. 그것은 "~함에도 불구하고"를 고백한다. 이것이 이해되지 않는다면, 섭리를 믿는 믿음은 허물어지고, 하나님에 대한 믿음과 삶과 역사의 의미에 대한 믿음도 사라진다. 개인적 섭리와 역사적 섭리에 대한 그릇된 신앙과 그에 따른 좌절된 확신의 결과가 많은 냉소주의를 낳았다.

⑸ 신정론 섭리를 믿는 신앙의 역설적 특성은 신정론의 물음에 대답을 제시한다. 사람들은 자신들이 처한 상황의 조건들 때문에 기대했던 단편적인 완성에 도달하지 못했던 좌절된 경험을 가지고 하나님의 직접적인 창조성을 믿는 믿음에 항상 이의를 제기했다. 때 이른 죽음과 파괴적인 사회적 조건들, 지적 장애와 광기, 그리고 역사적 실존에서 줄어들 기미가 전혀 보이지 않는 끔찍한 일들은 모두 섭리에 대한 믿음보다는 숙명에 대한 믿음을 증명해주는 것처럼 보인다. 우리가 아무런 의미도 발견할 수 없는 현실을 볼 때, 전능하신 하나님이 어떻게 **정의로운 하나님**(*theos-dike*)이실 수 있을까?

신정론은 물리적 악과 고통 및 죽음 등을 다루는 물음도 아니며, 도덕적 악과 죄 그리고 자기파괴 등을 다루는 물음도 아니다. 물리적 악은 피조물의 유한성에 자연적으로 함의되어 있는 것이다. 반면에 도덕적 악은 피조물의 자유에 비극적으로 함의되어 있는 것이다. 창조는 유한한 자유를 창조한 것이며, 유한한 자유의 위대함과 위험함을 가진 생명체를 창조한 것이다. 하나님은 살아 계시며 그분의 생명은 창조적이다. 하나님이 자기 자신 안에서 창조적인 분이시라면, 그분은 자기 자신을 반대하는 것을 창조할 수 없으시다. 그분은 죽은 것, 곧 단순히 사물에 불과한 것을 창조할 수 없으시다. 그분은 주관성과 객관성을 결합한 것, 즉 생명체, 달리 말해 자유를 포함하고 있으면서도 자유의 위험성도 갖고 있는 존재를 창조하셔야만 한다. 유한한 자유를 창조하는 것은 신적 창조성이 감내해야 하는 위험이다. 이것이 신정론의 물음에 대한 대답에 도달하는 첫 번째 단계다.

하지만 신정론은 어떤 존재들은 왜 완성에서 배제되고 심지어는 그들이 자신들을 위한 완성에 자유롭게 저항하는 것을 허용치 않는 것처럼 보이는가라는 물음에는 대답하지 않는다. 우리는 누가 그리고 어떤 조건에서 이런 신정론의 핵심적인 물음을 제기하는지를 먼저 살펴보고자 한다. 모든 신학적 진술들은 실존적 진술들이다. 달리 말해 그것들에는 그 진술을 하는 사람이나 문제를 제기하는 사람이 있음을 보여준다. 신학이 말하는 피조물의 실존은 "나"라는 피조물의 실존을 의미하며, 우리는 이것에 근거에서만 피조물이 가진 피조성의 일반적인 의미를 성찰할 수 있다. 질문자가 아닌 다른 사람의 관점에서 신정론의 물음을 제기한다면, 실존적 상관관계는 사라진다. 지금의 상황은 질문자가 아니라 다른 사람이 예정에 대해 질문할 때 볼 수 있는 것과 똑같다. 이 질문 역시 실존적 상관관계를 없앤다. 이는 다루려는 주제와 전혀 관련이 없는 사람이 그 주제에 대해 신학적 주장을 하는 것은 매우 의심스럽다는 것을 말해준다. 어떤 사람은 역설적인 확신을 가지고 믿음에 대해, 곧 "아무것도 **나를** 하나님의 사랑에서 끊을 수 없다"(롬 8장)고 말할 수 있지만, 그는 다른 사람이 하나님의 사랑이나 궁극적 완성에서 분리되는지 아니면 분리되지 않는지에 대해서는 확신을 갖고 말할 수 없다. 그와 같은 질문이 신앙의 상관관계 밖에서 제기된다면, 그 누구도 그런 질문에 대해서는 보편적인 판단이나 개체적인 판단을 내릴 수 없다.

우리가 다른 사람의 완성에 관해 제기되는 물음에 대답하고자 한다면, 그리고 그와 관련해서 신정론과 예정론의 문제들에 대해 대답하고자 한다면, 우리는 다른 이의 운명이 우리 자신의 운명이 되는 접점을 찾아야 한다. 이러한 접점을 발견하는 것은 매우 어려운 일이다. 접점은 다른 이들의 존재가 우리의 존재에 참여하는 것이다. 참여의 원리는 개체적 완성과 관련된 모든 물음은 동시에 보편적 완성과 관련된 물음이어야만 한다는 것을 함의한다. 그 어떤 것도 타자와 분리될 수 없다. 개인의 운명은 그 개인이 참여하는 전체의 운명과 분리될 수 없기 때문이다. 우리는 대표적인 완성과 미완성에 대해 말할 수 있지만, 우리는 그것을 넘어서서 신적인 생명의 심원함에서 이루어지는 개체화와 참여가 창조적으로 하나가 되는 것을 말해야만 한다. 신정론의 물음은 창조적 근거의 신비에서 최종적 대답을 찾는다. 하지만 이 대답은 매우 분명한 결정을 포함한다. 인류를 완성에 참여하는 개인이나 완성에 참여하지 못하는 개인으로 분류하거나 아니면 구원이나 영원한 형벌을 받는 예정의 대상으로 분류하는 것은 실존적으로도 불가능한 일이며, 따라서 신학적으로도 불가능한 일이다. 그러한 구분은 신적 생명의 창조적 근거에서 이루어지는 개체화와 참여가 궁극적으로 하나가 되는 것에 모순된다.

참여의 원리는 우리로 하여금 한 단계 더 나아가도록 만든다. 하나님 자신은 피조물의 실존의 부정성에 참여한다고 말씀하신다. 이러한 생각은 기독론적인 사유뿐 아니라 신비주의적인 사유에 의해서 뒷받침된다. 그럼에도 그것은 조건부로 진술되어야 한다. 초기 교회는 참된 성부수난설 (partipassianism[성부 하나님이 그리스도 안에서 고난받으셨다는 교리])을 올바르게 반대했다. 하나님은 존재 자체로서 비존재를 절대적으로 초월하신다. 다른 한편 하나님은 창조적 생명으로서 유한성을 포함하시며 그것과 함께 비존재도 포함하신다. 비록 비존재가 영원히 정복되고 유한성은 영원히 신적 생명의 무한성에 영원히 결합되지만 말이다. 따라서 신적 생명이 피조물의 생명의 부정성에 참여한다고 말하는 것은 의미가 있다. 이것이 바로 신정론에 제기되는 물음에 관한 궁극적 대답이다. 하나님의 인도하시는 창조성에 대한 확실성은 존재와 의미의 근거로서의 하나님의 확실성에 근거한다. 모든 피조물의 확신, 곧 존재하려는 용기는 창조적 근거로서의 하나님을 믿는 신앙에 뿌리를 내리고 있다.

4. 관계를 맺으시는 하나님

a) 신적 거룩함과 피조물

"관계"는 기본적인 존재론적 범주다. 그것은 유한한 모든 것의 상호관계뿐 아니라 존재론 요소들의 상관관계에서도 유효하다. 우리는 다음과 같은 신학적 물음을 분명하게 할 수 있다. "하나님은 관계를 맺으실 수 있으신가? 그분이 관계를 맺으실 수 있으시다면, 그분은 어떤 의미에서 관계를 맺으시는가?" 존재 자체로서 하나님은 모든 관계의 근거가 되신다. 모든 관계는 그분의 생명 안에서 잠재성과 현실성의 구별을 초월하여 현존한다. 하지만 그것들은 하나님과 다른 것들이 맺는 관계를 의미하지 않는다. 그것들은 신적 생명의 내적 관계들을 의미한다. 물론 내적 관계가 유한한 자유가 실현된다는 조건에 의해서 좌우되는 것은 아니다. 하지만 문제는 하나님과 피조물이 외적 관계를 맺을 수 있는지 하는 것이다.

창조론은 하나님이 매 순간 모든 것의 창조적 근거가 되신다는 것을 확언한다. 이런 의미에서 하나님과 피조물의 외적 관계가 도출되어 나올 수 있는 피조물의 독립성은 존재하지 않는다. 하나님이 관계 안에 계신다고 말씀하신다면, 이러한 진술은 하나님이 살아 계신 하나님이라는 진술만큼 상징적이다. 그리고 모든 특별한 관계는 이런 상징적인 특징에 참여한다. 하나님이 지식이나 행위에서 어떤 주체와 관련해서 객체가 되시는 모든 관계는 긍정되어야만 하는 동시에 부정되어야만 한다. 그것이 긍정되어야 하는 이유는 인간이 어떤 대상을 포함하는 모든 관계에서 자기가 중심이 되기 때문이다. 또한 그러한 관계가 부정되어야만 하는 이유는 하나님이 인간의 지식이나 행위의 대상이 결코 되실 수 없기 때문이다. 따라서 신비주의 신학은 기독교 신학 안팎에서 하나님이 인간을 통해 자신을 인식하고 사랑하신다고 말한다. 이것은 하나님이 하나의 대상이 되신다고 하더라도 그분은 하나의 주체로 남아 계심을 의미한다.

어떤 존재도 하나님에게 다가갈 수 없다는 그분의 접근 불가능성의 특성이나 "관계"라는 단어의 문자적 의미에서 그분과 관계를 맺을 수 없다는 불가능성을 우리는 "거룩함"이라는 단어로 표현한다. 하나님은 본질적으로 거룩하시고, 그리고 그분과 맺는 모든 관계는 역설적으로 거룩한 것과 관계를 맺는다는 사실에 관한 깨달음을 포함한다. 하나님은 지식의 대상이나 행위의 동반자가 되실 수 없다. 우리가—꼭 그래야만 하는 것처럼—하나님과 인간의 관계를 "나와 너"의 관계로 말한다면, "너"는 나를 포함하고 결과적으로 전체 관계를 포함한다. 그렇지 않다면, 곧 하나님과 맺는 "나와 너"의 관계가 상징적인 의미보다는 문자적인 의미를 뜻한다면, 나(ego)는 그 관계에서 물러날 수 있다. 하지만 인간이 신적인 너에게서 물러날 수 있는 공간은 없다. 신적인 너는 나를 포함하며 나 자신보다 훨씬 더 나에게 가까이 있기 때문이다. 궁극적으로 우리가 실존이나 비실존으로 논할 수 있는 대상들에 대해 이야기하는 것처럼 하나님에 관해 이야기하는 것은 그분의 거룩함을 모욕하는 행위다. 우리가 하나님을 인간과 협업할 수 있는 동반자로 이야기하거나 인간이 제의를 드리고 기도하여 영향을 끼칠 수 있는 초인적인 힘으로 다루는 것은 신적인 거룩함을 모욕하는 행위다. 하나님의 거룩함은 우리가 하나님을 자아와 세계라는 맥락과 주체와 객체라는 상관관계의 맥락 안으로 끌어들이는 것을 불가능하게 만든다. 하나님 자신은 이러한 상관관계 안에 있는 어떤 하나의 요소가 아니라 그 관계의 근거이자 의미이시다. 하나님의 거룩함은 우리가 그분과 맺는 관계에서 유한한 관계 전체를 버리고 조금도 관계가 아닌—범주적 의미의—관계를 시작할 것을 우리에게 요구한다. 우리는 우리의 모든 관계를 거룩함의 영역으로 가져갈 수 있다. 우리는 우리가 경험했던 거룩함의 경험을 통해서—내적이고 외적인 유한한 관계를 모두 포함해서—유한함을 신성화할 수 있다. 하지만 우리가 그렇게 하기 위해서는 우선 이러한 관계를 모두 초월해야 한다. 신학은 그것의 본질상 존재의 주관과 객관의 구조라는 인식적 관계 속에서 하나님을 생각하려는 위험에 항상 처해 있지만, 그것은 자신의 판단에서 하나님의 거룩함과 그분의 접근 불가능성을 강조해야 한다. "모든 것을 초월하시는" 하나님의 거룩함을 나타내는 상징들은 "위엄"과 "영광"이다. 그것들은 구약성서와 칼뱅주의가 고수하는 배타적 일신론에서 가장 두드러지게 나타난다. 칼뱅과 그의 동료들에게 하나님의 영광은 창조와 타락 그리고 저주와 구원의 목적을 의미한다. 하나님의 위엄은 피조물의 자유를 배제하고 신적인 사랑을 무색하게 한다. 이것은 하나님을 인간의 욕망을 성취하는 데 도움을 주는 존재로 묘사하는 감상주의적 태도를 반대하여 올바르게 가르치는 교정책이었으며 지금도 그러한 역할을 한다. 하지만 동시에 그것은 과거에 사람들에게 비판을 받았으며 오늘날에도 똑같이 비판을 받고 있다. 하나님의 사랑을 희생시키고 하나님의 영광을 주장하는 것은 전혀 영광스럽지 않다. 그리고 하나님을 억압적인 폭군으로 나타내는 위엄은 전혀 위엄을 보이지 않는다. 우리는 하나님의 위엄과 영광을 신적인 생명의 다른 특성들에서 분리하지 않아야 한다. 하나님의 거룩함은 그분 안에 있고 그것 스스로 있을 수 있는 하나의 특성이 아니다. 그것은 다른 모든 특성을 신적인 것으로 적합하게 해주는 특성이다. 그분의 권능은 거룩한 권능이다. 그분의 사랑은 거룩한 사랑이다. 사람들은 그저 신적인 거룩함을 드러내는 수단이 아니다. 그들은 목적이기도 하다. 사람들은 신적인 생명의 영광에 참여한다. 그들은 신적인 생명에 뿌리를 내리고 있으며 그것으로 되돌아가야만 하기 때문이다. 신적인 위엄을 찬양하는 것에는 피조물의 운명을 찬양하는 것이 포함되어 있다. 이것이 바로 하나님을 찬양하는 것이 모든 예전과 찬송 그리고 기도에서 결정적인 역할을 하는 이유다. 확실하게 하나님의 위엄을 찬양할 때 인간은 자신을 찬양하지 않는다. 하지만 그는 자신의 찬양을 통해 자신이 참여하는 영광을 찬양한다.

b) 신적 힘과 피조물

⑴ 전능성의 의미 하나님은 비존재에 저항하고 그것을 정복하는 존재의 힘이시다. 그분의 힘은 피조물과의 관계에서 전능성(omnipotence)이라는 상징으로 표현된다. "전능하신 하나님"은 기독교 신조의 첫 번째 항목이다. 그 항목은 배타적 일신론과 하나님을 존재 자체나 존재의 힘보다 못한 것으로 생각하는 모든 종교를 구분한다. 오직 전능하신 하나님만이 인간의 궁극적 관심이 될 수 있다. 어떤 매우 강력한 신도 자신을 궁극적 관심으로 주장할 수 있다. 하지만 그는 그런 존재일 수 없으며 그의 주장은 쓸모없는

것이 된다. 그는 비존재에 저항할 수 없으며, 따라서 그는 불안을 정복하는 궁극적 용기를 줄 수 없기 때문이다. "전능하신 하나님 아버지"라고 고백하는 기독교 신조의 고백은 기독교는 비존재의 불안이 하나님의 생명에서는 영원히 극복된다는 사실을 자각하고 있음을 말해준다. 전능성의 상징은 유한성에 함축되어 있는 물음에 가장 우선적이며 근본적인 대답을 제시한다. 따라서 대부분의 공적 예배 기도문과 개인의 기도문은 "전능하신 하나님"이라고 말하면서 시작한다.

앞서 말한 것이 종교적 의미의 전능성이다. 하지만 어떻게 우리는 그것을 신학적으로 표현할 수 있을까? "전능성"이라는 개념은 대중적인 용법에서는 자신이 원하는 것은 무엇이든지 할 수 있는 최고의 존재를 포함한다. 우리는 이러한 개념을 신학적으로뿐만 아니라 종교적으로도 받아들일 수 없다. 그것은 하나님을 다른 존재 중 하나의 존재, 곧 수많은 잠재성 중 어떤 것을 자신이 현실화해야 하는지를 고민해야 하는 존재로 만든다. 그것은 하나님이 잠재성과 현실성의 분열—곧 실제로는 유한성의 유산인 분열—에 지배를 받는 분으로 이야기한다. 그것은 논리적으로 서로 모순되는 가능성들에 기초하여 하나님의 능력에 관해 의구심을 제기하는 부조리한 물음으로 이어진다. 루터와 칼뱅 그리고 다른 이들은 하나님의 전능성을 희화화한 것에 반대해서 전능성을 다음과 같이, 곧 하나님은 자신의 힘을 사용하셔서 매 순간에 하나에서 열까지 철저하게 만물을 창조하신다는 의미로 해석했다. 전능하신 하나님은 전적으로 활동하는(omniactive) 하나님이시다. 하지만 그러한 해석에는 한 가지 어려운 점이 있다. 그것은 시간과 공간에서 일어나는 현실적인 사건들과 하나님의 힘을 동일시하는 경향이 있으며 그러한 동일시에 의해서 하나님의 전능성에 있는 초월적 요소를 억압한다. 우리는 하나님의 전능성을 다음과 같이, 곧 비존재가 표현되는 모든 곳에서 비존재에 저항하고 창조적인 과정의 모든 형태에서 현현하는 존재의 힘으로 정의하는 것이 훨씬 더 적합하다.

전능하신 하나님을 믿는 신앙이란 유한성이 느끼는 불안을 정복하는 데 충분한 용기를 주시길 간절히 요청하는 것에 주어지는 대답을 의미한다. 궁극적 용기는 존재의 궁극적 힘에 참여하는 것에 기초한다. 사람들이 "전능하신 하나님"을 진지하게 선언하고, 위협해오는 비존재를 물리치고 승리를 맛보며, 실존을 궁극적이고 용기 있게 긍정한다. 유한성과 불안이 사라지지는 않지만, 사람들은 그것들을 무한성과 용기로 받아들인다. 우리는 이런 상관관계 안에서만 전능성이라는 상징을 해석해야만 한다. 우리가 전능성이라는 상징을 자신이 원하는 것은 무엇이든지 할 수 있는 최고의 존재가 가진 특성으로 이해한다면, 전능성은 마법이자 부조리가 된다.

전능성은 시간과 관련해서는 "영원성"을 의미한다. 반면에 그것은 공간과 관련해서는 "편재성"을 의미한다. 그리고 그것은 존재의 주관과 객관의 구조와 관련해서는 "전지성"을 의미한다. 우리는 이러한 상징을 이제 해석하고자 한다. 우리는 존재 자체에서의 인과성과 실체라는 범주를 존재의 "창조적 근거"로서의 하나님이라는 상징과 관련해서 다루었다. 하지만 우리는 "창조적 근거"와 관련해서 "창조적"이라는 용어는 인과성을 포함하고 초월하지만 "근거"라는 용어는 실체를 포함하고 초월한다고 말했다. 우리는 "영원성"과 "편재성" 그리고 "전지성"이라는 세 가지 상징보다 뒤에 나오는 용어들을 먼저 해석했다. 하나님의 창조성이 피조물과 하나님의 관계보다 논리적으로 선행하기 때문이다.

(2) 영원성의 의미 "영원성"(eternity)은 참된 종교적 단어다. 그것은 전능성과 편재성 등과 유사할 수 있는 전시간성(omni-temporality)이나 범시간성(all-temporality) 같은 것을 대신한다. 그것은 유한성의 한 범주인 시간의

두드러진 특징으로부터 도출된 결과일 수 있다. 오직 영원성만이 시간적 실존이 느끼는 불안을 견딜 수 있는 용기를 부여하는 신과 유사하다. "영원하신 하나님"이라고 말하면서 기도할 때, 그것이 우리가 시간성의 비존재를 정복하는 것에 참여하는 것을 의미하는 경우에만 우리는 그 순간에 영원성을 경험한다.

우리는 두 가지 그릇된 해석에 맞서서 영원성이라는 개념을 보호해야 한다. 영원성은 무시간성(timelessness)도 아닐 뿐 아니라 끝없는 시간(endlessness)을 의미하지도 않는다. **올람**(*olam*)이라는 히브리어와 **아이오네스**(*aiones*)라는 그리스어는 무시간성을 의미하지 않는다. 오히려 그것은 시간의 모든 시기를 포함하는 힘을 의미한다. 하나님은 본질적으로 시간과 관계를 맺으신다. 시간은 신적 생명의 근거에서 창조되었기 때문이다. 신적인 모든 것이 잠재성과 현실성의 분열을 초월한다고 말할 수 있다면, 우리는 신적인 생명의 한 요소로서 시간도 잠재성과 현실성의 분열을 초월한다고 말해야만 한다. 시간의 특별한 순간들은 서로 분리되지 않는다. 현재는 과거와 미래에 흡수되지 않는다. 하지만 영원은 그 자신 안에 일시적인 것을 보존한다. 영원성은 실존적 시간이라는 잘게 절단된 순간들을 하나로 간직하는 초월적 통일성을 의미한다. 영원성과 동시성(simulaneity)을 동일시하는 것은 적절하지 않은 처사다. 동시성은 시간의 다른 양태들을 없앨 수 있다. 하지만 양태가 없는 시간은 무시간성에 불과하다. 그것은 수학적 명제들이 시간과 상관없이 타당하다는 점과 다르지 않다. 우리가 하나님을 살아 계신 하나님이라고 말한다면, 우리는 그분이 시간성을 포함하고 이와 함께 시간의 양태들과도 관계를 맺으신다고 주장한다. 심지어 플라톤조차도 영원성에서 시간성을 없앨 수는 없었다. 그는 시간을 "영원의 움직이는 모상"이라고 말했다. 시간이란 무시간성의 모상이라고 말하는 것은 아마 어리석은 행동이었을 것이다. 플라톤은 영원성이 시간을 포함한다고 생각했기 때문이다. 비록 영원성이 순환 운동을 하는 시간이었지만 말이다. 헤겔이 논리 형식의 영역에 운동을 도입하자, 트렌델렌부르크(Trendelenburg)는 논리적 근거에 기초해서 헤겔을 비판했고, 키에르케고르는 종교에 근거해서 그를 비판했다. 하지만 헤겔이 묘사했던 운동의 논리 형식들은 "절대정신"(absolute spirit, 안타깝게도 절대사유[absolute mind]로 종종 번역된다)의 생명에서는 현실성을 넘어서지만, 자연과 역사에서 현실화되는 존재의 힘들을 의미했다. 헤겔은 절대자 안에 시간성이 있음을 지적했고 우리가 그 시간에 대해 알고 있는 것처럼 그것은 모상이면서 동시에 왜곡이다. 그럼에도 헤겔이 왜곡된 시간성을 포함하는 인간의 상황을 활용해서 역사에 대해 최종적이고 완벽한 해석을 제시하려는 자신의 시도가 그런 시간성에 의해서 무효화된다는 점을 깨닫지 못했다면, 키에르케고르가 그를 비판한 것은 타당하다. 하지만 헤겔이 절대자 안에서 변증법 운동이 일어난다고 생각한 것은 영원성의 참된 의미와 일치한다. 영원성은 무시간성을 의미하지 않는다.

그리고 영원성은 끝없는 시간을 의미하지 않는다. 무한한 시간, 곧 정확하게 헤겔이 말하는 "악무한"(bad infinity)은 시간성이 무한히 반복되는 것을 의미한다. 끝없는 반복을 요구하면서 각각의 순간들로 나뉜 시간을 무한한 의의를 가진 것으로 고양하는 것은 가장 세련된 의미의 우상숭배라고 말할 수 있다. 모든 유한한 존재에게 이런 의미의 영원성은 저주와 같을 것이다. 절대 끝나지 않는 시간의 내용이 무엇이든지 간에 말이다(영원한 유대인이라는 신화[17]를 참조하라). 그것은 하나님과 관련하여 그분이 더 우월

---

17   역주. "영원한 유대인이라는 신화"는 "유랑하는 유대인 신화"라고 불리기도 한다. 예수가

한 힘, 즉 분절된 시간성의 구조에 종속되어 있음을 의미할 수 있다. 그것은 그분으로부터 영원성을 박탈하고 그분을 신보다 못한 특성을 가진 영원히 살아가는 하나의 실재(entity)로 만드는 것이다. 영원성은 끝없는 시간을 의미하지 않는다.

우리는 이러한 생각들과 영원성은 시간성을 포함한다는 주장에 기초해서 다음과 같은 물음을 계속해야 한다. 영원성과 시간의 양태들의 관계는 무엇인가? 이 물음에 관한 대답은 인간의 경험에서 발견된 영원성, 즉 인간이 경험하는 현재에서 이미 일어났던 일을 떠올리는 과거와 앞으로 일어날 일을 예견하는 미래를 결합한 유비를 잘 사용하라고 권고한다. 그러한 유비는 영원성의 의미에 상징적으로 접근하는 것을 포함한다. 시간을 경험할 때 현재가 가장 지배적인 것처럼, 영원성은 우선 **영원한 현재**(*nunc eternum*)를 상징하는 것이어야 한다. 하지만 이 영원한 현재는 동시성이나 과거와 미래의 독립된 의미를 부정하지 않는다. 하지만 그것은 과거에서 미래로 움직이지만 현재이기를 중단하지 않는다. 미래가 열려 있고, 새로움이 일어날 수 있으며 예견될 수 있을 때만 미래는 참된 미래라고 할 수 있다. 이것이 바로 베르그송이 신은 일어날 수 있는 우연성(unforeseen)에 의존한다는 지점까지 미래가 절대적으로 열려 있음을 주장하게 된 동기다. 하지만 베르그송은 미래가 절대적으로 열려 있음을 가르치면서 미래의 예견 가능성을 부정함으로써 현재를 평가절하했다. 모든 가능한 미래를 예견할 수 없는 신은 절대적 우연성에 의존하고 궁극적 용기의 근거가 될 수 없

십자가를 질 때 옆에 있던 유대인들은 예수를 조롱했는데, 이로 인해 유대인들은 재림 때까지 정처 없이 지상을 방랑하도록 저주받았다는 것이 이 신화의 내용이다. 1940년 나치는 이 신화를 가지고 "영원한 유대인"(Der ewige Jude, Joseph Goebbels 제작, Fritz Hippler 감독)이라는 영화를 만들어 반셈족주의 선전을 위한 도구로 삼기도 했다.

다. 이 신은 미지의 불안에 의존할 것이다. 그는 존재 자체가 아닐 것이다. 따라서 비록 미래가 절대적으로 열려 있지는 않지만, 상대적으로 열려 있음이 영원성의 특성이다. 새로움은 신적 생명 안에 있는 잠재성과 현실성을 넘어서며 시간과 역사에서 새로운 것으로 현실화된다. 열려 있음이라는 요소가 없다면, 역사에는 창조성이 없을 것이다. 그렇다면 그것은 더 이상 역사가 아닐 것이다. 다른 한편으로 열려 있음을 제한하는 요소가 없다면, 역사는 나아갈 방향이 없을 것이다. 그렇다면 그것은 더 이상 역사가 아닐 것이다.

더욱이 하나님의 영원성은 완결된 과거에 의존하지 않는다. 하나님에게 과거는 완결된 것이 아니기 때문이다. 그분은 그것을 통해 미래를 창조하신다. 그리고 그분은 미래를 창조하시면서 과거를 재창조하신다. 과거가 일어난 일의 총합을 의미할 뿐이라면, 우리의 주장은 아마 무의미할 것이다. 하지만 과거는 그 자신의 잠재성들을 포함한다. 미래에 실현될 수 있는 잠재성들은 미래를 결정할 뿐만 아니라 과거도 결정한다. 과거는 일어나는 새로운 모든 것을 통해 완전히 다른 것이 된다. 과거의 측면들은 변한다. 과거의 역사에 대한 해석의 의미가 이러한 사실에 근거한다. 하지만 과거에 포함된 잠재성들은 그것들이 미래를 결정하기 전에는 나타나지 않는다. 그것들은 역사적 기억을 통해서 제시되는 새로운 해석을 통해 미래를 결정할 수 있다. 아니면 그것들은 숨겨진 잠재성을 효과적으로 만드는 발전을 통해 미래를 결정할 수 있다. 영원성의 관점에서 볼 때, 과거와 미래는 열려 있다. 미래로 이끄는 창조성은 과거를 바꾼다. 영원성이 창조성에 비추어 이해된다면, 영원성은 시간의 양태들과 같은 특별한 특성을 흡수하지 않고도 과거와 미래를 포함한다.

영원하신 하나님을 믿는 신앙은 시간적 과정의 부정성을 정복하는 용기의 기초가 된다. 과거의 불안이나 미래의 불안은 남지 않는다. 과거의 불안과 그것의 가능성들은 하나님의 자유에 의해 정복된다. 미래의 불안 역시 새로운 것이 신적 생명의 일치에 의존함으로써 정복된다. 시간의 분절된 순간들은 영원성 안에서 하나가 된다. 인간이 영원한 생명에 참여한다는 확실성은 인간의 영혼론이 아니라 바로 이것에 뿌리를 내리고 있다. 영원한 생명에 대한 소망은 인간은 자신이 가진 영혼의 실체인 성질이 아니라 그가 신적인 생명의 영원성에 참여한다는 것에 근거한다.

(3) 편재성의 의미 우리는 하나님과 시간의 관계처럼 하나님과 공간의 관계도 질적 용어로 해석해야 한다. 하나님은 공간 속에서 무한히 연장되지도 않으시고 어떤 특정한 공간에 제한되지도 않으신다. 그분은 어떤 공간도 점유하지 않는 무공간적인 분도 아니시다. 범신론자의 표현에 마음이 기울어진 신학은 첫 번째 선택지를 선호하지만, 이신론적 성향에 마음이 기울어진 신학은 두 번째 선택지를 선호한다. 우리는 편재성을 모든 공간 곳곳에 신적인 실체가 연장된 것으로 해석할 수 있다. 하지만 이것은 하나님을 분절된 공간성에 종속시키며, 말하자면 그분 자신과 함께 신적 생명의 인격적 중심성을 희생시키도록 한다. 우리는 무수한 반복에 비추어 분절된 시간성에 하나님을 종속시키는 시도만큼 그러한 해석도 거부해야 한다. 더 나아가 우리는 편재를 하나님은 어떤 특정한 경계가 정해진 장소(하늘 위)에 "인격적으로" 현존하실 뿐 아니라 또한 동시에 그분의 힘으로 모든 장소(땅 아래)에 현존하신다는 의미로 해석할 수 있다. 하지만 이것은 동일하게 부적절하다. 우리는 위와 아래와 같은 공간적 상징을 절대 문자적으로 이해하면 안 된다. 루터가 "하나님의 오른손"은 **특정한 장소**(*locus circumscriptus*)가 아니라 모든 곳에 두루 있다고 말했을 때, 그는 하나님의 편재성에 대한 전통적인 이해를 거부하고 하나님은 모든 것 안에, 곧 주변에

있는 것뿐 아니라 중심이 되는 모든 것 안에 계신다는 니콜라우스 쿠자누스의 이론에 동조한 것이다. 신학은 땅과 하늘과 지하세계에 비추어 우주의 공간을 세 가지 영역으로 이해했던 것과 전혀 다른 우주에 관한 전망을 가지고 공간적 상징들이 가진 상징적 특징을 강조해야만 한다. 성서와 제의는 신학과 달리 공간적 상징들을 훨씬 더 문자적으로 강조하지만 말이다. 거의 모든 기독교 교리는 이러한 상징들에 의해 형성되었고 공간적으로 일원론적 우주에 비추어 재형성될 필요가 있다. "하나님은 하늘에 계신다." 이것은 그분의 삶이 피조물들의 실존과 질적으로 다르다는 사실을 의미한다. 하지만 그것은 그분이 어떤 특정한 공간에서 "살고 계신다"거나 그곳에서 "내려오신다"는 것을 의미하지 않는다.

마지막으로 편재성은 무공간성을 의미하지 않는다. 우리는 동시성과 무시간성을 거부하는 만큼 신적 생명에 있는 정시성(punctuality)을 거부해야 한다. 하나님은 자신의 생명에 근거해서 연장성을 창조하신다. 모든 공간은 이 연장성 안에 뿌리를 내린다. 하지만 하나님은 그것에 지배를 받지 않으신다. 그분은 그것을 초월하시며 그것에 참여하신다. 하나님의 편재성은 그분이 자신이 창조하신 피조물들이 실존하는 공간에 창조적으로 참여하신다는 것을 의미한다.

사람들은 하나님이 자신의 비물질성(spirituality) 때문에 공간과는 관계를 맺을 수 없으시고 시간과만 관계를 맺을 수 있다고 제안했다. 그들은 연장성이란 물리적 실존의 특성을 나타내고, 하나님과 관련하여 이런 연장성을 주장할 수 없으며, 심지어 상징적으로조차도 주장할 수 없다는 점을 단언했기 때문이다. 하지만 그러한 논증은 부적절한 존재론에 근거한다. 확실히 우리는 하나님은 몸을 갖고 계신다고 말할 수 없다. 하지만 우리가 그분은 영이시다라고 말한다면, 신적 생명은 생동성과 인격성이라는 존재론적 요소를 포함하며 그것들과 함께 육체적 실존에 참여한다. 생동성과 인격성은 육체라는 기초를 가진다. 따라서 기독교 예술이 육체로 부활하신 그리스도를 삼위일체 안에 포함시키는 것은 정당하다. 따라서 기독교는 영원한 생명이라는 다른 상징들보다 육체의 부활이라는 상징을 선호한다. 따라서 일부 기독교 신비가와 철학자들은 "육체성(corporality)이란 하나님이 사용하시는 방법 중 최종적 방법이다"(외팅어[Ötinger])라고 강조했다. 이것이 비물질적 원리만을 인정한 고대 그리스의 물질론을 거부했던 기독교 창조론의 필연적 결과다. 하나님의 영원한 현존은 이것에 근거해서만 긍정될 수 있다. 현존은 시간과 공간을 결합하기 때문이다.[18]

하나님의 편재성은 자기 자신의 공간을 갖고 있지 않다는 불안을 극복한다. 그것은 공간적 실존의 불안전성과 불안을 수용할 수 있는 용기를 제공한다. 우리는 편재하시는 하나님을 확실히 믿으면서 항상 편안하면서 편안하지 않고, 그 안에 뿌리를 두면서 근절되기도 하며, 그 안에 소망을 두어 정착하기도 하고 소망을 잃어버려 방황하기도 하며, 한 장소에 의해 알려지고 어떤 장소에 의해서도 알려지지 않는다.

그리고 우리는 편재하시는 하나님을 믿는 확실성 안에서 항상 성소 안에 머무른다. 우리는 우리가 가장 세속적인 장소에 머물 때에도 거룩한 곳에 머무르며, 가장 거룩한 장소도 우리가 거하는 신적인 생명의 근거와 비교하면 세속적인 장소가 된다. 우리가 하나님의 편재성을 경험할 때마다, 그러한 편재성은 성스러운 것과 불경한 것 간의 차이를 없앤다. 하나님의 성례적 현존은 그분의 편재성의 결과다. 그것은 그분의 편재성이 실제

---

18   현존(Gegenwart)이라는 독일어뿐 아니라 프레센티아(*presentia*)라는 라틴어도 하나의 공간적 이미지, 곧 즉 "어떤 이 앞에 서 있는 사물"이라는 이미지를 포함한다.

로 현현한 것이며, 계시가 사람들에게 전해지는 역사의 과정과 계시에 의해서 만들어진 구체적인 상징들에 의존한다. 그분의 성례적 현존은 어떤 이가 평소에는 교회에 나오지 않다가 아주 가끔씩 교회에 나오는 출석과 같지 않다. 누군가 신적 현존을 항상 경험한다면, 신성한 장소와 세속적 장소의 차이점은 사라질 것이다. 그러한 차이점은 신적 생명에 존재하지 않는다.

(4) 전지성의 의미 전지성(omniscience)이라는 상징은 하나님의 전능성과 편재성이 가진 영적인 특성을 표현한다. 그것은 실재를 구성하는 주체와 객체의 구조와 관련이 있으며, 그것은 하나님이 그러한 구조에 참여하시는 것과 그것을 초월하시는 것을 말해준다.

신학의 첫 번째 과제는 해석에서 부조리한 것들을 제거하는 것이다. 전지성이란 모든 대상, 곧 과거와 현재와 미래 그리고 이것을 넘어선 모든 대상과 이미 일어났던 일이 일어나지 않았다면 그 일이 어떻게 되었을지에 관한 모든 것을 알아야만 하는 최고의 존재가 가진 능력을 의미하지 않는다. 그러한 이미지가 가진 부조리는 그러한 구조의 도식 아래서 하나님을 포괄하는 불가능성에서 기인한다. 비록 주관과 객관의 구조가 하나님의 생명에 근거하지만 말이다. 따라서 누군가가 하나님의 지식과 그분의 지식이 가진 무조건적 특성을 이야기한다면, 그는 곧 하나님은 만물 곳곳에 스며드는 방식으로 현존하는 것이 아니라 영적인 방식으로 현존하신다고 상징적으로 말한다. 하나님의 생명을 중심으로 이루어지는 일치 외부에는 아무것도 없다. 그 어떤 것도 낯설지 않고 어둡지 않으며 은폐되거나 고립되지 않았으며 접근 불가능한 건 없다. 존재의 로고스 구조를 벗어나는 건 아무것도 없다. 역동적 요소가 형식의 통일성을 파괴할 수는 없다. 심연적 성질이 하나님의 생명의 이성적 성질을 모조리 집어삼킬 수는 없다.

이러한 확실성은 인간의 인격적이고 문화적인 실존과 관련해서 의미를 함의한다. 그것은 인격적 생명과 관련해서 그의 존재에는 절대적 어둠이 없음을 의미한다. 인간의 존재에는 절대적으로 은폐된 것이 아무것도 없다. 은폐된 것, 즉 어두운 것, 달리 말해 무의식적인 것은 하나님의 영적인 생명에 현존한다. 하나님의 영적인 생명에서 벗어날 수 없다. 다른 한편으로 어둠과 은폐의 불안은 신적 전능성을 믿는 신앙 안에서 극복된다. 전지성은 궁극적 이원성을 거부한다. 그것은 형식들과 힘들의 다원성을 배제하지는 않는다. 하지만 그것은 사물들을 서로 낯설고 무관하게 만드는 존재의 분열을 전혀 용납하지 않는다. 따라서 신적 전지성은 실재가 인간의 지식에 열려 있음을 믿는 믿음의 논리적 토대가 된다(하지만 인간이 늘 그것을 의식하는 것은 아니다). 우리는 **안다**. 우리는 신적 지식에 참여하기 때문이다. 진리는 우리의 유한한 정신이 도달할 수 있는 범위를 절대적으로 벗어나지 않는다. 우리가 뿌리를 내리고 있는 하나님의 생명이 모든 진리를 구현하기 때문이다. 신적 전지성이라는 상징에 비추어서 볼 때, 우리는 모든 유한한 지식을 단편적으로 경험하지만 그것을 그 진리에 참여하는 것에 대한 위협으로서 경험하지는 않는다. 그리고 우리는 모든 유한한 의미가 완전하지 않고 단편적인 특성을 가진 것으로 경험하지만 궁극적인 무의미함의 원인으로서 경험하지는 않는다. 유한성의 유산으로 주어진 진리와 의미에 대한 의심은 신적 전지성이라는 상징을 통해서 믿음 안에 통합된다.

c) 신적 사랑과 피조물

⑴ 신적 사랑의 의미 사랑은 존재론적 개념이다. 사랑의 감정적 요소는 그것의 존재론적 본성에서 나온 결과물이다. 누군가 감정적 측면에서 사랑을 정의한다면, 그는 잘못 정의하는 것이다. 그는 반드시 사랑의 의미를 감상

적인 의미로 오해하고 사랑이라는 상징을 하나님의 생명에 적용하는 것에 의문을 제기한다. 하지만 하나님은 사랑이시다. 그리고 그분은 존재 자체시기 때문에 우리는 존재 자체는 사랑이라고 말해야만 한다. 하지만 이것은 이해될 수 있다. 존재의 현실성은 생명이기 때문이다. 하나님의 생명의 과정은 사랑이라는 특성을 가진다. 개체화와 참여라는 존재론적 양극성에 따르면, 모든 생명의 과정은 분리라는 경향과 재연합이라는 경향을 결합한다. 이러한 두 경향이 서로 분열되지 않은 채 연합한 것이 사랑의 존재론적 본성이다. 생명의 완성으로서 그러한 연합을 깨닫는 것이 사랑의 감정적 본성이다. 재연합은 분리를 전제한다. 개체화가 없는 곳에서는 사랑도 없으며, 충분한 개체화가 이루어진 곳, 곧 인간 안에서만 사랑이 완전히 실현될 수 있다. 하지만 개인은 자신이 속한 일치로 되돌아가길 열망하고, 그는 자신의 존재론적 본성에 의해 그 일치에 참여한다. 재연합에 대한 열망은 모든 사랑 안에 들어 있는 요소이며, 그것의 실현은 아무리 단편적인 것이라고 할지라도 더없는 행복으로 경험된다.

우리가 "하나님은 사랑**이시다**"라고 말할 때, 우리는 분리와 재연합의 경험을 하나님의 생명에 적용한다. 우리는 생명과 영의 경우에서처럼 하나님을 사랑으로 상징적으로 말한다. 그분은 사랑**이시다.** 이것은 신적 생명은 사랑의 특성을 갖고 있지만 잠재성과 현실성의 구분을 넘어서 있음을 의미한다. 따라서 이것은 유한한 이해가 그것을 이해할 때는 신비임을 의미한다. 신약성서는 신적 사랑을 표현할 때 **아가페**(*agapē*)라는 용어를 사용한다. 하지만 신약성서는 인간끼리의 사랑이나 하나님에 대한 인간의 사랑을 표현할 때도 동일한 용어를 사용한다. 이 세 가지 사랑의 관계에는 공통점이 있어야만 한다. 우리가 그러한 공통점을 발견하기 위해서는 아가페 유형의 사랑과 다른 유형들의 사랑을 비교해야 한다. 우리는 다음과 같이 간략한 형태로 말할 수 있다. **리비도**(*libido*)로서의 사랑이란 결핍된 것이 자신의 결핍을 충족시켜주는 대상을 향한 결핍된 것의 운동을 말한다. **필리아**(*philia*)로서의 사랑은 동등한 것이 자신과 동등한 것과 연합을 이루고자 동등한 것을 향해 나아가는 운동을 의미한다. **에로스**(*erōs*)로서의 사랑은 힘과 의미가 낮은 것이 자신보다 힘과 의미가 더 높은 것을 향해 나아가는 운동을 말한다. 이 세 가지 사랑에는 욕구라는 요소가 분명하게 나타난다. 이것은 선하게 창조된 존재와 모순되지 않는다. 분리와 재연합에 대한 열망은 피조물의 생명의 본질적 본성에 속한다. 하지만 이러한 것들을 초월하는 사랑의 형태, 곧 다른 존재의 열망을 성취해주려는 욕구, 곧 **그의** 궁극적인 완성을 바라는 열망도 있다. 아가페를 제외한 모든 사랑은 변하며 부분적이라는 특성을 띤 우연적 특성들에 의존한다. 그것은 혐오와 매력, 정념과 공감에 이끌린다. 반면에 아가페는 이러한 상태들과는 아무런 관련이 없다. 그것은 상대를 무조건적으로 긍정한다. 즉 그것은 상대가 자신보다 더 뛰어난 특성을 가졌든지 낮은 특성을 가졌든지, 유쾌한 성질이나 불유쾌한 성질을 가졌든지 상관하지 않고 상대방을 긍정한다. 아가페는 사랑하는 이와 사랑받는 자를 모두 갖고 있다는 성취의 이미지 때문에 그 두 사람을 하나로 결합한다. 따라서 아가페는 보편적이다. 그것은 어떤 구체적인 관계를 기술적으로 맺는 게 가능한 사람("이웃")을 그 누구도 배제하지도 않고, 어떤 사람도 더 선호하지도 않는다. 아가페는 강력한 저항에도 불구하고 상대방을 수용한다. 그것은 고통받고 용서한다. 그것은 다른 이의 인격적 완성을 추구한다. 카리타스(*caritas*)라는 라틴어는 아가페라는 그리스어를 번역한 용어다. 그것에서 "자비"(charity)라는 용어가 나왔는데, 현재는 "자선 사업"이라는 차원으로 그 그의미가 약화되었다. 이런 불만족스러운 의미에서조차도 그 단어는 신적 근거 안에서 존재와 존재의 궁극적 연합 때문에 상대방을 추구하는 아가페 유형의 사랑을 나타낸다.

우리가 하나님의 섭리적 창조성에 대해서 언급한 바와 같이 이런 유형의 사랑은 하나님은 사랑이시다라는 주장에 기초가 되는 것이 분명하다. 하나님은 모든 피조물의 완성을 위하여 그리고 분열되어 있는 모든 존재를 자신의 생명과 하나로 연합하시기 위하여 일하신다. 그리스도인의 상징 체계는 신적 사랑을 구체적으로 이야기해주기 위해서 이런 유형들을 사용하곤 했다. 아가페는 다른 유형의 사랑과 (항상 그리고 필연적으로는 아니지만) 일반적으로 연결되어 있기 때문이다. 우리가 피조물을 향한 하나님의 열망을 신앙의 언어로 말하거나 인간을 향한 하나님의 필요를 신비주의적인 언어로 말할 때, 우리는 하나님의 사랑이라는 개념에 **리비도** 요소를 도입하는 것인데, 시적이고 종교적인 상징 체계를 통해서 그것을 도입했다. 하나님은 그 어떤 것도 필요로 하지 않는 분이시기 때문이다. 성서의 언어와 신앙의 언어가 제자들을 "하나님의 친구들"(또는 그리스도의 친구들)이라고 말할 때, 필리아 요소가 하나님의 사랑이라는 개념에 도입되었다. 비록 하나님과 인간 사이에는 동등성이 하나도 없지만 말이다. 우리가 종교적 언어와 신학적 언어에서 하나님을 **종말**(eschaton)을 향해 나아가는, 즉 하나님이 "만유의 주님"이 되시는 궁극성 완성을 향해 나아가는 추동력이라고 묘사한다면, 그것은 에로스 유형의 사랑, 곧 **최고선**(summum bonum)을 향한 열망과 비교될 수 있다. 하지만 그것은 에로스와 비교만 할 수 있을 뿐 동등한 것일 수 없다. 자신의 영원성을 누리시는 하나님은 실재의 완성과 미완성을 초월하시기 때문이다. 세 가지 형태의 사랑은 우리가 하나님의 사랑을 상징화하는 일에 기여하지만, 그중 가장 근본적이며 적절한 상징은 **아가페**다.

인간들 사이에 있는 아가페와 인간을 향하는 하나님의 아가페는 서로

부합한다. 하나가 다른 하나의 근거가 되기 때문이다. 하나님을 향하는 인간의 아가페는 이런 엄격한 상관관계를 벗어난다. 하나님의 궁극적 의미를 긍정하고 그분의 궁극적 완성을 열망하는 것은 아가페와 동일한 방식의 사랑을 의미하지 않는다. 지금 사람들은 인간을 향한 하나님의 아가페처럼 "~함에도 불구하고" 또는 용서를 하면서 하나님을 사랑하는 게 아니기 때문이다. 따라서 우리는 지금 아가페라는 단어를 신적 의지에 의지적으로 연합하는 것을 강조하는 오직 일반적 의미의 사랑으로만 사용할 수 있다. 사랑의 행위에서 선택의 요소를 나타내는 **딜렉티오**(*dilectio*)라는 라틴어가 이 상황을 훨씬 더 잘 묘사한다. 하지만 근본적으로 하나님을 향한 인간의 사랑은 에로스의 본성을 갖고 있다. 그것은 하찮은 존재가 더 우월한 존재를 향해 나아가는 상승, 곧 열등한 선들에서 **최고선**으로의 상승을 포함한다. 에로스와 아가페 사이에 화해할 수 없는 대립이 있다는 주장도 신학자들이 인간은 하나님 안에서 자신의 최고선에 도달하며 하나님 안에서 자신의 완성을 열망한다고 주장하는 것을 막지는 못할 것이다. 에로스와 아가페가 서로 연합할 수 없다면, 하나님을 향해 나아가는 아가페는 불가능할 것이다.

인간이 하나님을 사랑하는 것은 하나님이 자신을 사랑하시는 사랑이라고 이야기되었다. 그것은 하나님이 대상이 되시는 것처럼 보이는 곳에서조차도 그분은 주체시라는 진리를 표현한다. 그것은 하나님의 자기 사랑을 직접적으로 제시하며 유비에 의해 하나님이 인간에게 요구하시는 인간의 자기 사랑을 간접적으로 제시한다. 삼위일체 **위격들**(*personae*)의 관계가 사랑(사랑하는 자[*amans*]와 사랑받는 자[*amatus*] 그리고 사랑[*amor*], 아우구스티누스)에 비추어 묘사되는 경우에 그것은 자신을 사랑하시는 하나님에 관한 진술이다. 삼위일체적 구별들(분리와 재연합)은 하나님의 자기 사랑을 이야기하는 것을 가능하게 해준다. 자기의 자아와 분리되지 않는다면, 자기 사랑은 불가능하다. 하나님 안에서의 구분이 그분의 생명의 영원한 과정에서 분리되고 재연합하는 유한한 형식들의 무한성을 포함한다면, 이것은 더욱 분명하다. 신적 생명이란 신적 자기 사랑을 의미한다. 하나님은 자신 **안에서** 분리를 통해서 자신을 사랑하신다. 그리고 그분은 자신**으로부터** 분리되시면서 자기 자신에 대한 사랑을 완성하신다. 본래 그분은 자신으로부터 소외된 것을 사랑하시기 때문이다.

이것은 인간이 자신, 즉 신적 생명에 있는 영원한 모상으로서 자신을 사랑한다는 점에서 아가페라는 용어를 사랑에 적용하는 것을 가능하게 해준다. 인간은 자기 자신을 단순한 자기 긍정과 리비도, 우정 그리고 에로스와 같은 다른 형태로 사랑할 수 있다. 이런 사랑의 형태 중 어느 것도 그 자체가 악한 것은 없다. 하지만 그것들이 아가페의 의미에서 자기 사랑이라는 기준에 부합하지 않을 때 악한 것이 된다. 이런 기준이 결여된 경우에는 적합한 자기 사랑은 거짓된 자기 사랑, 즉 자기 경멸과 자기 혐오와 항상 관련이 있는 이기심이 된다. 이러한 두 가지 반대되는 형태의 자기 사랑을 구별하는 것은 매우 중요하다. 적합한 자기 사랑은 하나님의 자기 사랑을 모방한 것이며, 거짓된 자기 사랑은 하나님의 자기 사랑과 모순된다. 엄밀한 의미에서 인간의 자기 사랑은 인간이 실존적으로 관련을 맺는 모든 것을 포함한다.

(2) 신적 사랑과 신적 정의 정의란 사랑의 관계 안에 있는 대상과 주체의 독립된 권리를 긍정하는 사랑의 측면을 말한다. 사랑은 사랑받는 이의 자유를 없애지 않으며 사랑받는 이의 개인적이고 사회적인 실존의 구조를 침해하지 않는다. 사랑은 사랑하는 이의 자유를 포기하도록 하지 않으며, 사랑하는 이의 개인적이고 사회적인 실존의 구조를 침해하지도 않는다. 서

로 헤어졌던 이들이 다시 하나가 된 것을 의미하는 사랑은 그러한 하나 됨 안에서 왜곡되거나 파괴되지 않는다. 하지만 무질서하게 자기를 포기하게 하거나 무질서하게 자기를 강요하는 사랑도 있다. 그러한 사랑은 참된 사랑이 아니라 "공생적 합일"을 사랑으로 착각하는 것이다(에리히 프롬[Erich Fromm]). 많은 낭만주의적 사랑이 이러한 특징을 보인다. 니체가 사랑의 관계는 그 관계를 형성하는 두 사람이 모두 독립된 자아가 될 때에만 창조적인 관계가 된다고 강조했을 때, 그는 올바른 주장을 했다. 하나님의 사랑은 사랑받는 이의 자유와 고유한 특성을 인정하고 보존하는 정의를 포함한다. 그것은 인간으로 하여금 완성을 향해 나아가도록 만들지만, 그를 정당하게 대한다. 그것은 그에게 강요하지도 않고 그를 무시하지도 않는다. 그것은 인간이 재연합하고 싶어 하도록 그를 매혹하고 유혹한다.

하지만 이러한 과정에서 정의는 긍정하고 유혹할 뿐 아니라 저항하고 책망한다. 이러한 사실은 하나님의 사랑과 정의가 대립한다는 이론으로 이어졌다. 유대교와 기독교의 대화는 종종 이러한 가정 아래서 고통을 겪었다. 기독교가 강조하는 사랑에 정치적 공격을 가하는 이들은 하나님과 인간이 맺는 사랑과 정의의 관계를 깨닫지 못했다. 정의와 관련해서 정치적 투쟁을 벌인다고 비판을 가한 많은 기독교 평화주의자들 역시도 그러한 관계를 이해하지 못했다.

사람들은 하나님의 사랑과 하나님의 힘이 어떻게 관련을 맺는지, 특히 하나님의 사랑과 정의의 요구를 완수하는 힘이 어떻게 관계를 맺는지를 질문했다. 달리 말해 그들은 하나님의 정의를 침해했던 이들을 향한 하나님의 사랑과 그러한 불의한 행위를 저지른 이들을 향한 하나님의 진노 사이에는 대립이 발생한다는 점에 주목했다. 우리는 이러한 모든 물음과 관련해서 원칙적으로는 존재론적 용어로 사랑을 해석하고 상징적인 용어로 하나님의 사랑을 해석해야 한다고 대답해야 한다. 하지만 사람들은 이와 관련해서 조직신학에 특별한 대답을 기대했다. 비록 조직신학이 사회윤리학의 실제적인 문제들을 탐구할 수는 없지만, 그것은 모든 윤리적 대답이 하나님에 관한 함축적이거나 명시적인 주장에 근거하고 있음을 보여주어야 한다.

우리는 신적 사랑과 대립하는 것으로 생각되는 것은 신적인 힘이 아니라고 강조해야 한다. 신적 힘은 존재 자체의 힘이며, 존재 자체는 사랑을 본성으로 삼는 하나님의 생명에서 현실화된다. 우리는 정의의 구조를 침해하고 따라서 사랑 자체를 침해하는 피조물과 관련해서만 갈등을 상상할 수 있다. 이것이 일어났을 때—침해가 보편적으로 일어나는 것이 피조물의 실존적 특징이다—심판과 정죄가 뒤따른다. 하지만 심판과 정죄 이후에 하나님은 진노나 응보와 같은 특별한 행위를 하지는 않으시지만, 사랑을 침해한 것에 대해 사랑의 힘으로 반응하신다. 정죄는 사랑의 부정이 아니라 사랑의 부정의 부정을 말한다. 그것은 사랑의 행위이며, 이러한 사랑의 행위가 없다면, 비존재가 존재에게 승리할 수 있다. 정죄는 사랑—즉 신적 생명에서 분리된 것의 재연합—에 저항하는 것이 분열된 채로 남아 함축되고 불가피한 자기파괴에 이르게 되는 방식을 의미한다. 사랑의 존재론적 특성은 사랑과 응보적 정의의 관계 문제를 해결한다. 심판은 사랑을 반대하면서 자기파괴에 이르는 것을 포기하게 하는 사랑의 행위다.

이것은 "하나님의 진노"라는 상징을 사용하는 가능성을 신학에 다시 제공한다. 오랫동안 사람들은 그것을 이방인들이 "신들의 분노"에 대해 이야기한 것처럼 인간의 감정을 하나님께 부여하는 것을 의미하는 상징처럼 느꼈다. 하지만 어떤 것을 문자적으로 접근할 때 이해가 불가능하던 것이 은유적 상징에서는 그것을 이해하는 게 가능하며, 그런 접근이 종종 필요하다. 하나님의 진노는 그분의 애정과 함께 그분의 감정을 의미하지도 않고 섭리와 함께 행동을 위한 동기를 의미하지도 않는다. 그것은 사랑의 사역을 반대하고 자기를 파괴하도록 방치하는 자기파괴를 거부하는 사랑의 사역을 나타내는 데 어울리는 감정적 상징이다. 하나님의 진노를 경험하는 것은 악의 자기파괴적 본성, 곧 유한한 피조물이 존재의 근거와 분리되고 재결합하시는 하나님의 사랑을 거부하는 행위와 태도들을 깨닫는 것이다. 그러한 경험은 실제적이며 우리가 "하나님의 진노"라는 은유적 상징을 사용하는 것은 불가피한 일이다.

정죄와 하나님의 진노를 포함하는 심판은 종말론적 함의를 포함하며, 그것은 하나님의 사랑에 한계가 있는지의 물음을 제기한다. 궁극적 심판의 위협과 영원한 정죄나 영원한 죽음의 상징들이 그러한 한계를 지적한다. 하지만 우리는 여기서 "영원한"과 "끝없는"을 구별할 필요가 있다. 하나님의 생명의 한 속성으로서의 영원성은 정죄를 받고 그분의 생명과 분리된 존재에게는 부여될 수 없다. 하나님의 사랑이 끝나는 경우에 존재는 죽음에 이른다. 정죄는 피조물 자신이 선택한 비존재로 머무는 것만을 의미할 수 있다. "영원한 죽음"이라는 상징은 어떤 존재가 영원한 생명에서 자기를 배제하고 결과적으로 존재에서 배제되는 것으로 해석되는 경우에 그것은 훨씬 더 의미심장해진다. 하지만 어떤 이가 끝없는 또는 끝나지 않는 저주를 이야기한다면, 그는 시간적이지 않은 시간적 지속을 긍정한다. 그러한 개념은 본성상 모순이다. 구체적인 자기를 의식하는 개인은 본성상 시간적이다. 행복이나 고통을 경험하는 가능성으로서의 자기 의식은 시간성을 포함한다. 하나님의 삶의 하나 됨 안에서, 시간성은 영원성과 결합되어 있다. 시간성이 영원성과 완벽하게 분리되어 있다면, 그것은 단순하게 비존재이며 경험의 형태를 줄 수도 없으며, 심지어 고통과 절망이라는 경험조차도 줄 수 없다.

유한한 자유와 하나님을 강제로 결합할 수 없다는 것은 사실이다. 유한한 자유는 사랑과 이미 결합해 있기 때문이다. 유한한 존재는 하나님과 분리될 수 있다. 그것은 재연합을 분명하게 거부할 수 있다. 그것은 자기파괴와 극심한 절망에 빠질 수 있다. 하지만 단테가 자신의 글에서 지옥문 위에 기록된 문구를 통해 아주 잘 보여줬던 것처럼 이것조차도 하나님이 보여주신 사랑의 사역이다(『신곡』, 제3곡). 지옥은 그것이 하나님의 사랑과 통합을 이루는 경우에만 존재한다. 그것은 하나님의 사랑의 한계를 보여주는 게 아니다. 유일한 예비적인 한계는 유한한 피조물의 저항이다.

하나님 안에서 사랑과 정의가 하나가 된다는 것을 최종적으로 표현하는 것은 칭의라는 상징이다. 그것은 정의의 구조가 가진 무조건적 타당성을 말하며 동시에 사랑은 정의를 위반함으로써 발생한 내재적인 결과들을 정복하시는 하나님의 행위를 말한다. 사랑과 정의의 존재론적 결합은 죄인을 의롭다고 하는 칭의로서 최종적 계시에서 나타난다. 불의한 피조물과 하나님의 사랑 사이의 관계가 바로 은혜다.

(3) 은혜로서의 신적 사랑과 예정 "은혜"(*gratia, charis*)라는 용어는 하나님이 먼저 자유롭게 시작하셨고, 어떤 방식으로도 피조물이 행하거나 욕구하는 것에 의존하지 않는 방식으로 하나님과 인간의 모든 관계를 규정한다. 우리는 두 가지 기본적인 형태의 은혜, 곧 하나님의 세 가지 창조성을 특징짓는 은혜와 하나님의 구원하시는 활동을 특징짓는 은혜를 구분할 수 있다. 첫 번째 형태의 은혜는 단순하고 직접적이다. 그 은혜는 존재하는 모든 것이 존재에 참여할 수 있게 해주며, 모든 개체적인 존재에게 고유한 참여를 제공한다. 두 번째 형태의 은혜는 역설적이다. 그것은 완성의 원천에서 분리된 것에 완성을 제공하며, 그것은 수용할 수 없는 것을 수용한다. 세

번째 형태의 은혜, 곧 앞서 말한 두 가지 형태의 은혜를 중재하는 것이자 그 두 가지 요소를 결합하는 은혜는 하나님의 섭리적 은혜다. 한편으로 그 것은 창조적 은혜에 속하며 다른 한편으로는 구원하는 은혜에 속한다. 하 나님의 인도하시는 창조성 또는 섭리적 창조성의 목적은 저항에도 불구하 고 피조물을 완성시키는 것이기 때문이다. 이런 종류의 은혜를 나타내는 고전적인 용어는 "선행하는 은혜"(gratia praeveniens)다. 그것은 사람들이 자 연과 역사의 과정을 통해 구원하는 은혜를 받아들이도록 준비시킨다.[19]

모든 사람이 구원하는 은혜를 받아들일 준비가 된 것은 아니다. 이것 은 하나님의 사랑과 인간의 궁극적 운명의 관계가 무엇인지의 물음을 제 기한다. 달리 말해 이러한 물음은 예정에 관한 물음이다. 우리는 이것을 지 금 충분히 논할 수 없다. 그것은 이신칭의 교리, 곧 그리스도인들이 하나님 을 불신하거나 교만에 빠지지 못하도록 그들을 보호하는 긍정적인 보호책 이라는 개념을 전제하기 때문이다. 그럼에도 그것은 하나님의 사랑에 대한 교리에 직접적인 영향을 끼치므로 부분적으로 논의되어야 한다. 첫 번째, 우리는 예정을 이중예정(double predestination)으로 이해하지 말아야 한다. 이중예정은 하나님의 사랑과 그분의 능력을 모두 침해하기 때문이다. 존재 론적으로 영원한 정죄는 용어상 모순이다. 그것은 존재 자체 안에 영원한 분열을 놓는다. 그렇다면 정확하게 이러한 분열의 특성을 드러내는 마성적

---

19   역주. "선행하는 은혜"에 대한 입장은 교단마다 다르다. 개혁파는 선행하는 은혜가 아닌 "저항할 수 없는 은혜"(irresistible grace)를 주장한다. 선행하는 은혜가 구원과 관련하여 저항과 협력 등 인간의 행위를 강조할 수 있기 때문이다. 이와 달리 아르미니우스파는 하 나님의 구원하는 은혜가 보편적으로 제공되며, 인간은 이에 저항하거나 협력할 수 있다 고 가르친다. 루터파는 하나님의 구원하는 은혜만이 구원에서 효력이 있으므로 협력은 거 부하지만, 인간이 그 은혜에 저항할 수도 있다고 가르친다. 그 은혜는 구원의 수단(media gratiae)을 통해서 작용하기 때문이다. Muller, *Dictionary of Latin and Greek Theological Terms*, 132을 참조하라.

인 것은 하나님과 함께 존재하는 영원한 존재가 된다. 그렇다면 비존재는 존재와 사랑의 핵심에 자리를 잡는다. 이중예정은 참된 종교적 상징이 아니다. 그것은 예정이라는 종교적 개념에서 도출된 논리적 결과다. 하지만 그것은 실존적 참여에 뿌리를 내리고 있지 않은 모든 논리적인 신학적 결과들처럼 잘못된 결과다. 사람들은 다른 이들을 영원히 정죄하는 것에 실존적으로 참여할 수 없다. 인간은 영원한 생명에서 배제될 수 있다는 위협을 실존적으로 경험한다. 이것이 정죄라는 상징의 기초가 된다. 우리는 섭리처럼 "이신칭의"와 종교적 상관관계를 이루는 예정을 자유와 운명의 존재론적 양극성에 비추어 살펴보아야 한다. 예정이란 자신의 궁극적 운명과 관련된 섭리를 의미한다. 그것은 우리가 이미 살펴보았던 부적절하고 완고한 특성을 띤 결정론적 형이상학에 기초를 두고 있는 결정과는 아무런 관련이 없다. 그뿐 아니라 예정이라는 개념은 비결정론과도 관련이 없다. 오히려 그것은 하나님과 피조물의 관계는 상징적인 용어들로 해석되어야만 한다는 사실을 보여준다. 우리는 두 가지 차원에서 생각할 필요가 있다. 피조물의 차원에서는 존재론적 요소와 범주들이 엄격하고 문자적인 의미에서 적용될 수 있다. 하나님과 피조물의 관계의 차원에서는 범주들이 긍정되는 동시에 부정된다. 문자적으로 적용되는 "예정"이라는 단어는 인과성과 결정을 포함한다. 우리가 이런 의미로 예정을 이해한다면, 우리는 하나님을 결정론적 특성의 물리적이거나 심리학적인 원인으로 이해한다. 따라서 우리는 그 단어를 하나님과의 관계에서 하나님의 행위가 항상 선행하고 더 나아가 사람들은 자신들의 완성을 확신하기 위해서 그분의 활동을 혼자서 바라볼 수 있고 또 바라보아야만 한다는 실존적 경험을 나타내는 상징적 의미로 받아들여야 한다. 예정이 이런 방식으로 받아들여진다면, 그것은 하나님의 사랑을 부정하지 않고 최고로 긍정한다.

하나님의 사랑은 유한성과 분열의 위협과 소외를 포함한 인간의 실존에 함축된 물음에 대한 최종적인 대답이다. 실제로 이러한 대답은 하나님의 사랑이 실존의 조건 아래서 현현할 때만 주어진다. 하나님의 사랑의 교리가 체계적인 토대를 제공하는 것은 기독론적인 대답이다. 비록 우리가 기독론적인 대답을 받아들이지 않았다면 이러한 토대에 대해서 말할 수 없었을 것이지만 말이다. 실존적으로 처음에 존재하는 것이 체계적으로는 마지막일 수 있으며, 체계적으로 마지막인 것이 실존적으로는 처음일 수 있다. 이것은 삼위일체 교리와 관련해서도 사실이다. 생명의 구조 안에 있는 삼위일체의 논리적 구조는 이미 주어졌지만, 그것의 실존적 근거, 곧 그리스도로서 예수의 출현은 아직 논의되지 않았다. 우리는 예수의 출현에 대해 논의한 이후에 충분히 발전된 삼위일체 교리를 제시할 수 있다.

d) 주님으로서의 하나님과 아버지로서의 하나님

신앙생활에서 하나님에게 적용되는 "생명"과 "정신", "힘", "사랑" 그리고 "은혜" 등과 같은 상징들은 하나님과 맺는 인격 대 인격의 관계를 표현하는 두 가지 주요 상징, 곧 주님으로서의 하나님과 아버지로서의 하나님이라는 상징의 요소들을 나타낸다. 나와 너라는 특성을 가진 다른 상징들은 이 두 가지로 대표된다. "왕"과 "심판자" 그리고 "가장 높으신 분" 같은 상징들은 주님으로서의 하나님이라는 상징 영역에 속한다. "창조주"와 "보혜사" 그리고 "구원자" 같은 상징들은 아버지로서의 하나님이라는 상징 영역에 속한다. 이 두 가지 상징 또는 상징 영역들 사이에는 갈등이 없다. 하나님이 "나의 주님"으로 언급된다면, 그러한 언급은 아버지의 요소를 포함한다. 하나님이 "하늘에 계신 아버지"라고 언급된다면, 그것은 주님의 요소를 포함한다. 그러한 상징들은 서로 분리될 수 없다. 두 가지 상징 중 하나의 상징을 반대해서 다른 상징을 강조하는 시도는 두 가지 의미를 모두 파괴한다. 아버지 하나님이 아닌 주님은 마성적인 분이며, 주님이 아닌 아버지 하나님은 감정에 치우쳐 행동하는 분이다. 신학은 그 두 가지 방향에서 모두 잘못을 저질렀다.

주님으로서의 하나님과 그와 관련된 상징들은 하나님의 거룩한 힘을 표현한다. 첫 번째, "주님"은 하나님의 접근 불가능한 위엄, 곧 그분과 피조물의 무한한 차이(distance), 달리 말해 그분의 영원한 영광을 나타내는 상징이다. 두 번째, "주님"은 존재의 로고스, 즉 인간의 실존적 소외에서는 하나님의 법과 하나님의 의지의 표현으로 나타나는 실재의 구조를 나타내는 상징이다. 세 번째, "주님"은 창조의 내적 텔로스, 즉 피조물의 궁극적 완성에 따라서 피조물의 실재 전체를 통치하시는 하나님의 통치하심을 나타내는 상징이다. 하나님은 이러한 세 가지 측면에서 "주님"이라고 불리신다. 일부 신학자들은 하나로 통합하시는 하나님의 사랑을 표현하기 위해 사용되는 모든 상징을 배제하려고 "주님"이라는 상징을 사용한다. 하지만 그저 주님이시기만 한 하나님은 자신의 신하들에게 법을 강요하고 자신의 명령에 타율적인 복종과 맹목적인 수용만을 요구하는 포악한 통치자가 되기 쉽다. 하나님에게 복종하는 것이 하나님을 사랑하는 것에 맞서서 이긴다. 인간은 받아들여지기 전에 심판과 위협에 의해서 파괴된다. 따라서 그의 의지뿐 아니라 합리적 자율도 파괴된다. 그저 주님이시기만 한 주님은 자신의 신하들을 구원하기 위해서 자신이 창조한 피조물들의 본성을 파괴한다. 이것은 주님으로서의 하나님이라는 상징을 전제주의적으로 왜곡한 것이다. 하지만 그것은 하나님이 아버지로 이해되지 않는다면 거의 불가피한 왜곡이다.

주님은 인간이 거룩한 능력이신 하나님과 맺는 관계를 기본적으로 표현하는 것이지만, 아버지는 인간이 거룩한 사랑이신 하나님과 맺는 관계를 기본적으로 표현하는 것이다. "주님"이라는 개념은 무한한 차이를 표현하지만 "아버지"라는 개념은 하나 됨을 표현한다. 첫 번째, "아버지"는 존재의 창조적 근거, 곧 인간 존재의 창조적 근거로서 하나님을 나타내는 상징이다. 아버지로서의 하나님은 인간이 끊임없이 의존하는 기원이다. 인간은 신적 근거에 영원히 뿌리를 내리고 있기 때문이다. 두 번째, 하나님이 자신의 지속하시는 창조성으로 인간을 보존하시고 자신의 인도하시는 창조성으로 그를 완성으로 이끄시는 한, "아버지"는 하나님을 나타내는 상징이다. 세 번째, 하나님이 은혜를 베푸셔서 인간을 의롭다고 말씀하시고 비록 받아들일 수 없는 존재임에도 불구하고 그를 받아들이시는 한, "아버지"는 하나님을 나타내는 상징이다. 일부 신학은 많은 대중적인 사고를 나무라면서 하나님이 아버지이신 주님이시라는 생각을 잊을 정도로 "아버지"라는 상징을 강조하는 경향이 있다. 하나님이 주님이시라는 측면이 무시된다면, 하나님은 사람들이 원하는 것은 무엇이든지 다 들어주시고 용서받고 싶은 사람들을 모두 용서해주시는 다정한 아버지로 이해된다. 그렇다면 하나님은 가족 관계 안에서 인간을 대하신다. 죄는 자녀들을 용서하지만 용서가 필요한 인간 아버지들의 경우처럼 쉽게 용서하는 사람을 해치는 사적인 행위가 된다. 하지만 하나님은 가족 관계이든지 아니면 교육 관계이든지 상관없이 인간과 사적인 관계를 맺지 않으신다. 그분은 존재의 보편적 질서를 나타내는 분이시며, 자신의 자녀들에게 다정다감한 사랑을 보여주는 "다정한" 아버지였던 것처럼 행동할 수 없으시다. 정의와 심판은 그분의 용서에 의해서 중단될 수 없다. 사람들이 바울의 속죄 교리와 그리스도의 십자가에 대한 바울의 해석은 주기도문에서 용서를 구하는 단순한 기도와 모순된다고 주장하는데, 이러한 주장은 하나님의 사랑에 대한 감상주의적 해석과 관련이 있다. 그러한 주장은 거짓이다. 인간은 자신이 용서받았다는 단순한 확신만으로 죄책에 대한 의식을 극복할 수는 없다. 그는 정의가 유지되고 죄책이 확정될 때에만 자신이 용서받았음을 믿을 수 있다. 하나님은 재결합하는 사랑의 힘을 갖고 계심에도 불구하고 주님과 심판자로서 남으셔야만 한다. "주님"이라는 상징과 "아버지"라는 상징은 서로를 완전하게 한다. 이것은 심리학적으로뿐만 아니라 신학적으로도 사실이다. 그저 주님이시기만 한 분은 인간의 궁극적 관심이 될 수 없다. 그리고 그저 아버지이기만 한 분도 인간의 궁극적 관심을 불러일으킬 수 없다. 그저 주님이시기만 한 주님은 위협에 의해서만 진압될 수 있는 정당한 혁명적 저항을 불러일으킨다. 그리고 그 저항이 진압된다면, 억압은 인간의 위엄과 자유와 반대되는 일종의 굴욕감을 낳는다. 다른 한편 그저 아버지이기만 한 아버지는 독립에 대한 욕망으로 쉽게 바뀌는 존경, 무관심으로 쉽게 바뀌는 감사, 경멸로 쉽게 바뀌는 감상주의적 사랑, 그리고 실망으로 쉽게 바뀌는 소박한 확신을 불러일으킨다. 신학자들은 심리학과 사회학이 하나님과 인간의 관계를 나타내는 인격주의적 상징들에 가하는 비판을 진지하게 받아들여야 한다. 우리는 두 개의 핵심 상징, 곧 주님과 아버지라는 상징이 많은 이들에게 걸림돌이 되고 있다는 사실을 인정해야만 한다. 신학자와 설교가들은 전통적으로 사용된 그 두 가지 상징이 사람들에게 끼친 심리학적 결과들에 대한 충격적인 통찰에 종종 주목하고 싶어 하지 않기 때문이다. 그 두 가지 상징과 신적 생명 그리고 신적 생명과 우리의 관계를 나타내는 다른 모든 상징적인 묘사들은 두 가지 측면을 가지고 있음을 강조해야 한다. 한편으로, 상징적인 묘사들은 그것들이 표현하는 초월적 실재에 의해 결정된다. 다른 한편으로, 상징적인 묘사들은 그것들이 가르치는 실재와 관련된 사람들의 상황에 의해 영향을 받는다. 신학은 그 두 가지 측면을 모두 고려하고 그것들 사이에서 창조적 상관관계를 확립할 수 있는 방식으로 상징들을 해석해야만 한다.

"주님"과 "아버지"는 하나님과 맺는 나와 너의 관계를 나타내는 핵심적인 상징들이다. 하지만 나와 너의 관계는—비록 그것이 중심적이고 가장 역동적인 관계이지만—유일한 관계가 아니다. 하나님은 존재 자체이시기 때문이다. 우리는 "전능하신 하나님" 같은 호칭에서 하나님의 창조성의 저항할 수 없는 힘을 느낄 수 있다. 반면에 "영원하신 하나님"이라는 호칭에서는 모든 생명의 불변적 근거가 나타난다. 그러한 상징에 더하여 묵상(meditation)에서 사용되는 상징들이 있다. 이러한 묵상에서 나와 너의 관계는 항상 내포되어 있지만 분명하게 드러나지는 않는다. 신적 근거의 신비를 관상하는 것과 신적 생명의 무한성을 고찰하는 것, 하나님의 창조성의 경이로움을 직관하는 것, 그리고 하나님의 자기 현현의 소진되지 않는 의미를 경배하는 것 등의 모든 경험은 나와 너의 관계를 포함하지 않고서도 하나님과 관련이 있다. 하나님을 주님이나 아버지로 부르면서 시작하는 기도는 종종 신적 근거의 신비를 관상하는 것으로 나아간다. 반대로 신적 신비를 묵상하는 것은 하나님을 주님이나 아버지로서 고백하는 기도로 끝나기도 한다.

우리는 여기서 다시 한번 주님과 아버지가 실존의 조건 아래서 아들과 형제로 현현할 때, "주님"과 "아버지"라는 상징을 반역이나 순종 없이, 그리고 이념적인 속임수나 헛된 감정적 행동 없이 사용할 가능성을 얻는다는 점을 강조해야만 한다. 신론의 결론은 "앞으로 실존에 대한 교리와 기독론을 탐구할 필요가 있지 않을까?"라는 물음을 제기한다.

폴 틸리히 조직신학 1

이성과 계시, 존재와 하나님에 관하여

Copyright ⓒ 새물결플러스 2021

1쇄 발행 2021년 8월 18일
1쇄 발행 2024년 3월 13일

지은이 폴 틸리히
옮긴이 남성민
펴낸이 김요한
펴낸곳 새물결플러스

편 집 왕희광 정인철 노재현 이형일 나유영 노동래
디자인 황진주 김은경
마케팅 박성민
총 무 김명화 이성순
영 상 최정호 곽상원
아카데미 차상희

홈페이지 www.holywaveplus.com
이메일 hwpbooks@hwpbooks.com
출판등록 2008년 8월 21일 제2008-24호
주 소 (우) 04114 서울특별시 마포구 신촌로28가길 29
전 화 02) 2652-3161
팩 스 02) 2652-3191

ISBN 979-11-6129-210-6 94230
        979-11-6129-209-0 94230(세트)

책값은 뒤표지에 있습니다.